王蒙

道

老子的幫助

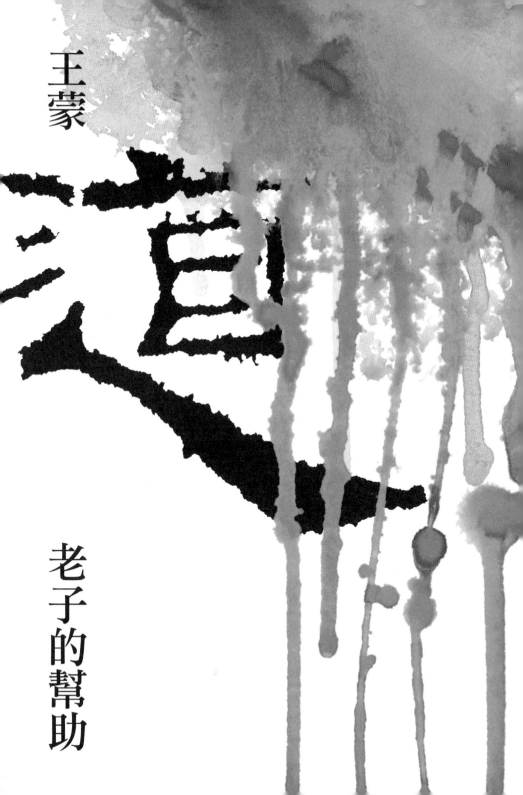

目次

一、老子的幫助

二、意譯與證詞

三、老子的精采

一、老子的幫助

前言

年輕時已經迷上了《老子》（又名《道德經》），那時看的是任繼愈教授的注譯本。一個天地不仁、一個寵辱無驚、一個上善若水、一個不爭故莫能與之爭、一個無為、一個治大國若烹小鮮、一個生也柔弱死也堅強，就把我驚呆了。我覺得老子深不見底，他的論述雖然迷迷瞪瞪，卻是耳目一新，讓人大開眼界，一下子深刻從容了許多。

青春作賦，皓首窮經，這是當年黃秋耘對我說過的話。從首次接觸《老子》，到現在已經歷經了六十年的滄桑。而接受編輯劉景琳先生的建議做這件事，也經過了五年的考慮斟酌。我決定將《老子的幫助》一書獻給讀者。

老子對於我們今天的人有什麼幫助呢？

第一，他帶來了大部分哲學思辨、小部分宗教情懷的對於大道的追求與皈依。他的道是概念之巔、概念之母、概念之神，是世界的共同性，是世界的本原、本源、本質、本體，是世界的歸宿與主幹。讀之心曠神怡，胸有成竹，有大依託，有大根據。

第二，他帶來了一種逆向思維、另類思維，乃至顛覆性思維的方法。一般人認為有為、教化、仁義、孝慈、美善、堅強、勇敢、智謀是好的，他偏偏從中看出了值得探討的東西。一般人認為無為、訥於言、不智、愚樸、柔弱、卑下是不好的，他偏偏認為是可取的。他應屬振聾發聵、語出驚人之人。你可以不認同他，卻不能不思考他。

第三，他帶來了「無為」這樣一個命題、這樣一個法寶，他提倡的是無為而無不為，是道法自然，是不爭故莫能與之爭，是後其身而身先、外其身而身存。他的辯證法出神入化，令人驚嘆。他的透視性眼光入木三分、明察秋毫。

第四，他帶來的是邏輯思維與形象思維的結合，是感悟與思辨的結合，是認識與信仰的結合，是玄妙抽象與生活經驗的結合。是大智慧的無所不在、不拘一格、渾然一體、模糊惚恍。

第五，他帶來了真正的處世奇術、做人奇境，以退為進，以柔克剛，以無勝有，以虧勝盈，寵辱無驚，百撓不折。

第六、他帶來的是漢字所特有的表述的方法、修辭的方法、論辯的方法、取喻的方法、繞口令而又含蓄著深刻內容的為文方法。他將漢字的靈活性、多義性、多資訊性、彈性與概括性、簡練性發揮到了極致，他貢獻給讀者與後人的可說是字字珠璣、句句格言、段段警世、頁頁動心、處處奇葩、自由馳騁、文如神龍巨鯨。這是漢字的真正經典，是漢字古文的天才名篇。

他幫助我們智慧、從容、鎮定、抗逆、深刻、寬廣、耐心、宏遠、自信、有大氣量、有靜氣與定力。

以及其他。老子能夠幫助我們。

本書的主要內容是對《老子》八十一章的意譯與證詞。意譯好說，我缺少訓詁方面的基本功，我只能知難而退，繞難而踽踽獨行。我在釋義上盡量借鑒專家前賢們的成果，我用得最多的是任繼愈的《老子新譯》、陳鼓應的《老子注釋及評介》（中華書局版），我感謝他們的贈書，相信這是對我的提攜與幫助。任本簡明穩妥可靠。陳本集注甚全面，解釋意在發掘弘揚，他解讀得相當「進步」。我也讀了傅佩榮的《解讀老子》（線裝書局版）和《諸子集成》（中華書局版）中的有關老子部分。我還學習過錢鍾書在《管錐篇》中的有關著述。傳本清晰明潔；錢著綽約冷峭、旁敲側擊。都對我頗有教益。此外我也參考了孟祥才評注的《老子》（中國少年兒童出版社版），他更注意將老子的經典推廣普及，並及時對老子的不宜於現今的論點進行「消毒」批判。我用的版本也是從以上各家得來，遇到幾家不一時，則自行選擇。

我在本書中所做的則與前面諸老師不同。我是追求其大意、其整體含意，追求其前後文句中的內在聯繫與邏輯關係，或有郢書燕說之譏，當無見樹忘林之虞。

至於李書王說，我則全不避諱，然也。幹的就是這個活計。我不是老子專家、不是國學家、不是歷史學家、不是文化史哲學史專家，這些都不是我的長項。稍稍長一點的是經歷、閱歷、風雲變幻中的思考與體悟。老子提倡的是無為，我的經歷是「拚命為」與「無可為」、「無奈為」的結合。我能做的是用自己的人生，用我的歷史體驗、社會體驗、政治經驗、文學經驗、思考歷程去為老子的學說「出庭作證」。

我以我的親見、親聞、親歷與認真的推敲思忖為老子的「玄之又玄」、「眾妙之門」的理論，提供一個當代中國的人證、見證、事證、論證，也許還有反證。

證詞一說使我滿意至極。我曾想說是理解、是心得、是發揮、是體會，都太一般化了。我的七十餘年的所見所聞、所歷所悟、所泣所笑、所思所感，不是可以拿出來與老子對證、查證，掰扯一番嗎？聽君一席話，勝讀十年書。悟君一句話，回首七十載。老子是原告，春秋戰國時期的社會、政治、軍事、個人生活，尤其是當時的主流觀念孔孟之道則是被告。我是法庭所找的而不是原告或被告所找的證人之一，讀者是法官，請判定我證詞的價值。

本書還收錄了我近年來寫過的一些談老子的單篇論文與雜文散文，從道性方面、從老子與宗教、老子與數學、老子與審美、老子的方法論等多方面做「庭外」的多方作證。

我多次說過，讀書的最樂在於從中發現了生活、發現了生命體驗；生活的最樂在於從中發現了類書本、發現了迄今書本上尚無的或語焉不詳，乃至語焉有誤的新道理、新說法、新見識。

寫作《老子的幫助》一書，我是何等地快樂呀！

詩曰：

老來讀《老子》，其樂正無涯。
無為無掛礙，有趣有生發。
歪打或正中，深思自開花。
作證心先正，縱橫非賣瓜。（諺云：老王賣瓜，自賣自誇也。）
古今有大道，中外皆明察。
妙門需妙悟，玄德要玄遐。
遠在九天上，近在你我他。
行道常喜悦，持德利萬家。
知止乃厚樸，通暢便絕佳。

王蒙書於戊子春初

二、意譯與證詞

第一章　眾妙之門

道可道，非常道。名可名，非常名。
無名，天地之始。有名，萬物之母。
故常無，欲以觀其妙。常有，欲以觀其徼。
此兩者同出而異名，同謂之玄。玄之又玄，眾妙之門。

大道是不好講述的，講解出來的都不是那個最根本、最本質、最至上、最主導、最永恆、最深刻卻也是最抽象的道，而是現象的、一時的、表面的與廉價的一般見識。

同樣，那種至上的本質，也是不好稱謂、不好命名即找不到最適宜的概括的。真正最高的本質概念，難以言說。我們一般可以述說、命名的東西，都是現象的、一時的、表面的與廉價的一般概念。

無或者無名——無概念、無稱謂、未命名，是世界的始初狀態。有或有概念、有稱謂，是世界的發生狀態。所以我們要常常從無、從無概念與無稱謂的角度，來觀察思考世界的深遠、廣大、神祕與奧妙。

同時可以從有、從有概念與有稱謂的角度，來觀察思考世界的生生不已、豐富多彩、變化萬千。

無與有都來自同一個世界、同一個過程與變化，來自對於世界與過程的同樣的觀察與同樣的思考。它們都是極抽象的終極概念，它們最接近那個最深遠廣大的本質概括——道，深而又深，遠而又遠，大而又大，變化多端，千姿百態，令人讚嘆！

首先，開宗明義，老子講的是大道。我們中國的先哲，不是致力於創造一個人格神（例如上帝耶和華）或神格人（耶穌、聖母瑪麗亞、釋迦牟尼），不是膜拜一個物象的圖騰，而是思考萬物、人生、世界的根本（本質、本原、規律、道理、法則、格局、過程、道路、同一性）。

漢語與漢字的特點是重概括、重聯繫、重尋找同一性。既然人與人之間有共同的本質、人與天（世界）有共同的本質，如淮南子的認定，天圓地方，所以頭圓足方；天有日月，所以人有二目……那麼，你應該想到，你應該相信，萬物萬象眾生眾滅，就總會有一個包羅萬物萬象、眾生眾滅、萬代萬世萬有的同一的本質、規律、道理、法則、過程、道路、同一性。這個本質就是道。為了與一般的各種具體的道相區分，讓我們有時稱之為大道。

道是看不見摸不著的，卻又是規定一切、主導一切、決定一切的。它是本源也是歸宿，它是物質也是精神，它是變化多端又是恆久如一的。它具有超越經驗乃至超越一般哲學思維的、無法證明也無法證偽卻又極合情理的哲思——神學品格。這樣的概括令人嘆服感動，雖然不無混沌模糊之處。

這樣的道，是模糊推理的產物，是抽象思辨的產物，更是想像力的產物，也有信仰的果實的成分。它是中國式的概念崇拜、概念精神、概念神祇。它是神性的哲學、是哲性的神學、是神奇的概念、是概念之神。

中國人有一種聰明，他不致力於創造或者尋找人格神或神格人，因為這樣的人—神，具有二律悖反的麻煩。《達文西密碼》中提出了耶穌的妻子抹大拉的問題。《生命中不可承受之輕》提出了聖徒是否大便的問題。中國神學不把精力放在這樣未免可笑的繁瑣問題上，而是對於人—神採取存而不論、敬神如神在的態度。老子等致力的是尋找世界的本質、起源與歸宿。這些無法用科學實驗的方法統計學的方法見習、實習、解剖切片的方法獲得的本質屬性，是通過天才的思辨得到的。尤其是老子，他斷定說，這個本質與起源歸宿就是大道。

更正確地說，道就是本質與起源、歸宿。你只要有本質的觀念、起源與歸宿的觀念，你就已經有了道的觀念。你怎樣稱呼它，稱之為道或德或邏各斯（理念、理性或基督教所認定的與神同一的道）都沒有關係。

而尋找本質、起源與歸宿的衝動是非常平常與自然的。一個人想知道自己究竟是怎麼回事，從哪裡來的、到哪裡去，一塊石頭、一粒種子、一顆天上的星星或隕落的流星，都會引起人們追問本質、起源與歸宿的興趣。最後呢？就出現了終極關懷或者終極追尋了。

而按照老子的思路，只要有終極追尋就有道。如果你是拜火教，火就是你心目中的道；如果你是生殖器崇拜，生殖器就是你的道。

大道的魅力不在於傳播它的人即老子的神靈奇蹟，而在於它的無所不包、無所不在、無所不載的性質。它導致的不是對於人格神或神格人（聖徒、上帝的兒子或者佛陀等）或神格物（如上面所說的火、生殖器等）的崇拜，而是對於神性概念大道的崇拜與探求。這樣，道這一概念的神性，就與完全的宗教區別開來了。而它的至上性、終極性、主導性、本源性與歸結性，又在無限的遠方趨向於宗教。它與宗教是兩條通向無限的平行線，而根據微積分的原理，兩條平行線趨向於相交在無限遠處。

在老子提出道的問題的同時，又用同樣的句式、同樣的說法提出了名的問題，一個是道可道，非常道；一個是名可名，非常名，這不是偶然的。因為老子的尋道是遵循著名的系統、概念的系統、命名的系統與方式來最後體悟到、找到了大道的。他沒有在異人或聖人中尋找神祇，沒有在傳教者、苦行者、善行者、勸善者、靈異者或自行宣布自身已經成神成佛或至少已經與上帝通了話的人中尋找神祇、尋找世界的本源與主宰。他也沒有在奇蹟或奇物中尋找神祇。他是順「名」——概念、概括之藤，摸道即本源與主宰之瓜。他硬是摸出道——命名出道來啦！

可以理解這樣的思路，這樣的思路對於國人來說，順理成章：請看，人的命名是人。人與牛馬羊猴等合起來命名為動物，再與樹木花草等一起命名為生物。生物與金木水火土等無生物合起來命名為萬物。與怪力亂神夢幻，與人的心、意、愛、怨，與種種人文存在等合起來命名為萬有或眾有。再概括一步便是有，而有的反面與有的發展結局或有的產生以前是無，是死亡、寂滅、消失、空虛……然後萬物萬象的有與無的相悖相通、相生相剋，綜合起來就是大道。大道是至上的概念，是順名摸終極的果實。這是一個思索推理概括體悟的過程、是一個智慧與想像相結合的過程、是一個相當合理的與有說服力的過程、是一個基本上防止了牽強附會與群體起哄的過程。這個過程的缺憾是比較模糊抽象，不像找到一個能成為佛的王子，或者一個本是上帝的兒子背起十字架的獻身者、犧牲者那樣生動直觀感人。

而與這個概念道最靠近的、最最能體現這個本質概念的是另外兩個同出而異名的概念：無與有。一切的有都來自無。一切的有都會變成無。一切的無都可能產生有，一切的無都會接納有。一個人生了，他從無的王國進入了有的王國。一個人死了，他從有的王國進入了無的王國。無就是天國，無就是永恆，無就是萬物的歸宿。無又是有的搖籃，無是有的前期作業。一個人年齡漸老，他從幼小與年輕的過程進入了無幼小與無青春的過程了，也就是進入了有成熟、有老邁的過程了。

無是有的無。有是無的有。絕對的無的情況下，什麼都沒有了嗎？什麼都沒有了，誰來判定這個無呢？既無主體也無客體的情況下，還有什麼無的觀感與解說，乃至想像呢？

所以我始終不贊成對於高鶚續作《紅樓夢》的批評，說他沒有寫出白茫茫大地真乾淨。如果乾淨到所有賈府的人、有關的人死光滅絕的程度，還有什麼悲劇感呢？

無可以是有，至少有一種對於空無的感受與慨嘆、思考與判斷。如說一個生命個體的疾病已經無藥可醫、無法挽救，那就說明此人的病已經有了重要的結論、根本的判斷，已經有了料理後事的必要性與緊迫性。

這是抽象的思辨。這也是智慧的享受。這需要思辨力、想像力，也需要感悟、感覺、神性的追求與信仰。

在《老子》的開頭，老子還提出了一個極其超前的大問題：關於語言表達的局限性，關於語言的力不從心，關於語言的大眾化、適用化、通俗化與淺薄化。用語言小打小鬧可以，用語言描述深刻與超出常人理解範疇的大道、大名、玄想、眾妙，就不行了。說出來的都一般。不說就更難被人理解。只能夠是意在言外，只能夠是盡在不言中，只能夠是心照不宣，只能是得意忘言，只能依靠你的悟性、你的靈氣、你的智慧、你的澄明通透的心胸、你的默默的微笑、你的緩緩搖著頭的喟嘆。啊，你已經靠攏於大道了。

第二章　知美即惡

天下皆知美之為美，斯惡已；皆知善之為善，斯不善已。
故有無相生，難易相成，長短相形，高下相傾，音聲相和，前後相隨。
是以聖人處無為之事，行不言之教。
萬物作焉而不辭，生而不有，為而不恃，功成而弗居。夫唯弗居，是以不去。

都知道什麼是美，就醜惡了，因為知道了美也就等於知道了美與醜的區別，就有揚美貶醜的事情出現，就造成了紛爭、誇大或縮小、偽與飾各種美的其實非美麗的弱點。

都知道什麼是善，就不善了。同樣，就有了善與惡及中間無數細微的等級差別，就有揚善抑惡、隱惡揚善或隱善（對對手）揚惡，就要紛爭、誇大或縮小、偽、飾這個善。而這是不善的。

所以說，有與無、難與易、長與短、高與下、音與聲、前與後，都是相反相成、相剋相生、相比較而存在，誰也離不了誰的概念。要一個不要另一個，根本不可能。

所以有道行的人、得道之人，不做那些虛妄的事情，不說那些無用的蠢話空話假話。不硬較勁而使事情自然做成，不聲嘶力竭而使教化潤物細無聲。讓萬物自然發展運作，不越俎代庖。有了創造和成績，並不據為己有。有了作為，並不依仗之端起架子。有了功勞，也不因而自傲膨脹。愈是不爭奪不膨脹，你就愈有威望。愈有公認的成就，愈是否定不了、抹殺不了、歪曲不了、遮蔽不了。

《老子》的第二章從對於價值問題的探討，旁及一切概念的相對性，然後進入到無為與不言（後面稱為訥於言）的偉大命題的提出，一直發展到提倡一種不始、不有、不恃、不居的精神境界，並從而達到「是以不去」的圓滿成功結果。

都知道，價值的判定與追求是個人、集團、社會、國家、民族、人類文明的一個支點、一個主要的驅動力、凝聚力。真善美與假惡醜，前進與倒退，進步與落後，文明與野蠻，繁榮與凋蔽，德行與罪惡，成功與失敗，健康與病態，幸福與失意，這一切都有一個價值觀、價值標準、價值判斷在那裡起著決定方向和決定起止的作用。價值就是理想，價值就是靈魂，價值就是主心骨，價值高於生命。所謂春秋大義，所謂崇高理念，所謂文明進步，所謂普世價值，所謂意識形態，無不是以價值為核心而構建、而運轉的。

而老子的神奇在於，他在那麼古老的年代裡就看出了事物有另一面。價值意謂著差別，差別挑戰著整體性與平等的理想。價值會製造分歧，叫做價值歧義。價值會製造偏執，叫做價值偏執——例如中國封建社會的名節觀念、節烈觀念、忠孝觀念——有所謂名教殺人一說，例如婦女為了守節而自殺，就是價值殺人。有價值就有價值膨脹、價值誇張，例如中國「文革」中的唯意志論、繼續革命論與個人迷信。價值還會製造價值霸權，我認定的價值你也必須接受，否則就強制你。價值還會製造價值瘋狂，如恐怖主義。

有價值就有反價值。你認識財富是一種價值，我認為財富是一種罪惡，赤貧才是價值，三代貧農最光榮。你認為求美是人的天性，美是追求與夢想。我認為美是小、大資產階級的窮極無聊與奢侈浪費，是剝削階級窮奢極欲、壓迫無產階級的藉口。你認為民主自由是絕無疑義的普世價值，為此不惜一戰，我認為你是以此為藉口追求霸權與石油能源，對我進行西化分化，使我陷入四分五裂、萬劫不復的次等國家的地步。

有價值就有偽價值，有對於價值的炫耀，使價值成為廣告、成為招牌、成為嚇人或欺人之術。有虛報成績，有大言欺世，有作狀作秀，有偽君子，有偽善，有投合俗人價值需要的假冒偽劣，有假大空（註：指所寫文章報告字數雖多，內容雖多，但吹噓、浮誇的成分過大，甚至沒有什麼實際意義。也經常以此形容社會或企業內部的某些體制的不合理！）。

有價值就有價值紛爭，還有人群分化、價值競爭，有名次，有獎項，有人工製造、人為培養的假典型、假榜樣。而且有不服氣，有嫉妒，有抄襲剽竊，有裝腔作勢，有走門子跑關係欺上瞞下，有為符合某種價值需要而做的手腳——不正之風。例如評獎評級評職稱，都是好事，也都有陰暗面、有祕聞醜聞。

有價值就有戰爭，例如宗教戰爭，因不同信仰、不同意識形態而發生的戰爭，因國家主義、民族主義直至納粹主義的肆虐而發生的民族戰爭。

如此這般，老子的見解是超前的，然而也是不無某些徒勞之處的，因為人類不可能退回到無知無欲、無價值觀念的原始類人猿社會上去。

老子的見解對於客觀地審視價值觀念，在可能範圍內避免價值偏執、價值霸權、價值瘋狂、價值紛爭，至少是一個提醒。

從對於價值的思考進展到萬物萬象的相對性上來了。這也是一個提醒。有光明就有黑暗，有科學就有迷信，有革命就有反革命，有前進就有倒退，有幸福就有不幸，有有神論就有無神論。怎麼辦呢？世界上永遠沒有單一的勝利、成功、快樂、光明，老子開的藥方便是無為與不言。這個藥方未免也太單一了，因為有無為便有有為、有不言便有立言。連《紅樓夢》都知道：假做真時真亦假，無為有處有還無。

這個藥方也由於過分徹底，乃至徹底過分而無法操作。

當然在那個春秋無義戰的時代，在那個你爭我奪、你殺我戳、你陰謀我詭計的年代，老子更多地強調無為、不言、不始、不有、不恃、不居，這是一個匡正時弊的理想，這是一個思想家的烏托邦式的良藥與涼藥。

其實老子也不能不向現實俯就，他在此章歸結於「夫唯弗居，是以不去」。就是說，你只有不居功自傲，你的功勞才能被眾人長期承認。這樣的說法客觀上接近放長線釣大魚、接近吃小虧占大便宜、接近大智若愚、接近曲線為己。他在某些人眼中，似乎在勸告世人，你不要自吹自擂，愈自吹自擂愈沒有人買帳；你要謙虛一點，然後就什麼都有了。什麼都有了，這是至今人們對於自己不甚服氣的所謂成功者的酸溜溜的反應。

他的此言似乎在投合那些怕自己的功業被忽略、自己的追求不能達到目的的人。以老子之偉大智慧與境界高超，卻要投合人們的為私的「是以不去」的考慮，這也算是鷹有時飛得和雞一樣低吧？如魯迅所說。

有什麼辦法呢？你有權利追求成功，老子有權利追求他議論的說服力。他也要成功，他要告訴你，按他的辦法、他的智慧，能棋看早許多步，事看深許多尺。用沉穩和謙遜去追求長遠的成功，至少不像那種死乞白賴地表白自身、吹噓自身、膨脹自身而又打擊旁人的人可愛可親許多。

老子有權考慮自己的與他的跟隨者的成敗，他考慮得更深遠也更智慧。這裡用得上我喜歡講的一句話：智慧也是一種美，而愚笨是缺少美感的。

第三章　虛心實腹

不尚賢，使民不爭；不貴難得之貨，使民不為盜；不見可欲，使民心不亂。是以聖人之治，虛其心，實其腹，弱其志，強其骨。常使民無知無欲，使夫智者不敢為也。為無為，則無不治。

不崇尚能人賢士，使人們不去爭權奪利、沽名釣譽。不珍愛難得的物品，使百姓不思偷盜與占有。不接觸、不宣揚那些適足引起欲望、煽起物欲的東西，使百姓的心思不致混亂騷動。這樣，有道行的聖人執政，讓老百姓思想單純明淨，溫飽的需要得到滿足，削弱他們的雄圖大略、壯志凌雲，強健他們的筋骨體魄。經常讓老百姓沒有那麼多知識信息計謀，使有計謀的人也不敢去做什麼非分之事。用無為的方針治國，就不會有治不好的情況發生了。

這一章似乎比較「反動」，雖然我極喜愛老子，也無法不對它有所反彈反撥。用不著遮蓋。這裡面有愚民政策的公然宣揚。

首先這完全是從治理的角度提出問題的，而不怎麼過多考慮民的利益與權利。用弱民愚民的方法統治，有可能取得內部的暫時平穩，但是其結果只能是國家民族種群的孱弱化。用孱弱求生存與用自強來求生存，哪個更有效呢？這是不需要回答的。

在中國，某些有政權的人其實早就接受了老子的這一套，只是他們不像接受孔子那樣大肆宣揚——它不像孔子的講說那樣堂皇端正漂亮。例如閉關鎖國的政策，就有這樣的愚民弱民的考慮。封閉式的管理方式，也從中得到了參考。這裡需要說明的是，某些特殊情況下封閉管理是必要的，如對於戒毒病人，如某些寄宿學校、某些軍事單位，甚至某些境外的ＶＩＰ的俱樂部，都是封閉式管理。我並非一般地攻擊封閉。

我還知道民國時期某軍閥的治軍理論：不能讓士兵閒著，沒有別的事就跑步，不能讓你有工夫鬧思想問題。在南非羅本島曼德拉坐過的監獄中，我也看到了曼德拉運過來再運過去的石塊。運送這些石塊是毫無意義的，目的只有一個：強其骨，弱其志，實其腹，虛其心。當然，這樣的監獄比讓你飢餓與傷骨的囚禁地要好得多。

對於相距兩、三千年的古代中國的政治理論進行臧否未必是有根據的。我們也許可以將老子的這一章論述視為價值中立的理論性思辨性探討。它是愚民政策的公然宣示，卻也是愚民政策的警鐘。就看你怎麼讀《老子》了。

橫看成嶺側成峰。老子的這一章論述，具有後現代的文化批判主義色彩。知識、計謀、欲望、追求、心思、志向，所有這些被文化的發展所充實、發育起來，大大地擴充延伸起來的東西，果真就是那麼美好嗎？知識高的人幸福指數一定比知識少的人高嗎？計謀多的人成就一定比計謀少的人大嗎？為什麼情況多半是相反呢？甚至於，智商到底高到什麼程度對於自身與他人最合適？一個智商超高的政治家，一個能將全體人民玩弄於股掌之上的超人；一個智商超高的藝術家，一個基本上無法令同時代人理解接受的天才，能夠給人民與自己帶來足夠的福祉嗎？

再看，現代社會的許多悲劇、許多麻煩，諸如犯罪、吸毒、憂鬱症、種族與宗教衝突、大規模殺傷性武器、極端主義、恐怖主義、分裂主義、專制與霸權政治、傳媒控制、精神產品的批量生產與看不見的手、金錢主義與市場化……究竟是文化的發達所造成的，還是不夠發達所造成的呢？在欲望驅動下大大地發展文化，尤其是發展生產力，其後果到底有多少進步與收益、有多少自戕與損害，要不要做全方位的考慮呢？

老子類似愚民政治的論述（後面還有許多）貌似冷酷，仍然值得面對、正視與深思。

至於虛其心、實其腹之論，有它的明顯務實性，即是說你不能老是搞政治掛帥、不能老是搞意識形態掛帥，要首先關注民生。這已經被許多地方的許多事件證實了。

第四章 和光同塵

道，沖而用之或不盈。淵兮似萬物之宗。
挫其銳，解其紛；和其光，同其塵，湛兮似或存。
吾不知誰之子，象帝之先。

道雖然空無所有，卻怎麼用也用不完。它的深遠如同萬物的起源與歸宿、萬物的根本與依據。要磨掉它的鋒芒、解除它的排他性、調整它的亮度使之柔和一些，與塵世、世俗的東西靠近。它似有似無。

我們不知道大道是由什麼產生出來的，反正它的出現比上帝出現還要靠前。

第四章講大道的品格。尤其是強調它兩方面的特性：既是空無的、虛靜的，又是取之不盡、用之不竭的。既是神妙的比上帝更本源、更抽象與更本質的，又是此岸的、人間性的、生活化的與世俗的。

大道是親和的，是並不怎麼刺激人、逼迫人、嚇唬人的。

空、虛、沖、盅（有一說「沖」應為「盅」）都是言其虛空。正因為虛空，才用不完。一切實在的、具體的、具象的、堅硬的物件、生命、用具都是用得完或者完得很快的。例如王朝政權，是實有的、具體的與堅硬的，但是都有它的開頭與結尾、都有滿盈以後衰亡毀滅的過程。對於王朝政權的記憶、討論、感嘆，要抽象得多、空洞得多也長久得多。比如金錢，是實有的、清晰的、可以計量可以觸摸的，也是三用兩用、三花兩花就會窮盡的。但是對於財富與欲望的思考、規律與原理，就比具體的金錢抽象得多、空洞得多也深遠得多。

大道的特點是虛空，小道的特點是充實，大道的特點是或怎麼樣、似怎麼樣、也許怎麼樣與相近怎麼樣，都是模糊的大概的。而小道的特點是明確與肯定，是沒有多少討論的空間的。

保持虛空狀態，保持沖的無限容積，保持大道的涵蓋能力，保持抽象概念即「名」與「字」的優越性、主動性、裕足性，留有餘地，絕不動輒動老本、拚老命、傾巢出動或傾囊花費，這是老子的理想。雖然不能夠絕對化，但是這樣努力、這樣爭取總是可以的。

大道之沖之虛空，是一種偉大也是一種功用。大道是萬物萬象的概括與本質，是一切的起源，甚至是上帝的起源，上帝也是大道的作用的結果，這樣一種想像力、概括力是無以倫比的。

請想想看，既然每件具體的事物都有個根源、有個本質、有個出生與滅亡、有個變化過程，那麼萬物萬象豈能沒有一個總的根源、總的概括、總的歸宿？稱之為道，豈不正好？道的特點是實而虛之、似有而似無之，它是道路、道行、自然、有與無的存在表象，是混沌的存在；又是道理、法則、能力與主導，是玄而又玄，怎麼概括也搆不著它，因為他就是無限大、無限遠、無限深、無限早、無限後，一句話，它就是終極。

它又虛空（沖或盅）又淵深，它似乎是萬物之宗——萬物的起源與歸宿。這是無法證明也無法證偽的。因為人類是有大的概念的、有深的概念的、有總括與綜合的概念的。那麼大到終極、大到無限，深到終極、深到無限，總括到綜合到終極、總括並綜合到無限，我們得到的是什麼呢？有沒有一個概括一切、主導一切、包容一切、恆久、奧妙無窮的東西在那裡接著呢？有的，它就是道。

這其實比把這個最後的終極概念說成是某個神祇更難以質疑、難以駁倒。因為如果是神祇，你可以用A神祇否定B神祇、用C神祇或無神祇替代A與B神祇，你卻無法否定與替代無限大、無限深、無限遠、無限久的概念。要知道，連數學也承認這樣的關於無限的概念。道就是無限、無量與無等（後兩者是佛學的概念，但我們可以以老子的理論幫助我們去理解它），道是一切。正像無限大乘上零趨向於一切、趨向於任何數一樣。

挫銳解紛、和光同塵的意義在於道也是生活，是與自然而然的生活密切結合的，大道並不是凌駕於生活之上的壓迫者、裁判者，更不是懲罰者。和光同塵用現在的語言來說，就是貼近生活、貼近實際、貼近人眾（那時候還沒有大眾或人民一說）、面向俗世。小有見識的人往往自以為是凌駕於眾人之上，其實菁英意識如果脫離了生活意識，就會自命不凡地成為形而上意識，自以為大如天宇，自視重如泰山，而視生活、視百姓如草芥，也就變成了凌空蹈虛，變成了斷線的風箏。

真正的菁英，那個時候叫做聖人，卻應該是密切聯繫生活的：大洋若土，大雅若俗，大智若愚，大思想家若平常人即你我。自稱思想者的人整天演練思想的肌肉塊、思想的健美操，而真正的學問、真正的見地卻普普通通，真理比謬論一般來說要樸素得多、實在得多。

正如車爾尼雪夫斯基所說：美是生活（而不是淩駕於生活）。也如四明天童無際了泒和尚所講：

> 佛法在你日用處。在你著衣吃飯處。在你語言酬酢處。在你行住坐臥處。在你屙屎送尿處。擬心思量便不是了也。咄，啼得血流無用處，不如緘口過殘春。

真正的大道也是這樣，它是生活，它是自然，它是樸素和真誠。

中國的佛學顯然也受到了道家道教的影響，反對造作與誇張，反對高高在上，反對裝腔作勢、藉以嚇人，反對捶胸頓足、哭天搶地，反對擺出動輒一個人與整個地球開戰的架勢，主張自自然然、平平淡淡。

這是因為，不論你對思辨與感悟有多麼偉大神奇奧妙、超凡入聖的激情與驕傲，你的一切認知仍然來自生活、來自塵世、來自此岸。一切的形而上的偉大，都離不開形而下的基礎。彼岸的信息再神聖，只有下載到此岸以後，才能討論解悟。大道似有或有，這一章中用了似與或兩個字兩次：「或不盈。淵兮似萬物之宗……湛兮似或存。」老子在此章中流露了他的唯道論的似或性、模糊性、揣度性，叫做「好像」、「或許」，這樣的詞並不執著堅硬、並不盛氣凌人，這也是必須和光同塵的依據與表現。你能夠掌握的也只是大概其，你能不和光同塵，反而自我運轉、自給自足而且不可一世嗎？

大道是看不見摸不著的，大道又是表現出來的、下載出來的、顯示出來的。大道演化出來就是生活、是日常、是著衣吃飯、是言語酬酢、是行住坐臥、是痾屎送尿，當然也是有為與有言、有治與有欲，是尖銳與紛爭、是社會與人群的熙熙攘攘。

老子的偉大與貢獻，甚至還有他的幽默感，恰恰在於他從尖銳中看出了挫其銳的必要與道行，從紛爭中看到解除紛爭的必要與道行，從有為有欲中看出無為而治、無欲而幸福的必要與道行，從熙熙攘攘中看出了沖、虛、盅的必要與道行，從泰山壓頂的威權中看到了月盈則虧、水滿則溢的結局。

在這裡，你要挫隱的光可能是大道之光，你要認同的塵世是非道、無道、對道缺乏自覺的塵世，思想家的貢獻恰恰在於從道的光輝中體認到不使這種光芒太刺眼的必要與道行。從塵世的非道、少道、道甚稀缺中認識到大道的無疑存在，大道正是在非道、無道、缺失大道中作用著與主導著，我們要善於從非道、無道中學會體認大道的必要、道行、學問。

就這樣，老子超越了或者是含糊了唯物論與唯心論之爭，含糊了無神論與有神論之爭，含糊了此岸與彼岸即人界與神界、這一輩子與死後之爭。

大道是精神，也是生活。大道是物質，也是精神的最高級、最深邃、最遼闊的終極。既然到了終極，既然到了無限遠處兩條平行線都相交了，既然到了無限大處零都能夠變成任何數，既然那時的零與任何數與無限大的區別都消失了，精神與物質等還有什麼區別？

第五章　天地不仁

天地不仁，以萬物為芻狗。聖人不仁，以百姓為芻狗。
天地之間，其猶橐籥乎？虛而不屈，動而愈出。
多言數窮，不如守中。

天與地是不講仁愛的，他們將萬物視如草芥——草紮的祭祀用的狗，任其生滅存毀。大人物——有道行的人也是不講仁愛的，他們視老百姓如草芥——草紮的狗，任其生死存毀。

天地之間，不就像個橐籥（讀駝月）——羊皮風箱袋嗎？空無一物卻不會窮竭，愈是操作，它出來的風就愈多。

話說多了反而容易理屈詞窮，不如保守一點，保持一個恰當的度。

我不知道老子是怎麼樣寫下第五章的開頭兩句話的。我每每讀到這裡，都受震動，心怦怦然。我感到的是何等地冷酷！天地不仁！聖人不仁！這更像是竇娥喊冤的戲詞啊！

卻為何天地清濁你不辨？

卻為何人世黑白顛倒顛？
問蒼天為什麼縱惡欺善，
問大地為什麼橫遭奇冤，
地啊地，不分好歹你何為地！
天哪天，錯勘愚賢你枉為天！

不仁是一個很重的貶詞啊！不是嗎？我們如果講誰「為富不仁」，不是像在批鬥惡霸地主黃世仁嗎？

然而老子說的是一個真理，至少是一部分真理。天地不仁，這是對的，至少是有相當真理性的。這是許多人許多年來不敢正視的事實。老子最明白，仁愛的另一面是厭棄、嫌惡，無仁愛也就無厭棄、無嫌惡、無偏向、無感情。對於天地，不要太自作多情了吧！如同王小波的名言，不要瞎浪漫了吧！天地生成了萬物、培育了萬物、造就了萬物、愉悅著萬物、振奮著萬物，也毀滅著萬物、試煉著萬物、折磨著萬物。天地為萬物準備了盛宴也準備了毒酒、準備了慶典也準備了喪儀、準備了轟轟烈烈也準備了冷冷清清、準備了天公地道也準備了沉冤海底、準備了善良感動也準備了野蠻殘忍。天地的多情其實是無情的表現，是可能多情也可能無情、可能親愛也可能惡劣的表現。多情反被無情惱，不要再對著蒼天闊地哭天抹淚、自作多情了吧！

其實類似的思考並非從老子始，《論語》裡就講了孔夫子的話：「天何言哉，四時行焉，百物生焉，天何言哉？」還有《詩經．大雅．文王》說：「上天之載，無聲無臭。」《禮記．哀公問》說：「無為而物成，天之道也。」《春秋繁露．深察名號》說：「天不言，使人發其意；弗為，使人行其中。」所有這些話，意在說明天並非有意志、有愛憎、有目的地做什麼或不做什麼。

但是老子最徹底。他一句天地不仁，給了你一個透心涼！於是，你看透了：天地壓根不管你人間的愛心啊、人道啊、憐憫啊、苦難啊、救贖啊……這麼多難分難解的事。

天地不仁，聖人不仁，這是兩枚大殺傷力炸彈，多少中產、小資、白領、妙齡、詩意的玫瑰色軟趴趴（讀piâ）一廂情願瞎浪漫的世界被它炸毀啦！

再說聖人不仁，就更複雜、更敏感了。

第一層意思，聖人是有道行的人，他掌握的、遵循的是大道，是無為而治、不言而教的道行，他不需要婆婆媽媽、婦人之仁，更不會在仁的名義下去干擾、去妨礙對於真理的認知。去干擾百姓的正常的自然而然的生活。聖人無為而無不為，不言而自教。他的不仁是最大的仁，無情是最大的情：有利於而不是有害於百姓的生活幸福自在。

第二層意思，孔夫子辛辛苦苦地講仁，是不是講出了一大堆矯揉造作、假仁假義、條條框框、競相標榜、互相責備、勞民傷財、口焦舌燥呢？還不如少說假大空話，多讓老百姓自自然然地過日子。

第三層意思，聖人是大人物，大人物做的是修身齊家治國平天下的大事，而不是我愛你、我同情你、我心疼你、我是你親兄弟姊妹等的感情用事。聖人辦大事的過程中，不是不知道要付出代價，不是不知道要奮鬥就有犧牲，死人的事情常常發生，但是如果因此就心慈手軟、纏纏綿綿，該出手時不出手，還算什麼聖人？只能算是廢物。聖人的不仁，方是大仁：這就是不仁者大仁也的解釋。

第四層意思，老百姓不能指望天地的憐憫、聖人的憐憫，不能嗷嗷待哺望穿雙眼地指望得到仁愛、得到賞賜、得到溫馨、得到援手。老百姓要做好一切準備，艱難困苦，忍辱負重，好自為之，自己幫助自己、自己解放自己、自己發展自己。

不靠天地，不靠聖人，這就是解放自身的開始。

老子的許多言語是教人柔弱（至少是表面上）而不是教人剛強的。然而，經過天地與聖人兩個「不仁」的殺戮與洗禮，你客觀上會變得成熟些、堅強些。

認真讀《老子》的人，雖然未必因了老子而堅強雄壯，卻也不會因了老子而柔弱到哪裡去。原因在此。

天地不仁與聖人不仁，這兩句話是相當殘酷的。然而通觀老子，他並不凶惡，講起戰爭兵法，他頗有仁義之心。那麼對他的「殘酷」，我將稱之為智慧的殘酷。這與人性惡中的殘酷不是一回事。

老子個人未曾做過什麼殘酷的事，但是他看穿了人性中的醜惡、看穿了仁義道德的無力、看穿了多言只能數窮，不管你講出多少花朵雲霞。他還看出了百姓的沒有力量，聖人的沒有可能過於仁慈，天地的不聞不問，仁愛的有些時候的無濟於事。他看出了如黑格爾所說，你想進這間房子，結果只能是進那間不同的房子。他看出了許多美善的幻想都僅僅是一廂情願。他的智慧有可能衝擊了善良、衝擊了（對於天地與聖人的）信念、破壞了溫馨浪漫。他看出了許多人的對於美善的願望，恰恰在推動著他們做一些緣木求魚、南轅北轍、徒勞無功、適得其反的蠢事。他看出了多少人把蠢事當作大事、好事、聰明的事、非做不可的事，得意洋洋、熱火朝天地做著。他明明知道自取滅亡的人常常自以為是背起了十字架；異想天開的人自以為是在扭轉乾坤；好勇鬥狠的人自以為是在垂範千古。想著一步登天的人只能是滾入泥沼，也就是如西洋哲學家所講的：由於某種走入天堂的願望，而把自己推進地獄。

智慧對於百姓，有時是殘酷的。魯迅的許多文字中表達過這種殘酷感——

……於浩歌狂熱之際中寒；於天上看見深淵。於一切眼中看見無所有；於無所希望中得救。……

……有一遊魂，化為長蛇，口有毒牙。不以嚙人，自嚙其身，終以隕顛……

出自《野草・墓碣文》

我們知道了一個說法，叫做智慧的痛苦，我們現在又體會到了智慧的嚴峻與殘酷。真理有時候是嚴峻和帶幾分冷酷的。我們可以再舉一個更震動的例子：革命導師強調暴力革命的不可避免，這並不是因為導師本人的暴力傾向。導師本人並沒有嗜暴施暴的紀錄，他只是把帶有苦味的真理告訴人眾。明明見到了不仁、見到了暴力、見到了愚蠢，是告訴人們這是不仁、這是暴力、這是愚蠢才算得上仁慈呢？還是隱瞞這一切，用美麗的童謠與兒歌的虛擬，代替對於世界的觀察與思考才算仁慈呢？

仁與不仁，全在一心。

有時候貌似不仁實為大仁，但是也要警惕以此為理由而公然否定一切的仁愛、愛心。做為世界觀，仁是不夠用的。做為人際關係倫理關係，例如中國人講的五倫，當然沒有愛心不成。

當然，老子的結論與魯迅與革命導師根本不同，他的結論要消極得多，他的結論對於自強不息的、積極有為的人生觀、價值觀是一個補充，對於急性病、浮躁與唯意志論，對於假大空與夸夸其談，則是一個必要的矯治；對於一個社會、一個人的人生全部，卻遠不夠用。

這樣的假定根本不存在：我只讀過《老子》一本書，只寫過《關於老子的手下》這一本書。或者是讀者只可能讀這樣一本書。所有關於只有一本書或只讀這一本書的設想，從而引起的擔憂、反感、辯駁的衝動，都是無的放矢。

這裡還有一個問題值得討論。此前，老子一直講的是道，這一處講到了天地，大道比天地抽象也籠統得多。天地，是道的硬體，我想是這樣。天地是硬體，才要強調它的非意志非仁愛性、它的生活性、它的自然性。老子的道有兩方面的含意，從硬體上說是自然、是天地、是惚恍與混沌；從軟體上說是道理、是法則、是規律、是程序、是定義，是本質與概念之神、概念之王。同時，二者都意謂著無限大，都具有想像性、模糊性、似或性。

這裡還有一個大問題，芻狗的含意重心何在？臺灣友人、老子研究專家陳鼓應教授，將之解釋為令萬物自生自長。這太溫柔了，這顯然是陳老師的仁厚慈祥之心投射到了老子身上與書上。竊以為，芻狗的核心意義是它們的毀滅或被毀滅的結局。萬物都存在著生、起、壞、滅，最後是滅。百姓的個體，最後也是死亡、是壞滅。中國少有哲學家如此鄭重而又無情（即不仁）地討論毀滅的問題。

然而，毀滅或壞滅，存在於時時刻刻、每分每秒。它與生成，與生命、生起，永遠緊密相連。沒有生命就不會有毀滅，反過來說，沒有壞滅也就無所謂生命。如果你的存在只有永生、只有萬壽無疆一種狀態而沒有死亡的結局，那麼你的生又有什麼比照、證明、彰顯與意義呢？沒有人死，哪兒來的人生？永生者，活了一萬年和沒有活過一天有什麼區別？一歲與百萬歲有什麼區別？幸福與不幸有什麼區別？

我始終佩服印度教的教義：宇宙中有三位主神——梵天、毗濕奴和濕婆。梵天是創造萬物的始祖，是創造之神；毗濕奴是宇宙的維持者，是保護之神，並能創造和降服魔鬼；濕婆是毀滅之神，有說是第三位的主神，也有說祂（她）才是最大最重要的主神。祂是世界的破壞者，以男性生殖器為象徵，變化莫測。這最後的描述頗有些幽默，原來幽默也是通向真理的一個路徑，哪怕是排在最後的一個小路曲徑。所以說「曲徑通幽」。幽，是幽深、是幽雅、是幽暗、是幽靈，也是幽默。完全沒有幽默感的人表現了自身的心智不全、人格不全，當然不能很好地去接受真理、發現真理、解悟真理。

生成與毀滅，生起與壞滅，都是天地與聖人的應有之義，都是大道的體現。萬物可以成為芻狗，人眾（百姓中的一個個個體）可以成為芻狗，不必哭天搶地。而大道永存，虛而不屈，動而愈出。這使我們在被潑了一通冷水之後，感到了安慰與澄明、從容與踏實。

把天地比喻成橐籥，別開生面。這是形象思維，也是生拉硬拽。老子驚異於風箱中嘛也沒有，卻鼓出了無盡的大風，使爐火熊熊，使溫度升高，使爛鐵成鋼成器。他從中悟出了「無」的偉力。其實橐籥那裡不是無，而是空氣大大地有。老子那時候還沒有對於空氣的認知。

古人也有將天地做各式比喻的，多半是喻成房屋、帳篷。如蘇軾的詞：

> 醉醒醒醉。憑君會取這滋味，濃斟琥珀香浮蟻。一到愁腸，別有陽春意。須將幕蓆為天地，歌前起舞花前睡。從他落魄陶陶裡。猶勝醒醒，惹得閒憔悴。

蘇軾的天地裡充滿了春意、酒意、睡意、才子意。他是無中自有千番愁、千番醉。

而《敕勒歌》裡則是這樣唱的：

敕勒川，陰山下。
天似穹廬，籠蓋四野。
天蒼蒼，野茫茫，風吹草低見牛羊。

這是講無的背景下的有，由於無的背景，才有如許蒼茫。著名的張打油則吟詠大雪後的天地說：

天地一籠統，井上黑窟窿。黃狗身上白，白狗身上腫。

天地一籠統云云，倒有點不小心撞到老子身上的味道。籠統接近於混沌、接近於恍兮惚兮、接近於道了。

至於把天地比作橐籥，只有老子一家。但三首詩（詞）裡，都有那種「虛而不屈，動而愈出」的味道。嗚呼天地，多少人物在你這裡生滅，多少故事在你這裡始終，多少智慧在你這裡光耀，多少歌哭在你這裡感動！你當然不會屈、不會不出了，你如果屈了、不出了，還有什麼東西能夠剩下？

認識真理，尤其是力圖靠近終極的真理，僅僅靠邏輯推論、靠實驗與演算、靠實證的綜合是不夠的，也要靠形象思維、靠靈感悟性、靠假想猜測，有時候也或有生拉硬扯。橐籥的比喻是有趣味也有內涵的。虛而不屈，動而愈出，無中生有（雖然空氣是原有的，風動卻是「愈出」出來的），不終不竭。老子喜歡觀察這種相反相成的事例，喜歡琢磨黑中之白、無中之有、敗中之勝、弱中之強。他喜歡從反面琢磨道與理。

還有一個細節：任繼愈的《老子新譯》的有關注解中，提到據吳澄解，古代的橐籥是由皮口袋製成的。太棒了，因為至少在新疆，農村鐵匠至今仍然用著羊皮口袋做的「風箱」，我親眼見過多次。有關老子的知識裡，不無生活細節，不無生活氣息。

第六章　谷神玄牝

谷神不死，是謂玄牝。玄牝之門，是謂天地根。綿綿若存，用之不勤。

虛下之谷中的神魂，是長存的，是不會死的。它正像那個看不見的、最最深遠巨大的子宮、母體、女性生殖器，叫做玄牝。玄牝的門戶，就是天地萬物產生的總源起。雖然你看不見摸不著，然而，它或似存在著，而且作用起來、使用起來無盡無竭。

第六章講的仍然是大道。正像某些宗教對於造物主的講說：主有九十九個名稱，代表主的九十九種美德。大道也有許多名稱，谷神——此前沒有講過的一個稱呼，便是其中的一個。谷是說它的虛下、不滿、不實、不硬、不爭、不往上衝、不往上冒。神，是說它的神性、精神性、靈動性、抽象性、隱蔽性和神奇的效驗性。

與世界各國各地一樣，古人對於生殖器、尤其是女性生殖器有一種崇拜，不論多麼偉大的生命，都結精或結晶在這裡、產生在這裡、孕育在這裡、準備在這裡。它當然具有大道的屬性。虛下若谷，綿綿若存，用之不勤（盡）便是它的美德之一斑。中國的生殖崇拜沒有變成普及的圖騰拜物（少數民族中有類似的圖騰），而是成為概念神——道——大道的形象代言者。這很高妙。

在風箱的動而愈出後邊，緊接著是玄牝的比喻、天地之根的形容，恐非偶然。動而愈出的說法與玄牝的說法，不無聯想與聯繫，這也很自然。《易經》上講「陰陽交合，物之方始。陰陽分離，物之方終」，其思路與老子之說相近。研究哲學乃至神學的人，無不重視對於性、對於男女之事、對於人的生命的起始的觀察與思考，並從中得到啟示。天地根的說法甚至可以使人想起陽性生殖器，這可能並非妄言。這也是道不可與生活分離的例證。

通過這最簡短的一章，老子表達了他對於生命的讚美、對於母性陰性的讚美、對於道的讚美。《易》曰：「天地之大德曰生。」顯然，老子接受了《周易》的這個觀點。《周易》不愧是中華文明之源。

第七章 無私成私

天長地久。天地所以能長且久者，以其不自生，故能長生。是以聖人後其身而身先，外其身而身存。非以其無私邪？故能成其私。

說是天長地久，為什麼天能長地能久呢？因為天與地都並不在意自己的存在，不認為自己屬於自己所有，不為自身做任何事情。不關心自己的生存，就能生存長久了。不那麼全神貫注於自身的生存，反而能長久地生存了。

聖人後退不爭先，反而能走到前邊。把自身置之度外，反而能保護自己（與自己的權益）的存在。不認為自己能夠得到什麼，反而能確實有所得到。有道行的人是不為自己的私利打算的，所以能成就他自身的私利。

不同的境界對此會有不同的解讀。第六章的中心是無己無私。你可以僅僅將無私做為手段、做為形象工程，以無私為表象，以成私為目的。然而，狐狸的尾巴是難以久遠藏住的，你偽裝的結果可能是一時的得計與漸漸敗露與最終失敗。

而如果你有足夠的境界，足夠的理念、胸懷與信心，那麼成不成其私，根本不是需要你計較的問題，你總是有更高明一層的思想與關懷，你總是有更深遠一層的見識與思考，你總是有更前瞻一步的規畫與希望，你總是有更優越的見識、風度與成就。至於你的個人私利，即使你還做不到百分之百地置之度外，也完全能做到一笑置之、聽其自然、無可無不可，而把精神頭腦用在真正的事業、真正的大道追求上。

老子有什麼「私」可資誇耀？當了幾年圖書管理員，騎著青牛出了函谷關，成為魯迅《故事新編》中的不無滑稽的角色之一。但是他的《老子》又名《道德經》一書流傳千古，他還有什麼私，欲成而未成呢？

老子的這一段話可以視為忠言。他話的反面解釋便是，如果你太在意自身，如果你一心自我經營，如果你老是往前搶、錙銖必較，反而什麼也得不到。有時，你愈是經營自身，完蛋得就愈快。你的私心愈重，愈是時時事事為自身著想，愈是成為笑柄、暴露醜態，也就愈是什麼都做不成。

這一段話是最好懂、最不奧妙卻也最難做到的。熙熙攘攘，大千世界，各種蠅營狗苟的事我們看得還少嗎？跑官的、跑財的、跑關係的、炒作不已的、洋相百出的、辛辛苦苦的、徒勞無功的、輕舉妄動的、用東北話來說嘚嘚瑟瑟的、適得其反的，我們還見得少嗎？還需要舉例子嗎？

連一個體育比賽、一個運動遊戲也是如此，如果你競爭的私心發展到吃興奮劑的程度，下場會如何呢？如果你私心雜念過重，那麼你在比賽中必定失常、必然輸掉。相反，如果你目光高遠、心態平衡，才是最佳狀態。

有意栽花花不活，無心插柳柳成蔭，原因就在於，太有意在意刻意經意為己營私，跑鬧叫跳，私心就變成了雜念，動作就會變形，言語就會走板，態度就會失常，發揮就會受損，見解就會偏執，心態就會不安，你會變得嚕囌、狹隘、神神經經、咋咋呼呼、鼠目寸光、小肚雞腸、小人常戚戚、鬼鬼祟祟、氣呼呼、惡狠狠……最後只能是孤家寡人，貽笑大方，一事無成，留下笑柄。

本章無私故能成其私，也可以歪批《道德經》，做一個調侃解。老子本來無私，他強調的是無私才有可能成就一二事情，才能不像一些蠢才那樣一事無成。這樣，他的無私，便成了他的有私的證據，據此可以羅織出老子最私最狡猾最精於算計過於聰明的罪狀。

就以此章為例，老子是從天長地久說起的。天地所以能長且久者，以其不自生，故能長生。他師天法地，告訴人們不要太自我經營、太一心為己、太追求長生。他認為天地之所以能夠長久、長生，正因為天地並不為自身打算。他接著勸導世人要向聖人學習、以聖人為榜樣，把自己放得靠後一點，放得遠一點、邊緣一點、靠外一點，所有這些您都忘掉了，只記住他說了身存身先成其私。

老子講的是大道，但是他也提到了具有長遠眼光的利益選擇、利益判斷、何者才是長遠利益。你讀了一遍，大喜。看啊，老子也與我一樣地為自身打算，考慮私利……你呀你！

讀《紅樓夢》也有這樣讀的，讀來讀去只讀到了幾句不雅的黃話，乃斷定《紅樓夢》與他一樣地黃。

第八章　上善若水

上善若水。水善利萬物而不爭，處眾人之所惡，故幾於道。

居善地，心善淵，與善仁，言善信，政善治，事善能，動善時。

夫唯不爭，故無尤。

最好的狀態是水的狀態，最好的品德是水的品德。水善於給萬物以好處，卻不爭取自身的利益。它不拒絕待在別人不願意待的地方，所以接近大道。

它總是待在最適宜的地方（給自己的定位恰到好處），它的心胸深遠闊大，它的交往和善親切，它說話誠信可靠，它為政為得良好、做事做得成功、行動符合時宜。

由於它不爭奪什麼，不與誰發生爭執，也就不會有什麼過錯或被埋怨。

第八章講的上善若水，是一句名言，也是一句美言，它家喻戶曉、琅琅上口。一個上，一個善，一個若，又一個水，立刻產生美感，雖然你一時不容易弄清它的含意，然而它確實膾炙人口。這說明含意是重要的、解讀是必要的，但不是唯一的。感覺也是同樣地重要，直觀、審美與聲韻，修辭與造句，或者用古人的說法叫煉字與煉句，也同樣可能給人以愉悅與啟示。

水本身給人的印象極好。它有利於萬物，為生命所不可或缺。它滋潤萬物，提供生機，提供生長，提供靈動。它晶瑩乾淨，為一切洗滌清潔所必需。它流動適應，充滿生機動感。它映射天空大地，自己卻無色透明。它容納一切，對萬物一視同仁。它構成風景，美麗純潔……上善若水，這樣美麗的精采絕倫的話語，真不知道老子怎麼想出來的。

上善為什麼若水？若水的什麼？怎麼個若水法？怎麼樣學習它的那個若水法？老子都沒有細講，僅四個字，給了你想像與解讀的空間。這也是老子儉嗇主張之體現吧！無聲勝有聲，少言勝多言。

同時他講了居善地：就是說水能夠很好地給自己定位，不往上跑，而是往低處走，叫做人往下走，眼睛向下。心善淵：水有廣闊的心胸，有很好的容受性，有容乃大，切莫狹隘封閉，鼠肚雞腸。與善仁：就是說做到與人為善而不是與人為惡，不是一腦門子官司，老看著旁人欠他一百吊錢。水滋潤萬物，而不毀壞什麼。當然有破壞性的水害，但是那種水害的能量來自外力：風力、月球的吸引力、由於過分蓄積而造成的勢能等等，並不是水要害人。言善信：說的是水說到做到，聲響到流到，並無虛誇，從不欺世盜名。政（正）善治：水能滿足乾渴、滿足群體的需要，能推動水車，能做到一些需要它做的東西，它有自己的規律和章法，有自己的穩定性規律性與可持續性，這樣為政，就不會擾民害民，就不會忽左忽右、強橫霸道。事善能：水有水的多方面的能力、能量，沖流，浮載，灌溉，洗滌，溶解，調節等等，從不失職。動善時：到了一定的高度，受到了一定的推動或者吸引，該啟動就啟動，不會輕舉妄動，也不會麻木不仁。這裡的關鍵是它給自己的定位從低，它不爭奪競爭，它從不自出心裁，它永無過失。

這樣解釋完了仍覺未能盡意。還是引用一些歌頌水的美景美德的詩句與名言吧！

子在川上曰，逝者如斯夫，不舍晝夜。（《論語．子貢》）

仁者樂山，智者樂水。（《論語．雍也》）

水的流動是時間的形象代言，水的流動是智慧的象徵。水在告訴我們一些更大、更根本的東西。願我們的知性永遠像水一樣靈動清明、永不乾涸。

滄浪之水清兮，可以濯我纓。滄浪之水濁兮，可以濯我足。（屈原《漁父》）

清而不矜，濁而不惡，掬之可用，源源不絕。

問渠哪得清如許，為有源頭活水來。（朱熹）

道就是最大的源頭活水！道永遠清如許！

君不見黃河之水天上來，奔流到海不復回……（李白）

無邊落木蕭蕭下，不盡長江滾滾來。（杜甫）

金濤澎湃，掀起萬丈狂瀾，濁流宛轉，結成九曲連環。（光未然）

桃花流水杳然去，別有天地非人間。（李白）

月光如水照緇衣……（魯迅）

上善若水，月光如水。上善可如月光？清幽明澈，潤澤大地，而且有一種柔性。所以是：

隨風潛入夜，潤物細無聲。（杜甫）

風乍起，吹皺一池春水。（馮延己）

與「春江水暖鴨先知」（蘇軾）一道，告訴我們，水最知春、樂生、有大愉悅焉！

流水落花春去也，天上人間。（李後主）

水也惜春。春亦惜水乎？

……這些言說，都比逐字逐句的解釋更好，這也是「道可道，非常道」的證明。上善若水者，常道也，非可盡道也，保持對於水的詩性感覺比詳加解說更善、更若水。

從這一章裡我們還可以得到一個啟發，老子在第二章裡已經對美呀善呀提出了質疑，但是此章裡講了那麼多善字。可見，善的價值老子仍然是承認的，不論做善良、和善、善心、善意講，還是做以為然——稱善講，或者做善於、善為、善舞、善賈講即做為副詞講、做擅長講，都是一種正面的價值標準。

第九章 功遂身退

持而盈之，不如其已；揣而銳之，不可長保；金玉滿堂，莫之能守；富貴而驕，自遺其咎。功遂身退，天之道也。

抱在懷裡，滿滿堂堂？不如就此罷休、放下。鋒芒畢露，尖銳刺人？不可能長久保持銳利的。金玉滿堂，光芒四射？你守護得住嗎（總要慢慢地走失）？財大氣粗，由於富貴榮華而傲氣沖天，你這是自找毛病、自找倒楣。

事情做成了、成功了，也就該急流勇退了，這才合乎天道呀！

第九章的中心是講物極必反、毋為己甚、急流勇退、見好就收。這樣的道理在我國已經成為常識，各種說法很多，但是做到的很少很少。

這一章應該說是最少爭議的。傳說孔子撰述的《尚書》中已經提出了「滿招損，謙受益」的濟世良言。直至社會主義的中國，毛澤東講「謙虛使人進步，驕傲使人落後」。孔子、孟子都用水做正面的形象說事。而盈、銳、滿、驕，也不見有人不承認它們是四害。

《紅樓夢》裡秦可卿臨死前給王熙鳳托夢，就講了一番這樣的道理：

常言「月滿則虧，水滿則溢」，又道是「登高必跌重」。如今我們家赫赫揚揚，已將百載，一日倘或樂極悲生，若應了那句「樹倒猢猻散」的俗語，豈不虛稱了一世的詩書舊族了！

又說：

否極泰來，榮辱自古周而復始，豈人力能可保常的？

早在老子的時代，春秋後期或者戰國早期，老子已經看夠了多少盈、銳、滿、驕的個人或者勢力，包括政權「其興也浡焉，其亡也忽焉」，就是說一個王朝有時起得也快、垮得也快。而垮的原因，恰恰就埋伏在它起時興盛時看好時的盈、銳、滿、驕之中。

《史記》裡記述了太多的盈、銳、驕、滿，直至滅亡的故事。人所周知的項羽、韓信不說了，《范睢蔡澤列傳》中的蔡澤，司馬遷其實沒怎麼寫他的經歷功績，而是專門寫了一段他怎麼樣說服范睢功遂身退。蔡澤是這樣說的：

今主之親忠臣不忘舊故不若孝公、悼王、句踐，而君之功績愛信親幸又不若商君、吳起、大夫种，然而君之祿位貴盛，私家之富過於三子，而身不退者，恐患之甚於三子，竊為君危之。語曰：「日中則移，月滿則虧。」物盛則衰，天地之常數也。進退盈縮，與時變化，聖人之常道也。……今君之怨已讎而德已報，意欲至矣，而無變計，竊為君不取也。

多麼有趣，日中則移，月盈則虧，水滿則溢，雖然具體說法略有不同，其基本精神卻是從謀臣蔡澤到老子，再到清代小說《紅樓夢》中甯國府的美人秦可卿少奶奶的共識。而功遂身退，或者用一個更加通俗的說法叫做急流勇退，更是為人所稱道。蘇軾有《贈善相程傑》詩曰：

火色上騰雖有數，急流勇退豈無人。

不退，老在火上騰騰，好嗎？

而明朝馮夢龍在《警世通言》卷三十一中的說法是：

官人宜急流勇退，為山林娛老之計。

著名的單弦牌子曲《風雨歸舟》就是專門寫「卸職入深山，悶來時撫琴飲酒……」之樂的。都愛聽，都不愛這樣做。

那麼許多人為什麼有此認識卻無此行動，即做不到急流勇退，直至自取滅亡呢？蔡澤也有個說法：

且夫翠、鵠、犀、象，其處勢非不遠死也，而所以死者，惑於餌也。蘇秦、智伯之智，非不足以辟辱遠死也，而所以死者，惑於貪利不止也。是以聖人制禮節欲，取於民有度，使之以時，用之有止，故志不溢，行不驕，常與道俱而不失，故天下承而不絕。昔者齊桓公九合諸侯，一匡天下……吳王夫差兵無敵於天下……遂以殺身亡國……此皆乘至盛而不返道理，不居卑退處儉約之患也。

他講得好，是貪欲和誘餌使人類或鳥類退不下來，是至盛的處境使人熱昏，拒絕退下。蔡澤的論述洋洋灑灑、旁徵博引、高屋建瓴，後邊還舉了商鞅、白起、吳起、大夫种的例子，都是該退不退，終至殺身之禍。其實這更像是司馬遷的議論——借題發揮，而不大可能完全是蔡澤的原話。《史記》通過蔡澤之口，從理論上論道：

易曰「亢龍有悔」，此言上而不能下，信而不能詘，往而不能自返者也。

原來這裡已經提出了能上能下的富有當代性的命題。而蔡澤的整個的「上而能下、信而能詘、往而能返」的主張，頗似來自老子的真傳。

當然客觀分析起來，當退不退的原因也與體制有關、與選擇的可能性是否存在有關，並與人的結構素質有關。一個人如果除了一種職業、一種身分、一種語言以外其他什麼都不懂，他還能退個什麼勁呢？我就聽到一位參加革命多年的老朋友退休（即離休）前的講話，他說，我自少年時代參加革命，從來沒有離開過革命的隊伍呀……他已經聲淚俱下了。

或有學者討論，功遂而身退中的退字，並不意謂著退休退出，而叫做避位而去，而是指的斂藏、不張揚膨脹。這樣的解釋雖然靈活，卻可能為戀棧者留下了藉口。什麼叫身退，一般人都掰扯得分明，不再深入討論，不受學問的迷惑也許更好。

這裡還有一個說法，叫做功遂身退是天道。這也可以用蔡澤的話來說明，日中則移，月滿則虧，都是天象天道。類似的事例多了去了：夏盡秋來，夜長破曉，斗轉星移，陰晴寒暑，無不一一向著對立的方面轉化。嗚呼，天若有情天亦老，人間正道是滄桑！縱使千年鐵門檻，終須一個土饅頭！退步抽身的道理講了幾千年，又有幾個做到了呢？

同時，世界上的道理、大道並非只有一個方面、只有一種言說表述的方式，並非沒有悖論，至少是與之相反相成、互悖互補的論存在，就是說也有堂堂正正的「反身退」的道理：其中一個說法就是「鞠躬盡瘁，死而後已」，自有其感人處。雖然感人，卻未必明智。你是死而後了，盡了瘁了與「已」了，事業呢？國家呢？百姓呢？對他們是有好處還是沒有好處呢？

第十章　如嬰兒乎

載營魄抱一，能無離乎？專氣致柔，能如嬰兒乎？滌除玄覽，能無疵乎？愛國治民，能無為乎？天門開闔，能為雌乎？明白四達，能無知乎。生之，畜之。（生而不有，為而不恃，長而不宰，是謂玄德。）

你的靈魂，你的精神，能不能永遠與大道在一起，而不分離、不撒手呢？你集中自己的注意，使自身溫柔和善，能不能像一個嬰兒那樣呢？你經常洗滌你的頭腦與心胸，能不能做到乾乾淨淨、無瑕無疵呢？你又愛家國（國君）又要治理好百姓，你做得到不矯揉造作、不苛刻繁瑣、不主觀武斷、不強迫命令，而是無為而治、聽其自然嗎？你的各種器官運轉開闔，你的所思所感起起伏伏，你能不能做得到平靜沉著從容呢？你既然那樣明白事理、信息通達，能不能少用或不用什麼智謀，而自自然然地做事為政做人呢？

（「生而不有……是謂玄德」句，與第五十一章結語重複，依陳鼓應轉依馬敘倫說，將之移至第五十一章再論。）

第十章全部是用提問的方式來展開自己的論述的。這裡帶有一種不確定性與呼籲性、祈使性。

這是一種理念，這是一個高標準，這是一個請求。這是如美國黑人領袖馬丁・路德・金的說法：「我有一個夢。」能做得到嗎？能不能做到呢？你為什麼不這樣努力呢？何不更符合大道一點、更大氣和雍容一點呢？

抱著唯一的大道，不離不棄這樣的大道，堅守這樣的大道，忍受得住各種眼皮子底下的利益誘惑與宵小的騷擾，禁受得了歷史與人生的種種試煉，這是第一位的要求與忠告。這就是說，任你千變萬化，我有一定之規，這就是靜氣、定力、涵養、明辨，這是修身做人的大功夫。

致柔與守雌為雌，含意接近。這與西方世界對於紳士的理解也是一致的。紳士gentleman，意譯是文雅的（男）人，硬譯則是輕柔的人。我二十世紀八〇年代接觸過一些歐洲紳士，他們給我的最深最強烈的印象，是他們細聲細氣，有時候像是低聲下氣，與中國人的大丈夫的豪氣不同，與許多美國中西部的農家子弟也不同。你查《牛津英漢詞典》，它對gentle一詞的解釋是和善的、友善的、溫柔的與輕輕的。這與老子的要求一致，然而英語中的gentle的含意在於文明禮貌舉止，老子的出發點則深廣得多，那是在於大道、在於哲學、在於做人和行政，以及做一切事。

如嬰兒的含意還有待進一步考量。人這麼老大了，一大把年紀了，還細細柔柔地像是個嬰兒，嬰兒純潔，嬰兒無心，嬰兒是弱者弱勢，嬰兒是毫無侵略性擴張性的，嬰兒不爭不計較不吹噓不炒作不經營不假大空與假冒偽劣。原來老子認為，在人的成長過程中，在人的學習與積累經驗的過程中，失去了許多原生的優秀與自然而然的符合大道的東西。這倒像是我在半個多世紀前寫的《組織部來了個年輕人》中的表述了，一個人「經驗要豐富，心地要單純」。這帶點烏托邦，是嬰兒兼大道的烏托邦。

滌除玄覽（鑒），這使人立即想起孔子的「三省吾身」，想起道家與佛家的靜坐、打坐，想起氣功，想起所謂的「閉門思過」，想起「心似平原走馬，易放難收」的教導，也想起基督教的懺悔、洗禮，甚至也想起佛洛伊德式的心理治療。心靈深處像是一面大鏡子——玄鑒，各種的影像、有害信息與四面八方的灰塵都會使之不那麼清明、不那麼靈敏、不那麼公正。你的鏡子可能變髒、變得不平、變成哈哈鏡，更可能變得愈來愈模糊和不準確。

這裡有一點心功的意思了。如果不誇張使之練功化、功夫化、走火入魔化的話，這種自我的心理清潔，倒是一個有益於身心的功課。我希望每個人每週至少有一次，練練心功，滌除一下玄鑒，清洗一下貪欲、煩惱、雜念、惡念、焦慮、緊張，這可以通過靜坐、通過太極（拳或劍）、通過書畫音樂來進行，也不妨通過重讀《老子》來完成。

這裡有一個問題，電腦的資料庫有存儲與記憶的功能，也必須有刪除、備分、壓縮與再徹底刪除，直至重新格式化的功能。如果電腦的功能是只進不出，數據早晚會因存儲過多而完蛋。何況還會有電腦病毒，如果不經常進行掃毒軟體的升級與對於各種病毒的掃描清除，電腦也會被病毒擊敗作廢。人心何嘗不如此！對人心進行適當的清泄、洗滌、掃描與刪除，是不可少的。

例如，一個人是記仇清晰、眼裡不攙沙子、睚眥必報好，還是不計小過、有「完」有「了」（讀燎）、對舊帳宜粗不宜細好呢？睚眥必報，語出《史記》對於韓信的描寫。韓信的下場不能不說明，睚眥必報是一個不恰當的選擇。

愛國治民，應該無為，這是針對統治者說的。春秋戰國時代，諸侯君王們爭雄稱霸、勵精圖治、富國強兵、變法求效、合縱連橫，是有一番作為的。但同時急於求成、急功近利、好大喜功、擾民害民、陰差陽錯的事兒也確實不少。老子總結了這些行政上的經驗，提出了無為而治的理念，應該說是很具有突破性的。它使人耳目一新。而且老子的這些想法裡有反對苛政暴政、運動百姓、瞎指揮的含意。

對於今天的人眾來說，也許我們應該問：升官發財、追名逐利、欲望獲得、獎項彩頭、排名先後、酒色財氣，能無為乎？能自製乎？能知止乎（儒學也講知止而後有定）？能做一個脫離了、至少是減少了好些低級趣味的人乎？少一點低級就多一點高雅，少一點野蠻就多一點文明，少一點為私利的活動就多一點學問和成就。事情就是這樣。

天門，從陳鼓應教授說可釋為感官。人的各種感覺神經系統每日每時都受到外界的刺激，都不停止運動與反應，但同時我們應該有個主心骨、有個承受力、有個自我調節和平衡的能力與機制。尤其在一個競爭激烈、節奏加快、變動幅度愈來愈大的時代，能夠使自己處於一種相對虛靜的狀態，是值得努力的。

天門，也不妨解釋為環境，即外界的各種機關、耳目、門戶、窗口，外界對於你的觀察、評價、反應。我們說的隔牆有耳，我們說的天知、地知，都含有這樣的意思，同樣也可以說得通。

有一種說法，是說現在許多事情還不完善，還有待於爭取與奮鬥，如果現在就提倡虛靜平和中庸，那就是妄想拉住歷史的腳步，不利於實現時代的使命。我想這是一種誤解，精神狀態尤其是自我修養的問題，與一個人的歷史任務、作為與奮鬥，這不是一個平臺上的概念。毋寧說，一個境界與修養上比較沉得住氣、比較從容總冷靜自如的人，才有可能面對與正確處理現實複雜的難題、尖銳的挑戰、繁重的任務，乃至嚴峻的鬥爭。只有用冷靜應答火熱、用平和應答激烈、用從容應答急切、用穩重應答煽情，才有可能做一些有用處、有作為的事。如果由於時代的浮躁我們自己便都愈加浮躁起來，如果由於別人急赤白臉你也火冒三丈起來，如果由於遇事緊急你也驚慌失措起來，如果由於問題嚴重你也愁眉苦臉起來，事情還有什麼希望呢？只能是情緒化、衝動化、一籌莫展化，亂喊亂叫，盲動胡鬧，胡攪蠻纏……把各種事務搞得更糟。

至於不用智謀、少用智謀的問題，我們的民族的智者早已懂得大智若愚的道理。懂得「邦有道則智，邦無道則愚」的道理。智謀如同財產，你有一百萬，平常情況下，需要流水進出的，不過是一小部分。不是說有了百萬家產，一進超市就必須全部花掉。你有一定的權力，也不是說你一天就要運用掉權力的全部。你有許多武器，並非一出手就要把十八般兵器全部用上。毋寧說，你用出來的手段愈少就愈好。一句話能解決的不必說兩句話。一比畫就能解決的不必動真格的。兩毛錢買得到的東西何必花十塊錢？一個雞蛋就夠用的蛋白質需求不必吃兩斤雞蛋。這本來就是常識。

然而老子看多了人們的智謀濫用，與兵力濫用、資源濫用、人力濫用、時間濫用一樣都是不可取的，都是屬於自掘墳墓、自找苦吃的行為。過度的濫用只能降低誠信，減少公信力，引起不必要的警惕，事倍功半，累死自己，氣死自己。

我就見過這樣的人，一個弼馬溫的身分，一個暴發戶的來歷，已經足以使之如醉如狂、神經大發，話癆、會癆、辯癆、權癆，三魂出竅，七魄生煙，遇事一肚子氣，個個該欠一百吊銀子，愈是拔份兒愈是頓足恨自己沒有更高的地位、金錢與權力，怎麼擺怎麼不合適。這真是難得的反面教材呀！

老子的主張：抱一（穩定）、致柔（謙和）、滌除（純淨）、愛民、治國、無為（善治）、為雌（平靜）、明白、無知，這是針對特定病症的一劑良藥。應該說這副藥劑，偏重於清泄，去虛火積食。它有一定效力，但並非包治百病。對於虛寒之症、垂危之症，還要有補劑。對於抑鬱之症，還要吃一點興奮劑。

第十一章　無之為用

三十輻共一轂，當其無，有車之用。埏埴以為器，當其無，有器之用。

鑿户牖以為室，當其無，有室之用。

故有之以為利，無之以為用。

三十根輻條構建成一個輪子，軸瓦與車軸之間，是留有空隙的。有了空隙，輪子才能轉動，車輛才有車輛的用處。和泥炮製做成器具，由於器具有自己的空無（空間），才能使用。開門鑿窗做成房舍（疑指洞穴、窰洞式的房舍，否則不應該說開鑿，而應該說是建造），由於室內並無堆積占據，門窗都是留下了空隙的，才能當作房舍來使用。

這就是說，萬物萬事，有了有，才有了依憑、有了方位、有了握持的便利。同時，因為預留了空間、預留了縫隙，留下了不確定性，留下了餘地，就是說預留了空無，它才有發揮使用運用發展的可能。

第十一章開始談有與無的關係。《老子》的第一章講了道，並馬上講到了有與無。第二章講了道高於價值。第三章講了道的虛無與永恆。第四章講了道的品格。第五章講了道的下載，即道的硬體天地與師法天地的聖人。第六章講了道的另一個名稱：谷神，而它的功能與玄牝相似。第七章再講天地與如何法天地。第八章再講道的另一個形象與品質：上善若水。第九章講到盈、銳、滿、驕等的背道而馳、功遂身退的天道。這是《老子》中首次出現天道的詞兒，是把道與天聯繫起來，如同講電腦主機的運算程式。道是電腦的原理、基本程式、動力與啟動，而「天」是主機。至於盈、銳、滿、驕則是破壞電腦軟硬體的四大自毀程式或原生、次生病毒。第十章講人應該怎麼樣去得道、修道、行道，講的是道與人。

第十一章講的則是有與無，這是道的原理方面的核心。猶如電腦運算的基本符號：1與0。尤其是關於「無」即「0」的偉大作用的論述，是老子的一大發現。萬物萬事都必須留有空間、留有餘地、留有不確定性、留有未完成性、留有空白，也就是留下無。房子的構建靠地基、牆壁、屋頂、門窗。房子的使用價值則很大程度上取決於使用面積或體積，也就是取決於它的空間即無的體積、面積。輪子的運轉需要空隙。器物的盛裝需要容量，容量也是空間——無，而不是實物。

中國人繪畫要求留白，作文要求含蓄，讀文不但要讀字與行，即「有」的部分，還要讀字裡行間，即「無」的部分。政策不但要看它規定了什麼、管住了什麼，更要看它留下了多大的發揮個人與集團的積極性空間，有哪些東西它是不限制、不禁止的。市場經濟之一般優於計畫經濟，是因為它留下了更多的「無」，靠價值規律，靠「無形的手」去掌握而不是靠行政意志與計畫。

一個會說話、會做事的人，人們不僅觀察他說了什麼、做了什麼，還要研究他沒有說什麼、沒有做什麼。二十世紀五〇年代宋慶齡副主席訪問印度，尼赫魯總理致詞說：「夫人，許多年來我們注意著您說了什麼、做了什麼，沒有說什麼、沒有做什麼……」這話講得實在是妙極了。

有時候我覺得無是最高境界的有、是最最美妙的有、是得其神韻的有。一個人沒有最高的頭銜，例如孔子，卻實際上起著萬世師表的作用，不是更偉大嗎？設想一下，如果孔子當了魯國的宰相，如果孔子有過商鞅、吳起、李斯、管仲、蘇秦、張儀式的職位與辛勞，他還能有今天的地位嗎？有了實際事物的充實與疲勞，有了現實主義的妥協與因應，你將失去多少理想主義的美麗！再如鄧小平，他的無最高頭銜身分，正是他對自身的威信、權力、經驗、魄力、把握性與正確性的最高級自信的結果與表現。而愈是一個沒有把握、沒有足夠的貨色和活兒的人，愈是計較自己的名位，離了名位一天都不能活，這樣的例子還少嗎？

為什麼我們評價一個人，寧願等到他身後、等到蓋棺之後再來論定？這也是因為無、要求無：他已經不在人間，評價中更少利益考量、更少顧慮畏懼，也更少意氣偏見。沒有現實的非正常因素干擾你，你的評價更接近真實可信、更站得住腳了。

老子對於無的闡述教給了我們考慮問題的減法，即無了至少是少了私心雜念，才有澄明清晰。無了意氣用事，才有客觀公正。無了雞毛蒜皮，才有正經成就。無了嚕嚕囌囌，才有見識境界。無了少了蠅營狗苟，才有真正的人物。無了怨天尤人，才有勇猛精進。無了卑躬屈膝，才有堂堂正正。

而那些卑微，那些低下，那些愚蠢，那些笑柄，那些倒行逆施，不恰恰是一心占有、一心爭奪、一味計較、一味摳縮的「有」個沒完的結果嗎？他們的惡言惡行，與其是說由於少了什麼、無了什麼，不如說是，恰恰是有了太多不該有的神經兮兮、吹牛冒泡、私欲膨脹，患了過動症嗎？

讓我們想想那些以「無」造的詞吧！無量，無限，無界，無私，無欲，無畏，無疑，無驚，無慮，無愧、無悔、無求，無尤，無（掛）礙，無盡，無等覺（佛教名詞，韓國光州的無等山即因此而命名）。這些詞都有正面的含意和耐人尋味的內涵。另外如無常，無定，無知，無緣，無味，無覺等，則雖有中性或負面意思與某種宿命感，仍然給人哲理玄思的啟示。

無，常常是有的前提。有，也常常是無的後續結果或者無的變形。有備無患。有恃無恐。無心插柳柳成蔭，有意栽花花不活。戰無不勝。天下無敵。無懈可擊。無所不在。無所不能。永垂不朽。萬無一失。忍無可忍。是可忍孰不可忍？邦有道則智，邦無道則愚；其智可及也，其愚不可及也。這最後的兩句話是孔子說的，他說：「寧武子這人，國家太平時，就聰明；國家混亂時，就愚笨。他的聰明可以學得來，他的愚笨別人學不來。」有的譯成，國家混亂了他就裝糊塗，我以為不一定是裝糊塗，裝糊塗成了表演藝術了。問題是一個人具有合乎大道的本性，邦一無道，他還真的傻了，一條見解也說不清楚，一點策略也搞不出來，既沒有靈氣，也沒有高招，這種本能本性的合於大道是連孔子也學不到的。

從上述的這些成語、熟語中，我們可以探討出許多「有之以為利，無之以為用」的道理。

再說，無了以階級鬥爭為綱，才有以經濟建設為中心。無了教條崇拜，才有與時俱進。無了虎狼之心，才有了心存善良。無了患得患失，才有了寵辱無驚。無了愚昧迷信，才有了科學理性。無了自吹自擂，才有實事求是。無了驚懼焦慮，才有心理健康。有所不為，也就是無為的起碼條件，才有了格調與尊嚴；而無所不為，什麼都幹，我們說的要什麼有什麼，就很可悲了。

我早就體會到了什麼叫好人、什麼叫壞人。好人就是有所不為的人。壞人就是無所不為的人。有所不為的人比無所不為的人少一點裝備武器，壞人造謠，好人不能造謠。壞人整天打小報告，好人不能也去打這種類型的報告。壞人招多招奇招狠招毒，而好人只有一個武器：大道。最後還是好人取勝的機會多。如老子此後所說：「天道無親，常與善人。」

第十二章　五色目盲

五色令人目盲；五音令人耳聾；五味令人口爽；馳騁畋獵，令人心發狂；難得之貨，令人行妨。是以聖人為腹不為目，故去彼取此。

五顏六色的刺激令人眼花撩亂，它是傷目的。無奇不有的聲響叫人耳聾，它是傷耳——聽覺的。山珍海味，吃得人上火逆嘔，它是傷口腔與腸胃的。遊戲娛樂、騎馬射獵叫人興奮如狂、難以自控，它是傷心（精神與專注）的。珍寶豪華，奢侈商品，誘惑你去做出不良的乃至違法的罪過，它是壞事的。

所以有道行的人考慮的是自己的內在實際需要，而不是無限的對於身外之物的貪欲渴求。

每當讀到這一段話，都難以相信這是兩千五、六百年前的文字，它太適宜於如今的消費主義、高科技時代、全球化時代、生產力如脫韁的馬一樣地迅猛衝向前的時代了。高度的發展與設施使人們失去了大自然，失去了「地氣」、陽光與風，失卻了對於季節與天象變幻的感覺。精美的食物弱化著消化能力，剝奪著天然的味道，製造了愈來愈多的高血壓、糖尿病、脂肪肝與肥胖症。而各種有害信息，導致犯罪的誘惑，也正使當今有識之士擔憂且痛苦。當然還有老子所無法預料到的其他難題：環境、能源、武器、外太空的爭奪……在歡呼人類文明的巨大進展、歡呼人們的生存與享受達到了前所未有的高度與改善的可能的時候，我們不能不清醒地反思我們在造什麼孽，我們的發展究竟是在提高人們的生活品質與文明程度，還是相反？

老子的這一段話具有濟世危言、救世危言、警世危言、駭世危言的性質。是時候了，該對消費主義、欲望驅動、非科學的發展主義、斂財主義、金錢至上、以富為價值標準的各種瘋狂與哄鬧做一個清理與檢討了。

當然，老子的那個時候，生產的發展、生活消費品的供應與占有是遠遠不能與現在比的，但是當時的那些王公貴族、名將名相、富商大賈的驕奢淫逸，想來也已經非常突出。什麼酒池肉林，什麼動輒賞賜千金，都夠刺激的。

這裡同時有一個問題，從歷史上看，中國的道學（包括儒家與別的家）又有長期地輕視人的基本願望、基本需求的傾向，有一種殘酷地壓制人的欲望，尤其是男女性欲望的傳統，用各種令人髮指的手段與理論使情欲非法化、罪惡化。我們不能不看到，中華民族的多數人口，長期處於飢寒交迫之中，中華民族吃飽了肚子並沒有幾年。我們的民族在滿足自身的基本需要方面，處境實在是太可憐了。

中國歷史上存在著另一種情況，統治者驕奢淫逸，卻反過來偽善地去要求飢餓、半飢餓狀態的民眾禁欲和勒緊褲帶。把正當的欲望當作罪惡，製造壓抑和變態，例如要求女子守節。我們的以「五四」為代表為發端的啟蒙運動中，包括了維護自己的生存權、維護自己的正當欲望，並使之得到滿足的訴求，這同樣是重要的，對於中國是一大進步，是翻天覆地的變化。

發展生產力，解放對於人的禁錮，滿足人民的基本需要、小康需要與進一步殷實的需要，同時注意在發展與欲望的滿足過程中產生的新問題、新麻煩，這些東西缺一不可，也不能使之互相對立起來。正如印度「聖雄」甘地的名言：自然能夠滿足人的需要，卻不能滿足人的貪欲。能懂得自己的正當需求與貪得無厭的區別，這就有點做人的功夫與底線了。

發展是硬道理，我們著眼於發展，這是為的整體上說貧窮落後的中華民族；從個人來說，財富與地位的發展就絕對不是硬道理、不是唯一的，我們更應該關心消費的適可而止、學問與精神境界的精進、道德與人格的完美、對於群體的奉獻、對於真理——大道的追求。而五色五味、馳騁畋獵、難得之貨這些感官的享受，確實是不過爾爾，對於奢靡享受範疇的新奇淫巧，確實應該抱清醒警惕與適當批判的態度。

第十三章 寵辱無驚

寵辱若驚，貴大患若身。
何謂寵辱若驚？寵為下，得之若驚，失之若驚，是謂寵辱若驚。
何謂貴大患若身？吾所以有大患者，為吾有身；及吾無身，吾有何患？
故貴以身為天下，若可寄天下；愛以身為天下，若可託天下。

遇到好事或壞事，受到抬舉或污辱，人都會很受刺激很激動。為什麼呢？毛病就出在太看重自身了。

什麼叫蒙受到了光榮或羞恥的刺激了呢？爭寵受寵之心本來就不高尚，得到光榮了，一驚一咋，失卻光榮了，又是一驚一咋，這就叫寵辱若驚。

那麼什麼叫大患若身呢？我們所以有那麼多不自在、那麼多患得患失，就因為太在意自身。如果沒有自身的私利考量，還能有什麼不安、煩惱直至歇斯底里？

所以說，你如果能夠像在意自身一樣地在意天下，如果你能將自身奉獻給天下，就可以把天下交給你負責、交給你管了。你要是能夠像愛護自身一樣地愛護天下，把自愛的心情開闊為愛天下，也就可以將天下委託給你照料了。

第十三章提出了天下、吾身、寵辱、寄託（天下）等範疇，也頗有新意與耐咀嚼處。寵辱若驚還是寵辱無驚，這是一個激勵人心的話題。羞惡之心人皆有之，誰能甘於受辱？「士可殺不可辱」，語出《禮記》：「儒有可親而不可劫也，可近而不可迫也。可殺而不可辱也。」

但同時，寵辱無驚，這已經成為國人的一個精神境界與修練的指標了。一個叫做刀槍不入，一個叫做寵辱無驚，這就叫做「金剛不壞之身」，這既是武俠的也是士人的理想。

問題要看是什麼事，如果是外敵入侵，如果是面對大是大非的考驗，那就要講可殺不可辱了。偏偏在我們內部，在我們的日常生活中，在我們的人際交往、特別是社會生活中，每天都有無數的小小的卻也是令人困惑的寵辱，有各種身外之物的令人高興與不高興、合理與不合理。

對於某些小心眼的人，座位的排列、發言的先後、文字的版面、老闆的眼神、一句話的說法、一個小道消息的傳來，都會帶給你或寵或辱、或驚或怒或狂。

這與我們的生活方式、歷史條件與價值觀念有關。我們自身的寵辱有時候太多地依賴於外界對你的態度與評價、依賴於一些無聊的細節。而對於外界的態度與評價，你不可能要求它太有準頭，人們對它，不應該期望過高。某些歷史的過程中，一寵一辱，座上客與階下囚的距離只有一釐米、一瞬間。禍福吉凶，瞬息萬變。有時沒等你弄明白，寵就發生了，或者辱就扣下來了。你還是你，而一寵一辱、一譽一毀，相距何止十萬八千里？你自己也鬧不清楚到底是怎麼了。

外人也罷、某個集團勢力也罷、社會也罷、世界也罷，對你的反應，往往不是按照你的真實情況，而是按照他們的想像與需要，他們對你的想像與他們的需要恰恰一致了，於是鋪天蓋地之榮之譽會在一個早上自天而降。同樣，如果你的表現恰恰不能滿足他們的想像與需要，再加上俗人難免的嫉妒啦讒言啦，以及你不能不正視的個人確有的缺失不足的因素的影響，於是外界對你的反應會瞬間一落千丈，榮極易變為辱，譽極易變為毀。

外界的鏡頭可能放大、可能縮小、可能變形、可能扭曲。可能是毀譽無定、榮辱無端，也可能是事出有因、查無實據。誰讓你自己不可能做到絕對地百分之百地無懈可擊呢？如果再一驚一乍，你還活不活了呢？

人們沒有太多的辦法絲毫不為這一寵一辱或一辱一寵所刺激。比如我，七十多年的大起大落、眾說紛紜、知音誤解、恩恩怨怨，想起來足夠喝一壺的。我從十幾歲讀《老子》，特別佩服這個關於寵與辱的論斷，關於人之大患在有吾身的論斷，恨不得自己能夠做到寵辱無驚、能夠置吾身於度外，但是做不到。做不到也還要背誦這段言論，愈做不到，愈對老子的有關論述讚美嘆服嚮往不已。

我多麼希望自己夠做到永遠快樂、永遠鎮定、永遠堅強、永遠穩如泰山啊！然而不是的，我會感到晦氣，我會感到恐懼，我會感到莫名其妙，我會感到哭笑不得，我會焦慮、失眠、忿忿不平。

人都是喜寵懼辱的，都是求榮避恥的。做不到也罷，知道一個老子，知道一個寵辱無驚，知道有個人之大患在有吾身的說法，好。知道與壓根不知道這樣的理念，是不同的。有一個這樣的標竿，與完全沒有標竿，是不同的。我會想方設法去理解已經發生和仍然可能發生的一切，我會以寵辱無驚做為自己的修養目標、心理調節目標。我會從一驚大驚轉變到少驚、最後終於做到基本無驚，這個過程很少超過四十八小時或七十二小時。我對老子的寵辱無驚的提法十分入迷。做不到也要努力做，努力去接近這樣的目標。

積七十年之經驗，深知把寵辱若驚說成是由於「大患若身」，理論上很有說服力，實際操作上太難辦。這個理論、這個提法過於徹底了，太徹底了反而脫離了生活與實際。人只要活著，就不可能那樣徹底。誰能從根本上滅絕了吾身呢？要沒有吾身了，豈止是寵辱，吃喝拉撒睡、油鹽醬醋茶的問題都不存在了。

身的存在與被關注是一個客觀事實，耶穌上十字架之所以感人，因為他的肉身承受了太多的痛苦。江姐之受酷刑而堅貞不屈，也因為有她的肉身的承擔，格外令人肅然起敬。及無吾身，既沒有壯烈也沒有苟且，既沒有叛徒也沒有英雄了。這在活著與沒有失卻知覺的情況下很難做到。

那麼怎麼樣才能寵辱少驚一點？第一，要把個人得失看得淡一點，及無吾身雖然難以做到，及淡一點吾身，不要死盯著個人，心裡裝點大事正事，至少分散一下那點為自己打的算盤，這是不難做到的。這也是人格的一個理想，叫做大大減少自己的那點低級趣味。第二，要有遠見，看到寵辱之後還會有轉機、有發展變化，三十年河東三十年河西。第三，要有眼光，要知道寵過分了，會起客觀上的辱的效果；而辱過分了，結果只能給你加分。第四，最最主要的要有對自己的信心。這就不是完全的「無吾身」，而是「壯吾神」、「悅吾心」。寵辱是外界加給你的，精神境界與精神能力則只決定於自己，它們只屬於你。只要自己不垮，誰也無法從精神上摧垮你，除非是肉體消滅，誰也把你不能怎麼樣。

人們能做的是從長計議與從大處計議。一時的榮辱，事後觀察起來也許相當可笑；一時的順利或挫折，從遠處一看也許適為相反。你的滔滔不絕，你的連升三級，你的連連獲利，也許正埋伏著偌大的危機險峻，也許正在送你下十八層地獄。至少，你的僥倖得寵（包括老闆的寵、群體的寵或媒體的寵），很容易成為他人與歷史的笑料。

如老子前面說的，「外其身而身存，後其身而身先。」是那麼個意思，雖然做不到絕對百分之百。

至少在不順利的時候、在受辱的時候，你應該保持沉穩，你應該保持乾淨。你應該保持自我控制，你完全可能由於成功的自我控制而終於堂堂正正、站穩腳跟。

即使你受到了不公正的對待，你應該有信心戰勝宵小、感動他人。你應該有信心鎩羽後還會展翅，有所作為。你應該有信心自得其樂，人莫予毒，照樣明朗健康、快樂有為。你應該無所求，無欲則剛，老子的觀點則是無欲而柔，不罵陣，不叫板，不掰扯，必要時接招玩兩下，與辱及毀偶做遊戲（切記，只能以遊戲視之）——其實最好是恕不奉陪。

對榮與譽，不妨一笑，更好的選擇則是及時忘記，忘得愈快愈好。

如此，也就沒有誰能傷害你、侮辱你。

從某種意義上來說，辱其實都是自取其辱。你斤斤計較，你追求利益，你攀龍附鳳，你辛辛苦苦，你有所期待，你作夢求籤，一旦未成，自有失落丟人恥辱之感。而如果你品德高尚、智慧超人，對於看不中的一切根本不放在眼裡，就是說你更看不中那些不足掛齒、心理疾患的宵小……有所不為、不求、不屑、不齒、不嬲；如果你對個人得失只不過微微一笑、眉毛一揚、眼皮一眨，蟲蟲飛，一陣小風無影無蹤——又有什麼可驚的呢？

還有一種自取其辱，就是由於自己的失言、由於自己的強不知以為知、由於自己的說話做事留下了空隙，你出了一回洋相。這種情況下，愈早明白愈早調適妥善愈好。《論語》上講得何等好啊！子貢曰：「君子之過也，如日月之食焉。過也，人皆見之；更也，人皆仰之。」過錯為眾人所見，改正為眾人所景仰。

有些問題上，儒家與道家殊途而同歸，同歸於中華文化這棵大樹、老樹上。

說到底最能傷害自己的正是自己的那個寵辱若驚、那個大患在身。你硬是無驚了、豁達了、不放到眼裡了，宵小們也就沒戲了。他們能夠做到的不過是貽笑大方。

因寵而驚就更是幼稚與淺薄。驚了就不得體，驚了就發高燒，驚了就降低智商，驚了就少了冷靜、周密、精確與氣度，驚了就得罪人、就壞事，往反面走。

把愛身提升到、擴展到愛天下，這是中國式的思維方法。修身齊家治國平天下，從來就是聯繫到一起的。叫做推己及人，叫做民胞物與，叫做提升精神，叫做開闊心胸。

這一段反映了老子思想的靈活性與迴旋性。他一上來已經講了：「吾所以有大患者，為吾有身；及吾無身，吾有何患？」他似是在提倡不要有吾身，吾身乃是各種患得患失的根源。但最後，他卻歸結為「貴以身為天下，若可寄天下。愛以身為天下，若可託天下」。那麼就不是及無吾身，而是怎樣去擴大身的內涵，統一身與天下，以天下為己任，以天下為貴為愛如身，愛天下貴天下如身。這樣，及吾有身，就不是一個消極的思路，而是一個積極的擴展。

這裡的寄天下、託天下的說法值得注意。這與天授王權或真龍天子的觀念不完全相同：第一，成為天下的主事人是有條件的，不是無條件的，條件就是貴以身為天下、愛以身為天下，就是確實獻身天下或比獻身更高，因為已經分不開天下與自身的區別了，已經身為天下，天下在吾身了。而不是為一己的私利，單純的一己私利早已不復存在了。第二，不是天生，不是龍種，不是神賜，而是寄之託之，這甚至於有一點代議、代行、受權、授權的意味，雖然這樣的觀念不完整也不可能完整清晰，更不可能早已現代化。

我們閱讀和討論老子，目的不是為了回到老子的主張和時代，而為了從老子中發掘我們民族的精神資源，尋找我們的智慧遺產，為了今天，為了明天，為了未來。

寵辱無驚也好，無吾身則無患也好，都是有條件的、有針對性的。如果抽空其具體內容，專門進行強辯，老子之論站不住的地方還多著呢！寵辱無驚，外敵侮辱你，你還無所謂嗎？患在有身，那就只有自殺求道了。或可一笑，實為無聊。

第十四章　夷希微混

視之不見，名曰夷。聽之不聞，名曰希。摶之不得，名曰微。
此三者不可致詰，故混而為一。
其上不皦，其下不昧，繩繩兮不可名，復歸於無物。是謂無狀之狀，無物之象，是謂惚恍。
迎之不見其首，隨之不見其後。執古之道，以御今之有。能知古始，是謂道紀。

看也看不見，這就稱作夷。聽也聽不到，這就稱作希。摸也摸不著，這就稱作微。這三方面的特色，無法尋根究柢，無法求真求實，只能混合在一道模糊著來一攬子感受。它的上面並不明亮，它的下面並不昏暗，你追逐著它揣度著它卻無法把它表述命名，體悟的結果只能是將它歸結為無物無象無形無聲。也就是說，它是無物之物、無形狀之形狀，這就叫做惚恍——模糊與變動，不確定與超越有無。

正面迎著它，你看不見它的頭。後面追隨它，你看不到它的尾。你如果能掌握古來的大道來處理當今的一切，就能了解古來的大道是怎麼樣開始運行作用、是怎麼樣初始化的，也就是進入了大道的運轉過程了。

夷、希、微、惚恍，無頭無尾，無開端無結束，這裡又是講大道的特性與品格了。像一些宗教的造物主具有眾多的美名與美德一樣，祂的每一個名稱都代表一種美德。同樣在老子這裡，到現在為止，他已經告訴我們有關道的眾多品質和說法：不可道、不可名，始，母，妙，徼，玄，不言，無為，弗居，沖，淵，湛、虛，動，中，谷神，玄牝，綿綿，若水，無尤，抱一，致柔，嬰兒，無疵，為雌，無智，玄德，無，有，利，用……

現在又加上了夷、希、微、惚恍與無頭無尾，所有這些強調的都是大道的模糊性、混成性、抽象性、本質性、無限性與非具象性，還有靈動性、活性、非僵硬性、終極性、至上性、普泛性，甚至於也有實用性。

同時，這一段落的意思是讓你細心體察、深入感悟，活躍你的想像力、思辨力、感受能力，調動精神的敏銳、專注與恭謹小心，進入境界，交通大道，同時不要心浮氣躁、急於求成，過於實用主義

其上不皦，其下不昧，上面不亮，下邊不暗，這是指道的非局限性。任何一個東西都有它的陽面陰面、向光面背光面、前面（向著受眾的那一面）後面……但是大道沒有，因為大道突破了任何具體物體物質的局限性。

這些論述也帶有修辭學上的強調重複與邏輯學上的同義反覆的意思。邏輯學上一般指同義反覆是一種無意義的論證，但是在修辭學上，這種強調重複卻表達著一種精神、一種讚美、一種禮讚、一種服膺。

我甚至於可以設想老子李耳大師在運用漢字時，找到了這樣繁多的講說大道的詞兒，他老人家應該有一種興奮的心情。這可以叫做「道與語詞的聯姻」，是「道與語詞的狂喜聯歡」。經驗所難

以到達的大道，終於通過漢語的富有想像力、抽象力、概括力與描繪力形象性的詞語，令人狂喜地表達出來了。

如果不是牽強附會的話，那麼這種夷、希、微、惚恍的描述還真與宇宙發生學沾點邊，有點給人以聯想：關於星雲，關於恆星爆炸，關於黑洞，關於空間與時間的無窮大。

當然，老子的道論與物理學與自然科學無關，老子舉的一些與自然有關的例子，如水如風如牝如草木的例子，科學含量都極稀缺。老子的長項是他的思辨能力、是他的逆向思維能力、是他的遠見、是他的執著於大道的激情加冷峻。他的同義反覆是一種激情的表達，也是大道的魅力的表現。古代的中國人同樣需要有終極眷注、終極追尋。但是對老子這樣的智者，他找到的不是人格神或神格人，不是玉皇大帝也不是閻王爺與灶王爺，不是牝也不是火的圖騰，而是無所不包、無所不能、無所不成、無往而不利的大道。

那麼強調大道的無形無聲無痕無跡無物，可以認為是突出它的本質性、概括性、靈動性、至上性，避免它的庸俗化、偏執化、簡易化與具體化。可以廣闊是避免它的邪教化。一具體化了就會變成仁愛呀、謙遜呀、聰明呀、禮貌呀……為人處世層面或舉止層面的東西，這種為人處世舉止方面的要求，極易流於作偽或至少是形式主義，流為計謀與處世奇術，反而喪失了大道的恢弘與淵博品質。或者具體化後變為迷信、變為方術、變為牽強附會，如迷於練某種功夫、氣功，迷於咒語、迷於服藥等。

學道，不能學得太瑣碎、太具體，而要學其精微、學其夷希，這也是我愛講的大道無術的意思吧！

第十五章 微妙玄通

古之善為士者，微妙玄通，深不可識。夫唯不可識，故強為之容：豫兮若冬涉川，猶兮若畏四鄰，儼兮其若客，渙兮其若凌釋，敦兮其若樸，曠兮其若谷，混兮其若濁。孰能濁以止？靜之徐清。孰能安以久？動之徐生。保此道者不欲盈。夫唯不盈，故能蔽不（而）新成。

從前那些好好學道和實行道的人，精微、智慧、深刻、明白。（另一種版本，是「古之善為道者」。從含意上說，善為道者清楚準確、直奔主題。從行文上說，老子一直是以各個不同的角度，對道進行立體的描繪與發揮，這次從「善為士」的角度來說，即從學道、悟道、得道為士的角度說事，是可取的。這裡如果是講「士」，其「善為」仍然是指他們對於道的體悟與精研。因此兩種版本的釋義，應無大區別。）

由於他們的深度、他們大道的深奧與境界是不容易為旁人體察認知的。正因為不易體察，所以更要勉為其難地予以形容：得道的人是一些什麼樣的人呢？他們小心翼翼地，像是冬季渡過河流。他們慎重謙和，像是顧慮會受到四鄰的不滿或攻擊。他們認真嚴謹，像是作客他方，不可大意。他們慢慢地展開發揮，像是冰雪消融。他們實實在在厚重本色，像是原生的木頭。他們接受包容，就像是一個山谷窪地，兼收並蓄，好像是不避污濁。

那麼，誰能停止污濁呢，靠平靜的過程使它沉澱而清明。誰能安定永遠呢？靠微調與和風細雨讓它煥發生機。得道的人不求滿盈，正因為不求滿盈，看似保守，卻不斷取得成功。

這裡有一個深不可識的提法，這說明了老子的感慨，乃至於可以開闊地解釋為牢騷。老子的許多想法與俗人不同，超前一步，不無怪異處。他在書中已經屢次嘆息大道的不可道、不可識，難於被人了解被人接受。雖然他從理論上強調挫其銳、解其紛、和其光、同其塵，實際上他的理論仍然非常另類，它的鋒芒是遮蔽不住的，他的銳與可爭議性（紛）難以挫折解除。他的耀目之光，和不下去。他的與俗世俗說的差距，欲和之而難能。

而老子所謂勉為其難地形容善為士者——善於做人做事為政為道——的狀態，豫兮（謹慎小心）、猶兮（斟酌警惕）、儼兮（恭敬嚴肅）、渙兮（流動釋然）、敦兮（淳厚樸直）、曠兮（開闊深遠）、混兮（兼容並包），起碼前三個兮：唯豫唯猶唯儼，與儒家無大區別。儒家就是講溫溫恭人，如集於木；惴惴小心，如臨於谷；戰戰兢兢，如臨深淵，如履薄冰（出自《詩經》）。

儒家又講什麼如坐春風（朱熹）。講「暮春者，春服既成，冠者五六人，童子二三人，浴乎沂，風乎舞雩，詠而歸」（《論語》），也就有了渙——如冰之將釋或已釋的意思。

用現代語言，渙兮就是解凍。蘇共二十大後曾被稱為解凍。我們則曾批之為修正主義。想不到，老子兩千多年前就用過解凍的比喻，來講善為士者的處境與心態。

儒家同樣是講形象思維的。而且很美。

溫溫恭人，出自《毛詩》，顯然老百姓已經接受這樣的溫良恭儉讓的舉止規範。如集於木是指人們集合在木頭（樹木）上，小心翼翼，怕掉下來，與下面的惴惴小心、如臨深淵並列排比。我讀到這裡想到的則是女子體操運動員的平衡木表演，還有一群鳥兒停在一根枝杈上，誰也不敢碰誰。當然都是溫和的與小心翼翼的。

有一種解法，說溫溫恭人是君子，而惴惴小心是小人。是不是過於喜歡劃分陣營了呢？老子不會從這樣的意義上講什麼豫、猶、儼、渙的。

還有一點語言上的趣味。道的前兩個特性豫與猶，合起來就是豫猶，倒讀就是猶豫。今天「猶豫」一詞似乎帶些貶意，似乎是描述一個人膽小、沒有決斷、沒有承當、不夠男子漢。而老子是將之做為道性來讚揚的，是不是現在的人比古代人更沒有耐性、更易於輕率衝動呢？

渙字也是如此，渙散云云，尤其是鬥志渙散云云，是非常貶意的。但是老子用它來說明一種將釋的、釋然的、放鬆的與靈動灑脫的解凍狀態，一種絕不僵硬、絕不板結的狀態。這也說明世界上許多名詞、許多名，它們的褒意與貶意也是轉化變異的，頭腦的僵硬會帶來語言的僵硬，頭腦的釋然靈動會帶來語言的靈動釋放，這值得歡喜。

老子舉的旗、講的話，是不無怪誕的，是帶著一股故意抬槓的衝動的，但是再特立獨行也不可能自我作古，不可能不受他人、其他學派及社會主流文化的影響，老子的論述仍然是中華文化這株參天大樹上結出的奇葩偉枝。老子的無為、不仁、非禮義，是與儒家針鋒相對的，但是豫猶儼渙敦，儒家也是能夠接受的。曠字可能稍有爭議，但細讀《論語》，孔子也不無曠的風格。混字更難一點，但是孔子的「有教無類」，不也有混的意思嗎？

還有一個問題，小心謹慎，斟酌警惕，恭謹嚴肅，這些類儒的教導《老子》通篇講得是比較少的，只在此章一見。老子更愛講的是無為、不言、居下、惚恍、不爭、無尤、無死地、不仁……也就是與儒家相反的樸厚玄妙、裝傻充愣——大智若愚、大勇若怯的那一面。為什麼這裡講起豫、猶、儼起來了呢？老子其實也不是只講一面理，只有單向的思維的。他是無為而無不為、無懼而無不懼、無危而無不危，這是符合老子的辯證思維模式的。同時，藉此，老子道出了他對於大道、對於悟道得道者的敬意，乃至敬畏。

我還願意進一步探討豫、猶、儼與渙、敦、曠、混。有的學者從中體察老子的風格。我以為，前三者：謹慎、畏懼、端莊，是春秋戰國亂世造成的某種不得不有的防範與自我保護心理，但也符合老子的偏於陰柔的主張。前三項講起來，有人甚至嘲笑老子是一個內心恐懼、畏畏縮縮、猥猥瑣瑣、躲躲閃閃的小人物，如契訶夫筆下的小公務員與套中人。後四項呢？舒展、質樸、曠達、兼容，就搆得上「天命之謂性，率性之謂道」（語出《中庸》）了。後四項是解凍的結果，本色、開闊、不擇細流、略帶野性，這才是老子的面目、才是老子的真性情。

而說老子的特點是內心恐懼，則是極廉價極膚淺的印象思維、表層思維、小兒科思維。

還有一個話題值得探討：什麼樣的人格才是最完全的？什麼樣的個性才是有內涵的？

既能溫恭謹慎、小心翼翼，又能曠達性情、質樸包容，這不是很好嗎？比起一味任性小性如在寶哥哥面前的林黛玉，或一味公關滴水不漏的寶姐姐，不是很好嗎？

老子強調的重點與儒家還是不同的，溫恭也好，謹慎也好，老子強調的是不要滿、不要盈，他從毋滿毋盈的角度上思考這一切。這一章的中心思想是不盈。寧可要容釋一點、敦樸一點、曠野一點、混濁一點，而不要盈滿僵硬、狹隘難容、剛愎頑固（難以溶釋）、刻薄苛察、心細如髮、潔癖排他。老子的用意是，只有不盈，只有體認得到自己的缺陷空白，才有空間，才有未來，才有生命，才有發展，才有大道。

老子講濁以止，靜之徐清；安以久，動之徐生的道理。他理解的得道者的狀態，並不是死水一潭，不僅僅是形如槁木、心如死灰，而是可以靜之動之、清之生之的，但是要徐、要慢一點，要克服浮躁。這種靜之動之的道，是不欲盈、不盈的基礎。盈則僵死呆滯，不盈才有徐清徐生的餘地。

他針對的仍是當時的侯王士人的毛病，他想的仍然是匡正時弊。他致力於呼喚的仍然是一個大道的王國、自然的王國、無為的王國、淳樸的王國。

這一章講善為士者，認為他們是微妙玄通、深不可識的。不是士不可識，而是大道不可識。不是大道不可識，而是你們不識。既然你們不識，我也就不想示給你們了。國之利器，不可示人。人之利器，更不可示人了。我不願意打，你不願意挨，深奧不可識起來，不也很好嗎？

可道者非常道，可名者非常名。然後老子強為之形容，強為之又道又名：這是老子的俯就，也是老子的無奈，又是老子的自嘲。連你自己都承認是強為之容，承認是深不可識，你又如何期待讀者聽者明白你到底是在說什麼？

像冬天跋涉河流，像顧慮四鄰，像接待貴賓或作客他鄉，像冰雪即將消融，像原木的粗糙樸厚，像谷地的地勢低窪而又開闊，像江河的不擇細流、混濁浩蕩。這些形容，除四鄰與賓客是社會生活現象外，其他都是自然現象。這說明，老子正是從自然與社會的諸種現象中體悟出大道的存在與微妙玄通深遠偉大的。他的大道，既是推測、想像、思辨的產物，也是直觀、感受、體貼的產物，是自然與生活的產物。他的舉例說明了他一面論述大道，玄而又玄，出神入化；一面傾聽世界、重視感覺、注意萬物、描繪具體，善於舉一反三、觸類旁通，善於從外界、從天地、從自然、從生活中尋找靈感與大道的徵兆，善於從自然現象與生活中得到啟示與聰明，從觀察、感受、經驗與具體事物、直觀萬象中得到啟示。

老子是一個思想者，首先是一個閱讀者，閱讀自然，閱讀天地、雨露、溪谷、水、玄牝、橐籥、萬物、萬象……這又與格物致知之說接近了。

師法自然，是中國的文化傳統，學畫的人會這樣，學武的人也會這樣，如貓竄狗閃、鷹抓虎撲，學哲學的人也喜歡這樣。

中國人是喜歡講「悟」字的，佛學進口以後，則乾脆講覺悟。悟與我們今天講的思考或分析不完全一樣，他是形象思維與邏輯思維的統一，是推理判斷與玄思妙想的統一，是理性清明與神祕啟示的統一，是對外物與對內心的發見的統一，是思維也是感想感情的飛躍，是用於針對於物件的，更是用於針對於內心的。

中國的傳統文化珍惜統一、同一、歸一、返一。此章所述是士——人與道的統一，也是道與自然、社會、生活的統一，即道與天的統一。它表達的是天人合一、天道合一、人道合一、自然與文化合一的思想。這樣的合一統一歸一，是老子的主心骨，也是中國文化的主心骨。在中國，不論學什麼，一直到為政為兵為醫為師為巫祝為勘輿，都要師法自然。自然永遠是我們的老師，中華文化的老師。老子的道也是法自然的。這樣的思想雖嫌籠統，仍極可愛、極珍貴，顛撲不破，永放光輝。至於有人從中國的環境問題來論述中國人並未做到天人合一，那卻是對古人的苛求了。注意環境保護，那是應該用來要求我們這些當代國人的。其實老子理想的小國寡民，不貴難得之貨，老死不相往來，客觀上絕對符合環保的理念。如今的環境破壞，不是中華文化傳統的欠帳，而是違背中華文化傳統，尤其是違背老子主張的惡果。

古人有老子那樣微妙玄通、深遠偉大的概念，夠令人驚嘆的了。

第十六章　致虛守靜

致虛極，守靜篤。
萬物並作，吾以觀復。
夫物芸芸，各復歸其根。歸根曰靜，是曰復命；復命曰常，知常曰明。不知常，妄作凶。
知常容，容乃公，公乃王，王乃天，天乃道，道乃久，沒身不殆。

我們要達到虛空、虛無、謙虛的極致，不搞偏見，不搞強求，不搞自己的一本糊塗帳，絕對不剛愎自用。保持平靜、恆定和誠實厚重。

世間萬物，各自運轉，萬物雜陳。我們可以觀察它們的循環往復、千姿百態、千變萬化，然後該什麼樣還是什麼樣、能什麼樣就是什麼樣，各自回到自身的本初狀態。落了聽（讀四聲），沉澱下來了，也就靜下來了。這就叫回到自身，回到自身就是恆常，知道什麼是恆常就是明潔。不懂得恆常，輕舉妄動，就會造成災難禍患。

知道了恆常就會有所容受，沉得住氣。能容受，能沉得住氣，就能公道，不偏私。能公道，不偏私，就能成為首領。當上首領，就要知天意天命，與天道保持一致。知道了天意天命，像天一樣地公正無私、一樣地涵蓋萬物，也就接近於大道了。有了大道的指引，就能長治久安、長命百歲、天長地久，到死也不會出大錯失。

這一章老子從人的修養與人生姿態方面講大道的要求。首先的要求是虛靜。虛就是給自己的頭腦、記憶體、硬碟、系統，留下足夠的空、空白、容量。一個電腦，如果什麼都占滿了，這個電腦就無法工作，而只能動輒當機，變成廢品，除非重新格式化，把一切廢舊資料刪除。一個人也是如此，就知道那麼幾條，膨脹得哪兒也裝不下，實際上已是廢人。我們常常說從頭學起、從頭做起，也就是重新格式化後再開始運算，當成一台新電腦來從頭開始。

靜的含意不是一動不動，而是要有準頭，要平心靜氣地理智思考，要慎於決策，要把心沉下來，把頭腦理清楚。就是說，要心靜，不要慌亂，不要焦躁，不要衝動，不要忘記了大腦不會使用大腦而只去聽內分泌的驅動。還要克服一時的情緒刺激、利益誘惑、心浮氣躁。

且看，不論是官場、是文壇、是商場，多少人奔波忙碌，輕舉妄動，爭名奪利，跑官要權，枉費心機，神神經經，咋咋呼呼，醜態百出，適成笑柄。反過來說，凡有成績的，又有幾個不是心靜得下來、心專得下來、大腦能夠正常運轉工作的？

生活在某種平常的卻也是俗惡的環境裡面，往往是一動不如一靜，尤其是對與自己有關的事務上，不許動，舉起手來，這往往是最佳的選擇。

靜的結果哪怕是沒有辦成事，至少可以保留採取進一步措施的可能性，可以維護一個高雅的形象，可以事後回憶起來不至於羞愧得無地自容。

其實任何一件具體的事務，一篇論文或一筆生意的成敗，一項獎金與一個頭銜的得失，一種輿論與一些受眾的評價，都會受到一時的各種偶然因素的影響。有靈機一動也有陰差陽錯，有天上掉餡餅也有喝涼水塞了牙，有僥倖也有晦氣，不過一時，轉瞬即逝。而你的修養、你的本領、你的境界、你的活兒，才是頂天立地、我行我素、我發我光、我耀我土，誰也奈何不得。

一時的晦背只能增加你的光彩。

所以我們不太喜歡活動這個詞，你活動得太厲害了必然就輕飄了、輕佻了、掉分兒了。

「萬物並作，吾以觀復」這一句，有點旁觀的超脫，有點恬淡，令人想起程灝的詩《秋日偶成》：

閒來無事不從容，睡覺東窗日已紅。
萬物靜觀皆自得，四時佳興與人同。
道通天地有形外，思入風雲變態中。
富貴不淫貧賤樂，男兒到此是豪雄。

這位近千年前的儒家學者大程，此詩除豪雄云云可能為老子所不取外，其餘的話與老子的學說完全一致。我甚至覺得他的「萬物靜觀皆自得」之名句，當出自「萬物並作，吾以觀復」。而富貴如何、貧賤如何，也不無寵辱無驚之意。

這一章還有一個重要的論述，觀復，復命，歸根，曰常，知常。許多學者先賢主要從事物變化的循環往復上解釋這些命題，認為老子的用意在於說一說萬物的變易不已。我的經驗主義的理解，則偏重於設想老子所強調的在於：千變萬化之後回到本態。任何人與物都有自己的本態，本初狀態，也可以說是常態。但是人又受許多外力的影響，受許多機緣、群體、社會、歷史、他人與集體意識、集體無意識的影響而偏離本態常態。忘乎所以，叫做不知道自己是老幾了。

比如江青本來是一個愛出鋒頭、愛表現自己的二流左翼演員，是一個追求革命卻又對於革命沒有太多了解的年輕文藝工作者，後來陰差陽錯，成了非本態非常態人物，成了禍害。最後竟沒有能恢復本態，就是沒有能復命歸根。悲夫！

比如薩達姆．侯賽因，他是一個民族主義和信仰主義者、勝利者、獨裁者、英雄、囚犯、問絞者……他也轉悠了一大圈，沒有能復命歸根、知常曰明。他的命運主凶，是一個悲劇。

比如魯迅，被視為聖人，被樹為完人與超人，又被一些人痛恨與詈罵。其實魯迅有自己的本態常態，他是一個深刻批判的冷峻作家與戰士、思想家與鬥士，有他的偉大，也有他的悲情與激烈。

比如胡適，他是學者，但是他在學術上尤其是思想上的創意性貢獻有限。他是自由主義者，他為中國的思想界學界帶來了許多啟發。他被列為候補戰犯，他被全國批判，現在又恢復了他的本態，他的書在海峽兩岸都出版，卻也熱不到哪裡去。

比如我自己，本來是個「好學生」、「好孩子」的狀態，少年時期一心當職業革命家，成績有限，弄成對立面也是歷史的誤會，與其說是誤會，不如說是歷史拿人開玩笑、尋開心。然後委員、部長，然後……回到我積極參與的與孜孜不倦的寫作人的本態常態。我的幸運就是終能復命歸根，略略知常曰明，當然只是基本上與大概其。

誰能清醒？誰能明白？誰能不被一時的潮流捲個暈頭轉向？誰能不跟風前行？誰能不勢利眼？誰能不苟且迎合？

而如果能虛極、靜篤、觀復、曰常、歸根、復命、知明，就是有了道行了，通了大道了。

老子再次強調人與大道的統一。他的「復命曰常，知常曰明……」然後是「知常容，容乃公，公乃王，王乃天，天乃道，道乃久，沒身不殆」。回到本態就能恆常，能夠恆常就能明潔，能夠恆常（虛極、靜篤、不意氣用事）就能容受，能容受就能公道，能公道就能當首領，當了首領就要知天意天命，知道了天意天命就與大道一致，親近了並一致於大道，就能天長地久，至死也不會出現危殆災禍。這種論述方法是中國特有的一鼓作氣、步步高升的串起來立論法，文氣恢弘，高屋建瓴，勢如破竹。《大學》上的從誠意、正心開始，一路論到修身、齊家、治國、平天下，也是這種串論法。缺點是它們的邏輯依據並不充分，必要條件並不等於充分條件。我們不妨認定，修身對於治國是必要條件，但並不就是充分條件。自我修養很好的人、為人很好的人，就能統治一個王國並使之勝利前進了？未必。一個人能夠復命回到本色就能與天道一致了？也未必。倒是逆對定理能夠成立：一個人如果連自己是老幾都動輒鬧笑話，他怎麼可能有容納性、公道、明白事理、做成大事？

從小的前提得出大的結論的過程並不可靠。從一個復命、知常，就能擴展到能容能公能王能道直到沒身不殆上去？太誇張了，太直線前進了。

再說，任何一個小的因素都可能造成干擾、紊亂，都會有不同的結果。而且生活中有偶然、有變數和異數、有意外的與無規律可循的災難或幸運。你再通天道，架不住一個交通失事或傳染病的流行。你再不通天道，萬一碰上彩票中獎也會命運改變。西方的偏於科學數學的思維方法，就很重視這些具體的元素。近年還時興起紊亂學說來，他們的代表性的說法是，南半球某地的一隻蝴蝶偶爾撲騰一下翅膀，牠所引起的微弱氣流，幾星期後可能變成席捲北半球某地的一場龍捲風。這是一種西方式的從偶然到巨大的、必然的思想方法的精采命題。而老子式的有了天道就沒身不殆的命題，取向恰恰相反，是認定有了大前提就可以勢如破竹、一通百通、一了百了。

與西方相比，中國的思想家強調的是必然、是前提決定論、是大概念決定論、是決定論而不是或然論。

中國的模糊邏輯的方向是，大道決定一切，抽象決定具體，本質決定現象，本原決定結果。同時，現象體現本質，具體體現抽象，一切體現大道。兩者呈遞升或遞降的類多米諾骨牌效應，即有A則→B，有B則→C，C→D→E直至Z，同時得Z即可斷定Y，得Y即可上溯→X→W→V→U……一直到A。這大體也是毛澤東所論述的主要矛盾決定次要矛盾，主要矛盾解決了，次要矛盾也會迎刃而解的公式。這樣的思維模式決定了老子「知常容→容乃公→公乃王→王乃天→天乃道→道乃久→沒身不殆」，也決定了孔學的意誠→心正→身修→家齊→國治→天下平，以及平天下→治國→齊家→修身→正心→誠意的公式。

而西方的思維方式則強調區分，分析分解；強調細節決定成敗，偶然也可以變成必然。有時候就是頭痛決定頭，腳痛決定腳，頭痛醫頭，腳痛醫腳；同時強調任何公式應該來自實驗、統計、計算，而且推理不但要有大前提，還要有小前提，還要區分必要條件與充分條件。有容是公的必要條件，但是不是充分條件呢？難說。你雖然有容，但是缺乏知識與專業的準備，你不可能做出公正的判斷。公乃王更是如此，公是做一個好王的必要條件，不甚公但是有實力有手段有客觀的需要，照樣當王不誤。同樣，甚為公正公道，不但當不成王，連命都保不住的例子也不是沒有。

第十七章　我自然

太上，下知有之。其次，親而譽之。其次，畏之。其次，侮之。信不足焉，有不信焉。悠兮其貴言，功成事遂，百姓皆謂：我自然。

最高明的統治者，下邊只知道有這麼一些人，知道有他們就是了。差一點，人們還需要忙著靠攏他們、歌頌他們、討好他們。再差一點，這些王侯官員讓人害怕、畏懼。更差的是老百姓輕蔑和嘲笑的那些統治者：他們缺乏公信力，人們信不過他們。

如果你做了不夠誠信的事情，也就有人不相信你了。好樣的統治者是從容不迫的，說話也不多，言語珍貴。事情都辦成了，老百姓說，那是我們自己幹的呀！

老子在十七章勾畫了一幅理想主義的行政圖畫。他不像無政府主義者設想的那麼絕對與脫離實際。承認有這麼個統治者的存在，跟自己沒有那麼大的關係，互不相擾，不那麼親密，也就不會產生多少矛盾，保持著某種距離。親戚遠來香，官員也是適當保持距離為好。

又親近熱乎，又讚歌高唱，好是好了，太好了期望值就高，高了就容易失望：所謂愛戀生期待，期待生嗔怨，嗔怨生煩惱，煩惱生不滿，最後弄不好會反目成仇。

親近熱乎，讚歌高唱，還容易產生虛偽，變成手段，變成心機。

上述情況下，在上的人物不容易及時發現問題，及時調整修正。在讚歌盈耳的時刻，孰能清醒，孰能改過？陳毅有詩云：「豈不愛擁戴，頌歌盈耳神仙樂。」

使人畏懼其實也是必須面對的事實，因為一方面國家是用暴力來維持自己的統治的。但另一方面迷信暴力則只會自取滅亡。因為只有力量而沒有信任是危險的、是容易轉眼崩潰的。

讓老百姓覺得是自己在辦好自己的事，這就更理想了，這就是自己解放自己、自己救自己。為政之道在於相信人與發揮人的能動性創造性。為政者統治者集團再高明再偉大，能做成的事其實是有限的，而如果是老百姓的力量積極性都發揮出來了，能做的事要大得多。做不到這一點的人他為政不可能成功。老百姓若能有自己辦自己事的能力，有自己幫自己的感覺，能自己消化問題，能自救自慰自強，能為自己辦事而不受干擾，只受支持，這個國家就大治啦！

第十八章　大道廢有仁義

大道廢，有仁義；慧智出，有大偽；六親不和，有孝慈；國家昏亂，有忠臣。

大道被丟棄了，人們各行其是，乃至胡作非為，才會出現對於仁義道德提倡的彰顯。智慧計謀發達了，心眼愈來愈多了，虛偽與欺騙才會愈來愈多。禮崩樂壞，六親不和，六親不認，才痛感到了孝子慈父的可貴，乃至人為地去進行本來不需要灌輸的孝慈規範教導。國家政治亂了套了，國君無德無才陷入危難了，也才大呼大叫地鬧什麼忠呀勇呀的。

這幾句話分量很重，內容尖刻，邏輯鐵定，觀念驚人，語氣沉痛，字字帶血，擲地有聲。我的感覺是，這是老子的警告，是老子的痛心疾首，是老子的詛咒，是老子擊起的一道閃電。

一般人都認為仁義道德、智慧謀略、孝子慈父、忠勇良臣，是國家的寶貝，是社會的棟梁，是價值的核心。而老子的邏輯恰恰相反。人們壓根就應理所當然地和睦相處、互相幫助、同享天餉、共度美好的生活。只是因為有人心存詭詐，歪門邪道，社會風氣敗壞，才需要把一個仁義道德呀、愛心呀、助人為樂呀、見義勇為呀掛到嘴上。如果本來人人都做到了這一點，還人為地推行推銷個什麼勁？

智慧謀略，有一點是可以的也是必要的，但是太強調智慧的結果，卻是忽視了天然的大道，是用盡心機為自身打算，一直發展到損人利己、虛偽狡詐、詭計多端、爾虞我詐，大騙子玩弄著小騙子，小騙子糊弄著大騙子。

家庭親屬，天倫之樂，父慈子孝，兄弟手足，相親相愛本來是天性，把慈與孝變成了道德規範，這本身就不自然、不真實了。成了規範標準以後，便要作狀，便要顯示，便要競賽，便要勉強，便要口是心非，便有萬般假冒。事實是把孝掛在嘴上的人一定不孝，把慈掛在嘴巴上的人一定不慈。母親為孩子餵乳的時候，需要聲明我是慈愛的嗎？孩子繞父母之膝而樂的時候，他會說我要做孝子嗎？一個孩子一邊為雙親做一點服務，如攙扶雙親走路或給雙親倒一杯水，他需要一邊說我是在盡孝嗎？如果他做一點點事的時候，一再聲明是為了孝，他的雙親能夠舒服得了嗎？

忠啊忠啊，我們的經驗可不少，只想一想什麼時候一個忠字在我國大地上滿天飛滿是價（不是別字，千萬不要改）喊吧！那是「文化大革命」、那是林彪「四人幫」橫行的時候；大喊忠的時候，也就是動亂浩劫、陰謀陷害、殘害忠良、遍地冤屈的黑暗時期！

老子的這些說法很警世、醒世，賈寶玉後來發表反對文死諫武死戰的理論，用的是也是老子筆法。寶玉的意思是，文死於諫了，說明君昏；武死於戰了，說明國之不保，君之無助。我戲稱寶玉是用極「左」反對極「左」。可見老子的老到。

民間也講什麼家貧出孝子、國亂顯忠臣。雖是從正面的角度講說與老子此章所講到的同一類現象，也同樣啟發人的思維：對於忠臣孝子之提倡，不能不心存思忖。

老子有一個假定則是純粹的烏托邦。他假定人之初性甚善，不搞這些文化智慧價值道德學問知識政治軍事本來會天下太平、淳樸良善、伊甸樂園。他的這個假設不能成立。人是要進化的，大腦是要發達的，科技是要使用的，民族國家集團是要結合構建的，利益是有衝突的，人是要競爭的，惡與善同在，競爭與進步同在，文化與罪惡同在，你無法用消滅禁止文化進步科技智慧的方法防止罪惡。相比之下，西方的原罪觀念與用法律和相互監督限制懲戒犯罪的路子更現實一些。

老子的意義不在於他開出了防止文明與道德旗幟下的罪惡藥方，不，他的藥方裡包含了不可能的虛幻。他的這些精采論斷的價值在於指出了問題。他的悲哀是深刻地看出了問題，看出了儒家諸教義的不足以解決問題，卻開不出真正解決問題的藥方。也許，問題在於，老子想從根本上杜絕競爭、禁絕作偽、廢絕智謀、滅絕犯上作亂與苛政害民，從內心裡就趕盡殺絕一切爭鬥謀略貪欲危殆的萌芽，和此前的及無吾身論一樣，他想得太高太根本太徹底太絕對了，反而是不可能的了。

老子指出的是：愈是講得好調門高，愈要警惕假冒、偽劣、爭奪、虛誇、言行不一和適得其反。不要上當，不要被各種好聽的話矇騙。寧可少說一點漂亮話、少聽一點漂亮話，多回到自身的良知良能、回到本態與樸素、回到常識與本性，過更本色也更簡單明白尤其是更誠實更率真的生活。做一個更本真的人吧！走自己的路，讓鬧哄者去奪搶仁義慈孝智慧忠心或者現代的別的好詞兒或外語詞兒如彌賽亞（救世主）的大獎與命名去吧！我們要的是大道，是返璞歸真。我們不期待、不在意、不追求外界的誇張命名。

做為心功，做為內心世界的調整，老子講得還是高明的。

第十九章　絕聖棄智

絕聖棄智，民利百倍；絕仁棄義，民復孝慈；絕巧棄利，盜賊無有。此三者，以為文不足。故令有所屬，見素抱樸，少私寡欲。

什麼聖賢，什麼大師，什麼高人，什麼榜樣，去他的吧！去了他們，讓老百姓生活得更踏實更舒服一點吧！老百姓會從為政者的清明務實中得到上百倍的實惠。什麼仁義，什麼道德，什麼牌坊，什麼功德碑，去它的吧！去了它們，老百姓也就自自然然地孝親愛子，享受天倫之樂，回歸人性了。什麼能工巧匠，什麼技術超凡入勝，什麼絕活絕藝絕品，去他的吧！沒了它們，連偷盜者也不會出現。

聖智呀，仁義呀，巧利呀，這三個方面，做為文化是不夠有效的，我們還需要其他的補充與精神歸屬。就是說要在意素淨、堅持樸質、減少私心、控制欲望。

這一章可說是寫得斬釘截鐵、字字到位、橫掃千鈞、力透紙背。其目光更是穿透了幾千年、幾萬里。

這一章緊接上一章的激憤之論，進一步要求簡樸本色、誠信自然，不要自己折騰自己，不要自已折騰完了再去折騰別人，再去折騰那個原先的折騰，不要老是自己與自己過不去，與老百姓過不去。

文化上、政治上，直至生產技術上，確實存在著這樣的自我窮折騰沒完沒了的現象。你把一切舉手之勞的勞務都變成機械化自動化，車窗開關，馬桶蓋開闔，麻將牌洗牌碼牌，全都電氣化按鈕化了，然後再想辦法長跑減肥，製作各種健身器械。

還有整天忙什麼管得太死了要放開，放開了趕緊要管住。炸完了再援助，支援完了再開戰。再如在一些硬體落後工作跟不上的地區，挖出文物，清點文物，給文物估價，走私文物，盜竊文物，破壞文物、收藏文物，永無寧日。

再比如改革開放前與改革開放初期，光一個跳交誼舞的事就折騰了多少回，允許，不允許；允許，禁止；開放，再禁止……某省人大常委做決議不准跳（至今未撤銷），現在想起來成了笑話。

無作為是不可以的，如何不濫作為，則是值得考慮的。

這一章還包含著這樣一個意思：執政不要唱高調，不要樹立過高的標竿，不要提出過多過高的任務，一定要樸實本色、求真務實。

老子與當時的其他論者學者一樣，他們首先會討論為政之道，同時也兼顧百姓民人（那時還沒有「人民」一詞）的利益。因為他們知道，如果過分損害民人的利益，為政（統治）也是搞不下去的。

老子看到了那時的諸子百家、王侯大臣，有許多道德化理想化修辭化的執政為政理念，各人說得比唱得還好聽，然而這些東西太高太做作，用今天的語言說就是太意識形態化、理論化、文學化、詩化、浪漫化，難以與現實接軌，沒有幾個人真正做得到，真正做到了的說不定又顯得迂腐窮酸。

於是你指責我沒有做到高標準，我指責你沒有兌現高調的允諾。百姓因侯王沒有做到高調而造反，侯王因為臣子或百姓沒有做到高調而懲戒整肅。唱高調而做不到，於是出現了「滿口的仁義道德，滿肚子男盜女娼」的諷刺。而針對「好話說盡」的反彈，很容易變成「壞事做絕」的怒罵。

高調只能是亂源，只能是互相攻擊的藉口，只能是煽情的動員，只能勞民傷財、爭執不休、天花亂墜、高入雲天，令為政者與百姓茫無所措。

過分的高調還敗壞社會風氣、敗壞政風文風，養成心口不一、言行不一、喬裝打扮、空口求榮、花言巧語、清談誤國、假大空比賽、互不信任、互打折扣、互相摸底、勾心鬥角的一系列惡習。不用考慮得太遠太深，就想想「文革」的歷程、「四人幫」的興衰史，夠咱們一代一代受用不盡了！

所以老子主張不要口若懸河地天天講什麼聖呀智呀、仁呀義呀、巧呀利呀，多讓百姓民人們過幾天踏實日子、自在日子。讓百姓多一點實惠，少一點高空立論、鋪天蓋地、耳提面命。

老子的替代建議是：用見素抱樸、少私寡欲取代聖智仁義巧利，以低調替代高調，以安之若素取代急迫緊張，以簡單質樸替代繁文縟節，以清靜無為取代勵精圖治，以相安無事取代奮發圖強。他的主張有不現實處，有單向與片面處，但也有參考價值。一味的高速發展必然會帶來全面的緊張，輔以老子的某些清涼精神，未必是沒有意義的。

第二十章 我獨昏昏

絕學無憂。唯之與阿，相去幾何？善之與惡，相去若何？
人之所畏，不可不畏。荒兮其未央哉！
眾人熙熙，如享太牢，如春登臺。我獨泊兮，其未兆，如嬰兒之未孩；儽儽兮，若無所歸。
眾人皆有餘，而我獨若遺。我愚人之心也哉，沌沌兮！
俗人昭昭，我獨昏昏；俗人察察，我獨悶悶。
澹兮其若海，飂兮若無止。眾人皆有以，而我獨頑且鄙。
我獨異於人，而貴食母。

拋棄掉那些（矯揉造作、呆板死僵的）學問，你也就不會陷入困境了。是是非非，相差能有多少？善善惡惡，相區別能有多少？（可惜的是沒有幾個人能夠具有獨立和深刻的思考，而多半是）人云亦云，人畏我畏，人畏者誰能不畏乎？荒唐啊，蒙昧與無序的狀態還不知道要延續多久呢！

隨著大流，倒是可以熱熱鬧鬧、吵吵嚷嚷，像是在參加大宴會，像是去春遊。我則是平平淡淡，像個對外界還做不出什麼反應的嬰兒，像是找不著家門的遊子。

眾人都有富餘，而我一個人卻好像丟失了什麼、欠缺了點什麼。是我的心智太傻嗎？怎麼糊里糊塗的？眾人都覺得自己挺明白，我則覺得自己充滿困惑。眾人自以為什麼都看到了，我則覺得自信不起來。世界像大海一樣地無邊，世事像大風一樣地不定，無休無止。眾人好似都有點把握，而我一個人在那裡較勁，顯不出高明和流暢，顯得彆扭而又鄙陋。

我和他人不同的地方，就在於我追求終極、追根求源。我要看的是本質、是永遠、是大道，我不輕信表面的天花亂墜。

這一章我更注意的是追索它全文的邏輯與精神，因此在字詞理解方面，我強調的重點與有些專家老師不太相同。

這一章有點特色：整個《老子》的講論是高高在上、睥睨大千、遊刃有餘、真理在握、大道在手、勢如破竹、無敵於天下。然而在這一章老子卻不乏牢騷，有訴苦，有無奈，有嘲弄與自嘲，有智慧的痛苦、孤獨、幽默與嘆息。

這裡有一個基本的悖論。智者、思想者、哲人如老子者，他認定他的見解是如一加二等於三一樣樸素、明顯而且毫無疑義的。他希望他所宣講的見解也如兩點之間以直線為最短一樣毋庸爭論，符合常情常理常識，易於接受，廣行天下。而一切不同於他、與他的見地背道而馳的講說，則是偏執、荒謬、愚蠢、不堪一擊的。

他無意驚世駭俗，與眾為敵；他無意故作高深，與俗鮮諧；他不認為他的理論知識多麼難於接受。

而另一方面，他的見解是富有創意的、獨特的，與凡俗的、隨大流的見解不同的。他是天才，他是獨具慧眼，他必然與眾不同。他必然感覺得到庸眾的隨大流的乃至隨主流的見解，其實乃無見解的淺薄、廉價、簡單、粗糙、人云亦云。而這些淺薄的多數，廉價的認知卻要自以為是、人多勢重、挾群體以搏哲人，壓垮智慧，滅殺高智商。老子能感覺不到這些嗎？就是說老子不論怎麼樣強調自然、無為、舉重若輕、萬物自化，他仍然感覺到了他的見解與俗眾間的距離，他的見解的挑戰性與已經激起可能激起的反彈力。他提倡虛靜無為，提倡得並非不吃力。

他容易嗎？

隨大流的，人畏我畏、人止我止的俗人如享太牢，即如同大吃大喝一樣地舒服與懶惰；如登春臺，即如同春季登高一樣地滿足與自得。俗人庸人們啊，你們有多美！

這兩句話雖然文雅，其實很富有嘲弄意味。很有些個眾人皆濁我獨清的清高。有點冠蓋滿京華、斯人獨憔悴的寂寞，甚至也有點老聃式的無可奈何的冷幽默。

而這一章對於「我」即立論者老子本人的（淡）泊兮、未孩（不會笑）、儽儽——疲倦而又閒散、愚人之心、沌沌、昏昏、悶悶、頑、鄙、獨異於人的形容描繪，則顯然帶有自嘲與憤慨。

有什麼辦法呢？智商高的人從數量上講肯定少於智商低的人，他們或他一個人常常被智商低的數量多得多的俗人所排擠。獨立思考的頭腦常常少於別人害怕我也就跟著害怕的怯懦與呆木的頭腦，常常反而被糊塗人認為是愚傻頑劣粗鄙犯呆。智者常常能夠原諒與包容愚者，而愚者是不能原諒和包容智者的，智者的智，令他們感到的是騷擾、是壓迫、是吃飽了撐得慌、是對比了自己的愚、是寒磣自個兒。尤其是小有聰明實際愚蠢得夠嗆的那種人，他們預感到自己在智者的面前會顯得多麼矮小寒磣，自命不凡的小文人與小小的自以為是會思想的人，更是視智者為不共戴天，叫做必欲除之而後快。

為真理與人眾而苦苦思索而承擔迷惑與痛苦的心靈，為了歷史的前進不懼怕付出代價的真正高尚的心靈，是無法被自我感覺良好的、不求甚解的心靈所容納、所理解的。

順著這個思路發展下去，老子也許會捎帶出老年間的中國式易卜生主義的色彩。但是畢竟不同，老子的整體學說的圓融與神奇，老子智慧的涵蓋性、辯證性、包容性與東方式的自足與自慰，使老子終於進入了並帶領數千年的讀者進入了玄之又玄，眾妙之門，而不會太過於煽情地與眾人對立，也不會吐塊壘而過分激烈。孔子也提倡怨而不怒，思無邪，況高明如游龍（《史記》上記載的孔子對老子的印象）的李耳大師乎！

唯唯諾諾與搖頭喝斥，相差能有多少呢？善良美好與惡劣醜陋，相差又有多少呢？這個話比較好說一點，所以老子一上來先說這個不爭論的話題。西方的說法則是，任何表白都是不必要的，因為對你抱有好意的人，你不必表白；對於你抱有惡意的人，你表白他們也不信。西方還有一種不太嚴肅負責的一棍棒打死的說法，將一切爭論說成是「口水戰」。這一輩子我見到過的爭論也不少了，僅僅聽兩方面的講演，僅僅讀兩方面的文字，你是什麼也得不到的。為爭論做結論或暫時做一判斷的力量，不在爭論之中，而在爭論之外。

但是其後緊接著說，別人畏懼躲避的，你或我也不能不躲著點，這樣荒唐的事還方興未艾呢！老子說得現實、實在，明知道爭鬥的雙方「飲水差知等暖寒」（出自錢鍾書詩），卻還不得不跟著有所規避，荒其未央哉——這樣的荒唐還正來勁呢！

讓我們在此章的最後討論老子講述的最初，他是這樣開始此章的，只有四個字：「絕學無憂」。四個字，神龍見首不見尾，潛龍勿用，見龍在田，潛龍在淵。

如《史記》上記述的孔子所言，老子此話像一條龍，神妙莫測，如龍的尚未騰飛。它簡約而又含混，另類而又含蓄，惜墨如金，似天機不可洩露。

我接觸過的多數版本以此四字做為此章的開始。也有的將之置於上一章之結束。解釋則無大異，認為老子說的是不要去學那些世俗末學、拋棄聖知禮法的學問，也就沒有憂愁、憂慮了。

我寧願意選擇其篇首位置，似更有衝擊力與概括力。

我寧願選擇對之做更多義的解讀，文字愈是簡練說法愈是含蓄，解讀的空間就會愈大，我們把它理解得太簡明了，是不是有點辜負老子的文體和用心呢？是不是離眾妙之門反而遠了呢？

絕學無憂的第一義，可能如歷代所解：學多了世俗一套、儒家一套、人為的矯揉造作一套，更添困惑，更與大道隔著一層了。不學這個才能無憂無愁、才能心明眼亮。

第二層，未必是學問與信息的毛病，未必是由於學問與信息——你所學到的那些東西的可疑，恰恰是智慧本身就是痛苦的根源。哥白尼的痛苦、伽利略的痛苦，不正是他們的地動說、地圓說嗎？如果他們沒有這樣的知識智慧，他們不也就無憂了嗎？

那麼，絕學無憂就是反諷、就是悲哀、就是嘆息。絕學方能無憂，智慧只能痛苦，平庸是快樂的源泉，才華是不幸的造孽啊！

你可以認為上述觀點太沒有出息、太侏儒化或犬儒化了。我也可以認為上述的說法是悲憤之論。絕學無憂。書讀得愈多愈蠢。劉項原來不讀書。從來名士皆耽酒，自古英雄不讀書。後者是揚州一個景點的名聯。

那麼絕學無憂就同時成了一個諷刺、一個「怪話」。本章本來就具有某種怪話色彩。說是從不學習的人最快樂，他絕對不會憂國憂民，不會憂天憂地，不會憂環境憂生態憂弱勢憂分配憂教育……

還可以有一個更「以毒攻毒」的解釋：絕學者，絕頂之學也，summit之學也，大道之超級感悟體察也。有了這樣的學，與天地一體，與日月同輝，與大道共呼吸，還能有什麼憂呢？

如果與上一章的絕聖棄智、絕仁棄義對比，這裡的絕似乎不宜做絕頂解。然而誰又能保證，老子在此書中用一個字只能是一個含意呢？絕是斷絕、是放棄、是停止，又是絕對，是最高級的形容詞、副詞。中華文明何等絕妙，漢字構成，何等絕妙！絕是最壞的話，如絕戶、壞事做絕；絕又是最高最善的絕頂、顛峰！絕學呀絕學呀，如無絕學，誰能懷疑唯之與阿、善之與惡的區分呢？

解讀藏頭露尾、神祕莫測的《老子》，至少可以益智，可以開動腦筋，可以培養一種立體的、開闊的思維空間。

古來釋義老子者多矣，他們的追求在於求出老子的唯一正解，破除可能有的偏差，所以在解釋無為時特別要強調不是完全無所作為。解釋愚的時候強調乃是厚樸。

但是老子的思想與文體實屬另類，他的《道德經》五千言，高度精煉，有些地方有些言語（占全書一半以上）如結論、如格言、如《易經》中之卦辭、如詩、如錦囊妙計、如天意神授、如天象謎語讖語爻辭。語含玄祕，話多彈性，天機未可洩露無遺。他的思想更是高度概括、高度辯證、高度淵深而且變化多端、縱橫馳騁、上天入地、超越生死。

時至今日，做為一個業餘的愛好者讀者，我絕無能力在所有的章節都尋找出、考證出、判斷出與分辨出老子書中逐字逐句逐節的唯一正解。世人皆知正之為正，斯不正矣。對《老子》的字句解讀最忌王麻子剪刀，別無分號。我要做的僅僅是大致靠近它們的應有的理解，尊重已有的諸前賢的解讀，大致認同之，全面接受之學習之，同時探討對這些字句章節的進一步解讀發揮的可能性、共鳴讚嘆的可能性、獲益啟明的可能性、吟詠賞析的可能性與交流碰撞的可能性。

我要的是可能性，不是唯一性。是討論，不是結論。是眾多的起點，而不是終點。是繼續環繞前行的巨大空間，而不是到此止步的標準答案。

正如轉益多師是吾師一樣，讀《老子》的某些段落，王蒙的感受是：轉益多解是吾解。轉益多解更需自解自愛自賞自作多情（無貶意）是也。

自作多情地閱讀與解讀《老子》，何等地精神享受！

偉哉老子！他提供的不是排他的結論，不是計算得數與實驗報告，不是定理公式處方，不是幾句名言幾條教訓幾項生怕被誤解了的規定。《老子》乃是一座精神的殿堂。不僅是殿堂，而且是一個精神的園地、一個智慧的操練場與遊樂場。

你要在這裡練一練嗎？

第二十一章　惟恍惟惚

孔德之容，惟道是從。
道之為物，惟恍惟惚。惚兮恍兮，其中有象。恍兮惚兮，其中有物。
窈兮冥兮，其中有精。其精甚真，其中有信。
自古及今，其名不去，以閱眾甫。吾何以知眾甫之狀哉？以此。

最根本的大德，是什麼樣子的呢？可以說它的首要之點，在於決然地服從大道的指引，與大道一致。

道這個東西，具有不確定性、飄移隱現，摸不著抓不住。說是恍恍惚惚若隱若現的吧！自大道中卻生成著萬象。說是惚惚恍恍、若有若無的吧！自大道中卻產生著萬物。說這個大道深遠難見吧！其中自有精華元素。而且這種精華元素非常真切可信，它是有效的、好用的。

從古至今人們都知道大道的美名——範疇，大道的美名永存永在。從大道出發，以大道為依據，去觀察萬物的初始化。怎麼樣才可能去知曉萬物的初始化——本源呢？就靠大道。

這一章對道的講述非常重要也非常精采。

第一，惚兮恍兮，其中有象。恍兮惚兮，其中有物。窈兮冥兮，其中有精。這樣一種描寫，這樣一種想像推測（只可能是想像推測，老子的時代不可能有涉及宇宙發生、星球生滅、天文學的任何望遠鏡觀看、圖片、數據）十分天才、十分有理。它與他身後兩千餘年後的從十八世紀到二十世紀的星雲說比較接近。不論是康德、拉普拉斯、魏札克、霍伊爾、阿爾文，還是我國的著名天文學家戴文賽的關於星雲旋轉、集中、收縮、冷卻、坍塌、扁平化的假設，還是關於宇宙微粒子（其中有精！）的學說，都有與恍惚說相似之處。這說明了老子的發生學想像、發生學假說的天才性。

第二，在老子的關於道、關於玄德、關於谷神等的把握中，與西方的分析性思維不同，它追求的是概括與統一。

其一是存在與本質的統一。道的惚恍、沖、淵、夷、希、微，似有似無，亦有亦無，如風箱，如玄牝、若水，是世界存在的恆久形式、普遍形式、根本形式，所以也是存在的本質所在。其中有象，其中有物，其中有精。而道的自然、無為、不仁、不爭、功遂身退、無尤、昏昏、悶悶、不可道、不可名、守中，玄之又玄，眾妙之門，則是世界的本質，也是世界——道的結構、觀感與形象。在這個意義上，對於老子來說，世界就是自然，也就是道，三者統一同一，互相滲透，互相整合。

其二是大道的本體、本容與本源的統一。大道既是世界的本源、發生，初始化也是世界的本來面貌、本來質地的最高最廣泛的概括。有的大學者（如馮友蘭）討論的是道之為物與道之生物的區分，認為老子在此章中講的是道之為物，即道的本體本容，而不是講道者萬物之源也。其實，對於老子來說，對於東方式的本質主義與一元崇拜來說，這樣的區分既不必要也不可能。同樣，在《老子》一書中，他強調了道生一，一生二，二生三，三生萬物。道之為物就是道之生物，甚至於我們也不妨考慮研究物之生道的命題的有效性。物是萬物，道是那個最最精采的一。一就是多，多就是一，在郭沫若的詩中也曾歌頌過一的一切與一切的一。對於老子來說，道既是抽象的，又是如宇宙微粒一樣地具體的。為什麼叫惚恍？就因為它統一了本源、本原與本體。

其三，它統一了道、德、天、自然等概念，一而同之，強調了它們的同一性與唯一性。當然這裡也有一點破綻，因為老子否定過德，就是他講的「失道而後德」。也可以為之打一個補丁：他後來強調的與大道一致的不是一般的德，而是玄德——最深刻最本質最核心的德。他否定的則是帶有人為色彩、人工推行色彩的所謂德。

其四，它忽略了、超越了物與心、客觀與主觀、有神論與無神論的差別，也統一了人們對於世界與人類的基本認知。就是說不但大道與世界與萬物可以統一，與人也可以統一。一個聖人，一個得道之人，他的豫兮、猶兮、儼兮、渙兮、敦兮、曠兮、澹兮、混兮，以及其他諸方面，本身就是道的作用與道的證明，他就是道的載體。

第三，老子的這些認識，既是先驗的也是概括的與經驗的。他自以為可以超越先驗與經驗的分野，超越（宗教）信仰、哲學、審美以及與邏輯論證的差別。它凸顯了中國式的整體的一攬子的思維方法。它的論述抽象玄妙、大而無當，是哲學無疑卻又如教義之玄妙，有詩的韻律、美妙與魅力，卻又訴諸理智與抽象思維，既難以論辯，又不乏例證，如關於水、天、芻狗、玄牝、風箱、功遂身退等的富有生活氣息與經驗內容的比喻。老子的驚人高論至今給人以啟迪與智慧，我們當然會愈來愈重視挖掘這一難得的精神資源，同時，我們卻又不可滿足於空對空的概念置換，淺嘗輒止，不可夜郎自大，不可忽視現代的與世界的新知新論的充實、補充與發展。

第二十二章 曲全枉直

曲則全，枉則直，窪則盈，敝則新，少則得，多則惑。

是以聖人抱一為天下式。

不自見，故明；不自是，故彰；不自伐，故有功；不自矜，故能長。

夫唯不爭，故天下莫能與之爭。

古之所謂：曲則全者，豈虛言哉！誠全而歸之。

能夠忍受委屈，那麼反而能夠保全、成全、完成一定的目標。能夠不拒絕退讓、彎路與變通，反而能夠比較平直地達到目的地。能夠謙虛與自居低窪，聚集的東西與人氣反而充盈。能夠愛惜陳舊珍重歷史，反而能做到更新、圖新立新求新。少要求一點，少一點貪心，反而能夠多得到一些收穫。而活動太多說話太多要求太多算計太多的結果，只能是增煩添亂，不知所措，一事無成。

所以說，聖人是有一定之規的，他堅持他的始終如一的原則和道路，就能夠成為天下的榜樣範式。

不要老是盯著自己與一味表現自己，看什麼想什麼都會更明明白白一點。不自以為是，所以能夠有影響、有威信。不自吹自擂、自我表功，所以才真有貢獻。不自高自大，所以形象高大，能帶動旁人。正因為他不去爭奪浮名小利，所以天下沒有什麼人是他的對手。

古人就有此一說：委屈方能保全，這並不是空話，它的效應已經得到了充分的證明。

這一章是會引起爭議乃至抗議的，因為老子只講委曲求全的道理，全然不講抗爭、不講知其不可而為之的執著、不講我不下地獄誰下地獄的使命感、不講寧折不彎的氣節、不講犧牲獻身的不可避免與當仁不讓、不講甘灑熱血寫春秋的壯志豪情，沒有英雄主義與壯烈精神。它甚至涉嫌苟且偷生的懦夫哲學。

這裡有一個前提，春秋無義戰，我們不能用今天的大是大非的二分法來分析老子所面臨的種種情勢。

其次，我們從這一章的論述中可以看出老子的時代、老子的政治社會環境是何等險惡。老子對於自己的智慧與見地充滿信心，但是對於自己的力量、對於他所處的環境是否那麼講道理、講仁義則全無信心。他看透了興亡盛衰沉浮成敗的瞬息萬變、物極必反。他看慣了看透了那些急於求成者、自我兜售者、霸氣十足者、蠅營狗苟者的紅極一時與狼狽下場。他不能不發出忠告，奉勸那些小打小鬧、嚕哩嚕嘛而又偏執狹隘、鼠目寸光的傢伙，還有那些輕舉妄動、自命不凡、大吹大擂、牛皮轟轟的夥計清醒一點、冷靜一點、克制一點。

有什麼辦法呢，兩千五、六百年過去了，老子的勸告對於這樣生生不已的庸人蠢才還是不無參考價值的。

鄧小平在一九八〇年夏回答義大利女記者法拉奇的提問時，講到周恩來與他自己的時候的一些說法，可以做為《老子》這一章論述的理解與參考。這裡也有一個前提，周恩來與鄧小平面對的不是蔣介石國民黨，而是革命成功後自己的黨與領導人毛澤東。他們的選擇只能是曲則全，枉則直，窪則盈，敝則新，少則得。在講到自己三起三落的「祕訣」時，鄧小平強調的是「忍耐」。

絕無老莊傳統的西方世界，對於忍耐則也有所提倡讚揚。應有的忍耐，也可以為普世所接受。因為世上的許多道路都不是筆直的。許多理所當然的好事，做起來也要付出時間、付出代價、經歷艱辛、經歷曲折。

當然，我們尊重抗爭者與犧牲者，例如張志新與遇羅克，我們也同時能夠理解忍辱負重與委曲求全的人，尤其是領導人的決定作用與實際成效。我們不能認定只有一種選擇、只有一種模式。

說到敝則新相當令人嘆息，「文革」當中大吹新生事物，把烏托邦的東西、個人迷信的東西當作新生事物。同時視舊視古如敵。看來僅僅新不新、舊不舊，並不是價值判斷的標準，新底下還有本質，是真正的新生事物還是腐朽封建的東西借屍還魂，那是需要鑒別的。

同時新與舊並非截然對立。對於歷史的珍重、歷史主義，恰恰是比較新的觀念、新的風尚；而浮躁求新、浮躁棄舊，恰恰是過了時的愚蠢。

至於「不爭，故莫能與之爭」的命題，太精采了。這裡有一個道的問題，即認識客觀規律的問題，一個人的一切，不是爭出來的，而是看他的實際與實績，看他的品格、智慧與事業。當然還有機遇、還有外界的不確定因素。「新飛廣告做得好，不如新飛冰箱好」，你爭得再有效，也不如你的存在你的性能你的紀錄更有說服力。一個錙銖必較的人，不可能是一個大氣的、有信心有把握有格調有形象的人，而只能是一個私心太重、心胸狹隘、一瓶子不滿半瓶子晃蕩的《紅樓夢》裡的趙姨娘式人物。趙姨娘的特點是夫唯必爭，故什麼也得不到；夫唯皆爭，故什麼也做不成；夫唯亂爭，適成笑柄。

我還有一個很個人的體會。你有時間去爭嗎？有那個時間，你又可以多讀多少書、多思考多少問題、多寫多少作品、多出多少活兒！哪樣的效益大，哪樣的努力划得來，哪樣的時間支出更加經濟，還用問嗎？

莫能與之爭的說法頗有些幽默。爭奪、計較是會引起惡性循環的。你爭的結果是他爭，他爭的結果是她爭。爭，還能變成惡性破壞。我得不到了，反正也不能讓你得到，最後爭個兩敗俱傷，這樣的例子還少嗎？

而我偏偏不爭，你的那些與我爭的伎倆，不都是無的放矢、與風車作戰嗎？你爭什麼，吾兄，好好好，全歸你好不好？我要的只有格調，只有實績，只有大道，只有生命的真價值、真意義、真快樂。

你爭的結果是一肚子氣，是一腦門子官司，是一百個想不通、一千個委屈、一萬個天怒人怨。我不爭的結果是明朗的心態與可能的最好的果實。

當然這裡說的爭是私利之爭，不是為了真理為了人民而鬥爭。

再說，人性中有一種為爭而爭的無聊衝動，連爭蠅頭小利都談不上，而是意氣之爭，字眼之爭，打鍾（讀三聲，驢唇不對馬嘴）之爭，取笑之爭，為了顯示自己而強辭奪理之爭，惡評酷評之爭，吃飽了撐的之爭，窮極無聊、無事可做之爭，怕別人忘了自己之爭。夫妻間就難免這種爭執，還有一種叫做姑嫂勃谿，婆婆與媳婦之爭。文人間文壇上也多有這種爭執，更有無聊小文痞以與比自己個頭大的人爭為出道捷徑。你能奉陪嗎？絕對不能。只能以不予置理對待之。

還有一個體會，帶稜帶角地發表自己的見解是可以的，卻完全用不著辯誣。如果他要誣，就完全不是一個言語文字邏輯的爭論，而是另有背景，另有出發點，與之講道理掰邏輯是無效的。而且事物的本來面目不是任何別有用心的誣陷所能改變的，最好的辦法仍然是埋頭耕耘、培植與收割自己的作物，爭取自己的豐收，顯示自己的包容與寬大。

和辯誣同樣忌諱的是糾纏不休的爭論。許多事爭起來是完全沒有用的，百分之百的有理照樣有可能面對胡攪蠻纏者而一籌莫展。原因在於，一個人的主張荒謬、立論失當、惡意攻訐、不按真理，其實質原因常常既不是邏輯問題，也不是實證或材料蒐集方面的問題。熱中於爭者口頭上說的筆下寫的一套，並不能說明他的固執己見的真實原因，更不一定是全部原因。誰也不要企圖通過辯論改變誰影響誰，甚至眾多的旁觀者也早就不會根據辯理的情況決定自己的取捨了。表面上的道理、考據、事實之側面、角度之爭的背後，往往是利益之爭、意氣之爭、派別之爭、背景之爭。只有傻子才耽於爭論，誤了一切正事正業。

不爭的結果還是最好的回應與過招。你把蠅頭小利、浮名虛勢看得重如泰山，我看得輕如鴻毛，我根本不予置理。你還能怎麼樣呢？你什麼都爭的結果並不可能給你添加一斤一兩，而我的不爭只幹的政策，不是反而處於不敗之地了嗎？

老子此章的用意在於以無成有、以退為進。你在功名上、俗務上、金錢上、鋒頭上退了、無了、曲了、枉了、窪了、敝了、少了，你在事業上、學問上、智慧上、境界上、大道上、貢獻上才能有所進取、有所獲得、有所創造、有所作為。當然給趙姨娘式的男人與女人講這樣的道理，是對牛彈琴了。然而這樣的事例與成效無數，豈是虛言！

至於不自見，故明；不自是，故彰；不自伐，故有功；不自矜，故能長。老子判定，一個人最大的障礙有可能是他自己，光注意表現自己兜售自己了，他能看明白這個世界嗎？他看得明白比他強的人士、比他所懂得的更高明的道理嗎？光自以為是了，自己掉在自己的坑窪裡了，他身上還有什麼值得彰顯的光輝嗎？只知道吹噓表白表功的人，誰願意承認他的功績？愈是自高自大，愈是得意洋洋，愈是壓人一頭，愈是無人買帳，這樣的事情還少嗎？

老子對此也有一番感慨，就是自己擋住了自己的道路，自己蒙上了自己的眼睛，自己堵上了自己的耳朵，自己使自己變得可笑兮兮，孤家寡人，脫離大道，脫離生活，脫離人群。

老子說古代就有曲則全的說法，這不是虛話。這說明，老子的思想也是有根基的。中國民間過去或此後都有類似的總結、類似的例證。如大丈夫能屈能伸，如欲速則不達，如小不忍則亂大謀。如韓信的受胯下之辱，如范睢的佯死，更不要說越王勾踐的臥薪嘗膽了。

第二十三章 飄風驟雨

希言自然。
故飄風不終朝，驟雨不終日。孰為此者？天地。天地尚不能久，而況於人乎？
故從事於道者，同於道。德者同於德，失者同於失。
同於道者，道亦樂得之；同於德者，德亦樂得之；同於失者，失亦樂得之。
信不足焉，有不信焉。

少說話、少折騰、少生硬干涉才符合大道自然運行的規律，也才留下了大道自行動的最好的空間。

風颳得太猛，往往不到一個早晨就停下來了。雨下得太大，也很難連下一個白天。誰把它們停下了呢？天與地。天與地都不能用力太過太久，何況咱們人類呢？

所以說，你如果力求按大道辦事，你也就要或一定會與大道相一致。你力求按大德辦事，你也就要或一定會與大德相一致。你行事失去了道與德，那麼錯失也就與你相一致。你與大道一致，大道也就樂於得其所哉——運轉於最佳狀態。你與大德相一致，大德也就樂於得其所哉——發揮於最佳狀態。你與錯失相一致，錯失也就樂於得其所哉——懲罰你於應有應得的狀態。

他們（那些與錯失一致而悖離了大道大德的人，尤其是統治者）缺乏公信力，老百姓信不過他們。

從這一章可以看出中國式的毋為己甚、適可而止、留有餘地直至中庸之道的內容。不要用力過猛，不要用力殆盡，不要人為地鬧哄咋呼，不要動輒暴風驟雨，要悠著勁來，要有長勁，這是老子的忠告。

中國古代少有權力制衡、社會制衡的傳統與觀念，但是中國人特別體會得到在時間縱軸上的平衡：叫做三十年河東，三十年河西；叫做物極必反、分久必合、合久必分；叫做否極泰來，時來運轉；叫做陰陽協調，一陰一陽謂之道；叫做天網恢恢，疏而不漏。所以我們較早發生了中庸思想，不走極端，免得若干年後再往另一面偏。同時中國人也較早就主張和諧與平衡，陰陽協調，各得其所。老子以狂風暴雨為例說明天地做事也不是一味走極端、走單一方向，人類行事更要考慮到諸多方面，不可強行推動，不可一意孤行，不可逆天逆民而動，不可趕盡殺絕，不可將事做絕。

中國的古代，儒家提倡的是通過道德、禮法來制衡權力地位，失去了道德禮法也就失去了權力的合法性，不按理法辦事也就失去了管理的合法與有效性。

老子則是企圖通過哲學、通過大道的宣示與理解來克服苛刻繁瑣勉強主觀失度的苛政與蠢行。可惜的是，老子講的這些仍然是偏於理想化的。

同於道者，道亦樂得之；同於德，德亦樂得之。這也是中國人的尚同思維方式之一例。你靠攏認同A，A就喜歡你；你喜歡B，B就認同你靠攏你。既然A→A′，那麼A′就一定→A。其實這樣的逆定理未必成立。你自以為是靠攏道與德，但事實證明道與德並未與你親近合一，你追求道與德，偏偏有人認為你無道缺德，這樣的事也是可能發生的。

老子式的道德治天下的範例太少了。春秋戰國也好，其後的秦漢晉隋唐宋元明清民國也好，至今並沒有哪個政權、哪個個人是僅僅靠虛靜無為、柔弱退讓取得了成功的。知識分子的求道學道的成效更不明顯。你自以為愛道求道，但是道未必向你現出笑臉，而是嘲笑並懲罰你的書呆子氣，這樣的例子比同於道而道亦樂得之的例子更多。比如魏晉名士們的悲劇命運，比如近現代中國的許多知識分子的命運。

當然，同樣也沒有哪個政權、哪個個人是僅僅靠生拉硬拽、強迫命令、狂風暴雨就能做到國泰民安事業有成的。革命高潮奪取政權時期，大講反對中庸、反對費厄潑賴（註：費厄潑賴，英語 Fair Play 的音譯，原為體育運動競賽和其他競技所用的術語。意思是光明正大的比賽，不要用不正當的手段。勝利者對失敗者要寬大，不要過於認真，不要窮追猛打），提倡完全徹底乾淨地消滅敵人，號召「讓暴風雨來得更猛烈些吧」（高爾基），是有它的歷史特色與時代背景的，是有它的規律性的。革命勝利了，革命的人民取得了政權了，必然會有新的考慮。

這裡還有一個幫助與啟發，從飄風驟雨的例子中，我們可以討論一個社會生活或我們的事業的高潮化與正常化的命題。奪取政權的革命，是有高潮的，是在高潮中取勝的。對於這種高潮的自豪的記憶，這種高潮化的歷史慣性，會鼓勵我們總是想在不斷湧現的高潮中跨步躍進。但是建設新社會，尤其是經濟建設，不可能總是人為地採取掀起高潮、延續高潮的辦法。改革開放前，經濟與社會政治生活中我們數度呼風喚雨，掀起高潮，付出了太多的代價。比如名著《中國農村的社會主義高潮》，比如反右完了就唱上了「掀起了社會主義建設高潮」，比如「大躍進」，比如「文革」。而我們現在很少講什麼掀起高潮，而是講可持續發展了。

偏偏現在有些迷戀於老經驗的人認為是進入了「革命的低潮」。他們如果能夠多少聽取一下老子的見解，不是沒有幫助的。

更正確的選擇是做到有為與無為、道德與實力、雄辯與慎言、虛靜與強健、妥協與堅持、委曲求全與直道無畏、適可而止與鍥而不捨的互濟互補互通互動。老子的片面深刻性，仍然是極有意義的精神資源之一種。

相對地說，老子反覆強調身全、無尤、身先、無死地（見後），給人以過分重視自我保護而缺少獻身捨身的精神了。這就看你怎樣去理解、怎樣去汲取了。不要忘了老子也有另外一方面的話——民不畏死，奈何以死懼之，這些都是後話了。

第二十四章　企者不立

企者不立，跨者不行。自見者不明，自是者不彰。自伐者無功，自矜者不長。其在道也，曰：餘食贅形。物或惡之，故有道者不處。

踮起腳跟來拔高，很難站立穩。跨越式的走路求快，很難用這種方式行路趕路。自己總是表現自己，急於兜售己見的，未免糊塗不明白。自以為是的人，總是要讓別人承認自己的一貫正確的人，反而不可能光耀彰顯。自吹自擂的人不會有多大功勞留下或被承認。驕傲自滿的人，得不到（長久的）尊敬與服膺。

從道的觀點來看，上述這些強求與自我中心的多餘表演，就像剩飯或贅疣一樣，只會令他人煩厭。所以真正掌握了大道的人是不會這樣幹的。

這一章老子為我們勾畫了一幅反面教員的形象圖。你有多高矮就是多高矮，踮起腳尖來能算數嗎？走起路來，勉強地邁起超過你的下肢的可能性的大步，一時可以，以此趕路，就太小兒科了。至於自見自是自伐自矜的人，太多太多。這樣的事情像是剩飯嗎？可能是說它氣味惡劣，品質惡劣，添亂添堵。這樣的可笑行為像是贅疣？則是說它完全無用、多餘，只能添醜添病。而這樣的弱點又太普遍了。

人為什麼會自己欺騙自己呢？人為什麼總是易於覺得自己比別人正確比別人強呢？人為什麼又總是心存僥倖，老是覺得好運會降臨到自己頭上呢？為什麼人常常會使自己變成剩飯贅疣一樣地討嫌呢？

原因在於人總是在自己身上用力太過、強努太多，希圖僥倖太一廂情願。美容美過了頭，變成毀容。吹噓過了頭，會變成丑角，叫做醜態百出。強硬太過了，變成僵化。說話太過了，變得失去公信。轉（讀跩）文太過了，變成食而不化。喊叫太過了，變成聲嘶力竭、向隅而泣。整人太過了，變成迫害狂。弄巧反倒成拙，恃強反而堅持不下來，訴苦訴得強詞奪理、令人厭煩，上綱上得裝腔作勢、令人恥笑……這樣的事無數無休。何不好好想一想？

其實大道是至上的、大道是管用的、大道是永存的。同時，請注意：大道又是惚兮恍兮的、是不確定的、是不仁的、是以萬物為芻狗的。大道本身的運轉，大道本身的萬象萬態，包含了也決定了人的犯錯誤、走極端、遠離大道的可能。飄風不終朝，驟雨不終日，企者不立，跨者不行，自見者不明，自是者不彰，自伐者無功，自矜者不長，還有某些無道者的變成、成為餘食贅形，這也是大道。大道決定了會有人失道、悖道，自取其辱，乃至自取滅亡（按：這不是老子的原義，而是我的發揮感慨）。

人的這種踮腳拔高之意、跨越求捷之心，這種自以為是、自高自大的毛病，正是人自身也惚兮恍兮不明不彰失道缺德的表現，是天地不仁的表現，是一些人確如芻狗、切不可自視過高的證明，是難免芻狗般毀滅掉的依據。是大道淵深玄妙非可道也的表現，在學道習道聞道的過程中沒有深刻與不無痛苦的反思，又怎麼可能把握大道呢？

大道中有模糊也有黑洞，有一種可能也有另一種可能，有正面也有反面，有美善也有不美不善。學道也可能走火入魔、誤入歧途、適得其反，禍可以生福，福可以變禍。不確定性，這也是大道的特點特性之一。

所以更不能踮腳求高、跳躍行路，不能自我過於膨脹。

現在回過頭來研究天地不仁、萬物芻狗的命題，其中同樣包含著勸誡世人不可自視過高、不可自命不凡的警世之大義。

《老子》中包含了不少關於如何做人的忠告，他偏重於勸導人們要謙卑、退讓、委曲求全、示弱、不爭、不言或希言少言，等等。這雖然是偏於一面的道理，但是不無參考的意義。如果想到他的進言主要是針對統治者，我們也許能更好地體會他的苦心。

第二十五章　道法自然

有物混成，先天地生。寂兮寥兮，獨立而不改，周行而不殆，可以為天下母。吾不知其名，字之曰道。強為之名曰大。大曰逝，逝曰遠，遠曰反。故道大、天大、地大、人亦大。域中有四大，而人居其一焉。人法地，地法天，天法道，道法自然。

有這麼一種東西，它包羅萬象卻又渾然一體，你無法對它進行切割與分析性的把握與研究。在天與地尚未分離清晰、天與地尚沒有形成的時候，這種東西已經誕生了。它沒有固定的剛性的形體和響動，它無聲無息，既是可變的不固定的，又是獨立運轉，有自己的準頭與規律，不會改變自身運動的方向與節奏的。它循環往復、無止無休，可以說它就是天下的母體、起源、初始化。

我不知道應該將它歸入何種概念，怎麼樣去稱呼它才好，勉強給它起一個名字，叫做道。再費點力氣解說一下，它是廣大博大無限大的；博大了就瞬間萬里，運行不息；運行不息了就深遠渺茫；走得深遠渺茫了就又返回自身，回到起點，周而復始。

所以說道是偉大的、天是偉大的、地是偉大的、人也是偉大的。世界上有四種大，道、天、地、人，人是四大之一。

人要按照地的法則做人行事，地要按照天的法則為地，天要按照道的法則為天，而道呢，它遵循的是自然而然的運作法則。

這一章非常重要。第一，它說明道的產生先於天地，老子將天地視為次生概念，而將道視為原生概念：道是永恆的，是先天先驗的；而天地是後來的、是逐漸形成的。這很精闢，比天不變道亦不變的說法精采得多。

其次，它明說了道是混成的。混成，在混沌中自然生成，這是一個重要的概念。混一、混和、混元、混生等詞，都包含一種原始、原生、先驗、泰初、根本的含意，混字是最接近道的詞之一。前此的第十四章，已經講了混而為一。哲學家面對的世界，一面是萬物，一面是一。用黑格爾的話來說，一面是雜多，一面是統一。怎麼統一起來的呢？老子說是混而為一。能將萬物混而為一，這是哲學家的本領，這是道的運用。道的功用在於，它不但能使萬物分離開來，更能使萬物混一起來。重視概念的歸屬與提升，重視尋找一個萬能的鑰匙，希望能抓住一個牛鼻子、一個穴位，乃無往而不利——包括為政、習武、作戰、求學，一通百通，一勝百勝，所以特別重視混合成一的命題，這是我們的傳統文化的特色之一。

混的意思包含著無定形定量定位，彈性、變易性與模糊性、容受性與可塑性。

愈是混沌，就愈是無以名之。無以名之而名之的結果，是強為之字，勉強為它起的所謂「道」這個表字，未必準確和理想，未必百分之百地妥帖。姑妄字之，是正式的稱謂之賓，是代稱謂。

這正是《老子》開宗明義，在第一章先強調它是不可道、不可命名、不可言說的原因。所有的有關論述，也都不是理想的、清晰的，足以說明道的特質。

沒有理、化、生的可驗證性，沒有史、地的確定性，沒有數學與語言文學的完備與充實性，沒有儒家教導的生活性規範性，這可以說是老子之學的一大遺憾。但從另一方面來說，它反證了道的精微偉大，它是實大於名，實超過了名許多許多倍。它是一切言語所難以表達的，是一切命名所不能完成的超概括、超偉大，是永遠完成不了但又永無停止的趨向於無限大的→∞，是趨向於神性而不全是人間性概念。你可以充分運用自己的想像力、抽象力與感悟力去接近這個道。

此前老子已經講了道的玄妙、夷、希、微、沖……這是講道的質地。老子又講了若水、虛、靜、嬰兒、居善地、心善淵……這是說明道的品性德行。講了道的玄牝、橐籥、動而愈出……是講道的效用。這一章講了道的大、逝、遠、反，則是講道的格局。

大是講涵蓋性，逝是講變易性，遠是講深刻與恆久性。道愈是深刻，離日常經驗與皮毛淺見就愈遠。反則是講逆向性與循環性，任何事物的運轉，都不是單向的矢量（一個單純的箭頭），萬變不離其宗，物極必反，這是中國老祖宗早已琢磨出來的萬物萬象的特性。

所以中國人喜歡與崇拜圓形，相信萬物周而復始，一元復始，萬象更新，萬物萬象無始無終。再往下是道天地人「四大」的概括。比較起這個「四大」說來，更被中國人普遍接受的是「三才」即天地人，或天時地利人和說。《易經》的〈說卦〉第二章上說：

> 昔者聖人之作《易》也，將以順性命之理。是以立天之道，曰陰與陽；立地之道，曰柔與剛；立人之道，曰仁與義。兼三才而兩之，故「易」六畫而成卦。

而孟子的說法則是：

天時不如地利，地利不如人和。

就是說，廣大中國人長期以來，在主流儒家文化的指引下，認為世界是由天地人三個維度組成的。這不是幾何學上的三維空間，而是哲學社會學上的三維世界。國人還常常在講天的時候將天道與歷史的發展趨向、命運或所謂氣數、陰陽之理與盈虛之辨結合起來。也就是把天與時間、時代的因素放在一起考察，說一個朝代或一個人物氣數已盡，是說它或他（她）的時代已經過去了，天意已經變化，不在它、他或她這邊了，所以叫做天時。

在講地的時候則將地與資源、地形利害與地域文化、剛柔之相濟互補結合起來，所以叫做地利。而在講人的時候，國人更重視的是群體，是群體的團結程度與組織程度、和諧程度與集體行為的效能，還有群體的素質，尤其是其仁義道德的化育程度，所以叫做人和。

簡單一點說：天指時間。天是歷史性時間性宿命性先驗性概念。地指空間。地叫地利，是空間性位置性客觀性實用性概念。人指社會政治文化。人叫人和，是文化性道德性可塑性可為性概念。

古人的天地人三才說還是很周到的，人搞得再好，歷史時機不對，照樣一事無成。地理空間條件不具備，你也會事倍功半，達不到預定目標。人當盡力，同時人當正確地判斷自己的時間空間條件、限制性與機遇。

還有一個說法，最早見於孟夫子，他說：「天時不如地利，地利不如人和。」因為人與人最近，其次是地利，再其次是天時。人的因素才是人最可為、最能起作用的。天時不對，地利不對，你能做的事有限，你能做的只能是等待時機或轉移地點。人的因素不對，責任在你，作為在你。

但真到了關鍵時刻，人們會說「天亡我也」或「天助我也」。天似乎最後仍然起作用。

老子這裡則加上了大道，因為老子認為天與地與人的統一性在於道，道乃是最高最偉大的概括，是至上的本質。天地人「三才」是看得見的，是清晰的感覺與思索的對象。但如果沒有道，就無法將天地人「三才」統一起來、統領起來，就說不清萬象萬物的本質與本源。而沒有天地人，大道也就成了空洞的想像遐思，成了不但無以名之、也未必有之的空對空了。

印度也有地水火風之「四大」說，所以佛教要講「四大皆空」。與之相呼應的是我國的金木水火土「五行」說。反觀老子的「四大」，道天地人，則是以道統率「三才」世界的結果。

同時，老子並不將抽象大道與相對具體的天地人三者對立起來，他稱頌四者皆大，他追求的是四者的統一而不是分離。

再往下講，道、天、地、人四者是什麼關係呢？

人生活在地面上，所以要取法於地、要厚德載物、要勇於承擔、要謙虛與眼睛向下、要剛柔相濟，同時要注意一切舉措符合本地的地緣與地理特色。天覆蓋著地面，比地高聳而且廣大，對地居高臨下，所以地要取法天，不論你解釋天是行健的、自強不息的；或是不仁的，視萬物如芻狗的；或者是無言的，不言而行大道，不言而明日月。地要根據天時的變化、季節的變化而調整自己。

天地人「三才」的總主導總概括總根本則是道。

人也大起來了，與前面說的萬物與百姓芻狗論是否有悖逆呢？看你怎麼理解了，人的一切也是體現了大道的，體現了大道的一切都是偉大的。如果芻狗說是真理、是大道的體現、是大道的獨立不改的運動方向與節奏，那麼芻狗說也是偉大的。芻狗通大道，芻狗亦大，芻狗之毀滅亦大（參考印度教之阿濕婆神乃最偉大的毀滅之神說）。

在這裡，我們還要想一想，尤其是對於老莊來說，偉大與渺小本來就是相通的。對於無限大的道來說，銀河系也是渺小的，趨向於零蛋的。而對於具體的萬物來說，芥子也罷，孑孓也罷，都是難得的偉大存在，也都體現著本質，都是大道的下載，都是大道的顯現，都是宇宙萬物的一個微粒，都是要多偉大有多偉大、要多渺小有多渺小——偉大即渺小，渺小即偉大。認識到自己的渺小，那正是靠近了大道的表現，也就成為通向偉大的道路了。

同時，不論人怎麼偉大，在「四大」中，它處於末位，人仍然不能夠太翹尾巴。

道法自然的說法則更加重要。這裡的自然與今天通用的名詞——主要是為了與人文創造的一切區別開來而稱的「大自然」的含意不完全相同。

老子的「自然」主要指的是一種狀態，即自己的自然而然的運動，指的是自行運動變化存在或不運動不變化而存在直到不存在、消失滅亡，不必要也不可能人為地去改變它們的自然狀態。

這樣的解釋，又使你覺得當年的「自然」與今天的所謂「大自然」不無相通之處。道是自然的，不受意志、價值、文化、權勢、科技與才能的左右。它不具有人格化的選擇空間，不具有傾向、愛憎、善惡、情緒、願望。它只能自己運動自己的。這樣的自然說，更客觀也更冷靜，它包含著一種冷偉大、冷權威、冷神明。

體會清楚這樣一個「法自然」的冷大道，少一點熱昏與癡迷，還真夠讀者喝一壺的。

這裡有一個問題，按老子的學說，道是至高無上的、是至大無邊的、是至遠無端的、是循環往復的、是無限大、是最最本初的。天地有無，都是產生於道的。為什麼這裡突然出現了一個「自然」比道還「高」還偉大還厲害呢？而且只此一處，講的內容似乎是說自然是道師法的對象，何也？

我的個人心得是：法者，可以解釋為師法，及物動詞；也可以解釋為法則，抽象名詞。人師法地，同時人的法則等於地的法則。地師法於天，同時地的法則等於天的法則。天師法於道，同時天的法則等於道的法則。那麼道的法則呢？道的法則就是自然而然、自己運動、自己存在、自己成為這樣那樣。

道法自然的最好解釋是：道的法則乃是自然而然的運動。道的法則是自己運動。當然也可以說道師法的就是這種自然而然地運動的法則，或者說道的師法對象是自然而然的運動，或者說道取法於自然而然的運動。

列出式子來，則是人→地→天→道＝自然。道對自然的「法」，與人→地→天→道的師法，不是全同的概念。

人→地→天→道＝自然的說法本身就像一個圓，而不是一條矢量直線。因為道的自然特性，包含著萬物，應該說也包含著人、地、天。道是世界的本質，自然是道的本性，比大、逝、遠、反更根本的本性。道偉大，自然偉大，天偉大，地偉大，人也可以隨之偉大。

人的偉大與否，在於你對道的體悟的深淺多少遠近。

道法自然的說法，同樣是為了令人平和冷靜、令人尊重萬物自化的法則。

第二十六章　重為輕根

重為輕根，靜為躁君。
是以君子終日行不離輜重。雖有榮觀，燕處超然。
奈何萬乘之主，而以身輕天下？輕則失根，躁則失君。

持重（厚重、遠見、謹慎、從容不迫）是輕快行事、靈活機動的基礎，冷靜（平靜、深思、理智、周全）是熱烈（躁動、冒險、急切、勇敢）的統帥。

所以君子（一說為聖人之誤）整天不離開準備好糧草的載重大車。不管有多少榮華富貴，都以平常心處之超然，不在意這些身外之物。

可為什麼身為相當規模的大國之君，卻還動輒輕舉妄動呢？太輕（輕佻、輕率、輕薄、輕易）了就沒有了根基。太躁（急躁、浮躁、焦躁、躁動）了就失去了主心骨。

這一章講的與風度問題有關。這裡的風度不僅是舉止風格，而且是人生與做事的態度。

其中對我們最有幫助的是，一要固本，強壯根基。二要沉著，不要走失迷誤。三是嚴忌輕舉妄動。

對於一個人來說，根基是他的品格、境界、高度、學養、經驗，是他近道明道行道的程度。這些如樹之根、如建築之基礎。而他的事業、成就是他的果實。名聲、形象、人氣，是他的花朵。背景、助力、支持、影響，是他的枝葉。根沒有長好，卻又雄心勃勃，猶如無根之木，愈想開大花結大果就枯萎得愈快。

而沉著是有主心骨的前提。這是一個心理素質問題，也是品格境界與能力問題。其關鍵在於不要讓人的弱點諸如私心雜念、情緒化、嫉妒心、僥倖心、貪欲、野心黑心惡意等影響了你的明道的可能。

人眾常講的沉住氣，其實就是靜為躁君的意思。可以想像春秋戰國的征戰、陰謀、賭博、僵持不下的背景下，人們尤其是統治者，他們是怎樣地心浮氣躁、心慌意亂、急於求成、貪功懼過、錯誤百出、混招迭現。在這種爭奪混戰的熱昏狀態下，老子提出的冷處方，不是沒有針對性的，它完全有可能成為一劑苦口的良藥。

有根基，有主心骨，就有遠見、有準備、有立於不敗之地的修養，這正是的老子的理想。正如聖人或君子，正如聖明的國君、統帥，他們隨時做好了應變的準備，不離後勤車輛，不離後勤保證，不脫離腳踏實地的狀態，而對到了手的榮華富貴一笑置之，絕不沉溺與忘乎所以，絕不懸在半空中自取滅亡。

反過來說，輕率、輕浮、輕飄就沒了根基，就容易被外力推倒、拔起、被顛覆掉。而躁動、急躁、焦躁、熱昏，就搶劫了主心骨，失去了統領，叫做失控。

這樣一個關於輕重、靜躁的論述，也差不多是中國文明的傳統，儒家與歷代名人名臣名相也是這樣講的：所謂每臨大事有靜氣，所謂猝然臨之而不驚、無辜加之而不怒，所謂麋鹿興於左而目不瞬、泰山崩於前而色不變，以及戒驕戒躁等，已經被全民族的文化傳統所認同。

這裡還有一個說法值得琢磨，在談到例如今日之「菁英」一詞時，老子喜歡有的地方講聖人、有的地方講士、有的地方講侯王，但此章講的是君子。因為此章講了風度問題，而風度如何是判斷是否君子的重要標準。西人喜歡講紳士，紳士的直譯是輕柔的男人，是指一種文明溫和禮讓與小心翼翼的風度。老子所主張的君子的風度則是厚重與冷靜，不輕率輕浮輕飄，不急躁狂躁躁動，他強調的是不輕舉妄動。孔子有言：「人不知而不慍，不亦君子乎？」他強調的也是寬容與平靜，與老子的主張乃至西方的紳士一詞有兼容與一致的地方。起碼是不苟怒，不輕易生氣，更不會以怒壓人。

順便說一下，對於儒家來說，君子似指一種理想的人格。對於道家來說，君子應該是近於道的人。而在古漢語中，君子指的是什麼都通什麼都會的人。

第二十七章　善行無跡

善行無轍跡，善言無瑕謫，善數不用籌策。善閉無關楗而不可開，善結無繩約而不可解。

是以聖人常善救人，故無棄人。常善救物，故無棄物，是謂襲明。

故善人者不善人之師，不善人者善人之資。不貴其師，不愛其資，雖智大迷，是謂要妙。

善於行路或善於做事，美好的行為，都不留下多少痕跡，不鬧出多麼大的動靜。善於說話或美好的話語，都無懈可擊。善於計算或最佳數值，都不需要籌策即古代計算器的運用。善於關閉或最可靠的閉鎖，不需要門插關等器具，卻誰也打不開。善於繫扣或最結實的死扣，不需要繞來繞去，而誰也解不了。

所以聖人善於救人助人，世上乃沒有被冷淡被拋棄的廢人。善於救物，也就沒有被拋棄的廢物。這是深藏的、深刻的明智。

所以說善於助人的好人，是不善於助人的不好的人的老師。不會助人的不太好的人，則是好人的借鑒參考。如果你不珍貴你的老師、不重視你的參考借鑒，聰明人也就成了傻子，迷失了道路。這才是既重要又奧妙的關鍵呀！

這一章頗堪思索推敲。「善」在漢語中做定語用，是指美好善良；做狀語用，是指精於巧於，兩者都可解。

善行無轍跡一說，善行如做為美好的行為解，它的無轍跡是道德方面的講究，粗淺地說就是做好事不留姓名。我說過「大德無名」，真正的大德，是不可以講的，是能做不能說的。為什麼呢？如果是中國人，如果有一點智商，應該不難明白。有了轍跡只能找麻煩，只能把善行變成惡行或偽行或沽名釣譽。而如果這裡的善行是指善於行走移動，卻無跡可尋查，這就近於兵法，或者是接近於輕功，叫做水上飄、草上飛，叫做來無影去無蹤、神龍見首不見尾。

我寧願意相信古時候對於語法的分辨並不普及，善行就是善於行路行走，也就是美好的行為。美好的行為當然不追求彰顯、不追求揚名、不需要立功，不需要、不在意、不計較留不留得下痕跡的。善行是自然而然的結果，是大道自己運行的過程。善行是高尚的、文明的、自化的、無私的、潤物細無聲的，善行當然不留痕跡。我還喜歡講，大道無術，大智無謀，大勇無功。因為出名立功有術與用計都是要付出代價的，不但自己要付出代價，而且旁人也要為你的名與功付出代價。在強調你的大名的時候會使許多沒有被強調的名字寂寞乃至蒙羞，在強調你的功勞的時候會遮蔽許多人的勞苦與犧牲貢獻。有很多大名裡邊其實包括了他人的群體的與歷史的功勞。有術則被認為「會來事」，其實等於給自己降了格。用計則必然影響誠信。能不能悟到這一點，這是一個很大的境界與覺悟問題。

一個相信善行無轍跡的人，則是超級境界、超級想得開的人了。無轍跡不一定是絕對地不留痕跡、不留紀錄，否則歷史上有記載的那些善行難道都是偽善嗎？無轍跡的含意應該是善行的主體，即行善者有心目中完全沒有轍跡之想法，沒有人過留名、雁過留聲之想法。一個一邊做著好事一邊想著留跡，這是可笑的。

如果善行做善於移動行走講呢？不如做美好的行為講更舒服。但也可以強講，善於遷移的人會選擇最好的方式、最佳的路線、最好的車輛或其他工具鞋具，如神行太保戴宗，當然也不會留下太明顯的轍跡。

善言無瑕謫則說得太絕對了。只要是說出口或寫出字來的「言」，就是有瑕謫的。可以說無瑕謫則無言，所以英國人認為，沉默才是金，而善言最多是銀。其實無言也會是瑕謫，至少被攻擊為瑕謫，因為你沒有盡到言責。

如果你有言呢？你的言論涉及了重點就忽略了非重點，強調了一面就不能同時強調另一面。面面俱到又難以突出重點而且可能是自我抵銷，甚至容易被認為是周到——圓融——老練——狡猾。你說得生動了，像是巧言令色；你說得質樸了，像是了無活氣靈氣沒有魅力沒有說服力感染力。你說得到位了則易過分。你說得含蓄了則易顯得不足。你的言被人眾拒絕，說明你言非其時、言非其智、言非其道。你的善言獲得了公認，被傳頌被重複被宣講被吹棒，那麼你已經失去了對於你的善言的主導權解釋權修改權；你必須任憑你的言語議論被通俗化，有時候是淺薄化，乃至於被歪曲被割裂被僵化被走形走樣，當然也可能被發展被更上層樓，總之最終會是面目全非。應該說，被改善與被改惡的可能性各占百分之五十；或者更精確一點說，被改惡的可能性是百分之五十一。

因為善言的產生不在於是否被多數人理解傳頌，而在於智慧與品格、大道的體悟程度、經驗的是否足夠。對不起，在人眾中，大智者、高品格者、體悟大道有成的人、經驗足夠的人恰恰不是多數。這就是說，人非聖賢，孰能無過？過而能改，善莫大焉。

尤其是老子，似乎不應該提出言無瑕謫的命題。正是他提出了「唯之與阿，相去幾何？美之與惡，相去若何？」、「天下皆知美之為美，斯惡矣。皆知善之為善，斯不善矣。」那麼瑕謫與無瑕謫，相去幾何？

他又說：「知者不言，言者不知；善者不辯，辯者不善。」那就是說，言就證明自己不知不智，言本身就是瑕謫，怎麼可能是善言無瑕謫呢？

那麼，更正確更精到的理解應該是，善言無瑕謫不是絕對地無懈可擊，而是善言無「瑕謫之辨」，根本無所謂瑕謫不瑕謫。不設防才是最好的防。善言不可能因為瑕謫而被推翻，真知灼見不會因為瑕謫而失去功效與光芒。與其在有沒有瑕謫上下小鼻子小眼兒的工夫，不如根本不考慮瑕謫的事。不是嗎？連老子都承認，道的命名都是強為之字，是不可能絕對地理想無瑕的。

善言無瑕謫是緊接著善行無轍跡的提出而立論的，善行無轍跡是說完美的行為或行路是沒有痕跡的，不需要也不可能對之進行表彰或者回顧、總結、審查、推敲。而善言呢，是沒有瑕謫不瑕謫一說的。善言與善行一樣，也是沒有轍跡不轍跡一說的，潤物無聲，起作用但不留痕跡；上善若水，利萬物而不爭，根本不存在瑕謫或轍跡之爭之辨之辯。

其實無瑕謫就沒有世界、就沒有天地、就不是大道、就不是自然。宇宙有黑洞，太陽有黑子，地球有高寒與炎熱，生命有疾病與死亡，社會有不公。問題不在於有無瑕謫，而在於超越瑕謫、修復瑕謫、自然彌補瑕謫、化瑕謫為美善、視瑕謫為「不盈」的積極因素，視瑕謫為給發展變化預留下了的空間，從而更加親近大道即自然。

那麼善數善閉善結所以不用籌策、鎖銷、繫扣，同樣，善數的根本前提是人的行為符合大道，百戰百勝，沒身不殆，你還窮算計個什麼勁呢？從不用心計算的人自然清楚明白，分得清輕重緩急。整天打小算盤的人卻淨幹糊塗事，這樣的例子多了。

善閉的根本前提是無竊無盜無不速之客無擅入的動機與可能。本人無懈可擊，不招事，不惹非，不誘盜，不引人注目，自然不用鎖銷。善結則是心結，無繩而牢，無結而不散。

這裡同樣有中國的道器之辨的思維方式，同樣有中國的講究修身、正心、誠意，講究心學心功的傳統或濫觴。得道則無勞籌碼、計算器，恩怨得失利害無需預卜而自然明白。外其身則身存，後其身則身先，不爭則莫能與之爭。不算計，故莫能與之算計；不計較，故莫能與之計較。

得道則無敵。沒有敵人進來，因為敵人不敢進不想進不要進不可進，你的正義與無為，你的不擅權、不炫富、不樹敵、不為惡早已化敵為友。

得道則無需強行結扣連結。不結扣也不能分割離散。黃山上有一處愛情橋，熱戀中人或新婚伴侶們紛紛到那裡高價買一個鎖鎖在那裡，表示兩人永不分離。一個個鎖頭鏽跡斑斑，污人眼目。其實真正的愛情豈是需要上保險鎖的？

這一類論述顯然忽視了「工欲善其事，必先利其器」的道理。與歐洲文明相比，我們歷史上曾經太不注意工具的發展前進了。正確的選擇是，關注道也關注器，器是大道的具體化，道是器的概括與抽象。

但是這樣的思維模式有利於學道行道的信心和氣度，用不著考慮那麼多的技術與器物問題，用不著吭吭哧哧、孜孜矻矻、磨磨唧唧，一道在手，胸有成竹，齊了。

中國的修練身心之學之功之教其實是相當迷人的，無需器械、無需實驗室、無需實行什麼操作，一言一顰一笑，立即精神為之一振，立即豁然開朗，如獲新生命。

所以不可走火入魔，不可以修練身心取代多方面的實踐，不論是政治還是經濟、科研還是教育，尤其是百行百業百功，這些東西是不能用玄妙的大道修養來取代的。

至於無棄人無棄物的理想，與「老有所終，壯有所用，幼有所長，矜寡孤獨廢疾者皆有所養。男有分，女有歸……」（《禮記》）的關於大同世界的說法，與孫中山的「人盡其才，物盡其用，地盡其利，貨暢其流」的主張相一致，是一種普世價值，也是政治家思想家統治者或反對黨用來鼓舞人心鬥志的號召。為什麼這叫襲明——深藏的或深刻的聰明呢？因為救人救物都無需咋咋呼呼。

說句笑話，有時候對敵手是要造勢、要搖旗吶喊、要山呼海嘯一番的，對於待你援之以手的友人親人百姓，則寧可將聰明深藏，施援救於無形之中。不要吹得比做得還多還有聲勢，吹得聲勢太大，人們會以吹的聲勢做特高標竿來丈量你，反而使你費力不討好，難孚眾意。

一直說到善人者不善人之師，不善人者善人之資。這樣的句型也與前面的無棄人棄物說有關，什麼樣的人都是有存在的意義的，或成為師，或成為資，都算不白走這麼一趟，也都有助於他人理解感悟大道。不要拒絕任何人任何事，不要閉目塞聽，不要拒絕師法與資訊，不要認為旁人與自己絕對無關。

一面是自身的無轍跡、無瑕謫、無籌策、無關鍵、無繩結，了無一物；一方面是無棄人無棄物，為師為資，這是一個有趣的對比。這樣的人是善者，那麼不善者呢？惡者呢？一定是恰恰相反：做事有轍跡，說話盡瑕謫，怎麼算卦也預見不了下一步；機關用盡關不住門戶、防不了入侵；繩子上多少道也拴不緊，動不動就散了架——啥也做不成。而在這樣的人的眼裡，到處是廢人廢物，對於他沒用的人與物。

得道者無私，萬物有助有益。失道者自私，萬物陌生無趣而且是異己、危險。

為什麼這成了要妙、成了竅門了呢？

這當然是針對統治者說的，也是針對聖人、士、君子說的。統治者與菁英們應該做到民胞物與，應該不棄一人、不棄一物、不拒絕一切資源資訊與積極因素；應該化消極因素為積極因素，使百姓萬民沒有一個人一個地方感覺自己是受了冷淡，使統治者得到最好的統治基礎。得到擁戴、歡迎、熱愛，這當然是非膚淺、非外露的大智慧大理想了。

第二十八章　知白守黑

知其雄，守其雌，為天下谿。為天下谿，常德不離，復歸於嬰兒。
知其白，守其黑，為天下式。為天下式，常德不忒，復歸於無極。
知其榮，守其辱，為天下谷。為天下谷，常德乃足，復歸於樸。
樸散則為器，聖人用之，則為官長。故大制不割。

知道怎樣去稱雄取勝，但是（我們）寧願保持溫和謙讓，把自己定位於與低下的溪澗差不多。能定位低下、保持低調，則與永久的德性同在，回到單純無瑕的嬰兒狀態。

一切看得清楚明白，如臨永晝，但是我們寧願保持難得糊塗，韜光養晦，如同生活在黑夜中，形成當今天下的另一種處世模式。成就了這樣的模式，也就不會悖離恆常的德性，不會與德性不一致，同時可以回到無為的頂峰——極致。

知道怎樣去獲取光榮、為何理應得到光榮，但是我們卻寧願忍辱負重，把榮譽讓給旁人，把困難和誤解留給自己，要把自己定位於天下的山谷。做到了如山谷一樣地虛空謙卑，保持謙卑與可容受、可承擔的狀態，恆久的德性才會圓滿充足，回到最本初最樸素無華的品質。

本初的質樸分解之後，從初始化發展到數據化定義化之後，成就為各種具體有用的物品，成為巧用好用之器具，成為具體的作為與知識。聖人則可利用這些具有具體規定性的物品、利器與作為、知識掌管天下。所以說，完滿偉大的統治，是互通互補互利的一個整體，它不是勉強做成的，它是無法被分割削弱的。

一般來說，人們是爭強好勝、喜歡發表見解推廣自己的見解與出鋒頭得榮耀的。但是老子提出了另外的模式與選擇。非不能也，是不為也。我也知道雄強，我也知道明白鋥亮，我也知道風光榮耀，但是我卻寧願意保持低調、保持謙虛、保持難得糊塗。這樣講有點怪，但不是沒有原因的。

對此我們可以有許多解釋：

第一，如毛澤東所講，卑賤者最聰明，高貴者最愚蠢。卑賤者更實際，卑賤者更注意體察信息，卑賤者更謙虛謹慎，卑賤者更不得不做出實事求是的分析與判斷。把自己看得低下一些，更容易接近真理。而高貴者更容易鬧驕嬌二氣，犯剛愎自用、脫離實際、希圖僥倖、「大意失荊州」的錯誤。

在認識論與立足點——立場上，同樣有一個與大多數下層人士、與弱勢群體站到一起的問題。在恥辱中你才清醒，你能看清光榮的各個側面。在雌弱中也才看清雄強的方方面面。在斯人獨憔悴的狀態下，你看得清每一個冠蓋京華。在下層的老百姓中，你可以看清上層的各個舉措的得失。在小人物當中，你會察覺大人物有時候是多麼不智。

你想認識生活、認識社會嗎？從高處向低處看，從亮處向暗處看，從學者專家那邊往老百姓、農民工那邊看，你很可能看得不那麼清楚、不那麼全面。你應該下去，從老百姓這邊、從弱勢群體這邊、從底層往上看，你會得到更全面的認知與信息，你會比那些只知高高在上的自命不凡的傢伙接近真理得多。

毛澤東在批評「左傾」路線的時候，曾經說，那些「左傾」人士，不過是不知道打仗要死人、餓了要吃飯、行軍要走路罷了（大意）。這是典型的知白守黑的說法，這裡需要的不是高深淵博的大白，而是處於黑嘛咕咚中也知曉的小兒科常識，夫復何言？

毛澤東發現，有些大人物之所以糊塗，不是在高深的問題上，而是在老百姓都明白的常識問題上。所以他解釋，什麼是政治？就是團結的人愈多愈好，敵人愈少愈好。什麼是軍事？就是打得贏就打，打不贏就走。

可嘆的是到了一九五八年，大人物包括大知識分子也出來鼓吹密植「放衛星」。北京市報導過畝產白薯八十萬斤，但是沒有一個農民相信。我當時在京郊農村勞動，農民告訴我說：很簡單，一畝地擺滿白薯，每個白薯與你老王一般大，不夠八十萬斤。

所以毛主席動輒要求把知識分子、高官轟到農村去，甚至是「派一個團兵力轟下去」。毛澤東是一個極有主見的人，不能把他的動輒要人下去的主張看成是出自純懲罰或羞辱的動機。

讓你下去，這裡有老子的根據，也有孟子的根據。孟子的見解是「天將降大任於斯人也，必先苦其心志，勞其筋骨……」老子的智慧看似另類，其實仍然是中華文明大樹上的一枝一葉一奇葩，與中華文明大樹關係緊密。

在卑賤者最聰明這一點上，老子與毛澤東一致，但他們得出的結論針鋒相對：老子因頌卑賤而謙卑柔弱（狀）到底；毛澤東則鼓動卑賤者奮起抗爭，鬥它個天昏地暗。

卑賤者最聰明，也最有力量。歷史屬於卑賤者，要把被歷史顛倒了的一切再顛倒過來。這是毛澤東的觀點。

其二，知白守黑，用黑格爾的說法就是雖然知曉光明，卻將自己沉浸在深深的黑暗中。在黑暗中才能看得清光明，包括日光月光，甚至星光也是在暗中看得更清楚。黑暗中可能看清光明，包括光明的種種弱點與黑點。但是光明中很難看清黑暗。

黑格爾對於老子的理解令人想起顧城的詩：

黑夜給了我黑色的眼睛，
我卻用它尋找光明。

顧城的例子倒也令人深思，不論你的眼睛有多麼黑，看得準光明嗎？找得著光明嗎？如果自己的靈魂裡有著太多的重負與疙瘩，走向瘋狂——徹底黑暗的可能，大大超過了走向明朗與白晝的可能。還有別的可能：以白尋黑，從白處看黑，則到處皆黑，帶來的是對象的黑暗。以黑尋白，則除了刺眼什麼也看不見，類似雪盲的效應，帶來的是靈魂的徹底黑暗感、寒夜感、長夜感。

黑格爾的理解與其說是哲學的，不如說是詩性的。

在老子的詩中，你感到了哲理的詩化。

第三，這是自古以來國人韜光養晦的主張的一種表述。這裡講的是戰略戰術，講的是中國人特別有興趣的謀略。

守雌、守黑、守辱，類似的說法還有藏拙或守拙，還有安貧、忍辱負重、臥薪嘗膽等都是如此。例如薛寶釵就被評價為能守拙的。莊子說「木秀於林，風必摧之」，所以至今我們講「不做出頭椽子」（語出鄧小平）。

你雄強嗎？明白透徹嗎？啥都知道嗎？光榮體面嗎？你快要走向反面了，你快要跌跟頭了。小心一點吧！

韜光養晦在中國具體情況下也同樣有與大多數弱勢群體站在一起的意思。不知這是不是與中國自古缺少調節上下富貧貴賤矛盾的機制有關？弱勢群體的抗爭不斷，專制與造反同在，順民轉眼就會變成刁民暴民，處於上層的人們切不可讓自己成為大多數人的對立面。

在國際政治中則有歸屬於第三世界的意思。

韜光養晦是中國獨有的一種說法，一種深藏的智慧，一種悄無聲息、從而多少使人膽寒的謀略。我聽一個外語專家講過，把韜光養晦直接從字面上譯成歐洲文字，會使人覺得很負面，例如陰險與狡猾。我想這與中國的政治傳統政治運作方式有很大關係。春秋戰國的為政、爭奪與做人，局面何等險惡、詭譎、複雜，容不得半點粗心大意。必須智上加智、謀上加謀、深裡更深、精明處再精一百倍。孰能無過？孰能免禍？孰能成事？孰能全身而退？孰敢大意失荊州？凡能夠做到韜光養晦的能人，多能成就一二大事，至少是保住或多保一個時期腦袋與屁股。而愈是鋒芒畢露、才華橫溢、識（或藝、技、力）壓群雄、無可匹敵者，愈是被這個嫉賢妒能的天下所不容，不但無所成，而且很可能是落一個被磔、被宮、被凌遲、被夷九族的下場。

從正面解釋，韜光養晦就是要求你堅忍、謙虛、謹慎、深藏、永遠沉下心沉下意沉下身段與弱勢大多數在一起。提倡堅忍謙遜與親民，則是歐洲文明也同樣承認、認同的。

其四，這裡說的是做人與處世的方法，是應對人際與社會的一種方略。這講的就是後世發展為難得糊塗的濫觴，俚語叫做揣著明白裝糊塗。揣著明白就是知其白，裝糊塗就是守其黑。這裡的「裝」字比較難聽而且嫌境界低下。毋寧解釋為知識上與最高層次的認知看齊，處世上生活上日常行為中，則只能與大流保持一致。不能針尖麥芒、眼裡不攙沙子。生活中事業上，你只能抓大放小，有所不顧，有所犧牲，有所不為，有所不爭，有所糊塗有所健忘。你不必潔癖，更不必忽悠與作秀於你的潔癖。你不要記仇，更不要睚眥必報。

當然，這種說法容易被機會主義者、被市儈鄉愿拿來當作自己墮落的藉口。一切謀略都有可能被壞人所用，但用起來他們總是差那麼一截，叫做難成正果。

其五，在中國早就有性善性惡的爭論。這也是一種黑與白的分析。主張性惡的人並不從而邪惡起來，而是正因為看到了人性的種種弱點，便不相信僅僅靠良知良能就能使公正得到保證，而致力於教化與防範、致力於法律與制衡監督的體制。同樣，世界上也有所謂樂觀與悲觀的分野。我同樣欣賞一種說法：只有最深刻的悲觀主義者才能做到真正的樂觀。如果你只是少不更事、只是盲目樂天、只是天真爛漫，你的樂觀主義又值幾文錢呢？而你認識到了生命的全部悲劇性、苦難性、人類與社會的種種弱點與可能的邪惡罪惡之後，你的盡力一搏，你的為良善、崇高與光明而做的不計成敗的努力，才是真正的深刻的樂觀與奮鬥啊！

知雄守雌、知白守黑、知榮守辱的老子，宣揚的主張中既有對於善的本性的回歸，也包含了對於惡的正視。其實白與黑你都應該明白了解與妥善掌握。一切的愚蠢和邪惡之後，守住了、堅持住了對於黑暗的全部體察與承擔的人，絲毫不欺騙自己不安慰自己的人，守住了、堅持住了對於光明的不懈追求的人，堅持住了自身的明朗人格心態的人，他的對於光明的努力才是最有用也最可敬的。

這樣說又有點知黑守白的意思了。

沒有足夠的對於非光明的黑的一面的理解，一個人的陽光，最好情況下也不過是天真爛漫；他的幸福，最多也不過是電視連續劇《楊光的幸福生活》罷了。楊光的幸福指數高，然而生活品質與文化含量太低，距離一個現代化社會主義國家的公民的距離還太遠。

問題在於，如果按照老子的觀點，也許楊光的幸福生活還是很理想？

所以你也不能太聽老子的。

例如雨果的《悲慘世界》，例如杜斯妥也夫斯基的作品，可以說是知白守黑的一種反例證。他們是知白而痛恨黑暗。他們是多麼理想、多麼熱烈、多麼敏感！他們不守黑而與黑做殊死的戰鬥。

那麼到了他們的作品中，人生就只剩下了一團漆黑了？起碼還有作者的火熱與義憤，還有小說主人公的善行與痛苦。

反過來說，你熟知了如他們作品的黑暗，你感動於他們的嫉惡如仇之心，你會不會反過來對於光明也更加渴求與敏感了呢？

如果你熟悉了悲慘世界與被污辱、被損害的地獄般絞人心肺的痛苦，你會不會反而產生悲天憫人之心，反而覺得與雨果、杜斯妥也夫斯基的書上描寫的相比，你的日子已經好過得太多了呢？

白與黑相對照而存在，知黑守白或知黑求白的最後結果，竟與知白守黑、與謙卑與忍耐、與沉默與善良相通，這並不稀奇。

第六，蠢人的爭強好勝，小聰明、小有知識的人的喋喋不休、好為人師；淺薄者、小家子氣者的使計鬥氣、出鋒頭、好虛名……老子看得太多了，我輩也見得太多了。愈是沒有出息、沒有本錢、沒有風度、沒有頭腦，就愈是鬧個甚歡。老子這裡講的可以說也包括了一個風度教養氣質智慧問題。

你要多看一步、看深一步、看遠一步，就知道那些關於誰更強（雄）些誰更明白（白）些誰更鋒頭（榮）些的爭執有多麼不值當了。而所謂谿、式、谷，所謂常德，所謂嬰兒、無極、樸，也是老子在當時天下爭雄、生靈塗炭的狀況下樹新風發新論求太平的一次嘗試。

當然，他的嘗試並不成功，他對於一切競爭的否定態度也太片面與一廂情願。他還有一個特大號的悲哀，最最反對用智謀取天下的老子，他所提倡的知白守黑、知榮守辱，卻成為最大最深最鬼（蜮）最神奇的計謀。你老子不是深通精通辯證法嗎？你不是喜歡正言若反嗎？不是總說一些與眾不同的見解嗎？辯證法也就與您——辯證法大師本人——開一個玩笑，使你成為你深痛惡絕的計謀智謀的祖師爺與練家子。在老子之前，善用計謀者亦多矣，但沒有人從理論上總結到老子的「知啥子守別樣」的高度。

畢竟是值得喝采的高論！

老子的有關論述，至少令你耳目一新，如過清風，如飲冰水，如浴山泉，如登雪峰，如饗智慧大餐，如望雲海日出，如靜靜地調勻了呼吸吐納。善哉，老子之論也。

可以多體悟多推敲老子的諸高見，但是不要輕易去試驗。低境界的人去實行老子的高水準高智商，正如路還走不好的人改走探戈舞步、買菜算不清該找的零錢的人改學微積分，恐怕是畫虎類犬、自找尷尬。而高境界的人，不必刻意追求，自然靠攏大道，成事全身。

知雄守雌、知白守黑、知榮守辱並不就是老子的目的，目的是為天下谿、為天下式、為天下谷。我們的文化其實深受這樣的觀點的影響。我們說虛懷若谷，說從零開始、從頭做起，說宰相肚裡能撐船，說謙恭納士，說從善如流，說退一步天高地闊，都有這樣的意思。

同時，這些話語裡包含著老子實際上的驕傲與自信，他是知雄知白知榮的，他的溪谷式的謙遜的後邊，不是無知而是大知，不是無能而是英雄，不是猥瑣而是榮耀的深潛。老子的背景與實力高於人眾，老子的姿態低於人眾，這才是老子的絕妙之處呀！

既是驕傲自信也是低頭無奈，有什麼辦法？人生這樣麻煩，環境這樣複雜，前景確實險惡，你不守雌守黑守辱行嗎？本來，痛快一點，白就白，強就強，雄就雄，榮當然也就榮它個乾淨利索、淋漓盡致，豈不更好？

此章最後講的大制不割，有兩種解釋。一種是說要採取因勢利導的管理方式，不要勉強（任繼愈說）；一種是說完善的政治不會割裂（傅佩榮說）。不論怎麼樣解釋，與本章的總的含意怎麼樣聯繫起來，與前面講的知白守黑呀、樸呀、器呀、官長呀……怎麼個銜接法，我還是弄不明白。

但有一點似可以推定，大制是指理想化的政治、統治、治理，這樣的大制即本章一上來開宗明義講的知白守黑、知雄守雌之制，即做得到知其雄偉、明晰、光榮，守得住低調、謙虛、難得糊塗、忍辱負重之制。若執政者能具有老子所追求的嬰兒、谿、谷、足、樸的品質，也就是掌握了理想化的治國平天下之大道了。這樣的大道，自當永遠無敗無損傷無勉強無斷裂，不可戰勝。

那麼，不割的意思宜是不傷、無傷。割則傷嘛！不知道這樣講有沒有訓詁上的根據。識者教之，謝了。

我還有一個老子的文本以外的想法，知白守黑、難得糊塗固然不差；知黑守白，通曉一切鬼蜮伎倆、堅守自身的清白無瑕，也很可敬。知雄守雌當然可敬，外圓內方，即懂得妥協與讓步的一切必要與方略，仍然堅守住自己的做人底線，不怕犧牲，不怕得罪人，不怕吃虧，亦即知雌守雄，豈不甚好？知榮守辱固然厚道，知辱守榮，即放棄一切表面的鋒頭榮耀而堅守自身的萬古光輝，豈不是更難做到？

老子的知什麼、守什麼的思維與表述模式是有意味的，它分離了知與守，即知與行的底線；又論述了知與守的互補互通的可能，它教人聰明，教人耐心，教人沉穩，更教人遠見。

第二十九章　天下神器

將欲取天下而為之，吾見其不得已。天下神器，不可為也，不可執也，為者敗之，執者失之。是以聖人無為，故無敗；無執，故無失。

夫物或行或隨、或歔或吹、或強或羸、或載或隳。

是以聖人去甚、去奢、去泰。

想把天下爭到自己手裡，按自己的意圖打造天下，我看這實在夠玄乎的，恐怕是做不成的。天下是神意造就的，屬於一種超人間的力量，不可以據為己有，不是哪一個人可以改變或製作的。你去以意為之，你一定達不到目的（或謂你是勢所必然，身不由己，並非出自本意），你想把它把握（抓）到自己手裡，你早晚會丟掉天下。所以聖人是不去打造的、不去以意為之的，也就不會失敗；不去把握它，不抓權，也就不會失去。

外物與眾人是何等的不同！有的走在前頭，有的隨在後面。有的輕歔暖氣，有的猛吹寒風，有的強勁有力，有的羸弱無用，有的平安穩重，有的岌岌可危。

（不管你們有多大區別）聖人總是注意不要太急躁、太極端、太誇張、太過分的。

這一章關於天下不可為不可執的觀點有兩重意義。一個是至少在當時，想掌控天下、打造天下的人（各國的君王、大臣謀士們）太多，成功的太少。興之也忽、亡之也浡的太多，鐵打的江山太少。老子想抑制這種合縱連橫的鬥爭與霸權欲望。抑制不成，至少也奉勸侯王重臣們別太急躁、太誇張、太極端、太過分。這樣的善良願望，對於平抑野心，至少有言論上的參考價值。但至多也只是哲學觀念、思想修養，有利清談，有利自慰，有利調整心理平衡，卻無益於取天下治天下。

關於「天下神器」的論斷有點意思。神器者何？說不清楚。但是至少不要高估個人意志對於天下的作用。它並不屬於個人，不能由個人意志主導打造。今天看來，神器之神，可以是歷史規律，可以是生產力發展的要求，可以是民心向背、載舟覆舟，可以是多種力量的合力，可以是多種因素的總合。而在老子的時代人們更加相信氣數、相信天時、相信宿命。總之神器就是那個時候的人們還說不清楚用不明白，也是他們無法使之聽人的話的、比人更加偉大和奇妙的、至少是部分來自非人間超人事的主導偉力所締造的一切。

例如聖人——還不是凡人——認為唯有德者得天下，未必。很少有人認為秦始皇有德，或劉邦比項羽有德，但是他們在打天下坐天下的鬥爭中勝了。或者認為符合歷史發展特別是生產力發展潮流與要求的勢力會得天下，也未必。有時候恰恰是開倒車的、阻滯生產力發展進步的勢力取得了勝利。有時候大國侵略小國壓服小國不費吹灰之力，有時候小國戰勝了大國、弱國戰勝了強國、落後的武器戰勝了先進的武裝……

人就是這樣的，沒有把握也要幹、也要冒險、也要賭一把。春秋戰國時期，天下未定，從秦始皇到齊桓公、晉靈公……從孟嘗君到信陵君、平原君……從管仲到商鞅到韓非、孫武、白起……從武將到謀士，從刺客到說客，從孔子、孟子、墨子到屈原、馮諼，誰不傾心於取天下？

老子卻告訴他們，那是神器，那非人力所能為，吾見其不得已，你幹不成！這雖是當頭棒喝，卻少有因之卻步者。

有什麼辦法呢？直到今天，仍然有執天下而為之的太多野心與蠻幹。多少大國的興亡故事令我們深思，多少強人的命運令我們嘆息：秦始皇、楚霸王、唐太宗、拿破崙、史達林……同時，多少英雄故事歷史風雷又令我們熱血沸騰、心旌搖震……歷史英雄主義與歷史虛無主義從來同在，參與的熱情與旁觀的滄桑感從來同在。孰能無過？孰能免禍？心如古井無波是做不到的，天下人總是要過問天下之事，乃至希望去有所作為，建功立業。

那麼既然去掉不了參與歷史的衝動，至少，去甚、去奢、去泰，掌握分寸，反對極端主義、冒險主義、霸權主義、恐怖主義，再不要在中國在世界出現春秋戰國這種群雄爭霸、戰禍連綿，如魯迅所譏刺的小民欲做穩奴隸亦不可得的局面了！則是我們閱讀《老子》時獲得的應有啟發了。

在去甚、去奢、去泰的忠告中，我們也看到了老子的妥協退讓。老子的本來主張是無為與不言，無了為也不言了，還有什麼甚、奢、泰？然而老子知道他的無為不言的主張是沒有幾個人接受的，他同時知道事物是多種多樣的，叫做或行（走在前面）或隨（跟在後面）、或歔（暖氣）或吹（寒風）、或強（大）或羸（弱）、或載（穩若泰山）或隳（搖搖欲墜），老子是做不到統一它們的；他只能退而求其次，請你悠著點勁，別太偏激太過分了。

第三十章　必有凶年

以道佐人主者，不以兵強天下。其事好還。
師之所處，荊棘生焉。大軍之後，必有凶年。
善有果而已，不敢以取強。
果而勿矜，果而勿伐，果而勿驕，果而不得已，果而勿強。
物壯則老，是謂不道，不道早已。

以大道輔佐人君的，不能迷信用武力強制（征服）天下。一個君王或侯國用武力強制天下，這種事件必然得到還報，叫做冤冤相報，永無休止。

部隊征戰所過之處，田園荒蕪，荊棘遍野，生靈塗炭。大的征戰之後，必然有凶險的災荒災難的年頭出現。

善於征戰的人或集團，達到一定的（具體的）目的也就罷了，絕對不可以靠軍力逞強稱霸、耀武揚威。

動武而達到了某個目的，用不著擺架子，也沒有什麼架子可以擺。用不著自吹自擂，也沒有什麼可誇耀的。用不著美滋滋的，也沒有什麼可臭美的。動武是不得已的選擇，不是為了耀武揚威，不可以因之耀武揚威。

一個人過早地強壯了，也就會迅速走向衰老，太強壯強直了也就悖離了大道的謙虛包容與變易，也就該迅速結束——快要完蛋了。

這一章老子表述了他的反戰厭戰至少是慎戰的觀點。他有書生氣，有書生論戰的意味。他的「大軍之後，必有凶年」的論述，則已經成為了我國家喻戶曉的名言。這是經驗之談，這是憫生民之論，這是仁心之說，雖然老子個人對「仁」字不怎麼感興趣。

老子當然沒有實際消滅戰爭的路線圖與實際操作程序。但是他提出不要耀武揚威、不要因勝而膨脹擴張、不要因勝而盛氣凌人，要知道戰爭是不得已的選擇、是很遺憾的事情，不能樂此（動武）不疲，則是有識之士應該認識到與應該做到的。否則，只能是盛而衰、勝而敗、興而亡、強極而垮臺。

大國的無數興而後衰的過程說明了這一點。

對於一個現實主義者，力量包括武力是重要的，但是單單有力量又是遠遠不夠的。如果逆歷史之潮流、逆歷史之規律、逆生民之利益訴求而動蠻力武力，其結果只能是受到大道的懲罰。只有重視力更重視道，重視道理、道德、道路、路線、方式，尊重天下的不可掌控於私、不可以意為之的神器性質，才不至於倒行逆施、自取滅亡。

老子對於用兵、對於強力手段的態度也很有內涵，他並不是絕對地反戰，他並非和平主義者。他此後的某些論述（「將欲取之，必先予之」等）被視為兵法兵書，有的學者還把老子與黃帝、孫子（兵法）與善搞計謀的韓非相提並論，這恐怕是一個歷史的玩笑，一個對於太過高明的老子的諷刺。

老子其實對於用兵是持非常保留非常慎重非常不得已的態度的。他的這種非戰見解時時有所表現。然而，萬事相反相成，最不願用兵者擁有了用兵的奇謀、兵法的奇謀；最討厭與輕視計謀的老子，反被視為計謀、奇謀直至陰謀的大師；這是上天對於奇才、對於大師的諷刺性報答，是歷史的搞笑，是歷史的極端高明與趣味。這也是上天對於庸人、對於糊塗人的安慰：庸人、糊塗人怎麼可能理解與服膺老子的心胸與智慧呢？他們怎麼可能承認自身的無知無德無道呢？他們一定要把老子拉到地面上來，拉到與庸人、糊塗人相同的高度，從最壞最庸俗最自私的方面理解與演繹老子，把老子解讀為陰謀家，解釋為過於聰明、過於狡猾與內心恐懼……這樣，誤讀的庸人們會舒服得多。

還有一個說法值得推敲：不敢以取強，果而勿強，這是老子反覆申明的一個觀點，是老子對於世人的一個勸告。這與提倡競爭提倡比賽永不休止的精神是相悖的。奧林匹克的口號是更高更快更強，老子的口號是不敢以強，果而勿強，怎麼看這些說法呢？

只能具體分析了，與其去像挑逗蟋蟀一樣地去挑逗言語之間的死摳死爭，不如體會其各自的針對性與合理性。你不能用將《老子》發到奧林匹克運動會上去做學習或宣傳材料，你也不必在哲學研討會上張貼更高更快更強的標語。

有的必須爭，比如足球賽。有的最好不爭，比如封官晉爵。爭與不爭，都有個度。即使是田徑比賽，太爭先了反而容易失常，影響發揮。而一個人的不爭，達到了未老先衰、全無活氣的程度，不會有人為你喝采，你也無法為自己開脫。

老子認為物壯則老，所以防壯。這未免失之簡單表面，與老子的高智商不匹配。壯不是老的原因，因壯而過度透支，那是壯而驕、壯而奢、壯而淫、壯而腐敗，則會促進老化直到滅亡的過程。

需要警惕的是驕、奢、淫、腐敗，不是壯。

其實不論是我們每個人還是我們的群體，距離壯還遠著呢！

老化的必然性是時間作用於生命的結果，而不全是壯的結果。壯而惡，叫做惡壯，值得警惕。但老子忘了，一直羸弱，一直硬是遠遠壯不起來，照樣會老，而且更易夭折。物壯而老，畢竟還壯過一回。羸弱而老，未壯而老，一事無成，一言未發，連大氣也沒有喘過一回就衰老滅亡了，豈不痛哉！

第三十一章　兵者不祥

夫兵者不祥之器，物或惡之，故有道者不處。君子居則貴左，用兵則貴右。兵者不祥之器，非君子之器，不得已而用之，恬淡為上。勝而不美，而美之者，是樂殺人。夫樂殺人者，則不可得志於天下矣。吉事尚左，凶事尚右。偏將軍居左，上將軍居右。言以喪禮處之。殺人之眾，以悲哀泣之，戰勝以喪禮處之。

這個用兵的事，不是什麼好事。一般人是厭惡它的。所以有道的人不願意讓自己搞什麼動武。一個正人君子，平常在家是坐在左邊即陽面，也就是上位的。平常所認為的陰面即下位。打仗的時候，坐在右邊。

用兵不是什麼吉祥之舉，不是正人君子所喜歡鬧的事。逼到那兒了，不得不用兵了，也不必太熱中，適可而止也就行了。勝利了也勝不到哪裡去。如果用兵一勝利就興高采烈，那是熱中於殺人。熱中於殺人的人，可不能讓他在奪取江山的事情上成功。

喜慶時人要坐在上座，遇到凶事噩耗時則坐到下手去。在部隊中，偏將軍坐上座，上將軍坐下座，說明他們帶兵的時候是以喪禮來對待處理帶兵事宜的。殺人成功，打仗勝利，應該哭一場，像哭喪一樣。

老子這裡講得很人道也很悲傷。光「兵者不祥之器」就連續講了兩遍。悲傷加上無奈。愈人道就愈悲傷，愈悲傷就愈無奈，世界就是這樣的。

不祥不祥，沒有太多的思想家宣傳用兵有多麼吉祥。問題在於不祥又怎麼樣呢？誰允諾你讓你永遠吉祥呢？

我讀過看過一些原蘇聯後期、俄羅斯、美國、德國描寫戰爭的小說與影片，裡面表現了兩種人物。一種是懷著悲憫的心情不得已而參加戰爭的，他們一面參加戰爭一面深感痛苦，他們反對在戰爭中做過於殘酷的事情，他們善待俘虜、善待敵國的平民，特別是敵對方的女人，有時候為了善待敵方人員，甚至與本方的粗暴戰友發生激烈的衝突。這一類作品我想得起名字來的有蘇聯作家邦達列夫的小說與後來改編的影片《禮節性的訪問》，其中有這樣的情節。我還看過一部德國方面創作的寫納粹軍隊兵敗史達林格勒的影片，叫做《決戰史達林格勒》，在失敗的過程中，在絕望的瘋狂中，同樣也有悲天憫人的人物。

從電影《集結號》中我們也看到類似的觀點與情緒。老子如果看了《集結號》也許會說「吾道不孤」。

另一種人物則復仇心切，殺紅了眼，以勝為榮為樂為狂歡，常有過度報復的事情發生，在戰爭中絕對顧不上什麼人道主義。

戰爭要求英雄主義與樂觀主義，如果是一幫道德家善人在打仗，必敗無疑。這也是不可不正視的。

以行喪禮的心情參加戰爭，是前一種人物的特色，想不到與兩千多年前的老子相通，亦源遠流長矣！老子的這一章的一切說法都有首創性、開創性。對於類似問題的探討與感受，至今沒並未過時。

和平是普世價值、人道主義，以人為本也是。

愈是沒有多少疑義的普世價值，愈是難以做到。人類並不按照自己宣揚的與信奉的價值觀辦事。把價值抬到至高無上的地位，如果不是別有用心的騙局，就是犯傻。

人性、欲望驅動與利益驅動，有時候比價值驅動還厲害、還難以控制，這是事實。有時候價值是為欲望與利益服務的。另一些時候，價值則要求約束欲望與利益追逐。

同時我們也很難否定，人性中本來就有爭鬥、爭勝、自衛、復仇、仇恨，直至殘忍這些東西的強大存在。何況為了民族生存、社會變革、階級翻身與制止暴力恐怖、制止所謂反人類的罪惡，你很難完全避開戰爭，很難拒絕一切動武的手段，很難不認為為了上述目的的動武，是正義的。

所以我同樣閱讀過許多書籍與文學作品，它們號召積極參加神聖的正義的戰爭，以血抵血，以命抵命；血債要用血來償；敵手不是人，而是凶惡的猛獸，對敵人仁慈就是對人民殘忍；進入了戰爭就沒有權利悲憫、沒有權利退讓，只有懦夫和叛徒才會對敵人心慈手軟……而且我親自體會到，對於一個民族一個國家一支部隊來說，沒有比戰勝敵手更狂歡更值得慶賀的事，代價愈大，犧牲愈沉重，勝利就愈珍貴。戰爭動員起了全部民族國家集團鄉土直到階級的力量，勝利則是全民的節日。設想一下一九四五年蘇聯戰勝德國法西斯後，在紅場上閱兵，將繳獲的德方各色軍旗軍徽踩在腳下的情景吧！雖然蘇軍方面損失了兩千七百萬人，幾占人口的四分之一，他們仍然不可能用悲哀泣之、以喪禮處之。

沒有戰功就沒有足夠的威信與崇拜，沒有凱歌就沒有英雄豪情，沒有同仇敵愾就沒有歷史功業，沒有拚死拚活的戰爭就幾乎沒有翻天覆地。誰能推翻這樣的規則？

怎麼辦呢？怎麼辦呢？

老子前面早已驚世駭俗地講過了：大道廢，有仁義……大道之行也天下為公，就壓根不必戰爭、不必鎮壓、不必動武，也就不必搞什麼酸文假醋、酸仁苦義。至於喪事喜事，上座非上座，美乎恬淡乎悲泣乎，弄不好了，說得太多了卻成了老子自己說的「大偽」——非大道。

但是老子必須這樣講，因為他再找不著表達自己的非戰非攻、悲天憫人的態度的其他方法了。

老子並不像孔孟那樣地講很多仁義道德。老子的道德是大道和玄德，即哲學意義上最最抽象的大道與玄德，它不是人倫的、克己復禮的與修身正心的概念，而是自然的、先驗的至上與主導。老子的學說裡衍生不出四維（禮義廉恥）八綱（再加孝悌忠信）五常（仁義禮智信）等。老子甚至嘲笑為百姓制定道德標準的不智之舉，認為那只能把德行人為化與複雜化，使德行變成大偽即作秀。但是在老子的這一章的非戰非兵論述中，特別是用喪禮慶祝戰事勝利的論述中，你感覺得到老子的道德情操，他流露他的悲哀與無奈，再說一遍：叫做悲天憫人。

古今中外，所有的思想家、學者、仁人志士，面對用兵和戰事，都有這樣的悲天憫人與無奈。這是一個悖論，在霸權和實力的時代，你只講恬淡與悲泣，這簡直是酸腐，如果不是虛偽與欺騙的話。

但是讓我們反問一句：如果我們因為面對現實，投身爭鬥而再不講不准講人道主義，不講仁義道德不講和諧世界，而只准宣傳鬥呀、拚呀、殺呀、血戰到底呀、不是你死就是我活呀、不是你吃掉我說是我吃掉你（這後一句話是林彪將軍愛講的）呀，那麼人類不就更沒有希望了嗎？不是不但沒有和諧的現實，連和諧的理念、和諧與幸福之夢、和諧的語言與歌曲畫面都不能提、不能做、不能接觸了嗎？

那麼這就更是人類的恆久悲劇了，嚮往著和平，準備著或從事著戰爭，鼓吹著人道，提防著被殺被占領被侵略，滿懷悲憫，也要有一手自衛反擊，本來是出喪，卻要爭取大獲全勝。大獲全勝了還要熱烈慶賀，慶賀完了還要反思人類的悲劇，還要鼓吹和發揮這些永遠被思念被爭取被稱頌，也永遠不可能實現的和平、正義、人道、自由、平等、博愛、民主、人權的普世理念。

理念之所以是美好的理念，正因為它不可能百分之百地實現。一切實現了的理念，都帶有現實的各種不足與新發生的麻煩，都會給理念打上折扣，甚至使光輝的理念走一部分形。我們要奮力追求的，正是美好卻又不可能一步實現的理念。

第三十二章　名有知止

道常無名，樸雖小，天下莫能臣也。侯王若能守之，萬物將自賓。天地相合，以降甘露，民莫之令而自均。始制有名，名亦既有，夫亦將知止，知止可以不殆。譬道之在天下，猶川谷之於江海。

我們常常找不到合適的稱謂來表述、定義大道，大道常常找不到自己的概念歸屬、定位定性名分名聲。大道常常沒有響亮的名聲。它就像沒有加工——沒有定義過的木頭，叫做樸，稱作本初、原生狀態。這樣的樸素性、原生態，雖然並不耀眼，雖然顯得氣勢不大，乃至顯得低微渺小，卻不可能被任何後天的人力所臣服、所指揮操縱。諸侯君王如能保持這種樸素原生無華無名的狀態，萬物眾人將自動賓服歸心於他。

大道的運作如同甘露的下降，是天與地陰陽兩氣相結合相協調的過程，不需要人們的干預與人為的指揮，它自然而然能做到普潤均勻。

從本初、初始，到後來終於有了命名、有了一定的規定性、有了自己的名分與定性定位。既然有了命名了，有了規定性了，有了名分與定性定位了，整個系統也就完成了與開始運作了（「始制」或可做如是解），也就可以適可而止了。適可而止，也就沒有危險了。

道行天下，如川谷流入江海，自然而然，無盡無休，浩浩蕩蕩。

這一章的解釋相對比較含糊，我讀了一些前賢與老師的講解，仍覺不得要領。

道常無名，名就是概念歸屬、就是同類項、就是定性與定位。而大道是至高至大至上的唯一，無法有歸屬、同類項或定性定位的考量。小時候翻看字典，有時會看到互為解釋的情形，如眼，目也；目，眼也；高興，歡樂貌；歡樂，高興貌。但是大道是太大了，你無法解說大道是什麼什麼也，什麼什麼是大道也。

道常無名的另一層可能的含意是，道常常是沉默（虛靜）無為的，它從來不聲不響，不顯山，不露水，不炒作自己的名聲。

前邊老子已經講了大道的大（巨大、廣大）、逝（變易）、遠（深遠）、反（辯證運動、回返運動），這一章老子則從又一個新的角度，從無名的角度，即原生的、未定義（請將我的「未定義」一詞與電腦操作中的定義、設置等聯繫起來）的樸的角度，來討論道的此一方面的特性。

前面老子剛剛講過道之大，這裡又講開了樸之小。無名則小，武俠小說中說對方是無名鼠輩的時候，就是認定了無名者小人物也。這種認識雖然極膚淺，卻代表了集體意識。小的原因是它原生，還沒有大概念的歸屬，沒有大同類項的比附，沒有高級地位性能的宣示，沒有這些外在的命名與定義，沒有光彩照人的頭銜。如同一個人，你只看到一男或一女或一胖一瘦一青年一老者，他或她在你心目中仍然是渺小的。一旦宣布他或她是政要、巨賈、名人、冠軍、英雄、模範，即一宣布他或她的名分——概念歸屬、集團歸屬、勢力與地位歸屬，他或她豈不就大起來了？

一般人之大小，其實並不決定於自己，而是決定於歸屬，是沾光（包括負面的）效應。

國人講究名，歐美人講究Identity——身分，其實都是指歸屬。如同一塊石頭、一根原木，你不會特別多看它兩眼，一旦知道它內含翡翠、鑽石、稀有金屬，或它是紅木、紫檀木，或具有什麼歷史、地理、考古、生物學的唯一特殊怪異稀罕的身分——名，它也就身價百倍，膨脹起來了。

小的意思也可能還包含著精微、潤物細無聲、夷、希、微的含意。

但是侯王恰恰應該守持、守護這樣的尚未定義、尚未開發、尚未被人眾公認、尚未取得歸屬與身分的樸之道，道之樸。它才是樸質、樸素、樸厚、渾然、混元、原生、本真、真誠、可信、本初、記憶體未被占用的狀態。只有守住這樣的空間，侯王才有權可用、有事可做、有事可為、有人氣可以聚攏。如果侯王把一切都規死了、填充滿了、誥封遍了、徹底定格了，誰還會往你這個侯王這兒跑呢？

特別提出來侯王要守這個樸，因為道的大、逝、遠、反，一般人容易明白與珍重，人們最難看得準愛得深守得堅用得好的是樸。別人做不到，侯王應該做到，否則，你就沒有資格當什麼侯王、沒有資格與語天下、沒有資格論政論兵憂國憂民。恰恰是這個小小的樸，能決定一個侯王的行情——是否萬物將自賓——看外部世界服不服你、夥不夥你。

我喜歡用電腦做比喻來討論這一章。我早就說過，我們可以做一個通俗的所以不免是跛足的比喻：世界就好比一個先驗的自我運行的大電腦。這個電腦的實體與存在尤其是硬體，就是天地自然。這個電腦的原理、計算方法、能源與非人格化的操作主導，這個電腦的本質與本原就是道。計算的基本概念基本符號，就是0與1，即無與有。「大」是說明它的記憶體容量。「逝」說明它的運算速度。「遠」說明它的功能精微與精確性。「反」說明它的回到首頁的無誤與時時格式化回到本初狀態的自我更新能力。「虛靜」說明它的無病毒垃圾躁音與作廢數據。「惚恍」與「谿谷」說明它不占有空間，功能與運作都不受限制。「無名」說明它永遠是新的、未命名的、不事聲張的。

大道的特點是它的本初性，是永存的與不以人的意志為轉移的自然——自行運作的真理，是萬物萬象生滅與運作的根本原理，也是世界所以是世界的本原本質。它的顯現形式則是世界和天地、萬物與萬象。大道本身不需要設置與定義，不需要人為的操作系統、應用系統與種種程序。大道本來是比電腦還樸厚得多原始得多，但也齊全得多的「樸」，它是最高理想型至上型「樸機」。它自然運作，從不疲勞失誤死機。

擁有樸就是擁有第一手的無限記憶體的電腦，而不去給它定義命名、不設立人為的資料庫。沒有了樸就是只有第二手第三手第一百手的電腦，你已經為各種命名定義數據所填滿，你已經預設得一塌糊塗，你已經頭暈腦脹茫然不知所措。你的電腦已經不好用，沒有人會去購買或樂於使用你的這種半死的電腦，除非刪掉一切，重新開始。

你只要保持你的淳樸與本初狀態，就自然而然與大道一致，你不要給自己胡亂命名定義設置，不要把自己裝滿填死，不要作繭自縛、自我死機，自找死機。天下就會往你這兒來，因為你這兒最可為、最不生事、最有容量。

大道通過甘露滋潤著天地，並不厚此薄彼，並不偏愛誰嫌棄誰。它們出自天地之合，它們回到普天遍地。而你愈是企圖干預甘露的分布，你就愈弄不均勻、愈玩不轉。

然而除了大道、天地、天下、世界、甘露，還有聰明有為的人們，人總是要給大道以人為的操作，要給以命名定義（如仁義、兼愛、修齊治平……），不命名不定義他就覺得陌生與無所適從。於是本來是樸質的大道，在被人眾解釋得普及了、好用了、有名了的同時，也可能命名命得愈來愈熱鬧也愈來愈混亂，也可能解釋得偏執排他，走上狹路邪路。

所以要適可而止，命了名了，定了義了，有了歸屬與定性定位了，有了名分了，知道凱撒的歸凱撒、上帝的歸上帝、百姓的歸百姓、侯王的歸侯王了，能操作能應用了，能明白一點了，也就足行了、足夠了。如果還要死乞白賴地自作聰明地無限制地命名定義、添加程序，就會使電腦因數據膨脹而崩盤（掉硬體與軟體）死機。

例如美國在世界上的處境，例如蘇聯的歷史，例如中國的「文革」，例如某些個學派思潮的興衰，某個個人特別是大人物的成敗，都可以啟發我們考慮這個如何守護樸質、如何才不至於「不止乃殆」——由於自詡過分、干預過分、動作過分與不知分寸、不知適可而止而為自己製造了危險的問題。

你最好有一個功夫：時時搞電腦的原初格式化，刪淨自己重來。從頭學起，從零開始，重新入手，重新洗牌。

百川歸海，百理歸大道，歸這個超越一切涵蓋一切的大道、無限。

或有論者釋義者認為老子在這一章講的是不要求名太過，竊以為是說得太小太實了。這裡老子講的其實仍然是全書貫穿著的文化批判思潮。與其說名是名望名分是名詞，不如說是概念與命名，即電腦中所講的「定義」。從一個本初的其實完全有能力自行運作的電腦到格式化與命名是難以完全避免的，從一個未命名未定義因而被某些能工巧匠大師或亂臣梟雄蟊賊認為不好使用的電腦，到一個命了名定了義能夠使喚的電腦，這是一個發展，也是一個必然，但也可能是人類從此走向了一個歧路、邪路。

用老子的話說就是：聖人出，有大偽。聖人以做出各種定義命名正名為能事，以制定標準與規則為能事。這樣的「聖人」自以為能夠審判天下、鑒定天下、改變天下與懲罰天下。不論這樣的聖人想得多麼悲壯與自信，他們所做的許多東西效果是適得其反。因為人為的一切常常趕不上自然運行的大道。人為的一切都有缺失，都不可能像天地自然一樣地行雲流水而又嚴絲合縫、疏而不失，不可能像天地相合乃降露水（按，斯時還弄不清露水生成的原理）那樣均勻理想。對於老子來說，偽者為也，偽就是勉強為出來的。這個說法當然偏激，同時老子的這一尖銳傷人的命題是天才的電光一閃。

老子的看法，偏於對這種文化過程的批判。他認為，人不要太迷信自己、不要過高估計了自己，你有許多偏見，你有許多私心雜念，你有許多謬誤、想當然、意氣用事、人性弱點、地域民族階級局限性……這些都會帶入你對大道的追求與運用當中，就像電腦使用者把垃圾、有害信息、病毒和錯誤操作帶入電腦一樣。文化愈發展豐富，信息與操作愈多，危害大道、悖離原理、危害電腦的機會愈多愈大，所以要知止，需要見好就收，不要沒完沒了。

止的含意不僅是停止，尤其是目的地，是到達與達到。

達到了目的就應該停止，而不是在前進的慣性上死衝死掙，更不是在貪欲的煽惑下無限膨脹。《大學》上也講「知止而後有定」，可見，「知止」的理念在中國是普遍的與超門戶的。文化的發達也應該知止，學說並非愈日新月異愈好，有時最新最異的反而是胡說八道。手段並非多之又多就好，有些手段就像藥品，花樣太多了更易誤用與產生副作用，有些花樣翻新的藥片後來證明有毒。享受並非無盡無休才好，過分享受是墮落的另一名稱。要把達到目的就好就適時停一停，同時要隨時反省斟酌一下的理念，引入到社會發展與文化發展中來。

當然，見好就收的觀念與自強不息的觀念，應該共贏，應該互補，應該共濟。

再說一句，以電腦的常用語言來討論這一節，當然不意謂著老子的觀點是用來構建電腦的，而是說，高科技的、模仿人腦的電腦裡與世界萬物一樣，體現著大道的道理。

老子的道理講得高明，可惜的是世事常常並非如此，世事是，譁眾取寵有時會取得成效，有時大言足以欺世，容或大偽足以成聖，說不定大樸易被冷淡忽略。或者至少是，聖人亦有偽處，良言亦有誇張，高士也有不能免俗的地方。老子的忠告令人清醒、令人警惕，只有跳出世俗的得失考慮，跳出操作性的考慮衡量，才能近大道而更上層樓。

第三十三章　自勝者強

知人者智，自知者明。
勝人者有力，自勝者強。
知足者富。
強行者有志。
不失其所者久。
死而不亡者壽。

能了解別人了解外物的人是聰慧智謀的。能夠了解自己的人才是明白坦蕩的。
能夠戰勝旁人的人是有實力的，能戰勝即掌控自身的人才是不可戰勝的。
知道滿足的人是富有的、從容的、有餘裕的。
能堅持能持續努力的人才是有志氣的。
不迷失自我、不脫離自己的本原、不會忘記自己是老幾的人才能成就與保持長久。
死後而仍然保持著影響與作用的人，禁得住時間的考驗的人是真正的長壽。

人貴有自知之名，這也是國人自古以來的共識。原因就是自己往往高估自己、溺愛自己、原諒自己、美化自己。一圍繞自己立論，便容易喪失掉客觀公正全面與應有的嚴格性。戰勝自己，目前已經成為一個被濫用的說法了。想不到早在老子時期，已經提出了自勝者強的命題。

其實有多少人能夠使自己完全做到言行一致、靈肉一致、理智與感情一致、對人與對己一致呢？

原因在於，你需要戰勝的自己，不是自己的一個觀點一個行動一次安排一個念頭，而是你的活生生的私利、私欲、私心、雜念。誰能做到百分之百地消除了自身的一切私字呢？我們也搞過「狠毒鬥私一閃念」，我們也說過「個人的事再大也是小事，國家的事再小也是大事」……但是這些說法，到底怎麼樣才能落實呢？

我們至少可以加強對自己的控制、提升自己的精神境界，使各種私利私欲處於不會惡性膨脹的狀態。我們至少可以培養自己真正的志趣、高尚的志向、開闊的胸豁，愈是能投入到事業、科學、藝術、造福一方的活動中去，就愈能在某種意義上戰勝自己。

勝己者強的另一面是，事業心強者能勝己，責任心強者能勝己，自信心強者能勝己。換個說法來立論容易讓人明白，就是說，強者當能勝己。是不是是呢？

讓我們舉個例子，例如某些西方國家，那裡的政客常常被曝光性醜聞；而我們的印象，那裡的性觀念是非常開放直至無所不可的，為什麼對於政治家的要求這樣嚴格呢？

只能有一個解釋：這樣的事情上暴露了一個人的缺少自控能力，暴露了一個人的不能勝己、不能自勝。一個軟弱的人可以去從事藝術、學術，卻不可以充當承擔著國家民族人民的巨大責任的政治領導人。

有力無力是容易估量、容易量化，一眼能夠看出的的實在實存。而強是一種品質，是更深藏的東西。關鍵在於承受、在於耐力與定力、在於無言無形無聲無跡、在於自身另有大志大智大勇大德、在於雖強而絕對不可做強大狀。

戒貪，當然。長期以來，知足常樂似乎是自欺欺人的代名詞。然而這裡是有一個區別的，如果由於知足而放棄了維權和對於不義與非法的抗爭，是不足取的。而在個人消費、享受、待遇上知足，是最起碼的道德底線，也是身心健康的標準。陷入永無饜足的貪欲，則只能是罪惡與痛苦的根源。

知足不是懶惰、不是躺下來，所以老子緊接著講要堅持努力，離開了堅持的努力，所謂大志就是牛皮空談。

事有成敗，運有通蹇，名有大小，財有多少，地位有高低貴賤，然而一個人不管處在什麼情勢下不要忘乎所以，不要忘了本：本初、本原、本態、本相。不沉浸在暴發的喜悅或幻想之中，不叫苦於背運的陰影之中，不白日作僥倖的美夢，不因焦慮而無端地戰慄失眠崩潰，這就叫不失其所，這就叫不失其本，這就叫有長勁，這就叫可持續發展，這就叫庶幾近道了。

生理的死亡是無法避免的，長壽不僅是生理年齡、不僅是喘氣飲食的植物式生存，只有歸附於大道，言行不悖離大道，人格體現著大道，人與大道合一，才能算是長壽，才永遠不會夭折。

……逝者如斯，而未嘗往也；盈虛者如彼，而卒莫消長也。蓋將自其變者而觀之，而天地曾不能以一瞬；自其不變者而觀之，則物與我皆無盡也。……苟非吾之所有，雖一毫而莫取。惟江上之清風，與山間之明月……取之無禁，用之不竭。是造物者之無盡藏也，而吾與子之所共適。

蘇東坡《前赤壁賦》中的這一段話有點老子的意思。所謂「自其不變者而觀之，則物與我皆無盡也」的含意，就是自大道觀之，物與我皆是大道的一次閃現、一次下載、一次證明，當然是死而不亡的了。那麼自其變者而觀之，同樣是自大道而觀之，天地不能以一瞬，妙哉，蘇東坡也有極限小觀念、無限大觀念了。與大道的無限相比，天地銀河系也只不過是一瞬，是趨向於零的存在。個體有死亡，天地也有起止，而我們的母體、我們的起源與歸宿——大道，千秋萬代，綿延不絕。

第三十四章　大道氾兮

大道氾兮，其可左右。
萬物恃之以生而不辭，功成而不有。
衣養萬物而不為主，常無欲可名於小。
萬物歸焉，而不為主，可名為大。
以其終不自為大，故能成其大。

大道就像大水一樣順勢奔流到各地各處，大道廣被（全面覆蓋著）萬物萬象萬處，哪裡是人的意志可以改變它增減它左右它的呢？

萬物依靠著大道的勃勃生機而生生不息，它的生機從來不會變得消極無力辭避。它完成了造就了許多人與事與物，但並不據為己有。

它覆蓋著滿足著萬物而並不去干涉它們主宰它們。它沒有什麼願望需求，可以說它是很微小的、平凡的。

雖然不去主宰一切，但是萬物都離不了它，都以它為依歸，所以又可以說它是偉大的。

正因為它不自高自大，所以更成就了它的偉大。

大道如水，如水之四面奔流，人力不可能影響它。這裡有一種老子的民本思想。氾就是泛，就是有地無類，哪兒都流，而且是往低處流，不是幾個菁英、幾個聖人、幾個「思想者」的專利。

想像一下洪水氾濫的場景吧！雄渾而又質樸，偉岸而又平鋪，光亮卻不避污濁，無情破壞卻又同時滋養大地、養育萬物。

是道泛流人間，是道找人而不是人苦苦地覓道，這一點也值得思索。既然道無處不在，那麼到處都是道的體現、道的證明，你應該面向世界、面向萬物萬象，應該很平順地體悟大道，用不著故意較勁、故弄玄虛，自己繞昏了自己，自己爆炸了自己。

大道如水的氾濫一般流向四處，這個比喻與今天的語言習慣不一致，我們習慣於反對氾濫、控制氾濫、阻擋氾濫。而老子認為氾——氾濫是一個好詞兒。氾濫就是自流嘛，水因勢而流、因勢而均勻潤澤大地，不勞較勁，不勞逆勢而動，不勞耳提面命與不斷更正導引堵漏洞，相信自然的自在的就是合理的與精采的。這是老子的理想、老子的夢。

這裡還有一種對於水的崇拜。它表現了古人對於水與生命的關係的一種直覺判斷，它表現了對於水的親和感、靈動感、純潔感、生命感與佳妙感。道觀內只供奉太上老君塑像卻沒有做出大水的圖騰，未免遺憾。回想老子此前講的「上善若水」，你就更覺得意味無窮，而不僅僅是已經說出來的利萬物而不爭，還有處眾人之所惡等等。

對於水，需要觀察，需要感動，需要欣賞吟詠描繪體悟，需要一再做無盡的體味，需要形象思維直觀思維的高度活躍，而不僅是對於字句言語書寫的定義式的理解。

一個是「子在川上曰，逝者如斯夫，不舍晝夜」，這是孔子對於水的感慨。一個是「上善若水」與「大道氾兮」。一個是「滄浪之水清兮，可以濯我纓；滄浪之水濁兮，可以濯我足」，這是屈原的反諷。先哲在水面前竟然產生了那麼多靈感。這也是一種道法自然的例證，這也是先哲樂於觀察世界體悟自然、以自然為師的一個表現。

生生不已是大道的體現，這與易學一致，這裡包含了對於生命的肯定和頌揚。追求大道的人應該愛護幫助生命，這是普世價值。

有了功績不去占有，這是了不起的。

說過了天地不仁、聖人不仁，卻又說了大道的衣養萬物，給萬物以衣食。大道是萬物的衣食父母。這是怎麼回事呢？叫做「道是無情卻有情」，叫做該衣養時則衣養之，未嘗不是仁之愛之，該芻狗時則燒掉之、不仁之。非不仁也，是大道也。大道，大自然的規律，比一切仁義道德更恢弘巨大。

為什麼能做得到不去居功、不去占有任何的成績呢？這值得思索。第一，大道本身已經涵蓋了一切、包容了一切，它的謙卑正是充實的表現。它的低調正是高昂的自有把握。它的平和，正是至上與無憂無慮的形象。它的無為正是無不為的展示。它的無言正是偉大到不必言、非言語所能傳達的程度。它還需要占有什麼嗎？一個已經意謂著一切主導著一切歸納了一切的概念之神，還需要什麼的占有或者占有些什麼呢？

真正的自信最謙虛，真正的謙虛（不是偽裝）最自信。

第二，大道的功績太多太大太無止無休，從不歇息從不停頓，根本不可能被占有。即其宏大性、久長性、無限性、人間性與超人間性（終極性、神性），不可能被任何人任何概念任何力量任何集團任何學派所侵占、占有。

第三，占有就不可能長有，有占有就有被占有，即你的占有成為旁人占有的對象，從而失卻你的保有。凡是能夠占有的東西，都不可能永遠屬於占有者，不論是權力、土地、榮華、富貴、財產、名聲、地位……

從這個意義上說，占有就是無有、不有，至少是將會無有、可能不有。而只有不需要占有才是真有。凡是需要自居的功績，其實都是保不住的。凡是需要占有的一切，都不過是轉瞬即逝的過眼雲煙，都是不牢靠的。

只有大道、自然、真理、品格、境界、智慧、才華、風度才是不可剝奪、不可占有、不可轉移、不可搶劫、不可霸占、不可否認的。甚至生命也不是人所能長期把持的，然而，畢竟有比生命更終極更概括的道在。

大道如此，那麼人呢？人而願意理解世界的本質，道的本源、本質，人而明道，人心而與道心相通相近，那也就應該能夠學到做到功成而不有的境界。

客觀上主導著萬物而不是高高在上，絕對不以君臨的姿態去發號施令，以至於可以命名為微小平凡，以至於可以低調地談論它，有誰能完滿地做到這樣的程度呢？做不到低調的人就不可能真正高調；做不到微渺的人就做不到偉大；做不到平凡的人就做不到出類拔萃。

為什麼呢？他或她的那點本錢，已經被自身的惡性膨脹與鋒頭欲、表演欲糟蹋殆盡了。自吹自擂與私心占有的性質是一樣的，愈是渺小的事物愈是怕被輕視、怕被遺忘，愈要鬧哄個沒完。愈是與天地齊輝、與日月同在、與歷史共進、與江海浪潮一起激揚、與大道美德睿智互動而共名，就愈要讚美大道的偉大、世界的偉大、歷史的偉大，而確認自身的渺小，確定低調的選擇，對一切大言欺世、大話彌天、大轟大嗡不屑一顧。

愈是安於微小平凡，就愈是得到萬物的歸附，也愈是真偉大。這是一個高明的理念，雖然做起來要多難有多難。但是真正做到了，就要多平常有多平常。這就是有意種花花不活，無心插柳柳成蔭。這就是會者不難，難者不會。這就是最高的技巧即無技巧。這就是「文心應淡淡，法眼莫匆匆」（見多年前我的一首舊詩）。

人都是「大患在於吾身」，你自高自大，他還要白高自大呢！所以愈是自高自大的人愈是自高自大不起來。而出來一個得道者竟然能夠做到不自大，他反而顯得境界高蹈、心胸遼闊、人格偉大，如長江滄海，如珠穆朗瑪峰了。

而且這種因不自大而成的大，不具有侵略性，不占領空間，不妨礙他人他物，不造成對旁人的壓力與傷害，不給自身背包袱，不端架子，不鼓肚子。他是讓人舒服的大，而不是讓人嚇一跳、壓人一頭、讓人討厭的大。

這其實不是人格偉大，而是「道」格偉大，人從道中找到了理想的格調、風格、品格，多少分享一點大道的低調中的雍容與平凡中的高貴。

常無欲可名為小，這個說法也有新意。這是再次將具有大的特性的道說成小。無欲則小，則細微滋潤，則不占地方，則不具有壓迫感侵略感擴張感，無欲則隨遇而安、息事寧人。老子說的對象是君王諸侯，不要輕易用革命造反的觀念來批評老子。

第三十五章　淡乎無味

執大象天下往。往而不害安平太。

樂與餌，過客止。

道之出口淡乎其無味。視之不足見。聽之不足聞，用之不足既。

得到大道的人，也就具有了闊大的氣象。有了闊大的氣象，可以行遍天下，也可以感動天下、凝聚天下、影響天下、收攏天下。天下聚集在大道的氣象下邊，相互和諧平安，互不傷害。

至於奏樂與美食，只能吸引一時的過客，使過客停頓一下腳步，然後離去。

大道沒有音樂與美食的誘惑力。它表面上是淡而無味的。觀看它，不值得欣賞流連。聆聽它，不值得傾心喜愛。然而大道是取之不盡用之不竭、永遠有效、永遠有助於人的。

說是大象即大道，那麼這裡為什麼要忽然用一次「大象」一詞呢？

道有大象，道呈現出大氣象、大形象來。你的氣象、形象決定著你的人氣，決定著你是天下往——天下往你那裡聚攏，還是天下棄——天下離棄你而去。

大氣象決定了相安、平和、太平。當然，如果侯王本身就狹隘刻薄、鼠肚雞腸、氣象全無，他屬下的各種人員派別能不斷殺無度嗎？

大氣象而又寡淡，大氣象而又止於樂與餌。大氣象不是做出來烹調出來演奏出來的。它不追求刺激、不追求誘惑、不追求形象。氣象也，非表層形象也。把寡淡當成一種美味美色美聲，與其他一般人追求的美食美色美聲做比較，這是老子的一個發明。至今南方人的語彙中也仍有將日子過得「平淡」做為一種理想來用詞的。

從人的操持消費中我們可以看到一個特色，生產力愈發展、文化愈進步，人們對於感官享受感官刺激的要求愈是減弱下來。高級菜餚較少酸甜苦鹹辣的調料；高級茶飲較少顏色、氣息與對舌蕾的刺激；高級繪畫反而不那麼大紅大綠；高級詩文反而不那麼在意於煽情與誇張；高級的表演藝術也不那麼聲嘶力竭。

而一個高度熟練會幹活的工人與農民，他們勞動起來反而不咋呼、不咬牙切齒、不拚死拚活。

平淡，有可能是由於貧乏。平淡，也可能是由於富有，是由於一種以一當十、細水長流、不動聲色、潤物無聲的風格。是對於人的敏感的尊重，是對於世界的尊重，不想用表面上的聲勢奪人來影響世界對於自身的審視與考量。不慌不忙，不急不鬧，讓世界慢慢走向你、接受你、認同你，而不會被你吵暈吵糊塗吵疲勞吵厭煩鬧亂乎。

平淡與大象同在，請你從樂與餌、從聲色犬馬的誘惑旁走開，走過來。

平淡的東西，平淡的道理，用之不竭，管用，經用，經考驗。這也是老子的一大洞見。咋呼的東西往往比較誇張，誇張的東西與實際保持著相當的距離，與實際不一致的東西是怎麼獲得了一時的成功了呢？是怎麼火起來的呢？一靠人為炒作；二靠特殊背景，非理性非真理非真實因素；三靠受眾的愚昧輕信。它如飄風、如驟雨，來得快止得也快，不可能持久。

為什麼受眾會有愚昧和輕信呢？這就是問題的所在：謬誤有時候比真理更叫座、更得寵、更炫耀出彩、更鬧出大的響動。真理有時候淡而無味，如老子所言。

如說人應該吃飯，就遠比不上宣稱人可以不吃飯更誘人耳目。宣稱學習要循序漸進，就遠遠沒有宣傳速成法更令人矚目。說是人應該奉公守法，也不如宣稱一切清規戒律滾他媽的蛋更解氣。宣稱人總是要死的，遠遠不如宣稱找到了不死藥或者幾乎不死之藥更驚天動地。

真理平凡，真理淡乎無其味，而謬誤特異、謬誤往往給人以強刺激。真理接近常識，從而顯得一般化，叫做「視之不足見，聽之不足聞，用之不足既」——不好看，不好聽，不好用，不那麼順耳順眼順手。

而謬誤因為反常識，反而觸目驚心、心驚肉跳、勾人眼球。真理教給你的是慢慢勞動致富，謬誤教給你的是一下子中特獎。真理給你的是百分之九九點九，謬誤引誘你去爭取那個百分之零點零零零零……一。誰說謬誤不厲害呢？誰能不多看謬誤一眼呢？

但是這種驚世駭俗的謬誤效應是絕對難以持久。不死藥吃了又吃，死得更快更慘，人們就無法再相信與追求不死藥了。靠賭博與彩票致富的道路走上一段就會被大多數人所冷淡唾棄。辟谷功就算確對減肥有效，也代替不了正常的用餐與卡路里供應。俗話說，上當只一回。其實不見得，有的人就在同一性質的問題上屢屢上當。好吧！上當不只一回，那麼上當十回十一回，也就不會再上了。

平淡的道理用得長久，驚人的宣示常常靠不住。老子那麼早就發現了，為什麼我們至今還常常受騙上當？因為私心人皆有之，營私的主張就有了市場。僥倖的心理人皆有之，投機的主張就有了市場。懶惰、圖安逸、怕苦之心人皆有之，於是邪門歪道就有了市場。嫉妒、貪欲、怨天尤人之心人或有之，於是極端主義就有了市場。刑事犯罪的事例也告訴我們，騙子正是利用人們占小便宜的心理才做局設套，令人上當受騙的。

不要拒絕與忽視平淡，不要輕信與乞求奇蹟，不要一時被煽起來就忘掉了常識，這些經驗之談，是值得聽取的忠告。

安寧、平順、太平，是老子的一貫主張，所以他勸告世人不要輕易被誘惑、不要拒絕平淡的大道。當然，這樣一來，他這兒就缺失了鯤鵬展翅、碧浪掣鯨、摶風擊浪、如荼如火的人生的這一面了。奈何？

第三十六章　欲取固予

將欲歙之，必固張之。將欲弱之，必固強之。
將欲廢之，必固興之。將欲取之，必固與之。是謂微明。
柔弱勝剛強。魚不可脫於淵，國之利器不可以示人。

你想關閉它，就先要更要擴張它。你想要削弱它，就先要更要強化它。你想要廢除它，就先要更要興盛它發育它。你想要從它那裡拿去一些東西，就先要更要給予它一些東西。這才是精妙入微的道理與智慧。

柔弱常常能戰勝剛強。魚兒是不能離開深水的。國家最有效的手段、最厲害的武器或本領，是要保密的（就像不能把魚兒從水裡掏出來炫耀一樣，國家也不可以炫耀自己的手段、武器或本領。不炫耀利器的國家貌似柔弱，其實比動輒顯示力量的國家強大）。

這一章，第一像是講陰謀手段，第二像是講兵法。類似的說法其實不僅在老子這邊有，欲擒故縱、聲東擊西、圍魏救趙、死裡求生、驕兵必敗、以退為進、以守為攻、居安思危、置之死地而後生……以及臥薪嘗膽、以屈求伸、笑裡藏刀、先禮後兵等都有點這方面的味道，這些個成語與計謀也已經家喻戶曉。

如果老子寫的是處世奇術，或者兵法要覽，把它說成陰謀或計謀，不無道理。問題在於老子講的是大道，大道的根本原理之一是相反相成、物極必反。問題不在於我對你將欲取之必固與之，問題在於你為什麼老要張之、強之、興之、得之呢？你不懂得月盈則虧、水滿則溢、盛極必衰、擴張久了必將閉合、太強壯了必將衰老削弱、太興旺發達得勢了必將被淘汰、得到的太多了必將丟失得多、登得高必會跌得重這一類的道理嗎？大道如此，難道你能說這乃天地大道在向你耍陰謀玩花招嗎？

從大道中可以衍發出德性來：虛靜、如谿、若水、謙卑等是也。從大道中可以衍發出悲觀消極來，如不仁、不為、不言、不為天下先、柔弱、嬰兒等。從大道中也可以衍發出積極有為的東西，有道者為天下式、天下往，無為而無不為，治大國如烹小鮮，安平泰，真正做到長久、長壽、莫能左右。從大道中也可能衍發出陰謀詭計、衍發出吃小虧占大便宜，直到虛偽。後者就是入了魔障，就是學大道而走火入魔，原因不是道的魔性，而是你的魔性。道魔一念間。大道是哲學，是本體論與認識論、方法論，講的是認識、道德、境界、修養，學得好是高人、聖人、君子、得道之人，至少不做妄人、惡人、愚人，學歪了變成陰謀家，這又怨誰呢？能怨老子嗎？

大道裡有觀念、有品格、有境界，也有技巧。我們說道是道理、道心、道品、道路，同時我們的漢語構詞中也有道器與道術的命名。大道中有將欲如何必固反著來的「術」，這樣的術可以被聖人所用，也可以被邪惡所用，像一切技術一樣，技術本身不能保證它被利用的正義性與謬誤性。

這一章的將欲如何、必固如何，偏於道術，偏於實用，特別是戰爭或政治鬥爭中的應用。它有可能被皮毛化、陰謀化、非大道化。這是事實，這也是魯迅所說的，鷹可能與雞飛得一樣低，雞卻永遠不會與鷹飛得一樣高。就是說，追求大道的人從技術上學到的仍然是大道的啟發、大道的無所不在、大道的證明。而一心搞技巧包裝的人，即使你講給他道的真諦，他聽得進去的仍然只有計謀與機巧，而一個心術不正的人，他接觸到了道，卻得出了害人之道、騙人之道、詭計多端之道，也就是對於大道的悖離與歪曲，最後只能由於失道而滅亡。這樣的事情也是常常發生的。

類似的觀念在我國的武俠小說中多有發揮：好人學了武，更好；而壞人學了武，更壞。

所以我喜歡講大道無術。傾心大道的人用不著那麼技術那麼謀略那麼勾心鬥角。寧可放開膽量、敞開心胸，用光明對待陰暗，用正直回應邪惡，用善意回答不懷好心。

把大道理解成陰謀，這可能來自邪惡的居心，也可能來自對於大道的理解認識的皮毛化。只看到了皮毛上的相似之處，只看到鷹與雞飛得一樣低之時，便否認了鷹的穿雲乘風向日高飛的性能，便為鷹搭一個草窩，並且斷言鷹壓根就應該是住在這裡的。

從動機上看，皮毛化認識問題本身並不是罪惡，但是其愚蠢的結論，如認為老子是陰謀家，則是因愚而謬、因謬而錯，以致因錯而害人害己、自陷於罪。或者是由於小聰明、小有聰明，距大道十萬八千里，以小聰明觀大道，做出了符合自己的小聰明的，而且是不懷好意的解釋。

愈是小聰明愈容易對別人不懷好意，愈容易把小聰明用到不懷好意上，刻薄挑剔以對人，微醺欣賞以對己。這是千真萬確的事實。我知其然，不然其所以然。

好，用不著為老子的非陰謀家而辯護了，在庸人眼裡，智者確實像是比他多了點計謀，庸人雖庸，但是能接受計謀之說、喜愛計謀之說、熱中於計謀之講究，卻不可能接受大道之論、境界胸懷之說。

這一章仍然有些驚心動魄，尤其是政治家，將欲廢之，必固興之，讀之令人怦怦然。先立後廢，先揚後貶，先放後收，先與後取，這一類的歷史過程確實存在。有些是故意的謀略，有些則只是客觀的必然過程，乃至是一個令人感慨繫之的過程。你無法斷定韓信的從青雲直上，到身為齊王，到被殺，全部是劉邦或呂后的設計，只能說韓信的故事證明了大道的有效性與警示性。大國的許多興衰故事也說明了老子講的這些驚心動魄的道理。

然而，它仍然不全然是人工的設計。世事千變萬化，再說幾十個「將欲N之，必固X之」，對於世界來說，仍然是太簡單太草率了，這些只是粗線條，引為警惕、痛加防範則可，很有意義，視為藥方或錦囊妙計則不可。

柔能勝剛，弱能勝強，這是國人的一個見解，也是一個經驗，未必是從老子的著述中發明出來的。然而這不是無條件的。條件就是水，柔與弱的主體就是魚，魚兒離開了水，必然完蛋，更不可能勝什麼剛強了。水是什麼呢？老子一直認定，水是大道的形象與外象，不離開水，就是須臾不離大道。

條件又是深藏二字，大道如國之利器，不是讓你掛在嘴上，不是讓你顯擺吹噓的，只有用含蓄低調的態度學道用道，用非偽非飾的態度體悟大道，才能接近真正的大道。

名將不談兵，他深知兵的千變萬化，不可輕談。名醫不談藥，他深知病情的多種多樣，豈可輕易開處方？國之利器不能輕易示人，那不是用來表演用來炒作的。學問愈深，道性愈深，愈應該沉潛含蓄，不可鋒芒外露，不可以之裝點門面，不可將大道變成佐酒談資，要注意內斂的工夫。那個「將欲N之，必固X之」的公式，那種微妙的「明」——道理與智慧，也是點到為止，不可多說。不可動輒將它拉到水面上來。

當然，這種講法與現代思潮的強調透明度與人民的知情權，又大不一樣了。

第三十七章 道常無為

道常無為而無不為。
侯王若能守之，萬物將自化。
化而欲作，吾將鎮之以無名之樸。無名之樸，夫亦將無欲。不欲以靜，天下將自定。

道常常不做什麼（不該做、不可做、不欲做、不屑做的）事。由於沒有將時間與力量放在不該做的事情上（由於沒有去干擾萬物的應道而行），所以各種事情都做得比較好。

諸侯君王若能保持住這種不做不應做的事的大道，萬物都將自己化育、教化、成長、合乎正常的規律與期待。

萬物化育成長到一定程度，會出現一些想頭，想要（不切實際地）做這做那、要這要那了。我就用沒有命名定義的質樸來約束制動。讓它（萬物）回到無名、未定義、未雕琢的本初狀態。回到了本初的樸素與厚重，你也就不會有私欲了。沒有了私欲，也就不鬧騰了，天下自然穩定有序、長治久安了。

無為而無不為是一個有名的命題，有人認為它是老子的核心命題。國人對此始終是極感興趣的。無為而治嘛，又叫天下無事。無事就是大治，這個老舊的說法裡包含著老子的思維模式的影響。

天下無事了，大治了，當然就是做到了無不為。

無為的意思十分豐富，不是簡單地什麼都不幹，更不是要求你幹。而是：

其一，有所不為。有道德的與智慧的底線，那些不道德不聰明的壞事蠢事，無論如何，應該避免，應該不幹，絕對不可為也。

其二，不過多干預，不主觀主義、唯意志論、瞎指揮、胡作非為、輕舉妄為，不大張旗鼓，不做表面文章，不亂提目標口號。萬事萬物都有自己的成長化育規律，你愈是瞎去摻和，就愈壞事。與其干預太多，不如靜觀其變。與其越俎代庖，不如尊重道的即萬物的主體性。

其三，使自己處在一個可選擇的狀態，不急躁，不匆忙，不一腳陷進去被動應付。幾乎所有意欲有為的人都有急於求成的毛病，都有一個早晨達到目標的夢想。在一個浮躁的年代，老子提出了冷一冷的忠告。

其四，不要過高估自身的力量與作為的可能性可為性。不要永遠在那裡研究永動機的發明與天堂的人間化。不要脫離現實的可能性與漸進性。不要把願望與現實、意念與行為混同起來，又不能割裂開來。

總之，老子認為，為是有條件的，不符合這樣的條件，是不能為的。例如，有悖道德的事不能做；有悖客觀規律的事不能做；境界低下、嘀嘀咕咕的事不能做；自我中心純屬為己謀私的事情不能做；情緒化、缺少理性衡量、帶幾分歇斯底里的事情不能做；壓根做不到的事情不能做；吹牛冒泡兒的事情不能做；顯示自己、居功自傲的事情不能做；時機不對的事情不能做；傷害旁人的事情不能做……順著這個思路想下去，人類的悲劇與其說是做的好事聰明事太少，甚至於是不做事不作為，而是做的蠢事壞事糊塗事太多太多。

儒家講三思而行，講慎言、慎行、慎獨，這裡頭都有無為的意蘊。

至於無不為，有的人抓住此言來解釋老子仍然是主張有所作為的。

然而，我們反覆閱讀思考，我們能夠發現的仍然不是老子有什麼有所作為的正面主張，而是在無為——至少是無謬誤過失幫倒忙的行為的前提下，讓萬物自行運轉、萬物自化、萬物自得、萬物自然而然地上軌道的理念。無為是前提，無不為是結果。無為是方法，無不為是目標。無為是哲學，無不為是價值。對於老子來說，實現無不為的理念的道路不是有為，而是無為。老子認為只有（侯王們）無為了，萬物才能無不為。這確實精采有趣。

這很不一般、很高明，但也很各色。它是稀有的珍貴見識，當然不可能是大道與真理的全部，也不可能是主流共識。

它注意抑制凡人們的胡作非為、輕舉妄為、蠻幹勉強、一意孤行的衝動，教給人智慧，卻不教給人責任心、使命感與獻身精神。

所以老子是偉大的、智慧的、深刻的，卻不是足夠悲壯的，他不是無畏的志士。

從某種意義上說，老子的主張萬物自化，主張聖人不言、不智、不干預，似乎有點自由主義直至市場經濟的味道，有點尊重萬物、尊重環境、尊重客觀世界的味道。但是他動不動拿出樸來、拿出無欲的主張來，幻想回到歷史的最初狀態、回到原始社會、回到無文化無科技無生產力的發展狀態，又有點像是與世界唱反調、與人的欲望唱反調、對歷史開倒車，他有點一廂情願加烏托邦主義。

從社會思想與哲學思想來說，無為說很有嚼頭。從經濟學來說，排斥欲望、鎮壓欲望則是不可能的、反人性的。從思想觀念、價值觀念來說，對於欲望進行必要的疏導與控制則是合理的。一味一心壓迫欲望卻是不可取的。

老子在強調道的無為性的同時，也強調道的質樸性、本初性。他知道「化」了就欲作，愈是發展就愈有做什麼要什麼的衝動，他再次祭起了樸的法寶，他幻想讓人回到初始狀態、原生狀態，渾渾噩噩。不要定義、不要命名、不要這系統那系統。這樣的「樸」記憶體寬廣、空間遼闊、時間久長，不受欲的控制與迷惑，與大道相通。

無為是一個否定性的命題，樸是一個肯定性的命題。

無欲是一個否定性的命題，是一個烏托邦。

以樸鎮住欲作的傾向，以樸取代欲與作，也就是以無為取代有為，是一個美麗的與一廂情願的幻想。

萬物自化，則是一個英明的論斷、天才的論斷，然而又是一個理想化而非可操作的論斷。

老子懷疑欲望的積極意義、懷疑文化的積極意義、懷疑歷史發展的積極意義，這從學理上來說，是提出了很有學術價值的思考難題。

問題在於，欲望不欲望的問題不是一個學術問題、思辨問題，欲望與生命同在。你可以對欲望有所克制掌控、有所引導昇華，卻不可能完全取消。通過完全取消欲望以達到不欲而靜、天下自定的目的，這十分徹底，正因為太徹底了，所以只是空想。

空想能夠達到的，可能是現實所不能達到的。空想也是一種願望，可能是比一般欲望更加高級的願望。所以空想也是有魅力的。空想也是一種啟發一種貢獻，在一定的意義上。

老子對於讀者的啟發，不是絕對地無為與無欲，而是批判性地審視自己的有為與有欲的狀態、過程與經驗教訓，提出對於自己的至少是無謬惡之為、無過分之欲的要求，注意嘗試以樸質之心取代欲作之動，引導自己成為更加本色、得道、從容、心胸闊大、永遠立於不敗之地、反而更有所成就的人。

第三十八章　失道而後德

上德不德，是以有德；下德不失德，是以無德。
上德無為而無以為；下德無為而有以為。
上仁為之而無以為。
上義為之而有以為。
上禮為之而莫之應，則攘臂而扔之。
故失道而後德，失德而後仁，失仁而後義，失義而後禮。
夫禮者，忠信之薄，而亂之首。前識者，道之華，而愚之始。
是以大丈夫處其厚，不居其薄；處其實，不居其華。故去彼取此。

真正上品的、受推崇的道德，不是以意為之的道德，所以是真正的有道德。下品的、強求之的道德，惟恐失去了道德的美好，所以並非有真正的道德。

真正高品位的道德並不刻意去做什麼，也沒有理由去要求做什麼。勉強的道德做不成什麼，但是老想著做這做那。

上品的仁愛，做得到仁愛，但不是刻意要去仁愛，不是為了仁愛而去仁愛。

上品的義氣、正義則是有意為之的義氣、正義。

上品的禮法（禮貌、禮節、禮儀）你努了半天的力卻沒有什麼人響應。沒有人響應了就捋胳臂挽袖子來硬的了。

所以說，大道丟掉了才強調道德——價值觀念。道德——價值觀念不管用了，才強調愛心——仁慈。不講愛心——仁慈了，才強調正義——義氣。連義氣信用這些處理好人際關係的詞兒也不講了，就剩下了禮法啦！

這個禮法呀，是忠信都漸漸失卻、人心澆薄而亂象已出的標誌。

前人已經認識（或謂是指前面所說的那些東西），德仁義禮，尤其是禮，都是大道的華美外表，也都是愚傻的開端。所以大丈夫寧願選擇樸厚、選擇厚重的積澱與根基，而不選擇淺薄、澆薄。選擇果實，而不是選擇浮華。人要在薄厚實華之間做出認真的選擇。

老子最不喜歡刻意的、非自然而然的、非本意的對於某種價值的強調與遵循。他認為，經過人為的強調，經過自己的有意為之的推崇，經過了自然以外的某種力量——例如群體與侯王——定義命名，就離開了樸素的本性、離開了自然而然的氾兮不可左右的形象、離開了無為而自化而無不為的理念，也就是離開了大道，就是要左之右之指揮之經營之，就走向了道與自然的對立面。這個觀點與後世的、在我國曾經引起爭議的關於異化的學說可以互相參照。

所以他指出刻意經營的德性不是真德性——鬧不好會是教條、死心眼、自我表現、作秀、口頭空話、人云亦云；更壞的則只是面具、虛偽、欺騙，是矇騙他人的手段，就是說以德性、道德的名義搞價值霸權、價值強權、價值控制。刻意經營的仁愛也不是真仁愛，弄不好只是隨大流、爭名聲、爭實惠、做樣子，再壞的就是偽君子，是口蜜腹劍。

他認為正義呀義氣呀等就更等而下之，本身就是有意為之，做得最好也是有心做之。義氣講的是人際關係，是弱者的自保要求所決定的，是要回報的，是生存與鬥爭的手段，與大道悖離（王按：其實義也有符合天性的一面：群居性很強的人類是需要義氣的，人們會在友誼中享受快樂與幸福。不知道為什麼老子對於義的評價如此低？可能是由於義往往是下層人的首選、是江湖上的價值）。

至於正義，當然是好東西，麻煩的是各人角度背景不同，對於正義的理解弄不好是針鋒相對。以主持正義自居，弄不好是包打天下、世界憲兵、霸權主義。

禮法帶有管理性、體制（秩序）性、統治性、懲罰性。如我在談《紅樓夢》時多次宣揚的，王熙鳳伸手就可以打丫嬛的嘴巴、就可以拔下簪子戳丫頭的嘴。管理是一種潛暴力，管理是以實力做後盾的。王熙鳳過生日，賈璉乘機亂搞，為賈璉放風的丫頭沒有應鳳姐之叫喚立刻站住答話，叫做「莫之應」，於是鳳姐就「攘臂而扔之」，又是打嘴巴又是拔簪子扎，這是很符合老子所描寫的情狀的。所以從禮法層面治國平天下，就更加低下了。

這很美好，但是不無唯道論、大道烏托邦主義的色彩。把大道、天性與管理、秩序、禮法截然對立起來，把大道說成絕對先驗的，拒斥學習與自覺意識，把良知性良能性的大道與後天的學習修養絕對對立起來，是說不通的。人類學的研究證明，原始狀態與原始社會，固然會有些好的東西。但也有野蠻、愚昧、專橫。從這一章中倒是可以看出老子對於儒家的道學化、念念有詞地修養修練化、做作化、形式主義化的反感、預見與警惕。

老子是強調無的，無心，無意，無名，無為，無價值強調，更無價值強制。這些好倒是好，有點無政府主義的味道，但容易脫離實際，變成空想玄談。

孔子是強調有的，有志於學，有仁義禮智信，有忠孝節義，有五倫四維八綱，有尊卑長幼之辨。這些也好，但弄不好會變成裝腔作勢，會變成形式主義，會變成滿口的仁義道德，一肚子男盜女娼。

老子認為原生的樸才是厚重的，有根基、有依據、有制約作用、有歷史的積澱與見證、有大道的背景。而文化呀價值呀追求呀禮法呀意志呀好惡呀只是歷史上薄薄的一層紀錄，大道與樸的薄薄的一層表面張力。

在所有的章節中，老子都是以讚賞的口氣講述道的，只是此章，出來一個道華愚始的命題。竊以為，此處的道不是指大道，而是指可道不可道的那個道，就是講說的意思。那麼「前識者，道之華，而愚之始」，就應該做前面說的禮法之類，說起來好聽，其實是愚昧的開端。或者可以斷句為「前識者道之，華而愚之始」，就是說堅持前面的認識，宣揚禮之類的玩意兒的話語，華而愚（華而不實卻又是愚昧渾噩）就這樣開始了。

也許華而愚蠢是講得通的，如人們常說的「愚而詐」。

這裡我對「前識者」的解釋與諸家不同，無礙，如我解錯了可以放棄，這不影響我們討論老子的主要思路。我不想把討論用到我的非長項——文字的的說文釋義上。讀者可以參考眾家之說而理解之。願識者有以教之。

這裡還有一個對於人類行為的研究評價問題。無為而無以為，就是說沒有作為也沒有作為的動機與目的。為之而有以為，則是不僅有作為的行動，而且有作為的動機與目的。強調性情、強調自然、強調真心的人往往排斥動機與目的，往往視有動機與目的行為為偽。比如《三國演義》中的劉備，他所謂仁義的表現，極易被視為收買人心、刁買人心的手段，因為他正在從事與魏吳兩國爭奪天下的鬥爭，他的一切行為易被認為帶有表演性，為了爭取民心人心。尤其是男女之情，如果再加上了非感情的目的，立刻就為讀者所厭棄。《紅樓夢》中薛寶釵的種種克己復禮的表現，也受到擁林派的攻擊，說其目的乃在於取得寶二奶奶的身分。再如我們素常所說的積極表現，一旦被視為具有求官求財的目的，似乎行為的評價也一落千丈。

而目的性、有以為性，恰恰是人類行為的特點之一。能夠不因目的而矯情而作偽，能夠不拒絕至少是向自己的親人友人敞開心扉，能夠使自己的目的與性情和自然而然的本性盡可能地統一，已經很不錯了。

第三十九章　天得一以清

昔之得一者：天得一以清，地得一以寧，神得一以靈，谷得一以盈，萬物得一以生，侯王得一以為天下貞。

其致之也，謂：天無以清，將恐裂；地無以寧，將恐發（廢）；神無以靈，將恐歇；谷無以盈，將恐竭；萬物無以生，將恐滅；侯王無以貴高，將恐蹶。

故貴以賤為本，高以下為基。是以侯王自稱孤、寡、不穀。此非以賤為本邪？非乎？故至譽無譽。

是故不欲琭琭如玉，珞珞如石。

（大道的特點是它的唯一性、統一性、完整性、一元化，所以大道即一。）

自古以來，得到了這個偉大的一的主體當中，如果天得到了這個一，天就清晰明朗了。地得到了這個一，地就平安穩定了。眾神得到了這個一，眾神就靈驗了。山谷、谷地得到了這個一，就充盈豐滿了。萬物得到這個一，就有了自身的存在與形成了。侯王得到了這個一，就可以成為天下的標竿了。

這樣說下去，也就意謂著：如果天不能長久地保持清明，恐怕早晚會斷裂。如果地不能夠保持安穩，恐怕早晚要崩塌鬧地震。谷地如果不能保持充盈飽滿，早晚會枯竭乾涸。萬物不能保持生機，恐怕早晚會陷於滅絕。侯王如果不能保持一定之規，或侯王如果不能成為標竿成為榜樣了，恐怕早晚要敗亡。

所以富貴是以低賤為基本的，高尚是以卑下為基本的。所以愈是高貴的侯王，愈是要謙稱自己為孤、寡、不善，這不就是以賤為本嗎？所以說最高的、最完滿的名譽是名譽的消失。

所以說，一方面並不想做細雅的美玉，同時也不必是粗硬的硌人的石頭。

這一章，老子又進一步地研究、表述、描繪道的另一個特質，為道做了新的命名：一。

一方面老子反對任意命名，一方面老子不停地為道命名，不停命名則不拘於一名，他是在啟動你自身的了悟與探索，而不是給你下定義。

一就是唯一，不二法門，統一、整體、整合、同一、一元化、根本的根本、本質的本質、永恆的永恆。

有了一，才有至上性，如果不是一個完整的大道，而是各說各的、各運轉各的，就會有比照爭拗、多元無序、競爭消長，那還有什麼至高無上，還有什麼一元化的觀念與操作，還有什麼中國式的本質主義、概念崇拜、大決定小的推理、演繹法？

同時按照民間的說法，一就是無極，又是太極，又是兩儀（乾坤、陰陽或男女）、三才（天地人或三垣，後者是講星象）、四象（四季春夏秋冬或四方東西南北）、八卦（乾、坤、震、艮、離、坎、兌、巽），萬物萬象的總根源、總概括、總歸宿。九九八十一，乘法口訣裡的這樣一個算式$9 \times 9 = 81$，來到了中國民間，叫做九九歸一，成為一切歸於一的證明。九是最大的數字，但是九個九的結果是歸於一，請看一是多麼厲害。中國式的數不但是數學數字概念，而且是命運哲學神學概念。

一就是多，多就是一，九九歸一。一的一切，一切的一。

中國的構詞就是偉大，尼克森就讚美過中文中的「危機」一詞，既意謂著危險，也意謂著機會。同樣「一切」這個詞也是偉大的，它是一，也是切，是單一，更是全部。

這是非常中國式的世界觀，它想像，它相信，世界不論是多麼多種多樣、多姿多彩，最後都能概括到一起的，世界具有統一性與整體性、可整合性。

世界的統一性，這是現代人也相信的觀點。外太空取來的物質樣品，與地球上的物質並無區別。

但是比起多來說，中國人更崇拜的是一。現象是多的，而本質只有一個。假象是多的，但真理只有一個。萬物是多的，大道只有一個。群雄爭霸的時候是多的，最後，仍然要歸於一位真命天子。

中國語言文字的特點是抓住一，再發展、衍生到多。比如牛是一，是本質，然後牛奶、牛肉、牛皮、牛毛、牛頭、牛尾……勢如破竹。道是本質、道路、道德、道理、道器、道術、道門、道心、道道兒及天道、大道、正道、古道、茶道、柔道（此二者來自日語構詞）、旁門左道、邪魔歪道……花樣無窮。而如果以德做那個一呢？那麼大德、玄德、無德、缺德、失德、恩德、口德、酒德、品德、婦德……也是一生發一大片。

那麼，既然一切的一切可以找到一個又一個的本質本源、可以找到一個又一個的一，最後，所有的一當中又怎麼能不統一到一個最高的一、最大的一、最久的一、最根本的一上來呢？

老子把它們統一起來，最最高峰化起來，就是大道，就是道。

那麼這個一究竟是怎麼得出來的呢？第一，可以說是淘汰法、減法，就如同爭冠軍一樣，國人前賢一直尋找一個能夠包括另一個、即吃進另一個的概念，例如土地就吃進了農田的概念，土地的含意比農田大，包括了農田，土地的概念在比賽中勝出，進入了可能是十六分之一的決賽。而地的概念又吃進了土地的概念，地裡包括了土地、山嶺、江海、冰河、沙漠等等，地進入了八分之一的決賽。那麼宇宙的概念又可以吃進地去，進入了四分之一決賽。和宇宙在一起的還有上帝或者神靈，還有物質與觀念或者精神……對於老子來說，概念冠軍賽的最後優勝者是道。道可以吃進宇宙、天地、物質、精神、真理、仁、上帝、造物主……道才是至上的與無限大的。

第二個辦法就是無限地相加，既然農田加江海加荒野加山嶺加南北極等於地，既然地加天等於天地，既然天地再加天地之外的天地即無限個銀河系等於空間，既然空間加時間等於宇宙，那麼最後世界的一切加一切再加到無限大，就是無所不包的道了。

啊，道是多麼偉大！

中國人的許多成語也反映了這種尋一情緒、尋一情結、尋一傾向、頌一傳統。比如：始終如一、一如既往、一言以蔽之、一往情深、一心一意、一脈相承、一語中的、一鳴驚人、一飛沖天、一往直前、一言而為天下法……這些都有極正面的意思。同時，也有一手遮天、一意孤行等成語，說明中國人對於一的過分誇大與強調所可能帶來的毛病，並不是沒有感覺。至於另外一批成語熟語：二心、三心二意、雙重人格、兩面三刀、兩面派，則不是什麼好話了。

把道稱為一，是對道的最高禮讚，其強調與崇拜程度，超過了玄德、谷神、若水、玄牝、惚恍、虛靜、沖等的其他名號。

一的特點在於不二性。湖南有個景點，從鳳凰到張家界的路上，叫做「不二門」，這也是尋一情懷的表現。

得了一，就什麼都有了；失了這個一，就什麼都沒了。這是唯一的意義的兩個方面。這是同義反覆嗎？其實《老子》一書中同義反覆的構詞造句並不算少。同義在反覆中深化與玄妙化，這是修辭學，不是邏輯學。解者不必另闢蹊徑、挖空心思、巧做奇解。

所以這個一就是一個值得崇拜的同時具有哲學內涵與宗教情懷的概念。我說過這個一是中國某些人的上帝，後遭到質疑。其實我說的中國人的上帝，當然不是基督教的或佛教的上帝，而恰恰是中國式的語言崇拜、概念崇拜、本質崇拜、大道崇拜。上帝說可能顯得突兀，然而我仍然堅持這個說法。《老子》在中國確實發展成了宗教，說是分離出一種宗教也可。而認為中國人太奇特，關於中國人太缺少終極關懷、缺少宗教情懷的說法，並非完全有根據，其實中國人只是沒有把終極崇拜引向人格神或神格人就是了。

按照國人的思路，有一個一，得一個一，就是有了主心骨，就是有了依託和根據，就是抱元守一，不移不裂不二。就是以一當十、以一當百、以不變應萬變，就永遠立於不敗之地。石濤的一畫理論，不論怎麼樣與老子學說拉開距離，其實仍然擺脫不了老子的這個對於一的崇拜。

至於高以下為基礎、貴以賤為根本，這是對於一的困惑的一個回答的嘗試。不是一嗎？為什麼社會上有貴賤與高下之分別分化呢？老子提倡一、崇拜一，卻又必須面對貴與賤的分離。老子在談到一的時候，不能不涉及這個貴賤高下的麻煩。

這與社會的金字塔結構與形象有關，這也是一種民本思想的早期形態。其實不僅中國，也不僅老子，這樣一種眼睛向下的姿態是容易成為社會的共識的。尤其是金字塔尖頂上的人物，愈是地位高，愈要強調取得基本基礎低賤大眾們的支持的必要性，愈要時刻不忘向低賤者們致敬致意、表示親善。中國的傳統說法，就是水能載舟，也能覆舟，還有國以民為本。對於賤與下，誰也不能大意。

老子乃不厭其煩地論述：貴以賤為本，高以下為基。然而，人們並不因之往「本」上奔、往「基」上靠。正如手機段子上所調侃的：人們都知道大眾的偉大，卻常常不想做基礎基本的大眾一員；都知道高處不勝寒，卻常常向上攀登的十分辛苦。這是現實對於老子的賤本下基說的刺傷與嘲弄。

所以歷史上，定於一的過程從未中斷，農民起義的天有二日的造反也從不中斷。

唉，貧賤者羨慕富貴，富貴者可千萬不要忘記向貧賤者示好！如果鬧得貧富貴賤的差別太大了，關係太緊張了，逼得貧賤者鋌而走險了，就變成貧賤者仇視富貴，變成革命造反顛覆內戰內亂，也就沒了一，亂局就出現了。基尼指數即貧富差距的指數是不可忽略的呀！

談著談著一與貴賤高下，為什麼跑到侯王身上了呢？很簡單，探討一的結果，發展到國家政治上，就是一對於一切，亦即君王對於臣民與資源的唯一合法統治。中國長期的封建制度是建立在這樣一種哲學思維方式的基礎上的：一的一切與一切的一，亦即一，面對著一切，有權力也有責任。一切，面對著一，有服從的義務，也有判斷與評價的可能。

同時，老子的時代，侯王們還在繼續他們的殘酷淘汰賽，累積擴張或減少割讓他們的權力和資源，比賽還在進行中，比賽的結果也可能是地裂神失谷竭。老子擔心這種非一的局面的無休無止。而在這種淘汰賽中起相當的乃至決定性作用的正是賤的一方、下的一方的人心向背、選擇與取捨。還有許多其他的不確定因素。侯王云云，成為那個一，談何容易！

老子認為，最高的主導、最高的一是道，道是唯一。你即使成了人間的皇帝，如秦始皇那樣，成為祖龍、始皇、人間的唯一了，你還要接受大道的監督與裁判。老百姓可能稱頌你的奉天承運、皇恩浩蕩，承認你的「普天之下，莫非王土；率土之濱，莫非王臣」。但無可諱言的是，也有另外的可能，老百姓們不止一次地有過以替天行道的名義，以討伐無道昏君的名義，扯旗造反，再次掀起淘汰賽與冠軍賽的紀錄。老子對於一的論述與讚美，承認了封建專制也限制了封建專制的任意性與合法性，老子的道——的形而上的性質，使之不可能等同於一個形而下的寡頭的統治。這也是很有趣的。

至於「不欲琭琭如玉，珞珞如石」的說法，放在這裡稍嫌突兀，可能是我還沒有完全掌握住老子的思路；也可能是進一步討論一的問題，與上文關於貴賤、關於上下、關於侯王的謙稱聯繫起來，老子一面在強調一，強調對於一的把握與崇拜；一面必須面對貴與賤、上與下、侯王與百姓、琭琭之玉與珞珞之石的分化。非玉非石，老子也在考慮中庸之道的選擇嗎？

第四十章　有生於無

反者道之動。弱者道之用。
天下萬物生於有，有生於無。

大道的運動往往是走向自己的反面，返回到本態。而道的應用、作用，是柔弱的、漸進的、低調的，即非強硬非凌厲非高調的。

天下萬物，是從有即存在的狀態下演變出來的，而有即存在的狀態，又是從未曾存在、不存在、不具有、即無的狀態下演變出來的。

一部老子的《道德經》，不斷地為大道命名，即為大道闡釋其內涵。到了這一章，強調大道的名是反與弱，並歸結到無。

反是什麼？第一是反面，逆向，強調道的運動並不是一味向著一個方向發展，不是單向運動，而是有時向相反的方向的運動，常常是雙向的運動。第二是強調返，古字反即返，返回。返回是什麼意思呢？回到本初狀態，回到本原狀態。第三是返回來再返回去，帶有周而復始的某種循環的特色。中國人是喜歡圓形的，不論是講歷史發展的規律、是講天地萬物的變化、是講太極拳、是講氣功、是講戲曲表演，都有一種對於幾何圓形的崇拜。

運動的反方向性、可逆性、某種循環性，這是一個發現，是一個大膽的設想和預言。我們看慣了單向運動：人是愈長愈成熟、愈長年齡愈大、世界人口是愈來愈多、物產是愈來愈豐富、消費是愈來愈多愈高標準、文化是愈來愈精緻複雜、知識與信息是愈來愈膨脹，等等。

但是事物還有另一面，人太老了會產生返回兒童心態的現象。愈是發達國家，人口減少的現象愈明顯。許多國家興起了、強盛了，又衰落了，乃至滅亡了。許多人物立志了、奮鬥了、成事了、發達了、輝煌了、固執了、孤家寡人了、垮臺了。一年四季，陰晴寒暑，禍福通蹇，鴿派鷹派，直到時裝式樣、汽車類型、菜餚風味、文藝風格、明星偶像……也都有始而行時，繼而擴張，續而挫折，極而反，周而復始的發展軌跡。

老子的反者道之動的說法，增加了人們的想像能力與創造能力，有助於人們考慮問題時多從幾個可能方向推演，勝利時增加了憂患意識，失敗時增加了沉著與自信。

有許多有創造性的大政方針，就是反者道之動的產物：中美關係從敵對到接觸與利益攸關、建設性的合作。合作中又時有矛盾摩擦；中國的社會主義經濟從計畫到市場，市場也需要宏觀調控；農業從合作化到公社化到包產到戶到規模經營；傳統文化從痛加反省批判到強調弘揚其優秀成分，都是反者道之動的例證。

比如下棋，反者道之動的命題有助於多看幾步，你要考慮你的幾手準備，也要考慮對方的應對。你要考慮你的精采與出其不意，置對方於被動，也要考慮對方的出其不意，置你於被動。比如觀景，它有助於看遠一點，從東往西完了還要從西往東看，或有新的發現體會。比如做事，它有助於你多一點靈動、多一點應變能力與自我調整的能力，這一手做不成了，再考慮另一手。

社會主義國家搞改革開放，中國做得比較成功，與我們的文化不無關係。我們不僅有一種百折不撓、始終如一的堅持勁兒，也有百撓不折、足夠的自我更新能力，還有擇善而從、改而不亂、變而不驚的哲學頭腦。這與某些一根筋擰巴到底、從一個極端轉瞬跨入另一個極端的思維與行為模式大不相同。

弱者道之用的說法更奇了。健身、練功、競賽、對抗、柔道、拳擊……以及從事各種事業，難道有不要求自己的強壯與勝出，而自願將自己搞弱搞敗的嗎？

老子的這一個提法令人難以全部接受，但是他有自己的道理與絕門在裡面。表現柔弱一點、謙卑一點、低調一點，常常會比鋒芒畢露、強弩硬弓、盛氣凌人、輕舉妄動更能成事。劉邦與項羽就是最好的例子。開頭項羽比劉邦強勢得多，結果是劉邦笑到最後。歷史上與今天所說的韜光養晦，也是弱者道之用的意思。謙虛使人進步，驕傲使人落後，說得是同樣的意思。

我們至少可以做到，可以參考：不論多麼自信，不論多麼大的心願志氣，寧可多強調謙虛謹慎，多強調師長朋友的幫助支持，多強調團結依靠大家，高築城、廣積糧、不稱王稱霸。尤其是那些掌了權、有了高位、事業有成、名利雙收的人士，如果以強梁姿態處世做人，恐怕難有好的結局。

保持弱勢還有一層含意，為自己預留空間，為自己做好改進乃至改變的準備，為自己留下預案、留下適應發展的提前量、留下更上一層樓的高度。同時要隨時做好受挫的準備、失敗的準備。百戰百勝是不可能的，而失敗是成功之母卻完全可能。不怕弱，不怕敗，不怕錯誤，不怕調整轉彎，不怕重新開始，這是中國文化的優勢之一。

中國革命的歷程，中國特色的社會主義建設的歷程，正是這種文化的一個體現：「鬥爭，失敗，再鬥爭，失敗，直至勝利。」毛澤東的這句名言並不是從勝利走向勝利，像蘇聯人喜歡說的那樣。這是值得深思的。

萬物生於有、有生於無的道理亦極深奧邃密。首先從概念上說，這是一個極好的思辨訓練：如果什麼都是無，無也是無嗎？無也無了，負負得正，不就成了有了嗎？如果世界上只有有，與沒有有有什麼區別？如果你與我都是億萬斯年地有的，那與無有什麼不一樣？沒有無的有等於無有，沒有有的無等於無無。比如一個從來沒有出生過也沒有被懷胎過的「人」，你需要確認他或她的無嗎？

有與無都是人的概念，是相反相成的概念。無是有的無，有是無的有，離了無則無有，離了有則無無。

另一方面，從經驗與常識的角度，從科學的角度，我們看慣了萬物生於有、有生於無。有了地球才有地球上的萬物，故萬物生於有。地球有自己的形成，是從沒有形成變成形成了地球的，是來自無。一個人有姓名年齡籍貫歷程成就影響長短得失成敗喜怒哀樂……這是萬物生於有。但是這個人是從娘胎中有起來的，未進入或未結合於娘胎之前，他或她只是無。用我國百姓的說法，自己出生孕育之前，不知在哪個人的腿肚子裡轉筋呢！用我喜歡的說法，出生前五年就是我負五歲的時候，出生前一千年就是負一千歲之時，顯然，無也不是絕對的，還是有負數在，有轉筋的可能性在。

那麼死亡呢？死後此活人沒有了，但還有記憶、記載、遺產或遺憾……有誕生多少多少或逝世多少多少週年的日本人稱之為冥壽在。

中華人民共和國建立前是無，建立後是有，無的前身是有——舊中國，此有的更前身又是無。例如地球上出現人類以前，冰河時期或者什麼什麼紀時期，中國不是無又是什麼？

老百姓很喜歡用有與無做主軸的成語俚語熟語：如有恃無恐、有備無患、有教無類、有心沒肺、有今兒沒明兒、有驚無險、若有若無……細品百姓對於無與有的領悟，也是有意思的。

而老子的看法，相較於有，無是更巨大更本原的概念，無是有的母親，有是無的運作。不必詛咒無，因為無並不意謂著死亡，而意謂著永恆。無是道的別名，不是死亡的別名。個體生命，生自無，死向無。從當今的科學觀點來說，地球、太陽系、銀河系，直到宇宙，都是生自無、又滅向無的。無是更加根本的狀態，是有的更恆久的形式。而這種無，並非絕對的空虛寂滅死亡，而是永存的大道的一種基本狀態，是充滿了生機的無，是孕育著新的生機的無。我們完全可以相信這個無、禮拜這個無、珍重這個無、坦然於這個無。

無中有有的因素，否則有怎麼可能生於無？一個人的有以前，已經有他的父母、有生命存在的條件，然後才可能有他或她。有中有無的因素，一個人在沒有了、死去了以前，已經有無的因素：時間在逝去，細胞在死亡，童年在無，青春在無，往日的壽命在變無。

可惜後來俗人將無中生有當作貶義詞來用，當作造謠誣告的同義語來用，卻忽略了有生於無的規律性必然性，同樣正確的是有者必無，終無，復歸於無。

佛教也極喜歡討論無與有這樣終極性的課題。《宗鏡錄》卷四十六云：

……單四句者：（一）有，（二）無，（三）亦有亦無，（四）非有非無。複四句者：（一）有有、有無；（二）無有、無無；（三）亦有、亦無有，亦有、亦無無；（四）非有、非無有，非有、非無無……第一有句具四者，謂：（一）有有，（二）有無，（三）有亦有亦無，（四）有非有非無。第二無句中具四者：（一）無有，（二）無無，（三）無亦有亦無，（四）無非有非無。第三亦有亦無具四者：（一）亦有亦無有，（二）亦有亦無無，（三）亦有亦無亦有亦無，（四）亦有亦無非有非無。第四非有非無具四者：（一）非有非無有，（二）非有非無無，（三）非有非無亦有亦無，（四）非有非無非有非無……

這像是繞口令，更是繞概念令、繞有無令。正因為是有與無緊密結合，才繞得十分起勁有趣。你可以做思辨的概念的各種排列組合：有；有這個有，也有這個無；無這個有，也沒有這個無；有就是有，同時是無；無就是無，同時是有；不是有，也不是無，同時又是有，又是無；也有有，也有無，自然就是既沒有有，也沒有無……這是對於世界的終極探尋，這同時也是概念與文字的遊戲。您盡可以一邊繞一邊體會它深遠的含意去吧！多繞幾次，似乎有助於開闊心胸視野。

思辨是為了實踐，這是從總體上說的，思辨也可以是為了思辨，為了擴張思辨的能力與介面，為了發展思辨的氣勢與功能，為了思辨的快樂，為了彌補現實的不足。

就像做數學題，數學是為生活而做出了貢獻的，但數學也允許純粹的演算與思辨。今天的純粹乃至遊戲性思辨與計算、證明，明天也許可以用到操作中去。從純粹的乃至於快樂型與趣味型挑戰型的數學難題的演算與證明中，最後獲益的仍然是數學的主體——人。

我是重視實踐重視經驗的，常自稱經驗主義者。但是同時我不拒絕純粹思辨的快樂與光明境界，尤其是擴展思辨的光明淨土。能夠擴張思辨的光明淨土，其樂何如！

我不拒絕用概念的花朵，纏繞修築重巒疊嶂、氣象萬千、美不勝收的思想花壇花園樂園。

親愛的讀者，請用有與無兩個要領作一篇兩千字的文字，繞口令或快板也行。例如我隨手寫的：

世上多萬有，萬有終須無。
有有多聲色，大千便歡呼。
聲色變無有，俗人當痛哭。
此無彼或有，此有彼將無。
無有何者有？有無何者無？
你痛你的苦，我歡我的呼。
無無仍須有，有有一大無。
……

作完後，你會感覺自己一下子長高了好幾釐米。你想試試嗎？

第四十一章　明道若昧

上士聞道，勤而行之。中士聞道，若存若亡。下士聞道，大而笑之。不笑不足以為道。

故建言有之：明道若昧，進道若退，夷道若纇。

上德若谷，大白若辱，廣德若不足，建德若偷，質真若渝。

大方無隅，大器晚成，大音希聲，大象無形。

道隱無名。夫唯道，善貸且成。

具有上乘的品格與智慧的人聞聽接觸到大道以後，將會不辭辛苦地、不間斷地去實踐、躬行、身體力行它。具有中等品格和智力，一般的人物，聽到接觸到大道，左耳朵進右耳朵出，好像聽到了又好像沒有聽到。至於品格與智商均屬下等的人們呢？聽後哈哈大笑。不惹他們笑就不是大道了。

所以已經有這樣的立論與說法：

明白朗瑞的大道，反而顯得糊里糊塗。催人前進的大道，反而顯得像是畏縮後退。平坦正直的大道，反而顯得曲折坎坷。

高尚的德性反而好像是低下如溪谷。最大的坦誠與陽光，反而好像有什麼短處。開闊豐贍的德性，反而好像是不夠用的。剛健質樸的德性，反而好像是投機取巧。真誠老實的德性，反而好像動機不純。

最到位的方正，反而好像大而無當、缺少稜角。大才大用大人物大材料，反而難以或無法成功。真正的洪鐘大呂，你是難以聽到的，它是難於讓眾人聽到的。真正的高峰高端的形象，你是看不見或它是很難讓你看見的。

大道是深藏不露的，它不會張揚自己，它也無名可顯、無話可講。

然而只有大道才能幫助一切成事。

老子宣揚大道的道路是不平坦的，他的思想一方面極富啟發性、極富智慧與精采；一方面又是難以理解與實踐的。他的思想委實很難處於、哪怕是一時處於主流地位。

老子是很有一番人生與傳道、授業、解惑方面的感慨的。這些感慨，相當集中、相當充分、相當全面地寫到這一章來了。

不是所有的人都能接受老子的玄而又玄的妙理大道。原因是，任何時候，最高妙的妙理大道，都是由鳳毛麟角的極少數菁英提出來的，他們的境界、胸懷、品格、信息、見聞、經驗、思辨感受能力、邏輯與形象思維能力與智商都有可能高於、略高於、大大地高於或一部分高於另一部分低於公眾。如果是確有所長的菁英，就不可能感覺不到智慧的孤獨與痛苦、高尚品格的孤獨與痛苦。

三個臭皮匠，湊成一個諸葛亮，這是一種可能。這講的是公眾思維的互補與集團優勢。一個真正的理想的諸葛亮——菁英，但願他是能夠與臭皮匠們尋找到共同語言，並很好地依仗和發揮這種集團與互補優勢的。

但也有另外的情況，第一，世上確有曲高和寡的諸葛亮，不被理解乃至被誤解的諸葛亮，一直臥在臥龍崗，甚至欲踏踏實實地在臥龍崗睡大覺也不可能的諸葛亮。不但有被埋沒的諸葛亮，而且有招禍的、死於非命的諸葛亮。

第二，世上確有這樣的事例，多少個臭皮匠，不論怎麼湊，仍然是臭皮匠，甚至三個臭皮匠由於爭執不休，還不如一個臭皮匠。

而且，第三，三個臭皮匠完全有可能排斥一個、壓迫一個、消滅即殺掉一個諸葛亮。

當然也有第四種可能，那個諸葛亮是偽諸葛亮，是草包，是騙子，是廉價的沽名釣譽的牛皮大砲而已。在臭皮匠們排斥了一些可能的真諸葛亮的同時，又不幸地與許多假諸葛亮周旋，使諸葛亮的名聲大大跌份兒。

上等士人、讀書人或有一定地位與影響的人士，聞聽大道之後能夠身體力行、勤於實踐。這並非常見。大道的參考作用、啟智作用、開闊作用、供欣賞供享受供討論的作用，恐怕大於其指導社會實踐尤其是執政實踐的作用。能對老子式的大道姑妄聽之，而不是不合吾意乃滅之除之，這樣的態度已屬不賴。

同時，按照老子的無為的思想核心，大道應該是無為的結果、是自化的結果、是大德不德的結果。這裡提出勤而行之，似有悖於老子的無為自化的理想。暫存疑，待識者教之。

中等人士，聽了將信將疑，這很自然，因為老子的大道太深奧也太另類，聽聽也就是了，能聽也就不錯了。總會有某年某月，在某事上，中等人士想起了老子的論點，覺得不無道理、不無啟發。或者在大學裡、在知識界、在閱讀活動中，為老子吸引得不亦樂乎。對此老子可以感到滿意，乃至感激了。

下等低智商或低品位人士，聽後大笑？也不見得。大笑起碼說明他掌握到了老子大道的要領、主旨，他確實聽進去了一些、聽明白了一點、嘗出點味兒來了，才覺得有趣與荒唐至極。做為老子，能夠獲得哄然大笑的反應，應屬可圈可點，頗覺欣慰才是。否則你算什挫銳、和光同塵，你算什麼知白守黑、知雄守雌、知榮守辱？

何況，惟之與阿，相去幾何？何必分什麼上中下三等人士？何必區分人們對於大道的態度呢？大道氾兮，哪裡都流淌、哪裡都均勻啊！

依今天的情況設想，上等人士，聽到後應該讚嘆老子的智慧與他的見解的高端性、闊大性、獨創性，應該發出會心的微笑，應該擊掌稱善，應該從此漸漸向心胸擴展、精神穩健、品德高尚、處事沉著、臨危不亂、寵辱無驚、功成身退的方向進展。

至於勤而行之，是不是說得太具體了？也許，勤而行之的啟示恰恰在於學道並非不辛苦，行大道更不可以放鬆、不可以留間隙。大道不是夢裡的餡餅，不會從天上自己掉下來。

中等人士聽後該會略感迷惑，亦覺不無道理，雖然深奧，聽聽學學也還有點意思。畢竟是書生之見，紙上談兵，概念治國，你研究你的大道去吧！我撈我的錢、權、欲望與感官的滿足。老了以後，喝茶的同時，聽聽大道的說法，倒也有益身心，叫做殊不惡焉。

下等人士呢？第一是根本聽不懂，如入五里霧中。第二覺得這些研究大道的人是在浪費人民種植的糧食，是寄生蟲。第三覺得他們的談道論玄涉嫌別有用心，不妨建議有關力量把老子與他的信徒們從精神上消滅掉。第四乾脆通過揭批老子為自己的「趕上車」做鋪墊、搭階梯。

那麼，今天的人怎麼「聞」今天的道呢？

哪怕你只是在某些方面比公眾的平均水準高了一點點，你也會感覺到、會發現：你的光明磊落與清晰明白，由於不夠簡單，不能夠三分鐘內教人判明誰是好人誰是壞人，由於你缺少速成法與簡明性，你會被認為是含糊深奧、過於聰明、聰明反被聰明誤。

而且你的不論在什麼情況下都積極盡力、都勉為其難的態度，極易被認為是一味後退妥協，就是說沒有了稜角。要知道愈是自己不敢有稜角的人，愈要要求旁人猛打猛衝、不成功便成仁。我在美國就碰到過這樣的小伙子，在國內找了麻煩，靠著與一位美國姑娘的婚姻，移民到了美國。他在一次的會議上質問：「有良心的中國作家們，你們到哪裡去了？你們為什麼不說話？……」我回答他說：「中國的作家在中國，在中國能更好地辦中國的事兒，那麼請問，您到哪裡去了？您該在紐約來號召在中國的作家怎麼樣怎麼樣嗎？」

而且如果你腳踏實地，你是小步慢進，你選擇的當然是低調。你當然無法咋呼喊叫、大轟大嗡。

你的靠實績靠成果靠資質靠才具與品格成事，而絕對不為自己而為而活動的態度，會使你遠遠落在大言欺世者的後面。你受挫，便有人幸災樂禍。你成功，你的高姿態、少計較、考慮大局，便被認為是一種處世奇術。你的兼容兼顧、全面通識，卻被攻擊為八面玲瓏。你的正派從容、重在建設，反而會被攻擊為未能符合公眾的期待，沒有能夠成為旗手、成為炸彈、成為導師與精神領袖。你的坦誠公道、誠信堅守，反而會被認為是弱點污點，因為別人談到自己時都是清一色的光輝無限，而你談到自己與友人，卻承認自己與友人們也是凡人，也有各種不美。坦誠有時換來的不是陽光，而是陰暗的髒水。你的不怕暴露自己的弱點，正成為廉價攻訐的現成材料。你太乾淨純正了，低檔次的輿論只能說你是過人的世故。你的大度與胸懷，你的無蠢無惡無咎，使俗人們看不到你的鋒芒與血性，他們埋怨你膽子太小、內心恐懼，沒有能做成烈士，沒有喋血斷頭成仁，至少是缺少大哭大鬧大叫聲嘶力竭鳴冤叫屈大放悲聲的紀錄。

你缺少外露的個性化的自我渲染自我炒作，這就使你追求的大氣大器，成就不下來，成功不了，難被認同。你發出的交響樂立體聲有幾個人愛聽？人們寧可去聽謾罵詛咒與被麥克風放大了的尖叫。你希望為大道也為自身建立的紀念碑，由於太高太大，永遠聳立不起來。大道是深藏的。一般的好事，是可以談論的；國之利器，是不可以示人的。真正的好事不好公開講，它涉及到保密、涉及到受惠者的姓名與心態、涉及到他人、涉及難以找到一個向公眾揭祕的說法。把不該講的好事情講出來，就比如把一條好魚從水裡拉出來。

一般來說，在革命的發動期決戰期，一陣壯懷激烈就可以成就一個形象。最難的是在後革命時期，或者是老子所處的混戰期，胸懷、境界、責任與智慧，遠沒有一陣激烈衝殺與嚎喊叫好叫座，你的大道被誤解被歪曲的可能大於被正確理解的可能。

得道者有得道者的難處，失道者有失道者的冤屈。當然，人人都是以己之心度他人之腹，人對於別人的揣測與判斷往往是自身情況的轉移與投射。尤其是從低處向高看，從小角度往宏大裡看，從私狠裡往仁德裡看，必然得到的是不同的、與自況相一致而不是與大道相一致的惡性結論。

更有甚者，私狠者認為仁德者是虛偽、是更壞的狡猾，因為他自己的的狡猾常被識破，從而達不到目的，那麼他認為達到了目的的人肯定就比他狡猾百倍了。他們承認狡猾有大小，一心狡猾者有不同的運氣，卻不承認世上有仁德、有大道。愚人認為智者高傲、冷酷（因為智者不接受他的低能胡說）、過於聰明。心比天高的受惠者受不了一心助人的施惠者的優越性崇高性，還有就是施惠者與環境在受惠者看來是過分的和諧。怨恨的、憤懣的人們更歡迎煽情、大話、罵娘與空頭支票。老子雖然玄妙高深，其實還是有感慨、有牢騷的。這樣的牢騷其實極易理解。時隔兩千多年，他的這些感慨仍然充滿了生活性實在性鮮活性。

然而從老子自始至終的論述來看，愈是大道愈要具有柔、弱、昧（糊塗）、退（不上進）、纇（曲折）、谷（低調）、偷（懶）、渝（髒）、辱（汙）、圓滑（無隅）、不成器、無聲無形無名的特色。那麼，以上種種當今的有道者給某些人的印象也就是求仁得仁，無可怨懟了。

在本章，老子談到的對於大道所遭受的誤解，比其他任何地方都細都全。

明道若昧。光明的大道為什麼顯得昏暗不清？眾人有時要求的是簡明的非此即彼的公式，大道給你的是渾厚的樸質。眾人有時要求的是解氣過癮的吶喊，而大道給予的常常是謙遜與謹慎的估量。眾人有時要求的是痛痛快快地大幹一場，而大道要求的是舉重若輕、無為自然。大道是多麼地不過癮、不解氣啊！

進道若退。對於要求一步登天的某些人來說，引領前進的大道不是叫你退縮，又是什麼？

夷道若纇。平順的大道好像曲裡拐彎與疙里疙瘩。大道不是冰淇淋也不是涼粉，大道的許多認識與俗人相反。它要求你謙卑、容納、無為、不言，這不是更像是在找彆扭嗎？

上德若谷。上品的道德好像低下。因為不爭，因為無名，因為不起哄、炒作、大轟大嗡，你太清高了，客觀上這就是對於庸俗人的污辱與映襯，是對於世俗的挑戰與蔑視，你難於見愛俗世。

大白若辱。坦誠與陽光反倒使某些人看到了你的短處，因為你不事遮掩、不做粉飾、不避弱點。而旁人，則致全力於自我美化。

廣德若不足。德施萬眾，則萬眾期待你的德行，期望值自然升高擴大，你的廣德也就不足了。還不是若不足，而是一定不足。

建德若偷。剛健純正的德性，高於平均數，也常常得到高於平均數的回饋，那麼低於平均數差於平均水準的那些人，只能認定你是在投機取巧了。否則，不等於承認他們的低下嗎？

質真若渝。自己不純不真實的人，是無法相信大道的純真的。他們根本不相信世上有比他們純正的人。

大方無隅。太方正了反而沒有稜角；太方正了你就不會站隊拉幫結派、不會為山頭而衝鋒陷陣；太方正了你就會接受太多的忠言諍言，海納百川，當然就無隅無角了。

大器晚成或者免成。小巧之物，說成就成；龐大之器，則永遠不得完成。一首俳句絕句甚至律詩，可以做到精雕細刻、完美無缺。長篇巨著《紅樓夢》卻始終沒有全本，並可以不斷發現它的某些瑕疵。一個蘇州繡娘的雙面刺繡可以是盡善盡美，一個大政治家的業績卻永遠做不到。一個小園林可以做到精美絕倫，一條江河、一座山嶺、一個風景區卻做不到。

大音希聲。最大的音樂是世界的交響，最大的聲音是天籟的聲音，又有幾個人聽得見聽得明聽得進？

大象無形。同樣，最大的形象是世界之象、自然之象、大道之象，誰看得準看得清？

老子這一章裡實際上發了牢騷，講了許多反話，他後來也說，正言若反。但是此章的最後他忍不住了，他說了一句「夫唯道，善貸且成」，有了這一句，前面說的若存若亡、大笑之、若昧、若退、若纇、若谷、若辱、若不足、若偷、若渝、無隅、晚成、希聲、無形、隱、無名共十六個貶義命題，全不算貶義了。不但不是貶義，而且是高深玄妙的無限讚頌了。

這也是老子的將欲頌之，必固貶之吧！達十六款的牢騷發足了，道，老子必然能以此翻身，胸有成竹，流芳百世。

第四十二章 一生二、三

道生一，一生二，二生三，三生萬物。萬物負陰而抱陽，沖氣以為和。人之所惡，唯孤、寡、不穀，而王公以為稱，故物或損之而益，或益之而損。人之所教，我亦教之，強梁者，不得其死。吾將以為教父。

大道具有唯一性，這個唯一性將漸漸被認識與體現出來，故稱道生一。唯一之中產生了或分裂成了對立面，成為二。二者互相鬥爭互相結合，產生了下一代的第三樣事物。從此萬象萬物源源不絕，萬物背負陰氣、擁抱陽氣，而通過陰陽兩氣的作用，以求達到和諧。

人們不喜歡的是孤單、寡獨和不完善，但王公大人是這樣自稱的。這說明，天下事物，你有時好像是在毀損它，反而使它得到益處。有時是增益它，反而使它得到毀損。

人們都在教導著人，都在那裡說什麼是人們應該喜愛的、什麼是人們應該避開的。那麼我也要告訴旁人，我要教導旁人：強梁霸道的人是不得善終的，這是一切教導的第一課。

這一章的道、一、二、三的說法極有意義。道就是一，為什麼還要說道生一？道的概念在前，道的存在在前，道中產生了萬物與萬象。物象多種多樣，多種多樣的物象卻具有統一性、完整性、整合性、相同的道性。道與一之間是有一個多字存在的，沒有多也就沒有一的命名，沒有對於多的感受也就沒有對於一的尋找。正如此前講過的，有無相生，難易相成，長短相形，高下相傾……多與一也是相生相形相通的。

一生二，就是從整體中產生了相反相成的對立的兩方面事物與概念，有無、陰陽、乾坤、天地是也，這兩方面相交、相和、相激蕩、相補充，便產生了第三個極點——人，或說對立的兩方面交互作用的結果產生了第三個方面，產生了兩方面交合所生的第三方面，第二代的新事物的代表。於是，萬物萬象源源不絕，生而不絕，滅而不絕，一而多，多而一，萬象歸一，九九歸一，大道永遠。

這些數字的概念對於中國人來說，其重要性是明顯的。一是唯一，是大道，是起源與歸宿，本質與本性。二是對立的兩面，是鬥爭的必要性的依據。所以毛澤東特別強調這個二，強調蔣某人要搞天無二日，而毛偏偏要給出來第二個太陽，強調一分為二。這與一生二的說法還不完全一樣。因為一生二，是從一中分離出或派生出互相對立而又依賴互補的兩個方面，原來的一可能仍然存在，仍然主導著統一著二。而一分為二，是指一分裂成了互相對立乃至不共戴天的二，有了二以後，一已經不復存在。他強調的是鬥爭，老子強調的則既是鬥爭更是統一和諧。

改革開放以來，哲學家龐樸提倡一分為三，即對立的兩方面鬥爭的結果，應該是第三個方面、新的方面，用王蒙的話來說是新一代的方面出現。龐樸說，比如，我們講一抓就死、一放就亂，那麼能不能出現第三種狀態呢？即能不能出現一種不死也不亂的新的體制或工作程序呢？

承認第三種情勢、第三個方面出現的可能性與必要性，這是一個巨大的飛躍。而死守一分為二，會使自己陷入翻烙餅、盪秋千的左右搖擺。例如所謂「文藝戰線上的反傾向鬥爭」，就長期以來擺脫不了左了右了的惡性循環，耗費了多少精力，傷害了多少作家……直到第三個方面例如人民的文化需要與文化產業文化市場、國家的文化服務與文化戰略的出現。

我尊重一，並警惕一的僵局僵硬。我懂得二，並迎接二的挑戰，琢磨二的協調的可能性。我歡迎三，並注意三漸漸成了一以後還有一、二、三的分化與萬物雜多共生，情勢會愈來愈複雜化。

至於孤寡不穀等等，有說是自二十九章（錯訛）移入的，有重複，但用詞不盡相同。《老子》雖然用字簡古，仍然有它的強調與重複，叫做不厭其煩。這裡突然用極強有力的口氣大貶了一回強梁，恐怕也是有感而發吧！不論是政治上、社會裡、思想界與文藝圈子裡，以強梁自命、以強梁的姿態扣帽子打棍子畫圈子、鬥紅了眼的變態心理，自古已有之，而且是被老子深痛惡絕。

「強梁者，不得其死。」這句話老子講得有力度、很重、很直白、很露骨也很強烈，不像他別的話那麼抽象玄妙，這話像是詛咒。我估計，老子對於強梁者深有體會、深感憤怒。數千年後的王某與老子同感。

還有幾句話留下了解讀討論的空間。萬物負陰而抱陽，或解釋為背對陰、面對陽，或解釋為載負著陰、懷抱著陽，不論怎樣解釋，都是講萬物皆有陰陽的兩個方面，都是又背又抱。沖氣以為和，這裡有一個古人的對於物質與精神、現象與本質的觀念。內練一口氣，外練筋骨皮。氣是內功，是對於身體——物質的統領。國人自古崇拜氣的概念，推崇氣功。這裡的氣，似指一件具體事物或人物的精神——物質——本質。古人不知道元素週期律與化學變化、物理變化的原理，又無法從單純物質的狀況解釋萬物的各種變化，便設想為氣，氣是無影無形的，變化起來更加得心應手。氣與氣相交合，比物與物相交合更易理解。所以當道生一、一生二、二生三、三生到萬物，就要討論這萬物交合變化是怎麼樣發生的了。

氣也是老子及古代國人的一個概括萬物的假設假說。或者可以解釋為道是一；陰陽，就是一生了二；沖氣以為和，陰陽和，就是三氣了，也就是二生了三了。從氣的觀念中我們可以看到先賢對於概括世界所付出的努力。

怎麼又引出了侯王自身的謙稱來了呢？或許是談到萬物，老子覺得應該為侯王在萬物中的地位做一個闡發。愈是侯王，愈要稱號人之所惡。

其實，這方面，稱謂、自稱能夠起的作用很小，「文革」中把各群眾組織頭頭稱為勤務員，這並不妨礙勤務員們發展自己的政治野心與拔高自身地位的欲望。如果孤呀寡呀不好聽，但當它們變成侯王的代號時，它的含意與褒貶也就變化了。

增益與毀損的問題也是同樣的。損之而益，益之而損，這樣的事例無數，例如父母之與子女，溺愛貼補，適成其害。有關人士的嚴格要求與批評責備，才是真正的增而益之。特別是言論，天花亂墜地為自己添彩的結果，往往是降低自己的威望；而實事求是地自我批評，表面上看是損害了自己，其實是增益了自己的影響。不難明白。

第四十三章　無有入無間

天下之至柔，馳騁天下之至堅。無有入無間，吾是以知無為之有益。不言之教，無為之益，天下希及之。

天下最柔弱的東西，能夠進入、自行運轉、左右與帶動世上最堅硬強固的東西。沒有存在的痕跡，無形無聲的東西，能夠進入細密無間、絕無空隙的東西而發揮自己的作用。

從中，我們可以知道，無為的作用與好處，不說話不立言的作用與好處，真是別的一切實有的東西所難於比擬的呀！

這一章也非常有名，其中關於無有入無間的說法，會立刻讓人想到原子、分子、粒子、中子、質子、電子、夸克、放射線、同位素、電磁波、超音波、CT……想到高能物理、微觀世界，想到發電、無線電、核能、信息、奈米等工業技術。雖然，我們知道《老子》中的科學幻想因素絕無僅有，但是老子的想像力與這種想像力暗合物理世界的結構與原理，著實令人驚嘆。

這一章也許還能令人想起著名的港片《無間道》。無間是一個有魅力的哲學——佛學——帶有神祕色彩的名詞，它是老子最先使用的。佛學裡的無間，則不僅講空間上的沒有間隙，更強調時間上的沒有間斷、沒有間歇。佛學上講無間還是地獄的別名。老子這裡則只是講沒有間隙，沒有間隙卻仍然能打進去、走進去、影響進去，靠的是無有，因為沒有間隙，任何有也進不去的。

在這裡無其實是一種有的形式，它可以無影無形無聲無重量，然而正因如此它才能無堅不摧，攻無不克，無不可入。這像是講神力，然而老子與孔子一樣是不講什麼怪力亂神的，後面（第六十章）有一處講到的是其鬼不神，以不神為好事。

那麼老子是講熱能、電能、中子、核子嗎？老子那時肯定沒有這樣的知識與想像，然而他相信世上有一種叫做無有之有，可以入無間。其實按現代的物理學講，所有的物質都有間隙。

老子的設想不是物理學的而是哲學的，哲學可以超前地向物理學的新發現新理論靠攏。老子有一種想像、有一種理念，叫做以弱勝強、以虛勝實、以無勝有、以智勝力、四兩撥千斤、借力打力、克敵於無形、勝敵於不知不覺中、不戰而勝。這是在中國非常行時的想法，我覺得這與中國的弱者太多有關。它雖然未必很有操作性，未必有很多成功的事例做佐證，但很美好、很理想，也很哲學。太極拳的思路可能與此有關，內功、氣功的思路也與此有關。

我們設想的最高級的打鬥功夫是一個瘦弱的老頭，在那兒半臥半坐，眼皮也不抬，不動聲色，基本不動或微微一動，來攻的敵人就趴下了，被制伏了，被滅掉了。

這類想法帶有一種絕妙性、神奇性乃至是神祕性，卻確有幾分天真，用老子的褒揚之語說，這是一種嬰兒式的美麗幻想。用今天的不敬之語說，就是有點小兒科。在這種小兒科式的幻想中，出現過迷信與愚昧，例如義和團的以功夫勝洋人的空想。

當然它也有某些道理：柔而勝堅，弱而勝強，小而勝大，無而勝有，這樣的絕妙事例並非不存在，問題在於，這並不是常規常道。

這樣的模式我們可以設想或聯想一下以下幾種比較好的情況：一個是希圖以我們的精神文化戰勝西洋的船堅砲利。以中華的精神文明戰勝西洋的物質文明。這在清末與民初，曾經被一些人所幻想。然而，失敗了。

一個是以全新意識形態，戰勝已顯古老與庸俗的西洋的意識形態。毛澤東在解放初期就曾經論述，一個中國的普通工人農民，由於掌握了全新的意識形態，在認識世界與歷史方面，遠比一個西方大人物高明。後來，中國還有所謂「精神原子彈」的說法。「文革」則更將意識形態的作用誇張到了極高境地。

現在也仍然有這種至柔勝至堅、無有入無間的東方式遐想、烏托邦，如某個時期的特異功能熱、氣功等。

我們現在喜歡講的「軟實力」，到了國人眼裡，也會與老子的哲學聯繫起來。言語、思想、文化、生活方式，都是天下之至柔，都是上善若水，都是潤物細無聲的，也都是軟實力。

同時我認為，是不是軟實力、是不是有實力，關鍵在於文化的有效性，即一種文化能不能提高它所覆蓋的群體的生活質量，能不能有利於它覆蓋的群體的生產力的發展與政治、經濟、文化社會的進步。

如果能夠達到同樣的效果，無為當然比有為強得多優越得多，不言當然比有言多言強得多優越得多。至少，無為與不言，為今後的有為與立言留下了足夠的空間。無為是保持在欲發未發狀態；是一切進入準備，只等一聲發令槍響的狀態；是微微一笑將言未言的狀態；是重心完全沉穩牢實，平衡完全得當，進可攻退可守，立於不敗之地的狀態。即使你因為實在需要，「為」了一兩下，就像運動員為了回球，不能不移動、閃身、突然發力了，也必須立即無間斷無間歇地回到無為狀態、準備狀態，掌握好重心，做好應對下一個突襲的準備，以迎接下一個挑戰。

無有入無間的想法出類拔萃、超凡入勝。我們以著名的法國馬其諾防線為例：一戰後固若金湯的馬其諾防線可以說是「無間」的典範，它的防禦既沒有空隙也沒有間歇，但一九四〇年五月，德軍攀越阿登山區，經比利時繞過這條防線，很快占領了法國全境。被神話般信奉的馬其諾防線最終成了無用的擺設和對戰敗者的諷刺。無間是可能的，無邊無端無終結是不可能的。二戰開始，德軍的無有就是壓根沒有去進攻去突破馬其諾防線。再如我國改造戰爭罪犯的例子：開始，罪犯的頑強完全「無間」，具有完全的不可入性。這時用暴力或訓話是毫無用處的，倒是其他的不相干的事情上，管教人員的模範行為可能給罪犯以感動，以無有入了無間。

雖然不無幻想，面對強力，面對無間，知識分子還是願意相信無有入無間的。知識分子有的其實是無有，即非財產、非權力、非大棒，然而如果你確實接近了大道——真理，你就可能取得一定的成就。而那個無間的力量，如果脫離了大道——真理，就可能最終垮臺或變易。

換一個角度想，知識分子不應該滿足於自己的無有，他們也應該有一點、多有一點實績與影響。

第四十四章　知止不殆

名與身孰親？身與貨孰多？得與亡孰病？
是故甚愛必大費，多藏必厚亡。
知足不辱，知止不殆，可以長久。

名聲、名望、名分與你的自身、你的身家性命相比較，究竟哪個更與你關係親密、不可須臾分離呢？你的自身、你的身家性命與你的財產、物質擁有相比較，究竟哪個更重要、更占分量呢？有所收益與有所失去、有所損失相比較，究竟哪個會帶來後遺症、帶來麻煩呢？

所以說，喜好大發了，必然為之付出過多的代價。積攢得大發了，丟失損毀的可能性也隨之增大。

知道滿足的人少一點麻煩與污點，知道適可而止的人不容易馬失前蹄。這樣的知足知止的人，才能可持續地存在與發展下去。

這一章老子講得相當懇切，有點掬誠相告、良藥苦口、字字到位、但求有益世道人心的樣子。春秋戰國是一個群雄並起、百姓塗炭、惡性競爭、機遇與凶險並存、以極端的凶險為主要特色的時代。老子所見所聞，為爭名奪利而傷身、而身敗名裂、而家破人亡、而被夷九族的事例太多了。在這種情況下他特別注重與人們討論自我保護的問題，特別注意勸誡人們不要由於貪欲、淺薄與愚蠢，搞一套自找苦吃、自取滅亡的「自毀系統工程」。老子也只能從保住身家性命的常人容易被打動的角度展開論述，以便他的宏偉道理能夠被俗人接受。

然而貪欲的力量是很大的，淺薄的習俗是難以打破的，愚蠢的腦筋是難以扭過來的。而人生又總是離不開欲望，離不開沖一沖、試一試、爭取一下的衝動。「文革」當中我在新疆農村，不論是說到「文革」初期一些「當權派」的霉頭，還是後來一些「紅人」的不良下場，農民紛紛發表感想：那人家也值了，榮華富貴，名譽地位，什麼好事都嘗過了，即使殺頭也是值當的啦！

上述的反應來自底層。而《老子》一書主要針對的是侯王、聖人、君子，大人物們菁英們統治者圈子中人。對於他們，他的勸告應該說是誠懇的也是有教益的。甚愛大費，多藏厚亡，這都是經驗之談。用現在的話來說，不管你追求什麼、喜好什麼、收藏什麼、積攢什麼，都要自我控制、適可而止、不要失控、不要過分、不要使自己的所好變成自己的敵人。要考慮長久，而不是享受完了等著殺頭。這樣的道理應屬平實，甚至於可以說，卑之無甚高論。

對於老子來說，每個人本來可以過得舒舒服服、自自然然，偏偏由於貪欲，由於一心要「為」要「言」而毀了自己。可以說每個人都像一臺電腦，而所有的電腦都有著大道定義的或無勞任何方面定義的，而是電腦的「道」先驗地決定了的自毀潛程序。平常，這樣的程序是處於睡眠狀態的，而貪欲是一種木馬或蠕蟲病毒，這種病毒一侵入，而你又不進行防護掃描殺毒隔離處理，就必然會引起自毀程序的大大激活，會把這臺電腦的硬碟軟體以及一切輔助設備毀滅。

第四十五章　大直若屈

大成若缺，其用不弊。大盈若沖，其用不窮。大直若屈，大巧若拙，大辯若訥。躁勝寒，靜勝熱。清靜為天下正。

愈是完滿的業績，愈是顯得有缺陷，然而它的運轉與影響是不會衰敗的。愈是豐贍充實的擁有，愈是顯得似是空虛，然而它的功能與使用是沒結沒完的。愈是堅持正直，愈是顯得屈枉軟弱。愈是做事有智慧，愈是顯得拙笨。愈是有口才，愈是顯得結結巴巴。

快步行走可以壓一壓寒冷，保持平靜可以減少暑熱。平平淡淡，素素靜靜，才是天下人的光明正路。

為什麼大成若缺？大成，是大業績。大了就難以絕對完滿，更難以評價它是否完滿。一件袖珍工藝品，你可以誇獎它的美侖美奐、巧奪天工；一條大河的整治，你就永遠會覺得它仍有缺陷。一首絕句、俳句，你可以為之如醉如癡、五體投地；一套多卷長篇小說，就必然難調眾口，留下或被認為是留下了瑕疵缺憾。教出兩個出色的學生來，好辦；把一個國家哪怕只是一個省市的教育搞上去，談何容易？這是一。

物極必反，你任何事做得太完美了，就會暴露出新的問題新的挑戰新的缺失。作品寫得太精緻了，顯得小巧有餘、渾厚不足。寫得太恣肆了，顯得不夠精雕細刻。為人太坦直了，難免容易得罪人，得到頭腦簡單、愛放炮之譏。為人太謙虛、太克己復禮了，難免與他人難以交心，有城府太深、用心太過之議。做事周到，略似圓滑。勇於負責，顯得太愛表現。性情中人，不免有放肆之評。

人無完人，物無完物，事無完功，如民間段子：什麼都不幹，不夠意思；少幹一點，意思意思；幹得太多，什麼意思？這當然是說笑話、耍貧嘴，不可當真，但是它的邏輯仍然令人哭笑不得。

其用不弊呢？雖然一個人的大成就更易被指摘，更易被人品頭論足，但是這樣的成就已經是客觀事實，其影響是客觀事實，其作用是客觀事實，愈是有人存心貶損它，你愈是拿它沒有辦法。比如中國的四大名著，哪本書是沒有缺憾的？但是四大名著的作用，又哪裡是其他小說著作所能比擬的？比如一些歷史上的起過大作用的政治人物、軍事將領，哪個是完美無缺的？但是他們的作用與影響又是有幾個人可以望其項背？孔林孔廟，在「批林批孔」時遭到劫難，然而如今，「孔子學院」已經林立世界各地。杜斯妥也夫斯基在蘇維埃時期受到貶低，連高爾基也大罵之，如今，他的坐像矗立在莫斯科最繁華的大街上。「爾曹身與名俱滅，不廢江河萬古流。」江河都是大成若缺的，哪條大江大河沒有缺失？裝在易開罐裡的礦泉水才可能做到質量全優免檢，而大江大河存在著、灌溉著、承運著、也養育著從人到魚到蝦到蛤蟆蝌蚪的眾多生命。

真正的充實飽學者顯得虛空，也是理所當然的事。一瓶子不滿半瓶子晃蕩的人才會動輒指手畫腳、說三道四。經驗豐富、學問豐富、見識豐富的人反而顯得猶豫慎重，不會輕易臧否，不會對什麼人什麼事什麼觀點一棍子打死，不會煽情叫賣，不會轉文嚼字、賣弄博學，更不會同行冤家，動輒出手害人出口傷人。而那些吵吵鬧鬧的傢伙，更容易在市場上顯露頭角。難道不是這樣嗎？還有飽學之士是從善如流的，他們的心胸頭腦裡永遠留了足夠的空間。

真正擁有巨大財富的人不會露富擺闊氣。真正的有權威的人，不會裝腔作勢，生怕別人不知道他是個大人物。裝腔作勢、做大人物狀的人，自以為得計，其實是地地道道的出醜。

中國有句俗話值得吟味：名醫不談藥，名將不談兵。什麼意思？處方用藥，調兵遣將，都是大事，都有很大的責任，都要面對千變萬化的不同情況不同需要，是不可以當作兒戲，當作炫耀自己的話柄來輕易張口的。那些動不動給別人提出醫療建議的人與動不動評論戰事的人，多半不是醫生也不是將領，而是輕薄的賣弄者。

物件何嘗不是如此？裝滿了反而沒有什麼響動了。

然而這樣的大盈，是不會用之而窮盡的。

至於大直若屈、大巧若拙、大辯若訥，這三個命題分量極重，凝結著的經驗與思考極其豐富。

為什麼大直若屈？第一，老子心目中的直，直道、正直與耿直，與俗人庸人心目中的直，不可能完全重疊。我們說群眾的眼睛是雪亮的，那是從長遠、從根本上來說，是一個歷史性、戰略性的判斷：也就是說，民心如天心，民意乃天意，民口如河川，民怨如火，都是為政者、有學問的人、有志者必須傾聽、順應、努力滿足、努力照辦的，而切不可與人民的意願對著幹。

然而，具體化了，人眾所謂的直，可能是簡單化、黑白分明化，有時候是煽情化、激進化、極端化的，也有時候是淺見化、鼠目寸光化的。而在不順利的情況下又是極其膽小怕事、不敢承當的。而老子所提倡所追求的直，其第一位的要求、第一位的標準，是符合大道，是符合事實，是勇於承當，是高度負責任，有時候是忍辱負重、獨立承擔、勇下地獄、勇背十字架，而又絕不可以自我發布、譁眾取寵，不可以大言欺世、自我表現的。

其次，世界是多樣的，叫做雜多的，此亦一是非，彼亦一是非，惟之與阿，相去幾何？老子是提倡無為的，無為的直是什麼意思呢？通俗地說，就是對於小是小非不費心思，聽其自然，絕不越俎代庖；接受世界的多樣性與自為性，承認一切人為的局限性，而把心思用在大道上，以一種新思路對待人間的林林總總。這樣的直又怎麼樣與無能、無責任感、無所謂的正義感區分開來呢？這並非一句話就能說得清楚。這不是大直若屈又是什麼呢？

而且客觀事物是時時變化的，我們的認識如果不能與時俱進，那麼，原來的直，也會變成害人不淺的教條、變成老朽昏庸、變成禍國殃民。而與時俱進的認識，又怎麼可能不被一些頭腦簡單而又情緒激動的人視為屈枉、視為過於聰明——一味委曲求全呢？

老子此前已經論述了曲則直的命題。大直當然就是屈了。

或者從數學上來體會，最大的直線，從極限的觀點來看，與曲線是沒有區別的。

大巧呢？首先，從構詞上我們就可以看出，人們承認的只有小巧，沒有大巧。小巧玲瓏，大家都知道此詞，誰知道個大巧？既然小巧是玲瓏，大巧就只能是笨拙了。

大巧通的是大道，是與慎重、謙卑、低調聯繫在一起的。當然不像小巧那樣玲瓏瓏剔透閃閃發光，不像小巧那樣技術化、絕活化。有多少小巧之人遇到大事反而不知進退、不知取捨、不知先後、不知道如何選擇決定。特別在文藝生活中，又有多少小巧末技被哄抬成絕世珍品啊！

小巧易賞心悅目，大巧難把玩流連。

大巧如拙是不容易做到的，大巧被誤會成為小巧，卻是常常發生的。第一，世上有許多小巧之人，很少大巧之士。第二，世上有更多的笨人、愚而詐之人，卻自以為巧、自命甚巧，到處顯擺自己之巧。他們心目中的最大的巧，也不過是爭名爭利的小巧。他們最多只能做到用小巧的底色去判別大巧、去理解大巧。

大巧是什麼？大巧就是大道之巧用巧為；玄而又玄，眾妙之門；無為而無不為；不言之教；不爭，故莫能與之爭；後其身而身先，外其身而身存；似沖，用之不盈；虛而不屈，動而愈出。有幾個人能做到這樣的理想境界、理想的大巧呢？能做到了，又如何能不被認為是拙笨，或者最多是小巧，是聰明或者太過聰明呢？

大辯是什麼？雄辯、說服力、掌握了真理的自信和沉著、言語的豐贍與氣象，等等。那麼，這種大辯與所謂名嘴的巧言令色就根本不同，與辯論會上的滔滔不絕根本不同，與「脫口秀」的表演要弄嘴皮子根本不同。

大辯者慎言。因為老子提倡的是不言之教、是沉默是金。不到最最需要的時候，不要說太多的話。老子相信大道無處不在無時不靈，違反大道的人，自然要受到教訓、受到懲罰，不需要外人的過多言語。

其次，即使說了辯了，也是借力打力、四兩撥千斤、點到為止，絕不聲嘶力竭、面紅耳赤，動不動告急，動不動上書，動不動呼冤，動不動氣急敗壞，動不動怨天尤人。

大辯者說起話來其實是有一種心痛感的，他們說話是不得已。有許多本來是常識的東西，有許多已經多次證明過的東西，有許多世人國人古人今人多次觸過霉頭的東西，居然還在爭論，還在鬧哄，還在嘀嘀咕咕、磨磨唧唧，還需要從頭說起，還需要苦口婆心，還需要論證煤球是黑的雪花是白的，麵粉同樣也是白的，還有雪花雖然與麵粉一樣白，但是仍然不能將雪花與麵粉混淆起來。嗚呼哀哉！本來我們可以把精力財力思考時間與辯才用到多少更需要用的地方。

這幾個若缺、若沖、若屈、若拙、若訥，也可以從反面想一想。大成若缺，如果此命題能夠成立，那麼大缺會不會若成（一個人格有重大缺陷的人偏偏擺出了完美無缺的聖人模樣）？大沖會不會若盈（一個草包偏偏被認作智多星）？大屈會不會若直（一個心懷叵測的人偏偏扮演了時代的良心）？大拙會不會若巧（拿肉麻當有趣，拿粗魯當親切）？大訥會不會變成大辯（只要有足夠的炒作和背景光環）？

我們還可以進一步拷問：大成了，太成功太完美了，會不會就硬是成了缺失呢？大盈了，太滿足了，會不會就硬是成了空洞虛無呢？大直，太正義的化身了，會不會本身已經是走向了反面，變成了牛皮冒泡誇張虛枉輕舉妄動了呢？大巧了，太巧得神奇了，會不會正是走向了邪路，走火入魔，變成了自取滅亡的笨蛋呢？大辯了，所向無敵了，口若懸河了，這就更危險。成也大辯，毀也大辯，辯說的天才很少有不毀在辯才上的。

要警惕呀！

大直若屈，大巧若拙，大辯若訥，老子的總結裡是有沉痛、有閱歷、有深思也有無奈在其中。人們，老子是愛你們的，他的見解對咱們的好處極大，他的見解為什麼就不能被正確地理解與汲取呢？

至於躁勝寒等云云，許多專家解釋為疾走可以戰勝寒冷，安靜又可以戰勝暑熱（熱昏？）。還有的解釋是爐火勝寒、冷水勝熱。對此我無話可評，無能力鑒別。

但是我更有興趣的是此章中，老子講了那麼多品質的向相反方面轉化的可能性乃至必然性，怎麼最後講起寒熱的熱學問題來了？本章的內在邏輯何在？

這一段與後面的話的邏輯清晰，後面的話是「清靜為天下正」，說明這裡老子提倡師法的是一個東西，是清靜，而不是躁，不是疾走也不是火爐。

那麼為什麼先是說躁勝寒呢？這正是以退為進，將欲取之，必先與之。躁可以勝寒，火爐可以禦寒，有可以勝無，皮襖在過冬時可以勝過單衣。但是最終，靜、清靜、無為、不言才是大道、才是正理。大成、大盈、大直、大巧、大辯雖然都是有用的、好的，其用不弊、其用不窮的，是能勝寒、勝貧乏、勝淒涼、勝愚蠢的，但是，它們其實也常常與缺失、空虛、屈枉、笨拙、無言可對被混同、被誤解。它們也可能變得過熱，變成熱昏，所以最終還要被清靜無為所統率。

這樣說，成乎缺乎，盈乎沖乎，直乎屈乎，巧乎拙乎，辯乎訥乎，反而不需要那麼嚴格計較了。

至於這樣說是否太消極了一點，那就是另外的話題了。

第四十六章　卻走馬以糞

天下有道，卻走馬以糞。天下無道，戎馬生於郊。禍莫大於不知足，咎莫大於欲得。故知足之足，常足矣。

天下走上了正道，戰爭自然不再需要，戰馬回到田裡耕作去了。天下悖離了正道，到處都是戰馬。

最大的禍害是不知足，最大的錯誤是貪得無厭。所以說，知足的那種滿足，才是永遠的不可剝奪的滿足呢！

一般人認為，這一段表現了老子的反戰思想，他希望天下有道，軍馬拉到鄉下種田，而不要把軍馬鬧得遍野遍郊，也有一種解釋是說不要鬧得在軍旅中生養戰馬。

這樣解釋似乎掌握不了全文，難道講知足常樂的一段也是講反戰嗎？難道是說不知足就會開戰嗎？如果是講反戰，老子的反戰爭論是不是太淺顯化、幼稚化了呢？

我無意在這裡討論猜測老子的原意，而只是發表我自己願意選擇一種什麼樣的整體的貫穿的再前進一步的理解。

我不認為老子在這裡講述的含意僅僅是關於戰爭與戰馬。這裡的走馬、戎馬是一個符號，其本身是很有思考意義的比喻，正如前面講過的橐籥、水、白與黑、飄風、驟雨、谿谷、結繩、閉關等一樣。

天下無道，按舊時國人的觀點，正是亂世英雄起四方的年代。而舊時的英雄，按封建社會的理解正是那些「彼可取而代之」、「大丈夫應如是」（以上兩句話出自《史記》中記述的項羽與劉邦，他們兩人看到秦皇出巡的場面便有了如上的反應）式的爭權奪利的野心家。這樣的英雄愈多愈說明那時的百姓如魯迅所說，「是欲安穩地做奴隸而不可得」。幾個野心家殺得屍橫遍野、血流成河、赤地千里、民不聊生。我寫的一篇關於《三國演義》電視劇的文章。在被一家雜誌轉載時，文題被更改為《英雄多，人民苦》，雖說是直白了些，倒也值得一嗟一嘆。

是故我寧願理解此章所說的戎馬是講了這種亂世英雄、講的是野心家、講得是小百姓為英雄豪傑們的事跡付出了什麼樣的代價。天下有道，這樣的英雄豪傑不如去耕田種豆發展生產、享受太平，他們的野心則只是糞土垃圾、只是黃粱一夢。天下無道，他們來勁了，騎上高頭大馬，廝殺得天昏地暗。他們勝利或者滅亡，勝者王侯敗者寇了，如雷貫耳或者如日中天了，小百姓只好無奈地為他們埋單。

所以老子要問，人為什麼要有取天下的野心呢？天下是不可以由人力來取來爭奪的。老子在那個廝殺得眼紅的時代想奉勸人們冷靜一下，為弱者小民們考慮一下，然而，這又怎麼可能有效果呢？

老子也是知其不可而為之、知其不可而言之，至少老子留下著作、留下了論述、留下了思想。思想是美麗的，思想是有益處的，思想是高明的。保留一個思想與現實的差距，保留一個思想的超前性、獨特性與奧祕性，這正是人生的一道風景，是大道的一道風景，是哲人智者的一個活下去的理由：如果沒有老子這樣的哲人智者，我們將缺少多少思辨與心智的光彩、多少思辨與心智的享受！

戰馬嘶鳴，追風逐電，戰場廝殺，英勇頑強，是一道美麗的風景，其代價有時是百姓的活不下去，其收穫也可能是巨大的功業。馬放南山，鑄劍為犁，英雄們變成了平民，將軍們也過起了平常人的日子。失去了不少的浪漫與豪情，增加了老百姓的休養生息即喘息的可能。老子告訴我們這樣一個悖論。

你希望卻走馬以糞呢？還是戎馬生於郊呢？

那就得常足於知足了。人們什麼時候能夠做得到呢？王小波生前寫過一些文字，他傾向於批評一些人的「瞎浪漫」。如果不瞎浪漫了，是不是能夠減禍少咎，少一點紛爭呢？

事情當然沒有這樣簡單，有時候你覺得吉凶生死和戰取決於一念之差。對於一個人來說，是一念之差；對於一邦一國，對於天下來說，這麼多一念之差，就需要從更縱深的思路上去研究原因了。你知足了你不去侵略了，你被侵略了怎麼辦？你知足了，內外都想停戰修好了，對方剛好打出興頭來了，叫做「樹欲靜而風不止」，怎麼辦？

還是馬克思講得更有道理，人怎麼樣生活便怎樣思想。表面上看念頭呀知足不知足呀決定一切，實際上是階級的歸屬、集團的利益、經濟的基礎、社會發展的要求與民族地域文化的傳統，決定著一個人與一切人的念頭與是否知足。

幾千年來，國人一而再、再而三地在念頭上下工夫，愈下，念頭愈複雜混亂，烏漆抹黑了，吁戲！

第四十七章　不行而知

不出户，知天下；不窺牖，見天道。
其出彌遠，其知彌少。
是以聖人不行而知，不見而明，不為而成。

足不出戶，可以了解天下大事。不往窗外觀看，卻可以交通天道正理，了解大千世界的規律。你跑得愈遠，你得到的知識愈少。所以聖人，不外出不行走而具有真知灼見，不到處窺望而心明眼亮，不刻意去做什麼卻能完成自己的心願。

這一章似乎有點過分，與讀萬卷書行萬里路的古訓唱反調，而且與唯物論的實踐論截然對立。甚至也可以說這是違背常識的。一個人，拒絕行為實踐，拒絕獲取新的信息，他哪來的真知灼見呢？

然而這並不僅僅是一個理論的邏輯論證的命題，這可以說是一個經驗的命題。請問，中國歷史上的那些被認為有大作為者，有幾個是讀萬卷書行萬里路的？有幾個是學貫中西、識通古今的？秦始皇、漢高祖、唐太宗、明太祖、清太祖……哪一個是讀過萬卷書行過萬里路的呢？

唐詩曰：「劉項原來不讀書。」揚州有名聯曰：「從來文士多耽酒，自古英雄不讀書。」毛澤東有言：「書讀得愈多愈蠢。」

胡適行過萬里路，他要的是全盤西化美國化，可惜他做不到。王明等也行過萬里路，讀過列寧的原文書，當過「百分之百」的布爾什維克，他從書與路中得到是全盤蘇化俄化的啟發，也行不通。他們豈不就是「其出彌遠，其知彌少」的嗎？

有時候真理並非遠在天邊，真理更多時候就在你的腳下。與其行到山窮水盡處，看到天邊的地平線目力不達處，讀罷各種古書洋書稀缺之書，不如弄清你腳下的這塊土地，弄清你身旁的這點世態人情，懷抱一個普通善良之心，做一些力所能及、識所能及之事。起碼這對於多數既非劉邦也非朱元璋者，是更加切實的忠告。

中國（其實不僅是中國，想想當代世界各國的選舉結果，你應該變得更清醒些）歷史人物當中，常常是土的勝過洋的、書讀得少的勝過書讀得多的、個人條件一般的勝過個人條件超常的、凡人勝過才子、庶民勝過巨擘。你可以痛惜痛罵痛哭，然而你不能不承認這個事實。

關鍵在於腳下的土地。遠在天邊，近在眼前，踏破鐵鞋無覓處，得來全不費工夫。望盡天涯路後，猛回頭，就在燈火闌珊處。

即使是非同一般的人物，如毛澤東，他也是靠實事求是吃飯，靠立足本土做事，靠因應變局處理政務。他說，什麼是政治？就是團結的人愈多愈好、樹敵的人愈少愈好。什麼叫軍事？打得贏就打、打不贏就走。他批評「左傾」機會主義者主要是不知道人要吃飯、行軍要走路、打仗會死人。而毛澤東恰恰是在晚年，來了個鯤鵬展翅，來了個高空立論，來了個只爭朝夕，才犯下了錯誤的。

老子要說的是，真理是樸素的，真理是單純的，真理道德要符合常識。真理並不忽悠人，不應該使人頭暈目眩。真理應該回到常識、回到單純、回到善良、回到簡樸、回到自然而然的狀態。普通人要有自信，要相信常識，不要被唬住嚇住忽悠住，不要動輒被迷惑隨聲附和。不要唯上唯書唯名詞唯大帽子唯西洋景，只能唯實。

他的用意十分深刻，雖然未必能概括全部真理的特性，卻是黃金之論、精采之論，又確實是驚人之論。

今天的時代已經有了巨大的分別，一方面不出戶而知天下的條件比過去不知方便了多少，有媒體，有信息，有網際網路。另一方面，天下已經全球化了，已經不是那時的天下的含意，同時擴大了的天下做為認知對象卻又縮小了不知凡幾，叫做人人得知天下、人人必知天下。天下與一個個個體的「戶」的隔膜正在減少，研究腳下的土地與研究天下已經無法分割。

同時，足不出戶是一個遺憾；不讀書是一個遺憾；不窺牖即不看窗外事是一個遺憾；沒有一個遙遠的參照、遙遠的思念是一個遺憾；一種道理講得極深極到位，同時講得太過分太以偏概全，也是遺憾。學而時習之則可，照章辦事則不可也。

第四十八章 為道日損

為學日益，為道日損。損之又損，以至於無為。
無為而無不為。取天下常以無事，及其有事，不足以取天下。

學習講的是增益，是用加法積累知識。而學習掌握與身體力行大道，則是要用減法，減了再減，更減。一直減到並能以做到無為的程度。

無為的結果是無不為，無為的結果是一切自然運作成長成熟成功。奪取與治理天下，靠的是不生事、不多事、不沒事找事。及至事務事宜事端到堆得化不開的程度了，你也就治不好天下乃至得不到天下了。

對於我來說，這一章的精華是講這個減法。人生常常喜歡加法、追求加法，然而，有些時候減法比加法更加英明更加智慧、更加必要、更加有益。理想卻更難做到。人的一生，是創造和獲取、累積和發展知識、能力、經驗、財富、地位、成績、事功、威信和影響的過程，是做加法的過程，但也同樣是做減法的過程：減少幼稚，減少貪欲，減少妄想，減少斤斤計較，減少不切實際，減少吹牛冒泡，減少大話彌天。

人隨著自己的成熟與長進，需要做減法的愈來愈多：還要減少偏見，減少思維定式，減少夜郎自大，減少自我中心，減少吹吹拍拍的朋友，減少山頭宗派意識，減少好勇鬥狠，減少顯擺鋒頭，減少跑關係走後門，減少本本主義、教條主義，減少裝腔作勢、藉以嚇人，減少一切浮華、虛誇、浮躁、盛氣凌人、譁眾取寵、夸夸其談、低級趣味……

該減少的東西還多著呢！減少意氣用事，減少咋咋呼呼，減少玩物喪志，減少好高騖遠，減少嘀嘀咕咕，減少牢騷焦慮，減少不必要的鬥心眼、耍計謀。總之是戒貪、戒氣、戒一切不良的低下的思慮。

想想人要做這麼多減法，你不能不嘆息人性的險惡。想想你減掉了許多歪門邪道愚蠢蠻橫自討苦吃以後，一個簡簡單單的你反而更接近大道，你又不得不讚美人性的本初。

沒有減法就沒有大道。做人、做事、做文、施政、都要減了又減：小政府大社會，以一當十，市場配置要素，求真務實，不說空話，言簡意賅，少說多幹。減成無為了，再也不做任何無聊的、不智的、不良的、不好看的與無效的事情了，你當然高於一般人一大截。你至少會高雅一些、從容一些、沉穩一些，於是，各種有意義的事情、合乎大道的事情也就做好了。這是何等理想的境界啊！

而那種整天無事生非的人呢？整天告急的人呢？整天蒐集別人罵了自己什麼的人呢？整天要求別人承認自己正確的人呢？他的是非事務事端已經濃得化不開了、已經結了石了、已經堵死一切通道了，他還能取天下？一個弼馬溫或避（辟）馬瘟已經把他攪昏了頭，休矣，及其有事，不足以取任何了，他只能一事無成、一無可取。

人性是有各種弱點的，其中之一就是喜加厭減、嫌減愛加。小到一個家、一處住宅，添置的東西遠遠超過了實際的需要，卻就是不肯做減法，弄得自家混亂骯髒，這種生活中的例子太常見了。

有一些俚語也是講濫用加法、不會減法的可笑，如畫蛇添足、愈描愈黑、弄巧成拙、愈幫愈忙、廢話連篇、自找苦吃，等等。

讓我們從時間與效率的角度，再來想一想為道日損的命題吧！生也有涯，知也無涯，事也無涯。如果只知道為學日益，你最多變成一個書櫥，仍然趕不上一張刻有大百科全書的光碟。你又常常被各種無聊的、純消耗性的、無趣的濫事所糾纏干擾。你的一生，究竟能拿出百分之幾十的精力智力來從事你視為主要的正經事呢？不放棄一些無聊瑣事，你的人生還有希望嗎？為什麼有些老人顯得更平和也更雍容、更沉著也更智慧，這與他們的為道日損、以至於無為是分不開的，與他們有所放棄、有所不理睬是分不開的。

為道日損，是一個警句，是一個亮點，是一個智者的微笑，是一個高峰。

第四十九章　以百姓心為心

聖人常無心，以百姓心為心。善者，吾善之；不善者，吾亦善之；德善。信者，吾信之；不信者，吾亦信之；德信。

聖人在，天下歙歙焉，為天下渾其心，百姓皆注其耳目，聖人皆孩之。

聖人常常是沒有自己的見解與心願的，他們只是以百姓的見解與心願做為自己的見解與心願。對於善良的人，需要善待他們；對於不怎麼善良的人，同樣需要善待他們，這樣，就可以獲得善良的結果了。對於講誠信的人，需要講誠信；對於不怎麼講誠信的人，同樣要以誠信待之，這樣，就能樹立誠信的風氣了。

聖人活在世上，小心翼翼的，為了天下而聚攏自己的心思（聚精會神），百姓們是十分在意聖人的一舉一動一言一行的。聖人就像對待孩子一樣地對待百姓。

這一段馬上讓人想起中國共產黨經常做的宣示：中國共產黨沒有屬於自己的特殊利益，而是以中國人民的利益為最高利益。

這當然是理想的統治執政。以百姓之心為心，何等好啊！做起來並非易事。原因在於百姓之心並不是明明白白地擺在那裡的。百姓要求的，聖人可能以為那只是眼前利益，並不符合長遠利益。這部分百姓要求的與另一部分百姓要求的可能恰恰針鋒相對。還有一些百姓之心，可能被某些聖人認為是另外的偽聖人誤導、煽動的結果。而那另一部分聖人，可能認為這一部分聖人才是偽聖人。僅僅為一個什麼是百姓之心，就夠聖人們與百姓們鬧個夠，也許還會為這個百姓之心的定義問題殺個血流成河也說不定。

而且不能不說，聖人也是人，也可能有偏差與私心，也可能有貪欲、偏頗、發燒、糊塗……怎麼樣才能保證聖人真的無心，真的永遠以百姓之心為心呢？這就不是理論理想願望能解決的了。

善者善之，不善者亦善之。信者信之，不信者亦信之，這更難，也更重要。原因是人們在相互的關係中，常常會「以其人之道，還治其人之身」，常常是以眼還眼以牙還牙，常常是愈鬥爭愈趨同：你既然對我不仁，就莫要怨我對你不義；你對我亂咬，就莫要怨我對你下嘴；你對我上綱上線，我豈能任人宰割？我也要把帽子棍子還擊回去；你投來雞毛，我還回去蒜皮；你投來毒箭，我射過去藥矢；你對我無中生有，我對你信口開河……這樣，一個污點就會染黑一片，一個野蠻就會惡化全局，一個凶惡就會改變整體氣氛。

我一生中提倡用光明正大回應陰謀詭計，用與人為善對待無端的敵意，用積極投身本職本業務來回答自己幹不了也不讓別人幹的職業騷擾、學術騷擾、創造騷擾。還要用心平氣和回應氣急敗壞，用寧可叫天下人負我、同時努力不要負一個人的姿態與目標，回應自我中心與心懷叵測……也是這個意思。當然，有時候也會碰到以惡對惡的局面乃至必要性，說實話，那是萬不得已、偶一為之、淺嘗輒止、見好就收、不足為訓。但是總還是要避免以暴易暴、以窮極對無聊、以小心眼對心眼小、以帽子對棍子、以嘟嘟囔囔對嚕嚕囌囌。

以善來求善，以信來求信，以善應對不善，以誠信應對猜測與欺騙，這很難，並非事事成功。但是我的經驗，這樣做的結果，化敵為友、化小氣為大度、化意氣之爭為君子之爭的成功率當在百分之十以上，最高可以達到七分之一——百分之十四強。一時沒有達到也還可以等待。

不這樣，與對方趨同，與對方一樣沒勁，與對方兩敗俱傷的機會則是七分之五——百分之七十強，即使你確實更占理。

公道自在人心，人心總會有一桿秤，惡人的果實必然是孤家寡人，叫做鬼影子都見不著。而善良與誠信的果實是友誼長存、信任長存、形象長存。如果認為可以以惡來求善、以陰謀求誠信、以出氣求擺平，那就更是絕無可能。

有個小問題。另一種版本叫做聖人無常心。不是說無心，而是說有心而不固定、不恆久。有的學者將之改為常無心，這也許是改得好的，易解了。有的版本做恆無心，也行。常無心，是說聖人常無先入之見，一切聽百姓的聽民意的。無常心呢，則是說聖人的心並非僵化與一成不變，要隨時按照百姓的意願調整充實自己的心——執政目標與執政理念。都可以，都好，沒有大矛盾，相通。

不僅《老子》，中國的許多古籍，都有這種文字上的疑問，有些專家為此付出了大量精力考據立論，叫做聚訟紛紜。其實多義性與可更易性也是趣味、也是空間，不妨多元一下包容一下試試。多假設幾種可能，姑妄解之，看看古人的議論抒情能有幾種解法、表達法，能在哪些方面給今人以不同的啟發。這不也是讀書尤其是讀古書的一樂嗎？

第五十章 善攝生者

出生入死。生之徒，十有三；死之徒，十有三；人之生生，動之於死地，亦十有三。夫何故？以其生生之厚。

蓋聞善攝生者，陸行不遇兕虎，入軍不被甲兵。兕無所投其角，虎無所用其爪，兵無所容其刃。夫何故？以其無死地。

人的出生，也就是走向死亡。生的因素，在人的一生中，占有三成。死亡的因素，在人的一生中，占有三成。想讓自己生活得好，卻走向了死地的因素，這樣的事，在人的一生中也占有了三成。

為什麼想生活得好卻走向了死地呢？因為有的人太過於照顧自己的生存、太重視太優待自己了。

據說善於養生的人，走在路上不會碰到犀牛與老虎；進入軍事行動中不會遭遇兵器與攻擊，犀牛沒有地方撞牠的犄角，老虎沒有地方抓牠的利爪，敵兵沒有地方可以用得上他的兵刃。這是什麼原因呢？因為他沒有進入不可以進入的危險地方，自身也沒有必死的破綻。

生的因素三成，死的因素三成，過分致力於生反而加速了死亡的因素三成。這樣一個三三定則，是老子的一大發明。

多數學者老師將之解釋為長壽的三成、短命的三成——也許從字面上看這樣的解釋是正確的，竊有疑焉。那個時候，不可能有三成長壽的。今天，所謂長壽者，按現在的標準，起碼也得活過八十多歲，同樣也占不了這樣的比例。我寧願做別樣的解釋，說成六經注我倒也不妨。

生的因素包括主觀與客觀。客觀包括土地、陽光、空氣、水、植被、生態與適宜人類生存的氣候、地理條件等。主觀上則是人的正常的生活能力、調節能力與自我保護的本能，還有免疫力、代償能力……是人的身心的正常運作。

死的因素同樣包括主觀與客觀。客觀包括自然災害、生物威脅、細菌病毒、不利於乃至直接危害人的生命的氣候或其他環境因素。主觀上則是人的衰老、心理疾病、做事失當、愚蠢、不智、不仁……這種類似自我毀滅的程序，常常會莫名其妙地啟動。

因生致死的作法則包括了爭強好勝、好勇鬥狠、陰暗焦慮、奢靡過度、用力過度、進補過度、醫療過度、練功過度直至煉丹、迷信、長生藥的尋找、祕方的崇拜，等等。

這第三個三成，我的研究體會還不夠深，相信會有更多的內涵，而且是老子此番論述的精華、要點所在。但是我們可以想到一些成語：緣木求魚、南轅北轍、揠苗助長、飲鴆止渴、走火入魔、過猶不及……這些表達了中華文明的偉大智慧的成語中包含著類似的意思。

三三定則說明了生的因素只有三成，而另六成是相反的因素、是負面的因素、是死的因素。當然還有一成不確定的因素。說另一成是指善攝生者？亦存疑，因為善攝生應該包括到第一個三成即生的因素當中。

如果不說長壽不長壽，而是說體現了生的活力的人（生之徒）三成，體現了死的危殆的人（死之徒）也有三成，體現了因過分重視生從而悖離了自然而然地生存的大道，反而面臨著死的靠近的人（人之生生，動之於死地）也是三成，含意差不太多。

這也是一種憂患意識，是符合人生的況味的。人生不如意事常八九，這樣的俗話說的是更高的負面因素的比例，不是六成而是八成至九成。人需要有這樣的準備、這樣的警惕、這樣的謹慎，不能老想好事，老存僥倖心理。

擴而大之，其實不僅是生死的問題、攝生的問題，一切事情，都有個類似的三三定則。兩支實力相當的球隊，遭遇上賽事了，對於每一支球隊，都應該有三成勝利、三成失敗、三成求勝心切包袱太重反而失敗的可能性。正常情況下做一件比較艱巨的工作，同樣也只能有三成把握、三成危險、三成由於急於求成反而做不成事達不到既定目標的可能性。科學研究、發明創造、理財經營、求職自薦、衝擊紀錄、著書立說、文藝創作……莫不如此。當然這裡還有一個前提，就是在你基本上具備條件的情況下，你可能有三成把握。如不具備基本條件，就連一成把握也沒有了。

我的七十餘年的人生經驗證明，三三定則太棒了，完全是真理。總括地說，無論什麼事，求學問、參加革命、做工作、寫作、做一些社會政治工作、承擔一定的義務與責任、追求國泰民安、身心健康與生活幸福等，成功的因素、成功的機遇是十分之三。失敗的因素、失敗的機會是十分之三。而由於激動、由於一個時期的一帆風順，由於對自己估計過高，取得的是相反效果的概率也是十分之三。

例如小時候我功課好，我以為自己可以成為一個發明家、科學家或文學家，革命的風暴使我選擇了革命而中途輟學。少年時代我立志做職業革命家，然而事實證明我最多是十分之三的革命家。

另有十分之七是藝術氣質、幻想氣質、書生氣質、幼稚與浪漫氣質，以及某種自由主義的性情中人。

後來我立志寫作，為此付出了巨大的代價，也達到了我理想的最多三分之一（比十分之三略多一點）。

我希望自己在改革開放的新時期對於整體、對於全局有更多的影響與貢獻的想法，最多實現了三成，或不足三成。而一切超前的說法與行事，只能是適得其反。

反過來我要說的是，一個人在一生中、在各個階段中，如果時時有三成的成功、三成的果實、三成的效果、三成的進展，烏拉，了不起，祝賀你！千萬不要事事要求百分百。三成了，你應該快樂滿足，你應該感激慚愧，你應該心如明月，你應該心花怒放。相反，過分的貪欲、野心、狂想、大言、美夢，過多的操作、活動、奔走、勞神、焦慮，結果只能是害了自己，乃至自找倒楣、自取其辱，直至自取滅亡。

後邊說的行路不遇猛獸、作戰不怕武器，角、爪、兵器都奈何不了他，這是一種理想，這是一種極美好的審美表述，這是一種大道，這是一幅得道者、善攝生者的美麗風景。或許這種話像是邪教奇功，至少像是武俠小說裡的金鐘罩、鐵布衫。然而老子不是這樣的，他絕非在提倡練什麼奇門遁甲。他是說，關鍵在於你是否有死地，你是否進入了死地，你是否向著死亡的負面的因素猛進，你是否在做愚蠢的貪婪的自取滅亡的傻事。也就是說，死不死，傷不傷，不在猛獸，不在敵軍，不在武器，而首先在你自身，在你自身的道行。

這樣的論說必須與前面的說法聯繫起來理解：這就意謂著人應該做到無懈可擊。生的因素三成，你應該充分地自然而然地去靠攏、去受用、去發揮、去親近愛惜珍重這三成生。死的因素三成，你應該謹慎對待，趨利避害，不可掉以輕心，不可有亡命徒心態，不可毫無準備與警惕。

尤其重要的是你自身，不應該自生病灶，自見要害，自露破綻，自己搞出、露出與突出自己的軟腹部：例如貪財、例如自私、例如陰謀詭計、例如以勢壓人，例如低俗不堪、例如樹敵傷人。害人者人恆害之，騙人者人恆騙之，毀人者人恆毀之。陰謀家最易落入天羅地網，整人者最易搬起石頭砸自己的腳。

老子強調的是，可憐人必有可恨之處，被犀牛猛虎甲兵攻擊了的人一定有自己的原因，至少是不小心。一些人甚至很多人的不幸結局，有其自身的責任。此話雖然說得殘酷無情，有片面性，但對於多數人並非沒有教益：遇事多想自己的責任。多責己，心平氣和，增長見識，提升境界，以至於靠近大道，有助於往後。多責人，則只能是怨憤滿腔，毒化自身與環境，乃至臭己臭人，貽笑大方。

無懈可擊並不是一個技巧問題，問題在於你的境界、你的功夫、你的居心、你的高度、你的世界觀與價值觀、你的方法論與認識論、你的接近與違背大道的程度。

例如你發表一個看法，做到面面俱到是非常困難的，乃至是心勞日拙的，然而，你超出個人與小團體的偏見與狹隘，超越意氣與一日之短長的爭執，抱著最大的善意，從有利於最大多數的動機出發，發表一個比較高明、比較不帶宗派色彩、不計較誰得誰失、比較看得遠站得高、具有最大的謙虛、充分吸收各方面的意見而又提高一步的見解，則是完全可能的。做到這一點，你就少了許多被攻擊的可能。

例如當群體分裂，當各種利益分歧與經驗分歧、背景差異與文化差異造成了尖銳的對立的時候，你做到八面玲瓏、人見人愛是不可能的，乃至是可恥的，因為如果那樣你就成了俗話說的「琉璃球兒」了。但是你不做不實事求是的事、不說過頭話、不企圖討好任何一批人或某種勢力，你時時尋求最大公約數、時時擴大與他人的理解與溝通，這完全是可能的，而且其完善是無止境的。

無懈可擊者也有被擊倒乃至擊殘擊斃的可能，對於這樣的個案是無話可說的，但是這樣的個案是相對容易翻過身來的。而且在大多數情況下，無懈可擊者是犀牛用不上角、老虎用不上爪、敵軍用不上刀劍的。無懈可擊者比較有信心、有辦法、有可資審美的風姿，逢凶化吉，遇難成祥，到處有「金剛力士」相助。我七十餘年的經驗已經說明了這一點。

再說一點，大事小事都無懈可擊，今天明天每分每秒都無懈可擊是不可能的，小事任你擊任你贏任你橫行神氣，然而你還是達不到目的。因為我根本不計較小事，不懷好意者的小小勝利對於我來說，不關痛癢，不足掛齒。被擊者微微一笑，擊者又達到了什麼目標呢？至於大事，你的角爪刀槍，全無用武之地。目的並不僅僅在於攝生，更在於我們要的是依大道而行、而止、而快樂、而微笑、而合目小憩，而看不起你那樣的氣迷心竅者。

沒有比通過自己的實踐來證明大道、來體味大道、來皈依大道更澄明、更滿足的了。

第五十一章 是謂玄德

道生之，德畜之，物形之，勢成之。
是以萬物莫不尊道而貴德。道之尊，德之貴，夫莫之命而常自然。
故道生之，德畜之，長之育之，亭之毒之，養之覆之。
生而不有，為而不恃，長而不宰。是謂玄德。

道產生出萬物（大道是存在的總的根源與本質），德滋養與充實著萬物（大德是存在的總的內涵與供給），物質是萬物存在的形式，驅動（運動變化）是萬物存在的脈絡與過程、是存在的完成。

所以世間萬物都尊崇大道、珍貴大德。大道的尊崇，大德的珍貴，都不是人為的規定而是自然而然的結果，同樣大道與大德也不干預萬物，而是尊重它們自己的運動。

大道生發了萬物的存在，大德充實了萬物存在的內涵，使之生長發育，使之成長定型，供給世間萬物的需要，覆蓋（涵蓋）著萬物。

產生它們但不占有它們，為它們做事但不把持它們，帶領它們卻不主宰它們，這才是巨大的根本的也是最玄妙深遠、難以見聞與描述的德性。

老子在這裡再一次做出對於世界與真理的抽象概括描述。他提出了道、德、物、勢這樣一個階梯式的命題，逐步下達，而又四位一體。

道是根本、本原，萬物萬象均生於道。道的意義在於生發、產生、催生這個世界。

德是品性，是基本功能，是貢獻，是道的滋養，是最大的仁愛，雖然老子屢屢批判仁愛。老子此處講的德這種仁愛是自然力的而不是人為的。

物是道與德的具體化，即道與德的下載，是道與德的形而上性質向具象方面的轉化，通過萬物而體現而證明而弘揚光大。

物化使世界得以成型成形。物還帶有客觀世界、身外世界的意思。道並不就是你自己，而是大千世界。這個想法可貴。

至於勢，則是道與德的驅動，是道的動態、動因、動力和動向。勢是內趨力、路線圖，是道與德的自然就具有的而不需第一推動的能量。

德是道的滋養、功用。這裡老子的一個思想很有趣。世界並非一蹴而就，生於道以後，還要接受德的培育、滋養、充實，而且還要長之育之、亭之毒之、養之覆之。就是說，萬物還需要一個成長、發育、穩定、成熟、結果、保護、存藏的過程。

這一章是老子的創世紀，可以與《聖經》上的說法對照來讀。《聖經》上講是耶和華根據需要有意識有計畫地用六天時間創造了世界，第七天就安息。

在這裡不難發現老子的尊崇自然的特點。而西方宗教的特點是尋找一個主——lord。上帝＝主。主創造了一切，主宰著一切，安排著一切。老子的說法則是自然之道，「生」出了世界而不是創造了世界。「生」比「創造」更少有意為之的成分。佛教的說法也是由佛法主宰，而不是由佛陀掌控。

老子還特別強調生而不有，為而不恃，長而不宰，是謂玄德。就是說，大道不是主——lord，而是自然與自化。

道、德、物、勢是一個逐步落實逐步顯現的階梯，同時中國式的整合性整體性思維，決定了四位一體的特色。文句上說的是道、德、物、勢，最後一個勢字或做器，竊以為物與器可不連用，乃從勢。說它四位一體是有許多根據的，其中最重要一點是前面對於一的論述。我們要的是歸於一、定於一、得一（有趣的是佛教也講萬法歸一，萬法叫做五蘊十八界，一叫做真如如來藏）。

道是原理、是規律、是本源、是先天地生的世界的原生狀態，是惚恍，是恍惚，是混沌，既是最根本的存在，也是最概括的本質。

存在到了最最起始的極端，便是本質，便與本質並無不同，這是中國式思想方法的妙處。這也是對於價值與選擇、認知與信仰、先驗與邏輯推論、本體論與認識論與方法論的區分的超越。因為這樣的本質與任何人為的價值與選擇性無關，它是自來如此。這也不是一種特定的認知，不是學派，不是學說，而是世界的最初，是既沒有學派也沒有價值觀乃至還沒有人類時期世界本質的永遠的照耀。它既是理性推演與概念提升的結果，又充滿崇拜的情緒。

老子在此章中特別提出了尊道與貴德的問題，這在其他章節中並未多言。他說萬物莫不尊道而貴德；道之尊，德之貴，夫莫之命而常自然。正是這幾句話流露出老子的道的概念的不無信仰主義色彩。你不但要認識它、體悟它，還要尊貴它。

這樣的一個尊貴，應是沿著道德物勢的反方向而進行。最明顯的是你要尊貴「勢」，你至少是因勢利導，要認清大勢，認清「世界潮流、浩浩蕩蕩」（語出孫中山）。要看準事物的發展方向，不幹逆潮流而動的蠢事。

然而僅僅看到勢是不夠的，僅知勢你有可能變成牆頭草，隨風倒。所以進一步要知道物，知道客觀世界、身外世界，懂得實事求是，懂得勢的來源，而不可剛愎自用、一意孤行、唯意志論、以空想代替現實。

你更要從世界的發展變化中看到玄德，看到大道之德、自然之德、萬物之德。玄德，抽象而又宏大，無所不在無所不受其德，養之覆之，德莫大焉。這裡有沒有感恩思想的契機呢？卻又與天地不仁的命題不一致。這是老子思想中的一個悖論：不仁乎？玄德乎？

最後，你能做到尊道而貴德了。大道是世界的原生本體，也是道理規律的決定因素，還是一種境界、一種方法、一種路線。它尊重自然，克制人為；尊重萬物，克制自身；尊重弱勢，克制堅強逞強。總之它是天下天地之母之始。

這裡有整體的觀點。原因就在於每一件具體的事物都同時具有自己的本質、自己的原理、自己的最初，那麼萬物的最最終極的本質、原理與最初是什麼呢？就是道。道起了什麼樣的作用呢？它生發了萬物，產生了萬物。

世界就是這樣的，有原理，有原本，有始初，有永恆的本體：道；有發展、成長、成熟、成型、存在與發育的必須因素：德；有存在的體現、形狀與聲音、實在的而不是虛幻的性質：物或器；有運動的動力、趨勢、能量：勢。這四者是不能分割的。

認識與強調世界的同一性、整體性、融合性，這是古代中國哲學的一個重要思路。諺云：「不為良相，便為良醫。」這樣的諺語只有中國有，因為中國式的思路認為醫國醫亂與醫人醫病的道、德、物、勢是相通的。古代國人還喜歡通過例如觀察竹子研究書法，通過觀察禽獸研習武功，通過觀察自然界研習哲學、美學、倫理、兵法直至文章做法。《文心雕龍》中舉證的最大的模範文本，正是大自然。

格物、致知、正心、誠意、修身、齊家、治國、平天下的高屋建瓴卻又不符合形式邏輯的演繹規則的推論，也只有中國有。外國人則更傾向於強調區別，傾向於擇清楚某人某事的獨特性。

其實事物既有它們的共同性，也有它們各自的獨特性。兩者缺一不可。

在這裡，老子再次論述了生而不有、為而不恃、長而不宰的大德，再次與尋主論、與lord論拉開了距離。其實大自然就是這樣的。以母雞孵蛋為例，做一個不無牽強的比喻，胚胎與整個雞蛋的成分比例與構成是道，蛋白蛋黃是德，母雞的體溫與耐心孵化是勢，而雛雞的身體是物與器。母雞對於雛雞，從來就是生而不有、為而不恃、長而不宰的。母雞對於雛雞恩重於山，但雛雞一旦長大，便與母雞告別。為什麼一隻老母雞都具有的玄德，對於人來說卻是這樣困難呢？

這恰恰是由於人的自作聰明——自以為是——自我膨脹。人的萬物之靈的地位使人產生了主觀性、目的性、計畫性、優越感、自足感。產生了貪欲、權欲、物欲、占有欲、收藏欲直到破壞欲，產生了計謀產生了一切未必全部是積極的與真正有價值有利益的東西。人為什麼不多想想大自然，想想「天何言哉」，想想大江大河大海是怎樣運作怎樣「行事」的。人啊，你應該學習大自然，與大自然保持一致呀！

第五十二章　塞兌閉門

天下有始，以為天下母。既得其母，以知其子。既知其子，復守其母，沒身不殆。

塞其兌，閉其門，終身不勤。開其兌，濟其事，終身不救。

見小曰明，守柔曰強。用其光，復歸其明，無遺身殃。是為襲常。

天下的初始也就是天下的母親——本原。知道了天下的母親——本原，也就知道了萬物，即天下之母的孩子們。知道了這些林林總總的萬物，即母親的孩子們，仍然要回到天下的母親——本原那邊，堅守母親的大道。於是，到死也不會發生危險、錯誤了。

塞上感覺的進出口，關閉感覺的門戶，生命與大道就永遠不會枯竭了。打開你的感官，為滿足你的感官的需要而行事，你也就永遠不可救藥了。

能看見細小的東西才是明，能保持住低調與柔弱的姿態才是堅強。能夠明白這樣的事理，用得道者的光明來照亮萬物，不給自身造成損害或災難，這就是保持了、掌握了那種可持續的永恆的大道。

這可以算是中國古代的一種「原道旨主義」、「原嬰兒主義」。它認定本原＝本真＝原生態＝本質＝大道。因此，它不相信並高度懷疑和否定文化、歷史與發展、進步的觀念，推崇向後看，要求回到本初狀態即本真狀態，從個體來說就是回到嬰兒狀態。

蓋一切理想信念包括老子心目中的大道，在提到世人面前以後，最好的情況、受歡迎與被認同的情況下，面臨著兩方面的發展可能。一個是理念的被接受、被傳播，發生著愈來愈大的影響與威力；另一個是接受者同時也是實踐者，而實踐者必然同時是改變者修正者。人們無法不傾聽實踐的聲音，也無法不受自身即受眾的文化、經驗與水準的限制與影響。原有的理想與信念能夠指導接受與實踐的過程，是一個方面。同時，接受與實踐的過程必然地自然而然地在修正著、調整著、一定程度上改變著認識，改變著你原來的理想與信念，這是事物的另一個極重要的方面，這也是完全無法避免的。理念與生活永遠有一個相衝突、相磨合、相作用、相改變的互動過程。表現上看，明顯的是理念改變著生活，例如五四運動所宣揚的民主、科學新文化改變了古老的封建大國。更深一步看，是中國的文化、生活、歷史與人民的革命改變著新文化的諸種理念。一種宗教被接受的歷史也是如此。

所以從古到今，都有原×旨主義與修正主義與革新派別或庸俗化派別的鬥爭，有所謂保持理念的純潔性、保持精神的清潔性或要求變革與創新的鬥爭。例如《老子》一書就因讀者的不同，而時時會被做出不同的解釋：可以解釋為大道，也可以解釋為陰柔的智謀；兵法、陰險可怖的歪門邪道至少是小道，或者變為煉丹作法的民間宗教。

當然，還有另一種更要命的可能：一種理念的提出，生非其時，它立刻受到批評嘲笑反對，它被歪曲、被曲解、被妖魔化或醜化。一時間，抨擊這種理念的潮流成了事，一犬吠影，十犬吠聲，此理念再無還手之力，就這樣被消滅了。或者，一種理念紅裡透紫了一個時期，陰差陽錯，突然走上了「背」字兒，變成了嘲笑與辱罵的對象。

前面的幾種情況都不利於你去了解掌握原道旨；前面幾種情況也都策動你搞原道旨主義。

原道旨就是原母體、原本初。所以老子主張「既知其子，復守其母」，從當下的派生出來的萬物萬象——子出發，回到原生的母那裡去。

老子他並沒有提出什麼驚世駭俗的獨特理念，他的原道旨並不驚人。他的原道旨似乎其貌不揚。他的理念就是讓人回到嬰兒狀態，回到人的、生命的原生狀態，認為那個狀態就最好、最合乎大道。原道旨主義就是原嬰兒主義、原生命主義、原自然主義。掌握大道的關鍵在於懂得萬物之母，母就是大道，就是嬰兒，就是自然，就是一，就是泰一、太一。母是本質，母是一切德性一切智慧的總概括，有了這個母就有了一切，千萬不要在追求「子」當中迷失了方向。所以老子讓人守住母，而不必為了萬象萬物這些個「子」、這些個派生物、這些個假象而傷腦筋趕潮流追時髦不已。

其實基督教也有特定的嬰兒崇拜，嬰兒即剛剛誕生的耶穌——聖子，聖母瑪麗亞與聖子的純潔光輝的形象，經常會出現在教堂的油畫與雕塑裡。

佛教也講到釋迦牟尼出生時的異兆吉兆。

他們崇拜的是特定的嬰兒人格——神格，而老子提倡的是回到一般的本質的嬰兒狀態。回到最初，回到起點，回到本源，這不失為認識真理的途徑之一。確實，許多事情是在庸人自擾、在無事生非、在自己繞糊塗自己。

西方文化包括他們的科學主義也並不輕視對於本初狀態的研究，如生物學之於細胞、生理學之於胚胎、經濟學之於商品與貨幣、人類學之於原始公社、繪畫藝術之於素描、幾何學之於諸如兩點間以直線為最短的公理。

西方科學文化承認這樣的追索的必不可少，同時他們一般並不把這些研究加上信仰主義的色彩，他們認為這樣的最初、本原並不就是事物的全部，更不是認識論的全部。

怎麼樣才能做到原道旨主義，回到最初，回到起點，回到本源上去呢？老子提出的辦法是閉目塞聰，杜絕有害信息，近於實行軟性的（不像佛教那樣嚴格的）閉關修練。這也很有趣。在中國，這樣的修道方法可不僅是道家。各種教派都有這種面壁而坐、閉關苦修的大同小異的方法，叫做心齋，要讓心靈與感官齋戒；叫做閉門思過；叫做打坐或者氣功；叫做一心修練，乃至靈魂出竅。這是一種相當驚人的認識世界、認識自身的方式。當然，對於老子來說，認識自身所具有的道性比認識世界更重要。

周恩來的詩中有「面壁十年圖破壁」一句。面壁十年，是修練的功夫，代表的是精心鑽研、苦心孤詣、尋求真理而且達到了極致。

弘一法師（李叔同）也修練過十分辛苦的「塞其兌、閉其門」的苦功。

釋迦牟尼練習過面壁，似乎收效不大，但達摩的面壁就十分膾炙人口。達摩老祖的的說法是「外止諸緣，內心無端，心如牆壁，可以入道」。相傳他曾面壁十年，鳥兒甚至在他的肩上築了巢，他對面的石壁上印上了他的形象，栩栩如生，連衣褶都看得出來。至今全國有不止一處佛教寺廟區域，有達摩面壁的洞穴供信眾參觀。

中國有苦練內功的傳統。中國式的以人為本，有時達到了將世界視為次要視為從屬的地步，以為只要自己的心性、良知、良能、呼吸、導引、「一口氣」（俗諺：內練一口氣，外練筋骨皮）修練好了，世界上什麼難題都不在話下。如果練的是武功，做到了塞兌閉門的功夫，定能無敵於天下。

孟子的「苦其心志，勞其筋骨，餓其體膚，空乏其身，行拂亂其所為，所以動心忍性，增益其所不能。人恆過，然後能改；困於心，衡於慮，而後作；征於色，發於聲，而後喻」，也講到了外界影響的逆向性與堅定不移守護內心的必要性。

幾個僧人爭論是風動還是幡動，而禪的回答是：「不是幡動、風動，只是心動。」此說亦是講只要心不動，什麼事情都不會發生。

從義和團的硬氣功，到金庸小說中的特異的練功，尤其是幾種內功的神祕修練，再到近年的所謂特異功能熱、氣功熱，都有這種「向內轉」的影子。

當然老子的內功與氣功武功不同，他搞的不是神祕的苦行苦修苦練，而是恢復到本初狀態、嬰兒狀態。他更注意的一是戒貪欲，所以要閉目塞聰，不受誘惑；第二是不以物喜，不以己悲，叫做寵辱無驚。

中國的先哲認為，大千世界千變萬化、聲色犬馬、花花綠綠，許多東西不過是一時的鏡花水月、一時的魔界虛相，咋呼鬧哄，不足掛齒。同時聖人之心深如古井、清如明月、冷如冰霜，與大道相交通，與日月同輝映，纖毫畢見，明察秋毫，而又甘居人下，為谿為谷，知白守黑，知雄守雌，以靜制動，萬物心為先。有道是：「為將之道，當先治心。泰山崩於前而色不變，麋鹿興於左而目不瞬，然後可以制利害，可以待敵。」（見蘇洵《心術》）。

這些說法不無誇張，但也很有參考價值，我們說沉得住氣，講定力，說寵辱無驚，說每臨大事有靜氣，說自有主張，說穩如泰山，說撼山易、撼岳家軍難，說富貴不能淫、貧賤不能移、威武不能屈，這些說法都很高尚、很美好、很重要，也很有分量，都與老子幻想的「既知其子、復守其母」的命題相靠攏。

我們既要有眼觀六路耳聽八方的本領，又要有心如古井的清涼靜謐。沒有本領是傻子，沒有主見是遊魂。

在致力於大道的追尋與體悟的時候，一定要有守護的功夫、堅持的功夫，有足夠強大的抗逆性能，有捍衛住自己的襲常——習常——恆常狀態的能力，有守護住可持續的明明白白的狀態的能力。要有有備無患、有定無擾的狀態與道性；要守得住自己內心這一片不可剝奪的淨土；要守住自身的一貫性、穩定性、長期性、純潔性；要有鋼的筋骨、水的清澈、月的明潔、山的沉著。這樣的功夫即使難以完全做到，雖不能至，心嚮往之，夢寐求之，詩之吟之，長嘯呼之，也是好的。

心功很有魅力，心功令人入迷。心功你琢磨起來要比事功——用功做事、武功——用功習武、腿功輕功毯子功技藝之功高妙得多。

然而，僅僅下這方面的工夫、講這方面的道理，甚至誇張地認為有了心功內功就是有了母、就是有了一切，認為回到嬰兒狀態就有了一切，這未免太天真、太有點長不大的孩子的意思，乃至有點走火入魔的意思。

第五十三章　盜夸非道

使我介然有知，行於大道，唯施是畏。大道其夷，而人好徑。朝甚除，田甚蕪，倉甚虛。服文彩，帶利劍，厭飲食，財貨有餘。是謂盜夸，非道也哉。

我們本來應該有一個深刻與堅決的認識，就是要皈依大道，按大道行事。大道怕的是偏離於它，而走上邪路。大道本來是平坦周正的，偏偏人們，尤其是當權者們不肯那樣走，他們更喜歡走小徑乃至於邪魔歪道。

朝廷裡相當腐敗，田園裡一片歉收，倉庫裡業已空虛，為政者卻穿著鮮花著錦的華麗服裝，佩戴著鋥亮耀眼的銳利寶劍，享受著奢侈無度的精美飲食，而且是一身的珠光寶氣。這是在欺世盜名，這是在自欺欺人，這是在偽作強大，這才是對於大道的全然悖離呀！

老子很早就發現了一個大問題：理論與實踐的脫離，人們尤其是當政者的非道性——不按公認的大道行事的特性。

果然，儒家講仁義道德、仁政、以德治國，那麼請問，標榜尊孔的歷代統治者，有幾個人做到了四維八綱五德周公孔聖人的教誨了呢？道家講清淨無為、講以百姓之心為心，還有其他各家包括各種宗教的理論與清規戒律，誰又認真做到了呢？法國大革命提出的自由平等博愛，基督教提倡的寬恕，佛教提倡的慈悲，一些宗教提倡的救世苦行與奉獻犧牲，不錯，是有人做到了，然而沒有做到的人更是多得多。

我們今天的指導思想非儒非道非某種宗教，我們講的是馬克思主義，講馬克思主義的中國化，講社會主義的核心價值，講八榮八恥，等等。黨與人民正在努力躬行這些指導思想的要求，這並無疑問，但同時，社會上包括身居高位者中，仍然有大量的不講指導思想，只講跑官跑級；不講原則，只講關係；不講理想，只講利益；不講清正廉明，只講徇情舞弊，乃至貪汙腐化、損害公共利益，成為國家的罪人、成為罪犯的無數事例。這究竟是為什麼呢？

不僅在我國，就是在歐洲，也有許多理想主義的信念是建築在大致的性善論基礎上的，例如利他主義的提倡，例如對於欲望的克制等，在理念上常常所向無敵，沒有人敢於、好意思於公開反對，即沒有什麼人敢於公然地暴露自己的自私、利己、多欲、粗鄙。但人性中又確有不那麼大公無私的一面，有自己的私密，有自己的弱點，有自己的局限，這是理論難於完全與實際合榫的首要緣故。

其次，原則理念的收效需要時間，而一些邪路斜徑小道後門的收效常常立竿見影。人們，包括為政者常常難以完全拒絕小道斜徑的誘惑，原因是小徑已經被認定為捷徑。何況還有體制上的不足，為各種斜徑小道開了方便之門。例如人際關係，你本事再大、學問再好，人際關係不好，好辦事嗎？當然不靈光了，你也就難以責備有些人只忙於搞關係了。

再有就是客觀世界的千變萬化，理念、大道、主義在其面前常常顯得捉襟見肘，難以對付。國人自古追求以不變應萬變，以一個大道，一個「一畫」，一個一以貫之應對世界上的一切問題：包括格物、致知、誠意、正心、修身、齊家、治國、平天下、醫療、養生、繪畫、音樂、用兵……這是我們傳統的本質主義、整體主義、整合主義、主導主義的體現。我們追求的是共同性、一貫性、整體性，而有時忽略了差異性、變異性、具體性、分類分科性。這是我們的文化傳統的一個特色，優劣短長另議，但是它會更加造成吾道其夷而莫之行（我指出的大道非常平坦正直，但人們不去實行）、大道其夷而人好徑（大道很平坦正直，人們卻偏偏更喜歡走小徑）的令偉大的老子大發牢騷的局面。

從中也可以看出人的成色與分量。什麼叫庸人，什麼叫俗人，什麼叫沒有覺悟的人？就是那些沒有原則、沒有理念、只看蠅頭小利、隨風搖擺、任人或任風驅趕的人。而一個菁英，一個仁人志士，一個有識之士，一個智者，一個大寫的人，就不然，他應該懂得更多的根本的道理，更接近於歷史與世界的大道，更自覺地有所為有所不為，敢於拒絕，敢於說「不」，時時有自己的清醒、自己的選擇、自己的堅守與投入。時間不斷地逝去，歷史不斷地發展，投機者、夤緣時會者、搭車者、逢迎之徒、無恥小人，或快或慢，總會暴露自己的面目，成為笑柄，成為反面教材。在最好的情況下，是熱乎一段，然後被人遺忘。

這樣的反面教材、反面教員，老子已經勾畫出來一個。他講得其實很生動，官事腐敗，農田荒蕪，倉廩空虛，卻還要窮奢極欲、耀武揚威、裝腔作勢、自欺欺人，這樣的人是無法逃脫可恥滅亡的命運的。

明初開國重臣劉基——劉伯溫，也提出了「金玉其外，敗絮其中」的著名說法，他描繪一些堂堂皇皇、張牙舞爪的人物，其實內裡非常空虛，與老子的說法一脈相承，是值得引為教訓的。

第五十四章　以身觀身

善建者不拔，善抱者不脫，子孫以祭祀不輟。修之於身，其德乃真；修之於家，其德乃餘；修之於鄉，其德乃長；修之於邦，其德乃豐；修之於天下，其德乃普。

故以身觀身，以家觀家，以鄉觀鄉，以邦觀邦，以天下觀天下。吾何以知天下然哉？以此。

善於建立的人，他的建設成果是不可能被拔除取消的。善於抱持的人，他所懷抱的東西是不可能脫落和被奪走的。有子有孫的人，他享受的祭祀是永遠不會中斷的。

只有將大道修習為自身，成就自身與大道的一致、一體，其德性才能達到本真。只有把大道修習為自家，成就自家與大道的一致、一體，其德性才能富富有餘、源源不竭。只有將大道修習於鄉里，成就鄉里與大道的一致、一體，其德性才能天長地久、生生不息。只有將大道修習於邦郡，成就國家與大道的一致、一體，其德性才能豐盈充實。而如果能將大道修習於天下，實現天下與大道的一致、一體，其德性才能覆蓋萬民，使天下共享其德。

我能夠習養大道於自身，乃可以觀察判斷一個個的人身。我能夠習養大道於自家，乃可以觀察判斷一個又一個的家庭家族。我能夠習養大道於鄉里，則可以觀察判斷一個又一個的鄉里市鎮。我能夠習養大道於邦郡，乃可以觀察判斷一個又一個邦郡侯國。我能夠習養大道於天下，乃可以觀察與判斷天下。為什麼我能夠判斷天下的大事大勢呢？大道的習養，這就是關鍵的所在。

這裡老子講的是大道與認知主體的統一，自身、家庭或家族、鄉里或故鄉或鄉村市鎮、邦郡或諸侯王國、天下與大道的統一。也就是講人的大道化，是講人的主觀世界與自然的客觀世界的統一。

老子的理想是人與大道的一體化。儘管這個一體化的定義是模糊的，不像歐盟的一體化那樣條文明確、定義清晰，它仍然是一種哲學——神學理想。

人的大道化，即是人的本質化，即是人與道的一體化。

對於「一」即世界的統一性的追求，對於本質或究竟的追求，是國人先哲的最高追求，這個追求的最後成果就是大道。身也好，家也好，鄉也好，邦也好，天下也好，最後統一在大道裡。大道，這就是老子的哲學、政治學、社會學與神學的終極概念與原初概念，是起點也是終點，是最先也是最終，是最高也是最低，是無限大或宏觀，也是趨於零的最微小或微觀。

善建不拔講的並不是建築學，而是講道的習養。同樣，講抱持也不是講勞動或運動，同樣講的是道，講道怎麼樣才能如身如心如靈魂如自我，從不悖離，從不遺忘，從無須臾脫軌，從無毫釐偏差。

善建的果實是人、大道與建築的一體化。也就是說，你建設起來的東西是根深葉茂、與天地同在、與大道同存的東西，一體化了，怎麼可能拔除呢？

善抱的結果是人、大道與被抱持者的一體化，怎麼還可能存在掉不掉得下來的問題呢？

想想古今中外那些偉大的建築，比如萬里長城，比如都江堰，比如天壇、隋塔，比如泰姬瑪哈陵，比如金字塔與卡納克神殿，比如凱旋門與巴黎聖母院，想想那些偉大的作品和思想，想想那些先賢留下的榜樣……他們或它們都是永遠不會拔除、不會脫落、不會被子子孫孫忘記的。

而且子孫的含意是生命的延續、是生命的本質化，即生命與大道的一體化，當然也就不存在是否祭祀不輟的疑問了。

使自身與大道一致、統一、一體化，這也是一種類似天人合一的思路，叫做道身合一。天與人為什麼能合一呢？因為人本來就是天的一個部分、一個從屬。人是天的傑作、天的集中而且靈動的表現。同樣，人是道的派生，是大道的傑作，是大道的下載，是大道的演化的證明與體現，是大道的果實。人脫離了天、脫離了道其實是不可能的，人怎麼可能脫離大自然呢？人瘋了、自殺了、犯罪了、十惡不赦了，人仍然是大自然的一部分，一個被淘汰或被拋棄的部分。人怎麼能夠脫離時間與空間呢？人怎麼能夠脫離世間萬物萬象的規律、本質與本源呢？人的違背大道的一切自取滅亡的行為，也是大道的一個反面的版本、一個警示的例證，也是大道的一次現身：切切不可如此。

從根本上說，道、天、人本來是合一的，本初是合一的。

那麼為什麼有那麼多離道、悖道、無道的事與人出現呢？為什麼歷史上有無道昏君、有多行不義的自斃者、有大量的「背而馳」的事情出現呢？

問題在於人這種東西有時候會由於貪欲、由於瘋狂、由於妄想，主要是由於對自身估計過高，由於強不知以為知、強歷史之所難、強自然之所難、強大道之所難——例如追求長生不老，追求百戰百勝，追求萬世基業，追求絕對權威，追求集眾富於一身，追求萬代霸權……而走到了大道的對立面，於是弄巧成拙，畫虎類犬，緣木求魚，南轅北轍，聰明反被聰明誤，雄心反被雄心誤，意志反被意志誤，作為反被作為誤。人啊，你們幹了多少蠢事！其結果只能是一敗塗地。

其次是由於文化的發展。老子是世界上最早對文化有所反思有所困惑有所質疑的人物之一。文化是不能不要的，然而文化的發展是付出了代價的。環境的污染，生態的破壞，人格的複雜化，競爭的過分緊張，生存與快樂享受的過分複雜化，美麗田園與牧歌情調的消失，人際關係的非真誠化，人生的淳樸的快樂的日漸減少……老子早就看出了這些問題，乃至於希望開開歷史的與個人學習修養的倒車——他提出的終極目標是人的嬰兒化，這就有點烏托邦了。

開倒車是做不到的，討論怎麼樣去減少文化發展的代價，則是頗有意義的。

不僅文化的發展是有代價的，人的成長也有代價。青春花季的代價是告別童年與少年時代；成熟的代價是告別青春；豐富的代價是告別純真；隨心所欲不逾矩的代價是消除了人生的挑戰性與不確定性。看到了太多的代價，當然會有回返的衝動與要求，會有回歸嬰兒狀態的夢想。

老子認為：對於大道的修行習養，其實也就是返回，就是返璞歸真。一個人習養返回到大道裡了，你就本真了，不必作秀，不必表白，不必強努硬憋死忍，你自然合乎大道，也只有自然合道才是真正的大道。你的家庭習養返回到大道裡了，你這一家也就遊刃有餘、年年有餘、終身富裕了，不必訓誡功課，不必家規家法，不必苦心經營，不必殫精竭慮。這是多麼理想的境界啊！

而你所在的鄉里，習養返回到大道裡了，大道的德性即功能恩澤便充盈豐滿了，永遠不患物質的或精神的匱乏。生活在大道中的人民，其樂何如，其美何如，知足常樂，怎麼可能有什麼不滿足呢？

你的邦郡王國呢？如果統治者與萬民返回於習養大道，那麼一切美好的生活不就能夠天長地久、能夠穩定永遠、能夠可持續地快樂幸福下去了嗎？

到了天下這邊呢?天下都回到大道裡去了，萬物被大道所滋潤營養，其大德變成了真正的普世價值，這將是多麼和諧的世界、多麼聰明的人間!

這可以說是老子的大道烏托邦主義。

這裡是雖不能至，心嚮往之。這是兩千六百年前國人先哲對於普世價值的一種設想。當然那個時候人們對於天下對於世界還沒有今天的概念，那個時候的人們並不知道天外有天、中國外有國、天下外還有天下。但是老子的追求是普世與永久，而不是一時一地，則是無疑的。多麼可惜，它沒有得到天下與本邦本鄉本土的足夠的傾聽。如今人們喜歡講的普世價值與法則，似乎是西歐北美的專利，似乎都成了舶來品。而我們自己要做什麼不做什麼，只能用國情特殊來做論據，倒像是我們在普世價值法則面前不無窘態了。嗚呼!

第五十五章　比於赤子

含德之厚，比於赤子。毒蟲不螫，猛獸不據，攫鳥不搏。骨弱筋柔而握固。未知牝牡之合而朘作，精之至也。終日號而不嗄，和之至也。知和曰常，知常曰明，益生曰祥。心使氣曰強。物壯則老，謂之不道，不道早已。

大道所包含的德性（形象、影響、作用、感人之處、深入人心的力量等）是非常寬厚廣大的，其狀況恰如嬰孩。毒蟲不會去螫咬他，猛獸不會去捕捉他，猛禽不會去搏擊他。嬰孩骨頭是軟弱的，筋脈是細柔的。他不可能懂得男女交合之事，但他的生殖器會自行挺起，那是由於精（精力、精神、精子或睪丸……）的功效。他終日號哭而喉嚨不會嘶啞，那是由於和諧與自我調節的功效。

懂得和諧與自我調節，就能做到恆久與可持續。懂得如何才能做到和諧與可持續，才算明白——心明眼亮，不昏昧。有益於養生、生命、生活的叫做吉祥。一廂情願地咬牙使氣好勇鬥狠蠻幹硬拚那叫做勉強。

一個東西太強壯了，就開始衰老了，也就是違背了大道。違背了大道，也就會很快地完蛋了。

老子講大道，最喜歡用的是兩組比喻，一個是水，上善若水；一個是嬰孩，講嬰孩講赤子，認為從中可以大獲教益。

不僅僅是比喻，因為比喻是一種修辭——表達手段。人們有了一個論斷、命題，需要給以通俗化的、更加生動的解釋，乃取之於比喻。例如庖丁解牛、守株待兔，分別表達的是遊刃有餘與坐等僥倖，你理解了遊刃有餘與坐等僥倖的有關想法以後，解牛與待兔這兩個原來的例子是否可信、是否確實，並無太大的意義。

老子這裡用的是形象思維，他不但從理念中找比喻，也從對於水與嬰孩的觀察體認中尋找新的啟發，尋找對於大道的進一步把握，尋求對於大道的新發現、新心得。老子相當虔誠地喜愛直至崇拜水與嬰孩，並從中尋找靈感。

這裡，老子對於嬰孩的觀察思考相當細緻。他先說嬰孩雖然骨弱筋柔，但拳頭握得很緊。對於這一現象，不知道今日的生理學、育兒學是怎麼講的，但是老子認為它大有深意。依老子的觀點，嬰孩才出生就握緊雙拳，意謂著它生而通大道，大道的作用是大德。大德廣遠深厚，只可握而藏之，含之蓄之保之持之，不可掉以輕心，不可放棄須臾。

依拙見，握緊拳頭從象徵的意味來看，即不是從生理學上看，還可解釋為一層意思，不伸手，不手心向上乞討索要，也不手心向下抓取搶奪。這樣就珍惜自身，同樣珍惜與尊重世界。己歸己，人歸人，世界歸世界，很好。

至於說到嬰孩雖柔弱，卻不受攻擊，竊以為關鍵在於嬰孩處於受保護的地位，並不是嬰孩自然不受毒蟲、野獸、猛禽的攻擊。祥林嫂的兒子阿毛就被狼叼走了，而外國也發生過小孩被老鼠咬掉耳朵的事件。

這裡展示的仍然是老子的弱的哲學、陰柔的哲學。寧失之於弱，失之於受保護，莫要失之於強，失之於威脅他人，這是老子的一個原則。這樣的原則對於稱王稱霸者、盛氣凌人者、因挫折而灰心喪氣者，都是極有教益的，但換一種情況，就不靈了，例如被侵略者。

細心的老子一直觀察到了男嬰孩的生殖器的挺起。老子在他的微言大義的作品中大方地談玄牝（即大陰戶）與小男孩的陽具，說明那時候的性觀念沒有後來的那麼多禁忌。他的意思是說，生殖器的活動不需要外力的煽動教唆挑逗，也不需要進行早期性教育，也不需要講什麼性禁忌、性防範，既然有精，生殖器自然會動起來、運作起來。或云精是聚精會神之意，無傷，無悖，聚精會神也是精，精子精液精力精神也是精，這裡是漢語漢字的概括性與整體性的表現。

終日號哭，其實是會啞嗓子的，不至於啞得很厲害，像成人嘶吼太過，或歌唱、戲曲演員練聲方法有誤造成的後果那樣，原因就是嬰孩的啼哭是一件自然而然的事情，想哭就哭，哭累了自然就休息睡眠，或者哭著哭著啣上了乳頭，變成了滿意的呻吟，自然不哭了。

喉嚨也好，生殖器也好，自有章法，該起則起，該止則止，行藏有道，起伏在我，自我調節，達到和諧平衡，才能可持續地長期穩定。

這裡老子提出了大道的一個新的屬性：和，即和諧與平衡、節律與本能。一時的勝利，一時的收益，一時的得計，是容易的；難得的是常與明，永遠正常，永遠和諧，永遠明晰，永遠光明。於是老子再次強調自然，反對心力交瘁，反對爭強好勝，反對使氣鬥狠，反對霸氣十足。他讓人們警惕那種高峰狀態、黃金狀態，極端傲視群小的狀態，東方不敗、凌駕群英、橫行霸道的狀態，認為誰達到了那種狀態，誰就失掉了大道，誰就會走向衰落與滅亡。

忠言逆耳，良藥苦口，這一段教訓，值得肅然深思。

論述嬰兒的道性，偉大的老子似乎有些一廂情願。世上有些所謂永遠長不大的人，他們表現的孩子氣除了純真、直爽、不動心眼、不做局、無害人心等正面品德外，也常常伴有任性、淺薄、易怒、易喜、自我中心乃至自私、依賴性、無能、動輒伸手、無責任心、無遠見、無自我掌控能力，等等。其中最好的例證就是賈寶玉；不怎麼好的例證就是顧城，實在不敢奉承、不敢樹立他為得道的榜樣。我國十三億人要是變成了十三億孩子，要是出來陽具堅挺的七億五千萬小男孩……

那也夠恐怖的啦！

第五十六章　是謂玄同

知者不言，言者不知。

塞其兌，閉其門，挫其銳，解其紛，和其光，同其塵，是謂玄同。

故不可得而親，不可得而疏；不可得而利，不可得而害；不可得而貴，不可得而賤。

故為天下貴。

真正有知識有智慧的人不會輕易說話，輕易說話的人並沒有什麼知識與智慧。

關門閉戶，閉目塞聰，磨鈍你的銳氣，減少你與旁人的糾紛、分歧，調和五顏六色，認同於塵世的非絕對潔淨狀態。這就是所謂的廣大深厚的認同精神、尚同的精神。

能夠有這種玄同，即廣大深厚的認同、尚同精神了，你就不可能被親暱拉攏，也不可能被疏遠冷落。你不可能被收買利用，也不可能被陷害侵犯。你就不可能被提升尊貴，也不可能被貶低下賤。

能做到這樣，就是天下最高貴、最有尊嚴的人了。

這一章特別強調所謂尚同的精神，不是求異而是尚同，這也是中國古代先哲思想的一個重點。

老子一上來先談言與知的關係。知者不言，言者不知，與孔子的「述而不作」，與禪的「不可說，不可說」，與西諺「雄辯是銀，沉默是金」有異曲同工之妙。與尚同的精神聯繫起來看，妄言（誇張、片面、空談、吹噓、為自我表現而多言）是產生分歧的一個原因。

當然我們也有另外的傳統，即所謂學而不厭、誨人不倦的傳統，灌輸的傳統，年年講月月講天天講的傳統。

閉目塞聰，和俗世拉開了距離，不會跟著俗世跟著時尚跟著風亂轉。而挫銳解紛，和光同塵，則是對於人間（不管它有多少弱點、多少負面的東西）的和解，是一種對於俗世的親和姿態，而不是一味眾人皆醉我獨醒、眾人皆濁我獨清的孤憤決絕。

這裡的前提是對於統一、同一的大道的承認。既然都是大道的體現，萬物萬象之間就沒有不可調和的矛盾，就有共同性，就可能找到共同語言，就有可能找到和諧共存的辦法。不論雅與俗、菁英與大眾、不同的族群，不同的宗教、學派、文化傳統……都有它的玄同而小異之處。

不可得而親、疏、利、害、貴、賤，則是金玉良言，其意彌深，其格彌高，其言彌善。在那個政治動亂、風雲震盪的時期，人因為外力、因為環境而忽為座上客，忽為階下囚；忽擁黃金屋，忽成乞討兒；天有不測風雲，人有旦夕禍福；忽吉忽凶，命運難卜；處處被動，任人宰割，任人耍弄，太難自處了。老子的幾個不可得，也太寶貴了。

不可親、疏、利、害、貴、賤是什麼意思呢？就是要穩定，要有一個穩定的環境，也要有一個穩定的精神狀態，一個穩定的自我。然後才有大道的彰顯、才有發展、才有一切的美好。

春秋戰國時代的最大特點是不穩定。這個時候只能加強自己的定力、靜力，認識到吉凶互轉、福禍相倚的道理，看透外力與環境的非道性、非鄭重性、非長久性，轉化到反面的習性；看透外力與環境對你的親近與疏遠、予利與加害、提升與貶低的共同性：這個共同性就是擾亂你的清靜理智，降低你的人格尊嚴，增加你的貪欲或恐懼，取消你的主動精神、主體性，使你用僥倖、用迎合、用躲避、用服膺、用作秀來適應環境，爭榮防辱，趨利避害，思貴懼賤，實際上是摧毀了自己的道心道性道覺道力。你能抵禦得住這一切，能夠不受外力的親疏利害貴賤的左右，這就是至人、聖人、哲人了！

人之貴在貴於大道，而不是貴於親疏遠近榮辱得失貴賤禍福。這一點太重要了，也太難做到了。

老子說，做到這一點的人是天下之貴，是天下最高貴、最寶貴、最珍貴、最有價值的人。老子在談到其他問題時沒有用「故為天下貴」這樣極度的褒語，可以看得出老子對於不可得親疏遠近榮辱得失貴賤禍福的境界的嚮往、推崇與提倡。

不是官大則貴，不是錢多則貴，不是名聲大則貴，不是能唬人能嚇人則貴，而是不可得而親、不可得而疏、不可得而榮、不可得而辱、不可得而利、不可得而害、不可得而貴，不可得而賤最高貴。善哉斯言！尤其是不可得而貴則貴，太棒了。當一個人得而貴之的時候，因外力的捧抬而貴，也就是得而辱之的同義語。你認為某種力量可以給你增加高貴，那麼這種力量採取相反取向的行為，不就恰恰可以污辱你作賤你毀掉你了嗎？無欲則則，無欲則刀槍不入、金剛不壞，也就是天下之至貴真貴了。

第五十七章　以奇用兵

以正治國，以奇用兵，以無事取天下。

吾何以知其然哉？以此：天下多忌諱，而民彌貧；人多利器，國家滋昏；人多伎巧，奇物滋起；法令滋彰，盜賊多有。

故聖人云：「我無為，而民自化；我好靜，而民自正；我無事，而民自富；我無欲，而民自樸。」

以正道（正規、正常、正直之道）治理國家，以出其不意的非正規非正常手段用兵取勝，這都是對的。但真正要做更大的事情，要取天下，就得「無事」了。就是說，要以無為、少生事、簡化為政手段取得天下的信賴。

我為什麼說要這樣治國用兵取天下呢？原因如下：天下的規則禁忌愈多，老百姓就愈窮困。人們的利器（奇貨可居的物品或有殺傷力的武器）愈多，國家的政治就愈昏亂黑暗。人的奇巧淫技愈多，怪人怪事怪物品怪現象就愈多（離大道愈遠）。法令愈是嚴苛繁瑣發達，作奸犯科、為盜為賊的就愈多。

所以聖人說，我不做什麼而民眾自然有所教化。我好靜（多一事不如少一事）而民眾自然走上了正道。我不生事，不沒事找事瞎忙活，而民眾自然富足。我沒有貪欲野心，民眾自然淳樸淳厚。

老子並不是什麼作為也不允許有，他主張以正道治國、以奇道用兵。這也很好。治國是對待本土的百姓，必須用正道，不能耍花招、動計謀、搞偽裝，鬧什麼出其不意。治國應該正正派派、端端正正、實實在在、光明正大。用兵則不然了，只有用另類手段，用敵人想不到的辦法，用匪夷所思的怪招，才能取勝。這裡老子甚至可以說有分清兩類矛盾的含意在焉。

然而，正道也好奇道也好，都還是具體的道，是小道，是局部的道，而取天下，想統一中國，就要大道了，只有用無事無為的大道才能得到天下人的擁護信賴。

以無事取天下，聽起來很精采、很高雅、很智慧、很道德也很美麗。可惜古今中外這樣的範例不太多，倒是有這種情形，兩個能人爭得一塌糊塗、難分軒輊，最後果實落到了一個不顯山不露水基本無事無言無意圖無傾向無人知曉的人手裡。

反過來的例證倒是不少，有些多事之人、多事之君、多事之臣，他們的勵精圖治的多事適足以壞事敗家、亡國亡頭。

例如秦始皇，多大的能耐，多麼有作為！統一六國，巡視四野，書同文，車同軌，修長城，築阿房宮，整頓思想，消弭兵器，圖萬世基業，卻只傳到了二世！

明朝的亡國自縊之君崇禎，也並非昏庸懶惰之輩，他素稱宵衣旰食，心細如髮、勤政罪己、增稅除逆，他雷厲風行，清除魏忠賢等閹黨勢力，也曾被歡呼擁戴，卻終於滅亡。

計畫經濟在我國當前形勢下的不成功也說明了這一點。計畫經濟是何等辛苦、何等負責有為！在一定條件下計畫經濟並非一無可取，但是，這麼大的一個國家，靠一個計畫來解決民生與發展國力的任務是不可能的。

事必躬親的領導、不相信下級與百姓的領導、不允許下屬有任何創意與變通的領導，也必定是累死卻不討好的領導。剛愎自用的領導，是注定要失敗的領導。

搬起石頭砸自己的腳，從這個意義上說，老子提倡的無為取天下，還是有他的特殊見地的。

生活特別是政治中常常出現適得其反、潑油滅火的情況，老子早早發現了這一點：規定愈多愈過細，民生就愈困難，百姓就愈貧窮。各種財貨寶貝愈多，反而愈是爭了個昏天黑地。勞動者的技術熟練程度愈高，不靠譜的事就愈多。法令愈來愈嚴格，違法的罪犯也隨著增多。

老子關於利器、伎巧、奇物、難得之貨等的說法，拿到今天，倒是可以引申到另一個角度，即一個社會不僅要注意發展生產與效率，還要注意分配、社會公正與人民的教育，注意道德規範與應有的約束與自控。類似的問題，在任何社會任何歷史時期都會有的。

老子關於法令愈發達犯罪愈多的發現，有顛倒原因為結果的問題。因為畢竟不能說法令乃是犯罪的誘因，不能說技術是假冒偽劣的罪魁，也很難說利器、好用的或值錢的貨物以至武器本身造成了昏天黑地的局面。忌諱多了使人貧窮，倒是容易說得通，因為你綑住了百姓求生存求富裕求消費的手腳。

但是這說明了一個更為深刻的問題，執政者的頭痛醫頭、腳痛醫腳往往不能解決問題，甚至會引發更多的問題。僅僅通過控制、管理、禁止、設防的手段，是達不到有效執政的目的的。對於沒有把握的舉措，寧可失之於少，不可失之於多；寧可失之於遲慢，不可失之於急躁、失之於輕舉妄動。執政者應該研究更深刻更本質的原因，應該採取更多的治本的舉措。例如法令太多或太少，都不應該是產生盜賊的原因，更深刻的原因應該從分配的公正性與百姓的教化程度、守法程度，以及執政者的身教狀況即奉公守法狀況方面去尋找、研討。

無為，民自化；好靜，民自正；無事，民自富；無欲，民自樸。這仍然是一個好理想。這與小政府、大社會，直到國家與政黨消亡的理想取向是一致的。然而理想固是理想，現實則還達不到這一點。這也是令智者長吁、令惡性有為者、惡為者仍然肆無忌憚、仍然大有市場的原因所在。

第五十八章　禍兮福所倚

其政悶悶，其民淳淳；其政察察，其民缺缺。

禍兮福之所倚，福兮禍之所伏。孰知其極？其無正也。正復為奇，善復為妖。人之迷，其日固久。

是以聖人方而不割，廉而不劌，直而不肆，光而不耀。

你的為政比較粗線條、比較寬鬆放手，你的老百姓也就比較淳樸忠厚。你的為政過於苛細、過嚴過死、無所不至，你的老百姓也就狡黠難管和怨聲載道。

災禍正是福祉的倚靠，福氣正是災禍的包藏。誰知道福氣與災禍的終極標準與運轉的根本規律呢？這裡並沒有絕對的正解指標。正常會轉化為奇——詭異、另類、非正常。善良或善（擅）長會轉化為妖魔邪惡、怪力亂神。在何者為正、何者為奇，何者為善、何者為妖邪的問題上，人們感到困惑迷失，已經好久的時間了。

所以說，聖人方正講原則，但是不傷害他人；清廉嚴肅，但是不刺痛誰；直截了當，但是不放肆；光明朗悅，但是不炫耀自身。

為政苛細，明察秋毫，包攬一切，干預一切，這其實是一種極權主義的思路。是《美麗新世界》、《一九八四》、《我們》這三部著名的「反面烏托邦」小說系列所描寫的令人毛骨悚然的社會生活現象。《一九八四》中描寫由老大哥通過電視帶領全國人民做體操，而且他們的電視接收器具有監控錄影功能，任何一個人不好好做操，都會被懲罰。《美麗新世界》中所有百姓的婚配都由政府按照優生原則掌握，包括做愛，也是按照規定的時間表與要求細則進行。這樣的問題其實早在《老子》中，中國人已經提出了自己的警告。

當然後兩本長篇小說具有反蘇傾向，其中的反共主義並不可取，但是做為小說，其不無誇張地描寫一種其政察察的極端畫面，是值得深思值得警惕的。

至於《美麗新世界》一書則描寫了美國式的資本主義發展到極致，效率和科學都異化了，成了人生的對立物。它的時間採用「福特紀元」，即自福特公司發明的生產流水線為新紀元的開始，這樣的流水線摧毀了人生人性人道的最後防線。

其政悶悶的國家，例子不好舉。但是我們有一些說法作法，可以參照。如講放手，講抓大放小，講放開一批。再如把計畫改為規畫，講調動積極性，講相信人，講寬以待人，講寬鬆的環境，講意向協議，講模糊數學，講掌握九個指頭與一個指頭的區別，講和稀泥、搗漿糊、協調一下、必要的妥協，講先擱一擱放一放、冷處理、不了了之、宜粗不宜細……

還有我們最喜歡講的「基本上」、「有一定效果」；還有「找他談談話」、「安慰一下」、「做點工作」、安排一個虛職……都不無其政悶悶的意思。相反，事必躬親，事無巨細，無微不至，心細如髮，對於修裱、刺繡、精密儀器等行業的從業者也許是必需的品質。但是對於從政者、執政者、領導人來說，未必總是正面的特性。

按現代西方的行政理論，人們不僅應該懂得橫向的分權，也應該懂得縱向的分權。該科長管的事，處長不要越俎代庖，局長與部長更莫不如此。胡適對蔣介石也提過類似的意見，他說美國總統艾森豪威爾在大衛營打網球，手下送來了加急電報。一份電報看了，艾說，此事應由國務卿處理，球照打不誤。又一份電報來了，他說應由五角大樓處理，仍然照打網球。據說胡適的此文使蔣大不高興。

其政悶悶與其政察察的分析中，我還體會到並且也從百姓的所謂淳淳與缺缺中，發展引申到高調與低調的意趣。

悶悶，應該是粗疏的、相對低調的施政。做為施政者，你提出來的目標都應該是做得到的可操作的，即可兌現可檢驗的。所以正常情況下，施政者的目標應該集中在民生問題上，因為民生目標是最少爭議、最可以通過實踐達到的。

而其政察察，則擺出一副全能全知的姿態，擺出一副歷史從今天開始的姿態，必然會提出不切實際的目標，使執政施政過度地意識形態化、理想化、高調化、泛漫化、無邊化。其結果只能造成過高的預期值，造成百姓的缺缺，或者解釋為刁鑽狡猾——這也是執政者教的。或者將缺缺解釋為牢騷滿腹，其原因是上梁不正下梁歪，造成全民的言行不一、大言欺世的惡劣風氣。

我去過一些東南亞國家，他們那裡也有嚴重的貪腐問題，但百姓的反應並不十分強烈，原因是他們的其政悶悶，絕不察察。他們執政的調子本來不高，社會期待的標準也不高。

人當然有私心，這是他們的邏輯。這當然是不足為訓的。但是它從一個側面給人一個啟發：執政者的號召政策調門過高，如動輒要求大家犧牲自身利益，捨己為人，其結果是百姓未必按你的高調行事，卻以你的高調來衡量你自身，反過來對你的表現嚴苛評判，認為你壓根就沒有做到那個超級高標準，只能使你誠信掃地。

竊以為，還不妨將悶悶與難得糊塗的說法相聯繫。我們講為政或管理要抓大放小，其意在於有精明也有糊塗，有管嚴管住的，也有其實管也管不了，不如適當放手的。

現代政治學有一個說法，就是說執政者要有一定的常規性。我不知其詳。但我想，對於一個科學家、藝術家、明星來說，天才是大有助益的。而政治家過於天才型了，過於個性化、與眾不同，相像力過於豐富了，創意洶湧而來了，也許並不總是對於治國平天下有好處。政治是大家的事、是日常的事。其政悶悶，也許比其政驚雷閃電、其政鯤鵬龍虎更好。

從悶悶產生淳淳，察察產生缺缺，老子把論述引向哲學層面，提出了關於禍福轉化的思想。有個「塞翁失馬，焉知非福」的有趣故事。而在蘇共二十大揭露了史達林的某些錯誤後，毛主席多次引用老子的「禍兮……福兮……」的話來消除喪氣，增加信心。

在我們的經典文化與民間中，表達類似內容的說法有很多，如「滿招損，謙受益」、「吃一塹，長一智」、「月盈則虧，水滿則溢」、「物極必反」、「多難興邦」、「吃得苦中苦，方為人上人」、「樂極生悲」、「否極泰來」、「置之死地而後生」，等等，都是中國的先人在複雜詭譎的世事中得出的經驗教訓。它教給我們，看事物至少看兩面，正面與負面，前面與背面，效果收益與損失危險，任何事物都不是只有一種解釋、一種後果、一個方向的。

老子在這裡是緊接著悶悶與察察的辨析而談禍福的轉化的。原因是悶悶看似不佳，卻能使民淳淳。察察看似精明強悍，無敵於天下，卻會使民缺缺。為政行事，切不可只看只想一面的理，而忘了另一面另一類另外的可能。下棋也是一樣，愈是不會弈棋的人愈是只想著自己怎麼走怎麼出招怎麼妙極，從不考慮對方會有什麼回應棋局會不會逆轉。

正化為奇、奇化為正的思想精采。大清王朝自以為是正統，稱孫中山等為亂黨，後來民國成了正統，袁世凱、張勛等才是妖孽。蔣介石稱共產黨領導的人民革命為「匪」，而我們也曾稱蔣為匪幫。史達林曾稱南斯拉夫鐵托為叛徒、機會主義，我們後來又稱赫魯雪夫、勃列日涅夫為修正主義、社會帝國主義。後來又一風吹了，後來蘇聯垮臺了……

再舉個輕鬆些的例子，當我觀看實力相仿的兩個球隊比賽時，一會兒你覺得優勢在這邊，一分鐘後你又覺得優勢是在那邊，誰勝誰負，誰正誰奇，這裡有什麼規律嗎？是偶然的嗎？有規律你為什麼鬧不明白呢？是偶然為什麼行家又看出了那麼多道理，出現那麼多評論？看乒乓球賽更是如此，一球之爭，勝也勝得飛快，敗也敗得偶然，一會兒是甲方主動，勝券在握；一會兒是乙方反敗為勝，令你大跌眼鏡。你永遠不知道下一分鐘下一秒鐘，小小的一個黃球會飛到什麼地方去。

這不就是「人之迷，其日固久」嗎？老子那麼早就發現了這個祕密、這個「局」呀！事物向著相反的方向轉化，認識到這一點還不算是最困難的。困難在於你怎麼樣在你最困難、你被指責為「妖」的局面下，盡快扭轉不利的局面，同時在你被認為是正是善的情勢下，怎麼樣警惕與防止復化為「妖」、化為「奇」，怎麼樣防止至少是推遲再次進入逆境的時間表。

老子的這一段論述，同樣包含著「道可道非常道」的含意，誰正誰奇，誰善誰妖，這都是可道的一時之道、權宜之道，不是常道。但同時，無常、人之迷日久、正化為奇、善化為妖……恰恰是常道——大道的體現，叫做認識其常者，非常道；認識其無常者，反而是常道。認定是絕對真理的人常常掌握不住絕對真理，而認識到真理的相對性的人，卻稍稍接近了一下絕對真理。這個說法是深刻而且悲哀的。因為它有一種危險，顛覆一切判斷、價值、造成世界末日式的混亂與崩潰。

當然，我們也不妨與老子辯論，這樣一來，會不會走入相對主義的泥沼呢？會不會我們再無是非真假美醜善惡之辨了呢？那樣我們豈不更蠢、更沒有希望、更沒有活頭了嗎？

這裡，同樣有老子等著你，老子的辯證法是沒有盡頭的，是「其為正也，莫知其極、孰知其極」的。所以老子早就預告過了、預警過了，後面還要講「知者不言，言者不知」，還有「善者不辯，辯者不善」。用有限的文字語言講說無限的大道，這本身就是不可能的，用「可道」來講說常道，包括著述《道德經》，這本身就包含著自相矛盾的契機。這裡有一個語言的陷阱：真理一經語言文字的表述，就變成了有空子可鑽的東西，就變成了用語言文字不難宣稱駁倒至少是不難煞有介事、振振有辭地予以駁斥的東西了。用語言駁斥語言，是天下最輕鬆的遊戲。任何一種語言，說到東就漏掉了西，說到冷就漏掉了熱，用語言與語言抬槓，這是不費吹灰之力的事情。遇到成心抬槓、成心找彆扭的人，一加二等於三也可能被此人駁倒。所以禪要講「不可說，不可說」，孔夫子也要講「述而不作」。老子做了，他已經不知不善了啊！

要掂量老子的某些論述的含金量，不能僅僅從語言文字的釋義上斟酌，還要從實踐、從經驗、從悟性、從審美上去尋找探索對照。

至於「聖人方而不割，廉而不劌，直而不肆，光而不耀」的句式不能不讓人想起孔子的詩教，所謂「怨而不怒，哀而不傷、樂而不淫」，所謂「溫柔敦厚」、「盡善盡美」。「某而不某」的造句句式，就是在提倡一種美德的同時防止它的過分，防止它極端化、極而反，走向反面。這也是一種道德理想，也是不能抬槓的。其實，方正了自然會傷害壞人小人偽君子；清廉了自然會刺痛腐敗者行賄者市井庸人無賴；直截了當了自然會在得到欣賞讚美的同時受到反對。就一個掌權者來說，沒有不提倡直言而提倡曲意奉承者的，然而翻開歷史，到處是直言者們的血跡斑斑與阿諛奉承者們的飛黃騰達。說不定正是老子看到了上述的令人痛心疾首的事例才提醒方正的人注意不割——不割傷旁人，清廉者要注意不劌——不刺痛什麼人，直言者不肆——別忘記了分寸。

光而不耀，則更重要啦！因為即使是聖人，也有不能免俗的時候，也有光耀一番的場合與場面出現，也有「春風得意馬蹄疾」的表現的可能性。而另一方面，從根本上說，聖人應該是不耀的、沒有光環的，也不可能經過認證與公民投票確認。

不應該有光環的聖人，結果一不小心有了一點點光輝，必然有人受不了。你已經傷害了旁人，你已經引起了厭煩至少是嫉妒了。不是嗎？

同樣是：孰能無過，孰能免禍？

因此，儒與道就都更加主張適可而止、見好就收。

第五十九章　莫若嗇

治人事天，莫若嗇。
夫唯嗇，是謂早服；早服謂之重積德；重積德則無不克；無不克，則莫知其極。
莫知其極，可以有國；有國之母，可以長久；是謂深根固柢，長生久視之道。

治理百姓，侍奉上天（或服侍天年、奉行天道），沒有比儉約吝嗇更重要的。能做到儉約吝嗇，就是有了提前量與預應力。什麼是提前量與預應力呢？就是重視積累儲蓄德性。重視了積累與儲蓄德性，就沒有克服不了的困難障礙，就能穩操勝券。能夠攻無不克，其力量也就永遠沒有窮盡，別人也不可能知道他的力量到底有多少。

有了無窮的與不可預知的力量，就可以保有與治理國家了。有了治國保國的根本與源頭，也就能夠長治久安了。這就叫根深柢固、長生久視。

在大道這裡，治國、平天下、事功與養生，是統一的，互補互通的。而不論是治國平天下，還是養生與追求長生長壽，都要注意積蓄精力與德性、涵養性情、儲存能量。

國人的傳統認識是，強調節儉，反對奢靡浪費，諸子百家中絕無僅有提倡消費乃至提倡大量消費、高消費、享受人生的。中國人至今的儲蓄率高於歐美也高於日本，高於中東國家也高於印度和東南亞，這是我們的一個文化特點與優勢，當然也有不足。

這與中國的政治缺少多元制衡的觀念有關。沒有多元制衡，就有三十年河東，三十年河西，就有時間縱軸上的平衡。為了防止縱軸上的大搖擺，就必須提倡留有餘地，毋為已甚，要吝惜自己的出招，要吝惜自身的付出，不能動輒搞它個聲嘶力竭、傾巢出動、心勞日拙、魚死網破，而要爭取做到遊刃有餘、舉重若輕、運籌帷幄、決勝千里。

這是因為，第一，作用力愈大，反作用力愈大。大道是講究返回的，你不懂得嗇，不懂得節儉積蓄，你就會受到大道的懲罰。整人者人恆整之，害人者人恆害之，騙人者人恆騙之，誣陷人者人恆陷之。為了多看幾步棋，為了有提前量、準備金與預應力，你做事不可做絕、不可用力太過、不可太貪狠太惡毒太狂躁太過分。

第二，你與敵手對壘，最重要的是你要有後備力量。你要隱藏你的預備力量，慎用你的後備力量，咬牙堅持到最後，運用你的後備力量。比如兵力武器，你用上百分之一的力量可以取勝的，絕對不可多用一分一釐，你一年可以取勝的絕對不要拖上兩年。比如權力，你有一萬個權力單位的，日常工作中用到千百個單位，已經足可以了。而有的人，一個弼馬溫，卻拿著自己當玉皇大帝擺譜耍威風，這樣的可笑的例子我見得多了。

第三，不論面對什麼情況，你要考慮此一步，還要考慮下一步，你必須維持自身的重心與平衡。體育對抗中這樣的情況最為明顯，你的一個攻球動作，十分精采，但由於用力太過，失去了重心與平衡，反而把球輸掉。儉約才能平衡，儉約才能不倒，儉約才有長勁。所以這一章在講嗇的同時，一再講長久，講長生久視。

第四，老子的啬的概念，必須聯繫他的無為思想來思索。無為，尤其是不可妄為、不可過為、不可貪得無厭、不可絕對極端、不可亡命徒作風、不可沙鍋砸蒜，一錘子買賣。老子提倡慎重，提倡留下迴旋餘地，提倡可持續行事治國事天養生，當然有他的精采異人之處。

第五，反觀萬事萬物，莫不是處於一個積累量變的過程。一個王朝垮臺了，這是積累了一百年或幾百年的結果，是大量的民怨、壓迫、腐敗、屈枉、胡作非為厚積如山的結果。即使末代皇帝勵精圖治，如朱由儉（崇禎）那樣，也回天無力了。一個新興政權的勝利，也是至少積累了幾十年，乃至此前的多少先行者的奮鬥、理念、犧牲、廝殺，與己方的親民、智謀、善用人等的結果。

中國百姓愛說一句話：積德。卻原來兩千多年前的老子已經講積德了，積德之議源遠流長，積德之紀錄應該說乏善可陳。德不是現金，不是立即兌現立即出成果的。德是根本，需要的是積蓄積累存儲；德是基礎，需要提前挖好夯實填滿，而且要有超過上層建築重量多少倍的承擔能力。「早服」就是積蓄，就是打基礎，就是積德積攢積累。

民間的另一種說法叫做積怨，這樣的例子比較多。

強調啬，就是強調積累，強調存儲，強調餘力，強調為政者與養生者的不可強努硬拗透支，不可吃光用盡拚完老本，不可放炮吹牛，不可動輒衝破天上九天。原因還在於為政者的一舉一動都會是十倍百倍千倍地放大的，一言可以喪邦一言可以興邦，這說的恰恰是為政者，而不是民間議論與論。

啬的原則，節約與儲備的原則對於做別的事也有啟發與參照的意義。為政法、為外交、為工商、為文藝、為學術、為教育、為體育競技等都有一個重視積累、節約、儲蓄、後備力量的問題，都有一個可持續發展與為明日做準備的問題，都講究一個厚積薄發、猶有餘力、綽綽有餘。

嗇的原則對於奮勇爭先、殺出一條血路來說是不夠的，很不夠。人生總不免要拚幾次，要敢於全力取勝。但懂得了嗇的原則，至少不會搞什麼違反客觀規律的大透支，不會去做那些個勞民傷財、自陷窘境的傻事了。

第六十章　治大國若烹小鮮

治大國，若烹小鮮。

以道蒞天下，其鬼不神；非其鬼不神，其神不傷人；非其神不傷人，聖人亦不傷人。夫兩不相傷，故德交歸焉。

治理大國就像烹調小魚一樣。

把大道行使貫徹到天下，鬼怪邪祟也就沒有什麼可鬧騰可神奇的了。不是它們不鬧騰，就是它們鬧騰起來神妙起來來勁起來，也傷害不了誰了。並不是神怪都一定不傷人，而是由於得大道的聖人不傷害人，聖人的大道幫助防護了人們不受神怪的侵襲。聖人不傷害人，神怪也不傷害人，雙方一致，德性也就匯合到一起去了。

「治大國，若烹小鮮」，這是整個《老子》中最奇突、最有光澤、最迷人、最令人拍案叫絕的千古名句。有這樣一句話，其立言之功已經永垂史冊。這是思想與語言的傑作，這是智慧與經驗的異彩，這是出人意料的閃電驚雷，這是超常的令人一跳三尺高的命題！

再想想古今中外有多少學者偉人大師高峰，他們學問那麼大、地位那麼高，他們一生說過幾句能給人留下印象、留下啟發的話語？

有不少那樣的人物，堂皇乎似頗有學問頗有見識者也，然而他的紀錄是零，是一句振奮聾發聵的話也沒有。

我要說，少年時代，我就是看到了這一句話，產生了我對《老子》的興趣與折服，使我覺得一部《老子》令人終身受用不盡！

何必求解？即使不解、不求甚解、無定解……這句名言也已經膾炙人口、已經魅力四射、已經發人深省、已經家喻戶曉。

老子對於人是有幫助的，就說此言的理念、信心、境界、氣魄、雍容、大度、瀟灑、幽默、深邃，夠我們學一輩子的。

這段話有詳細具體的註解，如說烹小鮮不能來回翻動，不能去腸、去鱗、不敢撓……（參考河上公說，轉引自傅佩榮《解讀老子》，線裝書局二〇〇六年版）。我假設這些註釋都是對的，謝謝前賢。然而，對於我來說更重要的不是烹調小魚的細節與注意事項，不是烹小魚要領規程，重要的是這種治大國的遊刃有餘、舉重若輕、平常心、有把握、舒舒服服、笑容滿面的精神狀態、精神境界。這不是技巧性條例：如不得翻動五次以上、不得放調料五錢以上或火候太過——煎燉四分鐘以上，或至少要翻動兩次……這是大道，這是胸懷，這是人生觀、世界觀、政治觀、價值觀，這是本體論也是方法論，這是修養也是人格，這是姿態也是靈魂。這是治國平天下的一種智慧和美，一種領導人風度，一種形象思維，一種直觀體悟，一個超級發現。

讀完治大國若烹小鮮，你不能不大喊一句：「虧他想得出！」

有時對一個名言名文的註釋太清晰了，反而不是最好的理解方式，也就是說：世人皆知明白之為明白，斯不明白矣。

白居易的「花非花，霧非霧。夜半來，天明去。來如春夢不多時，去似朝雲無覓處」寫得是何等好啊！某晚報上登載，一個保母看到此詩後便說，這是謎語，謎底是「霜花」，真是天才的保母！用霜花解釋《花非花》，天衣無縫。然而，這位天才的保母從此也就殺死了白居易的詞。

天才的解謎語者，同時難免不成為文學的劊子手。

讓我們保留住初讀「治大國若烹小鮮」時的驚嘆與激動吧！保持住那種對於精采的思想的新鮮感、折服感乃至困惑感與神祕感吧！不要把它解釋得太明白、確定、技術化了吧！即使籠統地解釋為「不多事瑣碎也」（明末清初學者傅山所解），也仍然覺得未免簡單化了老子的名言名喻。

因為古今中外，再沒有人把治大國看得那麼輕鬆、平常、小巧、愉快、輕鬆，樂在其中，妙在其中，道在其中，趣味在其中了。國人的說法多麼可愛：叫做「舉重若輕」——由於大道，由於精湛，由於信心，由於不急不貪不私不爭，世上又有什麼能把人壓趴下的重量呢？

法國一位總理曾對中國領導人說：「法國六千萬人口就把我們（政府）折騰個不亦樂乎，你們這麼多人口，無法想像你們的工作啊！」

這位法國政要的感覺是，治大國如活魚接受清蒸或者紅燒，他能有若烹小鮮的快樂嗎？

他只有被烹調的痛苦。

做事情是苦熬苦忍，慘澹經營更出活兒，還是樂在其中、美在其中更有效呢？

比如割麥子，愈是力巴頭愈會是咬牙切齒、瞪眼撇腚，氣喘如牛、汗流如雨。而勞動模範呢？他會感受到快樂。

前些年曾經有過關於快樂足球的辯論。足球踢得好當然是充滿快樂的，又不僅僅是快樂，因為比賽中還有驚險、還有失敗、還有傷病……只有故意抬槓者才由於有後面那些東西就否認了足球的快樂。

某種意義上，踢好足球並不比治好一個大國更容易呀！看看媒體，令我們相信許多大國都治理得不錯，至少都認為自己治理得成功、治理得英明，但他們的足球不怎麼樣，甚至是一塌糊塗。

那麼，做一些難事大事，而若烹小鮮，你有這個氣魄嗎？你有這份閒心嗎？你有這種藝術感覺嗎？我們看看某些人，辦一點事，暫時負上一個縣一個市一個局一個部一個科的責任，就那樣一驚一咋，大呼小叫，天天告急，時時呼救，事事急赤白臉，不是若烹小鮮，而是若身陷鱷魚的利齒大口，真是痛苦死人，也笑死人、醜死人啊！

與此同時，烹小鮮又包含著小心翼翼、不急不躁、戒輕率、戒亂來的意思。小鮮嘛，不要大折騰，不要大火大燒，不要過度加工過度炮製。你很難找到別的例子，能表達出既是輕鬆愉快、得心應手，又是適可而止、慎重穩妥的要求。

我有時候還進一步推敲，為什麼是烹小鮮，而不是養小鮮呢？從審美和情趣的觀點來看，不是養小鮮更靈動一點嗎？也許烹小鮮的說法更加世俗化、生活化、操作化？如果是飼養小魚，箇中包含的問題並不僅在於人的操作方面，還有魚的品種問題，水、空氣、溫度等環境方面的問題，並不是你操作對了魚兒就一定活得好。老子寧願用家庭中的小小炊事做比喻。

底下的一大段話我以為最好與烹小鮮聯繫起來理解。用烹小鮮的沉穩、慎重、餘裕與把握治國理政，也就是把大道帶到了天下。有了聖人帶來的大道，帶來的早服、積德、餘裕、忠實與信心，一切妖魔鬼怪、邪教迷信、巫婆神漢、怪力亂神、裝神鬧鬼，也就不起什麼作用了。歸根到柢，神鬼作亂是人亂的結果，是人缺少自我控制的結果。聖人不傷人，牛鬼蛇神也就傷不了人。反過來說，如果一個國家鬧鬼神傷人，一定首先是這個國家的帝王將相、聖人賢人先胡作非為，乃至藉助神鬼去嚇人唬人，是他們自己已經先傷了人。

而做到了若烹小鮮的人，做到了不慌不忙、不浮不躁、不吹不叫不吵不鬧不翻天覆地的為政者，他們的平和帶動了天下的平和，他們的穩定推動了天下的穩定。鬼不神奇，神不傷人，聖人不傷人，就是說不傷這種平和與穩定，豈不天下太平？

至於說兩不相傷，德交歸焉，這再次表現了中國的尚同、注重同一性、統一性、本質的一元性的思想方法。聖人與大道一致，鬼神也與聖人保持一致，於是大家都與大道一致，與嬰兒、與水性、與大德、與樸呀真呀淳呀沖呀虛呀靜呀什麼的，都一致了，都進入了永恆的最佳狀態。

以道統領庶民，同樣也可以做得到以道統領鬼神，道以制神，道以親神鬼、和神鬼、安鬼神、平鬼神。老子的有關思路獨一無二，令人擊節讚嘆！

（他不討論迷信與非迷信的問題，他也是「六和」（三維空間）之外，存而不論。承認它的存在或虛幻存在暫時存在，同時以道統領引導之，至少是使之不為害。這應該說是一個聰明的選擇。）

按照中國式的思想方法，德與德相親，道與道相近，聖人不傷人，鬼神也就不傷人了，聖人有德，其他各種力量也都有德起來了，叫做物以類聚、人以群分。這樣的烹小鮮的結果，這樣的互相無傷的結果，是匯集了天下的有道無傷之士之理之物質與精神的資源。妙哉斯論，理想啊，這樣的大道！

反過來說，如果一個侯國的侯王、臣子、士人乃至於聖人，自己折騰，動輒傷害他人，那就不僅是他們幾個人乖戾傷害的問題，而是妖魔神怪一起上，各種惡鬥、傷天害理、災難混亂一起上，不是德交歸而是怨交歸、恨交歸、傷交歸、禍交歸焉。

第六十一章　大國下小國

大國者下流，天下之交，天下之牝。牝常以靜勝牡，以靜為下。

故大國以下小國，則取小國。小國以下大國，則取大國。故或下以取，或下而取。

大國不過欲兼畜人。小國不過欲入事人。夫兩者各得所欲，大者宜為下。

愈是大國，愈要把自己擺在相對低下的地位。它提供的是天下的匯聚、交往、來往與合作。它發揮的是天下之（陰戶的）雌柔與繁殖的功能。雌柔常常由於自己的被動與平靜而勝過（陽根的）雄強，而在與雄性的交合中處於主動地位。通過平靜保持低下——謙卑，或者也可以理解為通過低下與謙卑保持平靜與長性。

大國如果能對小國謙卑禮讓低調，它就能從小國身上得到好處。小國如果能對大國謙卑禮讓低調，它就能從大國身上得到好處。也就是說，不是因欲獲取而謙下，就是因謙下從而獲取。

大國不過是想收攏容納更多的人口人心人氣，小國不過是想參與並受到容納與尊重。能做到這樣，雙方都可以得到自己需要的東西，但大國尤其要注意謙下。

這一章講那時的諸侯王國，特別是講對大國外交的設想與意見。

中國是世界上最注意提倡謙虛遜讓的一個國家。這與中國自古以來的泛道德論、修身齊家治國平天下論、將人格修養人格力量置於萬事之首的傳統有關。這同時也與重視政治鬥爭、政權爭奪的社會政治人文傳統有關。愈是爭鬥得厲害，就愈有必要強調謙虛，以團結更多的人，以爭取聚攏人氣。這也是相反相成。

這裡將謙卑禮讓原則的奉行放到大國與小國的關係上來論述。

愈是大國愈要謙卑禮讓低調，要處在下位，成為天下的陰戶，才能起到匯聚天下、合作天下、交融天下、集攏天下的作用。這裡老子通過雌雄性器官的交媾功能體會到雌性器官的居下而更上乘、柔軟而更堅強、靜候而更長久、被動而更主動的深刻哲理，與老子一貫提倡的知其雄守其雌的主張一致。

（老子的時代那麼推崇雌、陰、牝，毫不避諱，毫不扭捏，不知後世為何吃錯了藥，竟那麼歧視女陰，乃至視為不潔不祥不正的凶物穢物。）

春秋戰國時代，老子顯然對於性事還沒有那麼多禁忌，他不斷地用牝牡之合之區分之特色來講述大道。包括他的橐籥的「虛而不勸，動之愈出」，還有「玄牝之門，是謂天地根。緜緜若存，用之不勤」，都有藉性說事的色彩。

本來嘛，注意到水的向下與嬰兒的純潔柔弱的道性的老子，喜歡追問起源與本初狀態、具有一種本初主義傾向、原道旨主義傾向的老子，不會不注意最神奇最偉大最重要的人的生命的源起，注意形成嬰兒前的更加本初的男女交合，並從中尋找大道的解讀。倒是後人，註釋時一定要把牝呀牡呀抽象化、「掃黃」化，把它解釋得文謅謅、玄兮兮，高度清高反而更糊塗了。

大國謙下才能取小國，這話有點可怕，它給我的印象甚至是大國謙下才能占領或占有小國。小國謙下才能取大國，我也覺得玄乎，似乎是小國謙下了，就能以小勝大，把大國拿下來。但老子的意思卻非如此，老子是理想主義者，是希望創造天下的和諧的。他把大國的要求定位於「兼蓄人」，取得更多的人口人心人氣人力；把大國的作用定位於「天下之交，天下之牝」，用今天的話來說就是為天下提供更多的服務。大國的最高志願是做天下的陰戶，這實在不能說多麼具有侵略性與霸權主義。

他又把小國的要求定位於「入事人」，是參與和存在的保證，這是有道理也有難點的。難點就是貪欲，就是大國對於小國的領土與主權的覬覦，是小國對於大國的提防與利用大國間的矛盾以求自保以求占便宜的動機。同時，大國間的矛盾會使小國夾到當間，於是為了爭奪對於小國的影響，大國間說不定會火拚起來，大國一旦火拚，夾在當間的小國就更難受了。春秋戰國期間不斷地發生會盟、聯姻、結好、交惡、戰爭、政變、屠殺。在這樣的情勢下提倡雌柔謙下，第一，非常有針對性；第二，非常不具有可操作性。

相對起來，大國還好操作一些。大國之大，只是相對的。大有大的難處，大了難掌控，難團結一致，難轉彎，難調眾口，國愈大破綻愈多，軟腹部愈是隨之而大。國愈大愈會成為眾國的批評攻擊對象，愈是會引起普遍的不安與疑慮，例如如今美國的處境。許多大國不是敗在敵國手裡而敗在自己的混亂與分崩離析上，例如蘇聯。大國應該認識到自己的短處、危險處、軟弱處，大國同樣有求於小國，有待於小國的友誼、信任、支持、善意與以誠相待。大國主動做到謙卑禮讓低調，應該是可以做到的，但又常常是做不到的，因為大國太氣盛，大國容易犯單邊主義的錯誤。

那麼小國更不應該強硬咋呼。小國更需要大國的友誼、幫助、尊重與合作。小國敢於大鬧天宮的不多見，但也不可小視。小國如果採取正確的政策與態度，如果掌握了大道，也有可能做出奇蹟。

兩者各得所欲，不容易，然而理想。這裡老子已經表現了雙贏的思路，而不是非此即彼，有你沒我的「零和」的唯一選擇。這是老子的政治理想主義的可貴之處。

大者宜為下的說法很精采，而且此處說的是大者，不僅是大國，人物、集團、公司、流派、學派、軍隊都應該注意大者為下。愈大愈要謙虛謹慎。回想新中國建國成立初期共產黨對於各民主黨派的禮遇，對於非中共人士的尊重，例如毛主席親自到北京站接宋慶齡；再如二十世紀六〇年代中國對於朝鮮、阿爾巴尼亞與柬埔寨的關係，似乎都有老子的傳統教誨在起作用。

大者難免驕氣、傲氣、霸氣，大者難免恣肆、輕忽、隨意、妄言、妄動，這些都是值得從老子的論述中深思的。

反對霸權主義，深挖洞、廣積糧、不稱霸，永遠做第三世界國家等——我們提出過有的至今仍然堅持著的主張，除了外交與國家利益上的考慮以外，是不是也有思想文化上的傳統在起作用呢？

第六十二章　道為天下貴

道者萬物之奧。善人之寶，不善人之所保。美言可以市尊，美行可以加人。人之不善，何棄之有。故立天子、置三公，雖有拱璧以先駟馬，不如坐進此道。古之所以貴此道者何？不曰：求以得，有罪以免邪？故為天下貴。

大道是萬物的深祕與奧妙所在，是善人好人的自然的寶貴與寶貝所在，又是並非那麼善良美好的人之不那麼自然的保持與保有，也是後者的賴以生存與保有——得到保護的依據。

美好的言語，可以贏得尊敬；美好的行為，可以為自己加分。一個人不夠善良美好，這並不是予以拋棄的足夠理由，也不具備該人與大道無干的含意，為什麼要拋棄他呢？

不論是天子繼位，還是封賞任命三公，與其雙手捧獻上美玉寶馬，不如獻上這種比一切美好更美好的不離不棄的大道。為什麼自古以來眾人都珍貴大道呢？還不就是因為大道能幫助你心想事成，有了過失罪過也能避免災難嗎？大道因此是天下最寶貴的東西。

這裡講大道的功用與價值，講大道的普遍有益性與適用性。或將「奧」解讀為「庇蔭」，想來是有根據的。然而，問題在於，大道與萬物的關係不是外物與萬物的關係，不是一層皮包圍著或保護著萬物的關係。大道是萬物的起源與本質，是萬物的始祖——母親，是萬物賴以存在的道理即究竟，是萬物的核心。與其說是大道包圍著萬物，不如說大道是深藏於萬物的核心，不如說萬物是大道的下載、是大道的功能與效用。

我願意相信，古漢語中「奧」具有庇蔭的含意，問題在於老子的觀點是不是大道具有庇蔭的作用。這裡需要花力氣討論的不是一個漢字古詞，而是一個論點。我們的古代經典解讀常常會因字忘義。

對於懂得道、自覺地與道一致、守護並貫徹道性的善人來說，大道是他們解決一切難題（前面說過「無不克」）的寶貝。妙就妙在即使那些不懂大道，有時行事無道非道的資質較差、德行較差的人，他們的命運、他們的存在、他們的得失也是離不開道的。他們的不盡如道意的情況，本身就是大道的體現。大道並不使人同一面，心同一心，大道注定了智愚、賢不肖、美醜、善惡、壽夭、正奇、治亂……各種相反相成的對立面同時存在與互相轉化。它們的存在本身就是大道的證明、大道的效用、大道的功能、大道的活力。

無限的大道是接近於完美的，然而也是不存在完美的概念與標準的，談不上完美或者不完美的。自大道而生的萬物，則各個是有限的，是完全不可能完美的。

大道本身就不是單向的、一面的、扁平的。大道本身教給我們有無相生、難易相成、善惡相伴、美醜相形、賢與不肖相隨，萬物都同時伴隨著對立面或向對立面的轉化。你尊道貴道悟道學道行道如道得道，當然很好。同時人有貪欲、有驕傲、有浮躁、有自命不凡、有其政察察、有不智而又多言、有好勇鬥狠、有自取滅亡的種種弱點毛病。這些毛病弱點的必然發生與不幸後果，或者說是這些弱點毛病的得到教訓與懲罰糾正，都是大道的體現。非道無道逆道背道而馳者的一切表現，都是大道實現自身的一種代價，是大道的反面教材，是大道對於人的警示。

同樣的背道而馳者，有的由於一意孤行而自取滅亡，有的由於及早醒悟而面貌一新、終得自保，有的由於最後終於進入道境而無限光明、無不克，這都是大道的必然、大道的效用。這體現了大道的豐富性、功能的立體性、多用性。不善人之所保云云，是雙向的保有與保持。不善之人仍然未將道意泯滅乾淨，仍然有覺悟與轉變之可能，叫做仍然保有向道的契機。而同時，大道保有著一切、引導著一切、啟發教育著一切，包括不善者。

下面講可塑性可逆性可作為性。既然美言可以贏得尊重，美行可以給人加分，不善云云也是可以通過自己的美言美行來改善的，不必拋棄不善者，道體萬物，道澤萬物，不論善與不善，這正是道的偉大包容無棄無敵至高至德之處。在這個意義上說道有庇蔭之用，當屬不差，但這是道的比較不那麼重要不那麼本質不那麼關鍵的作用。

說到功用，這裡有一個懈處。你過於強調了道的有用，道能使你求以得，禍以免，心想事成，免災消難，既寶且保……這太好了，但也太實利太通俗太簡單化了、太親愛溫柔甘甜潤滑了。

講智慧與效用，講寶與保，講夫唯不爭故莫能與之爭，講後其身而身先、外其身而身存，講將欲取之、必先予之，不怎麼講獻身與德性，不講捨身飼虎（佛教）與背起十字架（基督教），就是說強調奉獻不足，這是道教在彰顯德性上不如另外的某些宗教的原因。等而下之，大道有時被認為是兵法直至陰謀，其原因亦與此有關。

求以得與罪以免，本來很好。但太好就與前面老子莊嚴宣告的「天地不仁，以萬物為芻狗，聖人不仁，以百姓為芻狗」不一致了，這兩個「不仁」與兩個「芻狗」是何等振聾發聵，天門洞開，一身冷汗！

你身為芻狗，還要「求以得，罪以免」，還要心想事成，消災免禍，豈非癡心妄想？

《老子》的三十八章至八十一章共四十四章中又有極精到的論述，如關於一二三，關於失道而後德，關於治大國若烹小鮮……所以我傾向於（是思考的結果而不是考據的結果）懷疑這後四十四章的情況複雜，混有一些非原文的東西。

或者，如果並不存在這樣的可能，那就說明了老子思想的非單向性、複雜性。老子的學說並非珠圓玉潤、百無挑剔。

那麼求以得、罪以免是不是就全無是處呢？當然不是，真正求道得道的人，應該算是聖人吧！他自然不會貪得無厭，求其不能，求其無道非道，求其逆天害人。用道來規範選擇自身的所求，這是得的保證，就是說你可能得到的是合乎大道的東西而不是違背大道的貪欲。他至少已經得到了與大道一致的恢弘與虛靜、得到了尊重與加分。而罪以免呢？當然也不是說他會無惡不作，他至多是悟道悟得比別人慢一點遲一點，他寶貴珍視的仍然是道。有這點道心道性向道之意，不論是求還是罪，都比堅持無道、背道而馳好得多，這樣講就完全是真理了。

第六十三章　味無味

為無為，事無事，味無味。
大小多少，報怨以德。
圖難於其易，為大於其細。天下難事必作於易。天下大事必作於細。是以聖人終不為大，故能成其大。
夫輕諾必寡信，多易必多難。是以聖人猶難之，故終無難矣。

行無為之為，做無事之事（或服務於無所服之務），體驗無滋味之滋味。這就是大道的品味。什麼叫大？什麼叫小？什麼叫多？什麼叫少？不論是大還是小是多還是少，反正我要以德報怨。

準備做一件困難的事，先從其中較容易的部分做起。做一件大事，先從它比較小的細部做起。天下一切艱難的事情，都是從一件件較容易的事情做出來的、做成功的。天下的大事情，都是從一件件的細微事情做起的。所以聖人不去與偉大認同，不覺得自己大，才能成就大事、成就偉大。

輕易地做出允諾許諾，輕易開支票，必然缺少信用。把事情看得太容易了，必然會碰到意想不到的困難。所以愈是聖人愈會把事情看得困難一些，而對於困難，如果做足預想、預案與準備，事物反而沒有那麼多困難了。

為無為，事無事，這仍然是在「無」字上與「不」字上狠下工夫，使自己不上當，不入陷阱，不進圈套，不中計謀，不攪局，不被攪，不伸手，不混進或鑽進蠅營狗苟的行列，不適得其反，不用力過度，不斤斤計較，不鼠目寸光，不苛細煩人，不嚕嗦瑣碎，不輕舉妄動，不枉費心機。這個意思極好也極有幫助。

可以說我的七十餘年，就是在干擾與不受干擾、鬧騰與不想鬧騰、美夢與不必太作夢吃肉包、洋洋得意與何必洋洋得意的張力中度過的。幸虧我有那根弦：無為的弦，無事的弦，拒絕人際糾紛、拒絕拉幫結派、拒絕青雲直上、拒絕大言欺世、拒絕裝腔作勢、拒絕跟風起哄的弦，我才能有今天，我才基本上是我自己，是我願做的自己，而不是成為我最最痛心的那種政治與官員混混或騙子，也不是那種文學文化巫師、無賴、騙子。

我對我自己大致滿意。不是滿足，不是得意，不是暈菜，不是膨脹與自吹自擂，我滿意的就是在弄不清究竟與就裡的時候，我寧可選擇無為、無事、無味。

讓我們討論一下，一個人的志向有高低，壽命、體力的本錢人與人不同，才具有大小，成就有不一樣，機會命運有通蹇，命運的許多因素是個人無法選擇的，是無勞個人過於費力吃勁的，那麼，人的選擇主要表現在負選擇即不能幹什麼不能成為什麼樣的人的選擇上，

我們不希望自己成為壞人、卑鄙的人、害人害己的人、騙子、惡棍、氣急敗壞者、挑撥是非者、一腦門子官司者、告密者、政治投機者、腐敗分子……簡單地說，每個人都有自己最不喜歡最感厭惡最感作嘔的人。你無法完全擺脫這樣的人，你不得不與這樣的人周旋，然而，你至少可以，

你絕對必須使自己不成為這樣的人。

就是說，不能因為有陰謀家暗算你，你也變成陰謀家。不能因為有謊言家欺騙你，於是你也說謊。不能因為有人搞了小集團排斥你，你也拉出一支小隊伍。

所以老子後面緊接著講的就是以德報怨。寧可被陰謀陷害、被謊言陷害、被宗派陷害，自己死也不搞這些下賤勾當。這些，做主在我，我必報應，我們自身就可以決定，自身就可以負責。

對於某些惡性選擇、惡性命運，我們只能說「不」，叫做斷然拒絕，只能威武不能屈、貧賤不能移、富貴不能淫。你有千條妙計，你有萬般誘惑，你有百種高壓，我就是一個「無」字等在那裡、死頂在那裡。我們不要忘了那個軍事用語：頂住！遇到這種情況，我們必須為無為、事無事、味無味，否則就是混蛋，就是該死，就是背叛了大道和人生、背叛了眾生和自己。

味無味，這句話對於我頗有新意，在《老子》裡亦算鮮見。無味、枯燥無味、淡而無味、自討沒味……本來都是貶詞，這裡的味無味卻是褒語，是極大極深極不平常的褒語。

不能不想起來，在我暫時處於逆境的時候，友人贈我以黃山谷的詩。詩云：「外物攻伐人，鐘鼓作聲氣；待渠弓箭盡，我自味無味。」

確有這種妒賢嫉能的外物、心胸狹隘的外物，他們想盡辦法整你，也拉出一個小小的打擊樂班子，鐘鼓齊鳴，製造聲勢。而你呢，應該堅壁清野，不予出戰，不予理睬，靜待混水沉澱變清，等到他的子彈用光了，你靜靜地在一邊品嘗那個無味之味的恬淡悠長吧！

老子喜愛無為無事，也推崇無味，我想這與老子推崇水有關。水是無味的，空氣也是無味的，水與空氣卻是最最養人的、最最須臾不可離棄的。

無味之味才是最高的味，因為它恬淡高雅，清潔透徹，營養生命，可持續享用，可幫助你潔身自好，卻不引誘貪欲，不刺激也不麻醉神經，少有因過度使用而產生的副作用。愈是低級的飲食，往往會愈發刺激，而高檔的東西反而會顯得淡而無味，茶酒菜餚都是這樣。文學作品也是這樣，許多偉大作家，都經歷了一個從奇花異彩、從挑戰性、從驚世駭俗到恬淡自如的發展過程。我曾有句云：「文心宜淡淡，法眼莫匆匆。」我說的是那種自以為太優越的文人絕對不是第一流人物，就像老作家所說的「最高的技巧是無技巧」。即使是最最絕妙的技巧也不如那種你的閱讀當中根本不會感到作者的技巧的作品，後者給你的只有真情、灼見、天才與道德責任、道德正義。尤其在一個爭奪、鑽營、浮躁、戰亂頻仍的環境中，你能做到無為、無事、無味，那簡直就是聖人了嘛！

一方面是治大國若烹小鮮，一方面是聖人猶難之，這是自相矛盾的嗎？有一點，老子此前已經強調，難易相成。難之則易——有了對於困難的充分準備與對策，即可化難為易。易之則難——只有對於一帆風順的準備與對策，本來很容易的事也變得難做難成了。所以他此章講的「聖人猶難之」的結果是「故終無難矣」，很好。烹小鮮的另一面，也是難之，充分地禁受困難的考驗。同時正因為難之，才若烹小鮮，而不是胡作非為，如掄大錘，如砍大斧。

有了無為無事無味的境界也就不會厭倦平凡與細瑣，因為一切艱難大業的完成都是從完成一點相對容易的小事開始的。這個觀點與歐美人、歐美文化傳統完全一致。老子既講玄奧深邃高妙彌漫恍惚的大道，也講小事易事，他從來不把大道與細易對立起來。他的大道不是反人生反日常反平常心的，而是貼近日常貼近生活貼近操作貼近做事貼近可行性的。這樣的大道，上至宇宙永恆，下至一草一木，都是一致的、互通的、愉悅的與智慧的。體悟這樣的大道，同樣也可以從易處從細處做起、從戒貪做起、從戒大言做起、從戒為人為政的苛細上做起。每日每時每刻，都有大道可知可循可依可行，這樣的快樂與踏實，是多麼地寶貴呀！

我們同時遺憾地看到，一些忙於「務實」的人，忙忙亂亂，焦焦躁躁，物欲得失，心勞日拙，已經或正在被人生、人群、人事所淹沒。而一些讀過點書的人，自命清高，從書本到書本，空對空，百無一用。唉！

不妨一面閱讀此章一面向自己發幾個問題：

一、你會從一些小事易事做起，走向遠大的目標嗎？

二、你有一種自信或者原則，堅持你所認為的寶貴的一切，你的不可或失的原則嗎？

三、對於一切可能的困難，你有足夠的理解與準備嗎？

四、你有沒有過輕諾寡信的紀錄？你能不能克制你的輕諾（隨意許諾）的毛病？

五、你有過幾次以德報怨的紀錄？有過幾次以牙還牙的紀錄？有過幾次氣急敗壞而又還不了手的紀錄？你為什麼硬是做不到以德報怨？

六、你能做到不該為的時候無為，不該生事的時候無事，甘居平常，體味平淡，並從中體悟出人生的真味、大道的真味嗎？

第六十四章　未兆易謀

其安易持，其未兆易謀。
其脆易泮，其微易散。為之於未有，治之於未亂。
合抱之木生於毫末，九層之臺起於累土，千里之行始於足下。
為者敗之，執者失之。是以聖人無為故無敗，無執故無失。
民之從事，常於幾成而敗之。慎終如始則無敗事。
是以聖人欲不欲，不貴難得之貨；學不學，復眾人之所過，以輔萬物之自然而不敢為。

情勢安定了就容易保持、持續；事件還沒有要發生的預兆，就容易防止。或是事物發展的趨向還未定規，就容易策畫。

脆嫩的東西容易化解，微小的麻煩容易消散。在一個過程未成形未出現以前容易對之有所作為。未出亂子、未鬧騰大發以前，容易予以治理與恢復秩序。

一個人抱不過來的大樹最初也只是細小的樹苗。九層樓臺也是從地表上的土方活計開始。上千里的路程也是從腳下出發的。

你刻意有所作為，反而容易失敗；你刻意抱持不撒手，反而容易丟失。而聖人，不刻意追求什麼，也就不會失敗；不刻意把持什麼，也就不會丟失。

老百姓做事，常常是已經快要做好的時候，反而失敗了，所以說要慎終如慎始，像開始時一樣慎重地對待事情的最後階段。也就不會壞事了。

所以聖人的願望是自己沒有願望。聖人不珍貴也不追求難得的商品貨物。聖人希望學到的是沒有多少知識與學問的狀態。這樣，聖人才能彌補（承擔）眾人所犯的過錯。聖人希望的是萬物自行演化發展，而自己不要輕舉妄為。

這一章乍看似乎有自相矛盾的地方。它講了持、講了謀、講了為、講了治、講了生、講了起、講了行與始。這些都是有為，不是無為；都是有，不是無。當然。它緊接著又講無為，故無敗；無執，故無失。然而再接上去卻又是慎終如始，則無敗事。其實按照老子的獨特的思路，把持與失落，謀畫與不謀、無謀，為之於未有與無為、不為，生與滅，起與落（建築與倒塌、垮臺），千里之行與就此而止，本來不應該有什麼計較，而且是後者——滅、落、止等更根本更重要更近道。

由此可以看出，無為也並非絕對。刻意的為不可取，刻意的無為也不可取，刻意無為等於是一種矯情的為、一種費力的為、一種勉強的作秀。

這一章老子所講的重點恰恰是為，而且要早為，要為於事物的萌芽狀態，要有預見、有提前地為，而且要為到底，不但慎始而且慎終。

但老子的為，是以無為為前提為基礎為主心骨的為，是說在為時更要想著無為的道理。講話時要時時不忘不講不言的好處與及時打住的必要性。下命令時要想到不下令而能使之正常做到的可能性，從而減少可以不下的命令，要做到可下可不下的命令一律不下。爭執時要想到沒有比爭執更不可取的了，不妨再看一看等一等，適當多保持一點沉默寡言。加班時要想到減少勞碌的好辦法，並且要認定加班絕對不是提高效率的可取途徑。預定一個什麼目標的時候要想到這一目標的無意義處與不可能、不易做到處。有所期盼有所要求有所願望時，要想到此期盼、此要求、此願望很可能是竹籃打水一場空，如果能控制和取消這樣的期盼要求願望，自己將更加主動優越，立於不敗之地。即使只是生了病去看醫生，也要明白，遵醫囑服藥打針的同時，要有聽其自然、尊重生命規律的豁達、沉著與平和。做到這一步，幾近道矣。

這裡還有一個原因，為與有的必要性是不需要講解與討論的。一個人活在世上，有欲望、有衝動、有需要、有珍貴、有謀畫、有目標、有喜有不喜、有愛有不愛、有樂有憂、有怒有喜、有緊張有放鬆，這些都不需要講解宣示。難得的是能看到下一步，看到欲望的後面有貪婪的陷阱，衝動後面有自取滅亡的危殆，需要的後面是更大更不靠譜的需要，謀畫後面是進入迷魂陣與盤絲洞的自我迷失，目標後面是無聊的不得滿足，喜與不喜的後面是自欺欺人，憂樂後面是自我捉弄，怒與不怒後面是一筆糊塗帳。看到這一點絕非易事，看到了也會被淺層次的魅惑所「拿住」，使自己昏心迷竅，不得解救。

所以這一章中，老子既講了提早為之的必要性、慎始慎終的必要性、有所預見有所先知的必要性，同時最終講的仍然是無欲、無貴、不學、復過（彌補與承擔眾人的與自己的過失）、不敢為的重要性與主導性。這裡的老子，雖然略顯極端了些，卻含著大量的救人濟世之心，不可不察。

老子主張在為的同時強調無為，在做事的同時看到事的無意義處、不可能做成處，在言的同時看到不言的好處。這是不是會鬧成虛無主義、造成自相矛盾呢？肯定會的，老子的學說中本來就有虛無主義的成分。但他畢竟在此章中肯定了安、持、謀、易治、合抱之木、九層之臺、千里之行、慎終如始、輔萬物之自然（是輔不是主，但也不是不聞不問），他畢竟有所肯定有所希冀有所願望。

這一章前半部分的核心思想，與其說是講無為，不如說是講要「為於無處」。魯迅是「於無聲處聽驚雷」，老子要求的則是「於無聲處知驚雷」，也可能是「防驚雷」。魯迅想著的是革命，老子想著的是天下有道。兩人當然不一樣，但都聽到了無聲處，看到了無光影處，想到了人所未想處。

簡單地說，要有預見，要走到頭裡，不能等到出了問題再為，要為在安穩時而不是亂了以後，要為在沒有什麼兆頭出現時而不是等到山雨欲來風滿樓了才想起關窗子。要化解矛盾於矛盾的有關方面尚未成形、尚未堅硬、尚未抱團板結僵化的時候，而不是等到情況惡化固化死結化之後才想辦法。要看得懂大事是由小事造成的，巨無霸是由點點滴滴聚成的，萬里長征是一步步走過來的。

要無為就要為無：為於無處，為於先時，為於未發，為於未作。那就要從根本上做起，要治本，要戒貪，戒謀略，戒苛細……

這就是說，無為了才能為於無處，為了無了才能無為。無為與為無，兩者互相作用，互為因果。

這種循環往復的、類似畫圓圈的思維方式與表述方式，是老子所最喜歡用的。

第六十五章　將以愚之

古之善為道者，非以明民，將以愚之。民之難治，以其智多。故以智治國，國之賊。不以智治國，國之福。知此兩者，亦稽式。常知稽式，是謂玄德。玄德深矣、遠矣！與物反矣。然後乃至大順。

古時候善於以道治國的人，並不是以道來教民人（那時並無如今的人民一詞，故我有時用民人、有時用百姓、有時用庶民、有時用人眾來談老子的民字）聰明，而是以道來教人們愚傻。民人為什麼難以治理呢？就因為他們的智謀太多。所以說，以智謀治國，就是國家的蟊賊與災難。而治國不用智謀，才是國家的福氣。

懂得這個關於以智治國與不以智治國、以愚治國的這樣一個治國模式問題，就算有玄德了。玄德是多麼深遠而且奧妙啊！與一般的淺薄的思維模式是相反的，或者說它是從一般的淺薄的思維模式返回到大道來了，表面上看我說的這些都是反話，實際上這樣才能一通百通、理順一切事物與內心。

這裡老子又把治國的事扯到智與愚上頭來了。一般人，看得到的是智的功用與好處、愚的可憐與壞處，叫做智榮愚恥、智行愚止、智美愚醜、智強愚弱、智勝愚敗。但是慣於逆向思維的老子看到了智有其大大的壞處與反作用。智多了會產生狡詐之心、機巧之心、陰謀之心、爭勝之心，智多了還會產生不平之心、不忿之心、不老實不聽話之心……當然不如愚傻好。愚傻雖然智力較差，然而比較本分、比較淳厚、比較好管理。

這裡老子說出了中國許多統治者這樣想卻未必說得如此直截了當的話。看來，中國的反智主義是源遠流長的。

他們只考慮到民是否難治，卻沒有同時考慮社會的進步與發展，看來，發展的觀點、進步的觀點，還是近代以降，在受了列強的許多氣、許多污辱宰割以後，國人才樹立起來的。這種反智主義與愚民傾向，是中華民族曾經暫時積貧積弱、愚昧落後的根源之一。

但同時，老子有一個觀點：他認為民的智謀的惡性氾濫化，責任在於統治者，是由於治國者即統治者的濫用智謀造成的。這個判斷又是精闢感人的。以少數人尤其是君王以一人而控制管理，或者說得好聽一點是治理一國之民，不動點心眼是不行的。什麼二桃殺三士，什麼圍魏救趙，什麼合縱連橫、遠交近攻，什麼臥薪嘗膽，什麼西施美人計，所有的春秋戰國統治者哪個不是絞盡腦汁、擠盡壞水、殫精竭慮，以求統治順利並擴大自己的統治地盤的？

而且中國是最最重視計謀的國家之一，你讀《東周列國志》，老子的時代正是計謀大盛的時代，所謂三十六計，所謂勝戰計、敵戰計、攻戰計、混戰計、並戰計、敗戰計；所謂金蟬脫殼、拋磚引玉、借刀殺人、以逸待勞、趁火打劫、混水摸魚、打草驚蛇、瞞天過海、順手牽羊、調虎離山、隔岸觀火、欲擒故縱、釜底抽薪、上屋抽梯、偷梁換柱、借屍還魂、聲東擊西……已經普及為今天的全民文化。不僅在備戰、外交等大事情上，甚至於報批、立項、申辦、經商、求職、求學、購物、交友、愛情、親情、對上、對下、對老師……一直到說話聊天點菜查詢什麼事，無不計謀連連，有時不免令人感到誠信與實話的稀罕與珍貴。這是我國社會風氣上存在的歷史殘餘問題之一。嗚呼老子，奈何奈何！

我想國人重視計謀的原因可能在於從春秋戰國到後世，中國的封建社會時間太長，奪取政權的鬥爭太殘酷太激烈，權力的爭奪全靠實力靠爭鬥靠武力更靠心智計謀，靠心黑手辣計高一籌。把本來追求的以德治國的泛道德化理念、以民為本莫失民心的民本理念，淪落為使用計謀迷惑對手以挫敗對手的計謀手段，變成了以謀為本，變成了政治的計謀化、人生的計謀化，直到婚姻家庭的計謀化。這是很值得嘆息的。

老子的觀點是治國不能靠計謀，只能靠真誠、靠老老實實，靠不擾民不害民不騙民不玩弄民人。靠計謀治國是國之賊，是偷國竊國坑民攘民。不以智治國是國之福，對百姓誠實守信用當然是國之福、民之福。

中國文化講計謀本來也是對敵國，諸葛亮對吳、魏兩國詭計多端，對蜀漢則只有忠心耿耿。只有曹操之類的被認為是奸雄的人才相傳他會對自己人講計謀。

老子早就預見了計謀化的危害。他的警告語重心長，有大智慧大眼光。但是他的用愚來取代計謀的藥方是一種空想，他的這種對症下藥失之簡單，類似於以毒攻毒，實非理想。你的毛病出在智上，我的處方就是愚，這很簡明也不免廉價。以絕對的愚來解決民之難治的問題，其結果只能是國之羸弱滅亡，這與用無為的絕對化來解決為之不當的問題，用不執的絕對化解決總有失之的問題一樣，它等於是用自殺來解決難治的慢性病的痛苦。

其實民之難治是體制問題、法制問題、遊戲規則問題與觀念問題，當然還有生存環境與歷史傳統、有文化素質與教育、有風氣與各種實際問題……並不是知不知智不智愚不愚的問題。

以為用智與愚的討論能解決治國理政的問題，幾近玩笑。發出勿對你治下的民人使用智謀的忠告，則是對症下藥。但不等於藥到病除，公共管理上的痼疾，不是一旦可以根除的。

當然古代的智愚之說，也可能與今天的語義不盡相同，可能古代的愚字中包含了更多的厚樸的正面含意。有些專家為了維護老子的偉大，把愚字盡量解釋成正面的德性，恐怕也不算實事求是。

他的批判計謀化是天才的，他提倡愚本身就太天真了，與老子的天才不相稱。只有用合理的道德規範，用嚴格的邏輯規則，用實事求是的提倡、大興務實之風，用正確的與令人信服的價值觀念，用完備公正的法制法治逐步壓縮計謀的地盤、取代計謀的天下；用現代社會的公共管理原則，用先進的理想與實踐才能最終削弱與結束過度計謀化的價值取向。

計謀仍然是會有的與必有的，但必須輔之於誠信、忠實、誠懇、透明度與可監督性。

我有一個愛說的話：大智無謀，因為大智不會過分依靠計謀。

「常知稽式，是謂玄德。玄德深矣、遠矣！與物反矣。然後乃至大順。」這一段，老子又是一番感慨：深矣遠矣，與物反矣，這裡的「反」最好解釋為相反而不是返回。如果是與物同返回，是用不著加「矣」的感嘆性語氣詞尾的。連用三個矣，「深啊，遠啊，與外界的（一般的）認識相反啊」，比「深啊，遠啊，與外界一起返璞歸真呀」更有感嘆性。

稽式即玄德說也有新意，老子的玄德與孔子的仁德、仁者愛人說出發點不同，孔子的德性是一種情操、一種道德良心；老子的玄德是一種智慧和體認。孔子的德性是倫理學概念、價值概念；老子的玄德是哲學、是認識論概念。把握了稽式了，把握了大道運行的模式了，才是大德。僅僅主觀上愛這個愛那個哭這個疼那個了，你能真正有助於被你愛的人們嗎？

所以我於二十世紀就屢屢說：理解比愛更高，即稽式的正確性比情操的善良性更重要，道比仁更高。

第六十六章　善下能王

江海之所以能為百谷王者，以其善下之，故能為百谷王。是以聖人欲上民，必以言下之。欲先民，必以身後之。是以聖人處上而民不重，處前而民不害。是以天下樂推而不厭。以其不爭，故天下莫能與之爭。

江海為什麼是千溪百谷之王呢？因為江海的位置在下邊，它們願意也習慣於處於下邊。同樣，聖人打算比民人站得高看得遠，那就先要處於民人之下，用謙卑禮讓低調的語言言說。聖人想走到民人前邊，想帶頭做什麼事情，必然要先把自身擺在民人的後邊，先做到跟隨著民人的願望說話做事。這樣，聖人站得再高，地位、思路與權勢再高，而民人不覺得是沉重的負擔。聖人位置再靠前，再提出超前的目標與任務，民人也不覺得對自身有什麼妨礙，老百姓從來不會覺得聖人礙眼。

這樣的聖人，天下人願意推崇他而不覺得厭煩。這同樣是由於聖人不與誰爭奪什麼，所以也就沒有什麼人能夠與他爭奪什麼。

這一章的重點是講聖人，講聖人的定位。老子的所謂聖人與孔子的聖人或宗教的聖人（聖徒）

說含意不會相同。老子強調的不是仁義道德，不是天使與通神品格，而是大道無為與玄德。

老子講聖人的一些說法。可以用來給當今的菁英或有志菁英者參考。

這裡老子同樣敏感地提出一個難題：聖人由於站得高地位高論調高權勢高而成為民人的負擔，成為壓迫者，異化成為人民的對立面。同樣聖人由於要帶領民人做這做那，老是站到民人的前頭，也會令民人討厭，讓百姓覺得礙眼，讓百姓不快不服。

這個問題提得很實在。先知先覺者並不是總能夠得到民人的歡迎愛戴。如果老是有人教導他帶領指揮他，老百姓會覺得心煩與厭倦。對於老百姓來說，有時先知先覺者似是在生事、出事，擾亂清夢。魯迅的小說《藥》、雜文《聰明人和傻子和奴才》、《立論》裡都表達過這種智者、仁者、覺悟者、先行者的寂寞與悲哀。有些有志菁英者也喜歡悲情地咀嚼與賣弄這樣的寂寞與悲哀。

民人其實或許不歡迎別人比他高明、比他遠見、比他深刻，比他說話管事，並反襯出他們這些沉默的大多數的卑微與「不可承受之輕」來。民人不歡迎聖人提出與俗鮮諧的主張。民人尤其不喜歡聖人與管理者無休止地教訓他們要這樣、不要那樣。民人未必歡迎自己走到哪裡都碰到公公、婆婆。

聖人有時候與管理者合作教導民人，民人未必喜歡。也有時候聖人與管理者鬧翻了，就教訓民人要與管理者鬧翻，其結果是民人夾在了當間。民人對這種種情況不是沒有警惕。

為此老子開的藥方是：聖人更要自居於民人之下而不是之上，自居民人之後而不是之前。

如果將之只視為一個態度作風公關問題，並不足以解決這個菁英與大眾的關係問題，但老子的建議並非無足輕重。它的更重要的意義在於聖人的自我定位。

這裡有聖人的毛病，怕的是聖人自以為是高高在上乃至形而上的，是走在民人前頭的，像我們今天的某些菁英或自命菁英們那樣。

一個自高自大，再加一個自命超前，實際上就站到了民人的對立面，你的心再好，你的招再妙，你也只能落一個為民冷漠的不光彩的下場。

這裡也體現了民心，民人並不喜歡老是有人壓在他們頭上，不是那麼喜歡老是有人帶領他們前進。時間長了，一成不變，民人會想換換崗，會想變變位置、調調座位的。然而這樣的民人是不是有真本事能比聖人做得更好呢？那倒是另外的問題了。

讓聖人或自居聖人者，真正做到謙卑禮讓低調絕對是困難的。原因是，豈止聖人，就是一個有點學歷自命菁英的人，都動輒拿出一份菁英的派頭。與謙卑相比，他們更願意自吹自擂。與禮讓相比，他們更願意事事爭先。與低調相比，他們更願意高調販賣他們自身也沒有弄明白的食而不化的疙里疙瘩的「進口」（雙重含意）物資。他們自命不凡，他們坐井觀天，他們頤指氣使，他們經常熱昏，他們橫行霸道、仗勢欺人、因人成事、照樣謀私不誤……唉！

那麼，怎麼辦呢？老子考慮的是理順聖人與民人的關係、理順聖人與民人的心態。他希望聖人、處於高位的人能夠加倍做到謙卑禮讓低調，能夠做到適當往後滑一滑，能夠把利益、鋒頭、體面、位置多多出讓一點，自己少得一點，要求自身更嚴格一點。雖然那個時候沒有人民的勤務員的提法，但是老子的意思與之接近。人民的勤務員提出已經好久好久了，真正做一個這樣的合格的人民的勤務員，則並非易事嘍！

老子提出了「天下樂推而不厭」的標準，聖人們應該做到被天下長期擁戴而不厭煩。這話說得有趣，這話等於是看到了即使是聖人也有被厭的可能，聖人也有三把斧用完了的時候、有技窮的時候、有引起審美疲勞的時候。而且，要知道聖人的身分是不能壟斷的，即使有博士學位與教授職稱也不行。你聖，可能還有更聖的。所以此處回到老子早就講過的生而不有、為而不持、功遂而身退，多考慮考慮中國文化中關於急流勇退的思想，可能是必要的。

當然老子的說法裡也留下了破綻。後其身而身先；不爭，故莫能與之爭；聖人欲上民，必以言下之；欲先民，必以身後之，等等。聖人的「下」與「後」與「不爭」有可能成為曲線謀私的手段，曲線求上、求先、求莫能與之爭即戰勝一切對手的手段，這樣的手段，再下一個臺階就變成了陰謀。

另一個破綻是，有時候聖人當真提出了救國救民利國利民的高明建議，但是民人認識不到。民人也會犯鼠目寸光、作繭自縛、人云亦云、不辨皂白的毛病。那時候真正的聖人就需要有一言而為天下法、匹夫而為萬世師的承擔，有為人類背負十字架的犧牲，有我不下地獄誰下地獄的決絕。遇到這種情況，智慧的老子認為應該怎麼辦呢？難說。

用言語表述大道，常常碰到按下葫蘆起了瓢，說了A就漏掉B，說了B又漏掉了C並且沖淡了A，而ABC全講說了，讀者反而不知所云，或反而覺得你是在說廢話、說套話、說全面而無趣的空話等的麻煩。然後，愈說愈難通，愈說離大道愈遠；而不言不說則等於零、等於死人、等於沒有活過一遭、等於沒有大道一說。所以老子開宗明義就告訴我們，可道可言說的道，並不是恆常的大道啊！而不言不語的道，又是無從接近之領悟之持有之充實之的莫名其妙啊！

在學習大道的時候，你必須做好思想準備，你可能被駁斥，你可能被抓住幾處言語的漏洞與把柄，你可能被誤解、被歪曲、被駁倒，你也可能自己心生疑慮、猶豫不決。當大道用言語表達出來以後，它永遠是不完善、不透徹、有漏洞、有極大局限的了。我們只能澄明地一笑，表達我們對於大道的追求與嚮往，表達我們對於難以完整無缺地表達清晰的大道的歉意。

第六十七章　我有三寶

天下皆謂我道大，似不肖。夫唯大，故似不肖。若肖久矣。其細也夫！

我有三寶持而保之：一曰慈，二曰儉，三曰不敢為天下先。慈故能勇，儉故能廣，不敢為天下先，故能成器長。

今舍慈且勇，舍儉且廣，舍後且先，死矣！夫慈以戰則勝，以守則固。天將救之，以慈衛之。

天下的人都說我講的大道太大太寬泛了，未免不著邊際，令人找不著北。是的，正因為是大道，不是小術，所以才叫人摸不著頭腦。要是容易掌握的話，像某個簡單平常的事物的話，那早就好辦了，也就太渺小啦！

我有三個法寶，一直把握著與保存著，第一是慈愛寬厚，第二是節約儉省，第三是什麼事自己絕對不走在天下的最前頭。正因為慈愛寬厚，才能勇敢決斷；正因為節約儉省，才能道路寬廣；正因為不敢帶頭做什麼事，所以成了萬事萬物的帶領人，成為諸人的領袖。

如今，你捨棄了慈愛寬厚而去好勇鬥狠，你捨棄了節約儉省而去擴充推廣、廣種薄收，你捨棄了不做出頭椽子的原則而遇事往前趕往前冒，你就完蛋了。以慈愛寬厚之心打仗，才能勝利。以慈愛寬厚之心去守衛，才能固若金湯。天神要救助你保衛你了，才會把慈愛寬厚的心地與旗幟賞賜給你。

這一章講大道的應用，老子特別提出了道的慈性的概念、提出了慈的有效性。應該說，老子講的這一章是亂世的做人護身求穩求生之道。它當然顯得消極，但是有它的道理與根據。

老子的估計是正確的，他的書確實會讓人丈二和尚摸不著頭腦，缺少可操作性；會讓人覺得嘛也不像，不像任何已有的與被接受的忠言教訓，尤其是與孔子的教訓相比。孔子的教導是多麼合情合理，多麼合用合益、孝悌忠信、成仁取義、道德禮法、修齊治平，做起來都是立竿見影的，至少聽起來是明確正面的。

而老子呢？說來說去，《老子》讀完了，再讀一遍，它究竟教會了你一些什麼呢？

所以老子這裡突然簡明化了一把：你不是說把不著脈嗎？好的，請君從下面三件事做起：第一，從此慈愛寬厚；第二，從此節約儉省；第三，從此什麼事往後稍著點。還有比這三件事簡單的嗎？

說明偉大如老子，也並非抗戰到底，顛覆閱讀，視普通讀者如寇讎如草芥的。這一章，他已經有所遷就、有所努力，希望自己的思想適當地大眾化與通俗化。當時雖無知識產權與版稅的概念，他的文字仍然是為了讓人閱讀理解而不是為了不叫人閱讀不叫人理解而寫出的。

為什麼要講慈呢，在一個戰火燃燒、天下未定、梟雄四起、爭奪激烈的時刻，強調慈愛寬厚，也算對症良藥，雖然藥力夠不夠還是一個問題。

中國的傳統是愈是習武習兵，愈要強調慈愛寬厚，愈要強調不可濫鬥濫殺、不可意氣用事、不可因武逞強、不可因藝因力壓迫旁人。愈是學武，愈要磨性子講慈悲仁愛。即使僅僅從武俠小說上看，這樣的說法與故事也是不勝枚舉。

或謂，慈是寬容，不是仁慈。當然，老子在前面痛批過儒家的仁說仁論，他的名言是「大道廢，有仁義」。其實慈他也批過，他的話是「六親不和，有孝慈」。那麼，我這裡解釋的慈愛寬厚，與仁慈、孝慈的說法有沒有不同之處呢？

有的。慈愛寬厚，說的是人的自然流露、人的本性。比如母愛，比如成人對於兒童、嬰幼兒的欣賞愛護幫助之情，比如弱者的求助心與幫助弱者的良心良能良知，都不能說是某門某家國學的產物，不是人為的，不是聖人規定的，而是人類自有的、自然的、淳樸的真情流露，即人性的自然而然。而儒家一旦沒完沒了地教訓起、耳提面命與諄諄教導起仁慈孝慈，反而使自然的東西變成了人為的規範，變成了主流社會的法則，變成需要不斷灌輸的道德訓誡，變成了評比、獎懲、排名或者鑒定的一個項目，變成需要重複背誦的子曰詩云。太敗興了！世人皆知美之為美，斯惡矣；皆知善之為善，斯不善矣。仁慈與孝慈，經過儒家的渲染忽悠鬧哄，變成偽善，變成裝腔作勢，變成誇張秀、人生舞臺秀的可能性大大地有。

這正是老子對於孔子始終保持批評態勢的要點所在。老子的許多其他的話，也有明顯的對於儒家進行責難的主題含於其中。這種責難當然也有片面性，也有硬抬槓，有非議異數、彰顯自身的動機與人性弱點——老子這樣偉大的智者，也擺脫不了這種弱點呀——但是他的思路有助於豐富而不是貧乏人的思維空間。

這是人生的一個悖論，看重什麼，就要宣傳、灌輸、強調、上課、天天講、月月講、年年講什麼，但是強調過分，又會化真為偽，化自然為做作，化自己的事為大眾秀，化適可而止為沒結沒完，誇張過分。「文革」中強調忠於毛主席強調到無以復加乃至瘋狂非理性，實際上呢？正是「文革」中出現了最多的背叛、陰謀、騙局、兩面派、虛與委蛇、懷疑困惑，不是增加了而是大大損害了毛主席的威信與說服力。

當然這是極端的例子。

什麼都不說，什麼都不管，什麼都隨它去，當然也行不通。

掌握好說與不說、行與止，強調與不必經意強調的度，這是個道行了。

老子從道中引出個慈來，雖與前面所論「六親不和，有孝慈」不無悖謬，或可勉強說通。這裡有兩個可能，老子不能一味地堅持非道德非倫理化，對於國人包括古代與現代國人來說，道德化與倫理化的壓力還是太大了。老子要推行自己的理念，不能不做某些讓步。另一個可能就是文中有偽託。目前似無後一種說法，那麼我們就按前一種說法理解吧！

慈而後勇，老子的意思是慈乃是勇的根據，同時也是勇的煞車。你不能無端而勇。無端的勇是匹夫的意氣，是一時的心理失常。慈而後，你才有必須勇敢的理由，慈才有正義性、天道性、責任感，你才不會恐懼猶豫、不會怯懦後退。

而沒有安裝煞車裝置的車輛是不能駕駛的。在勇敢的鬥爭當中，既要鬥得有理有據有慈的正義性悲壯性，還要時時煞住車，不要誤傷好人，不要誤傷無辜，不要過分快意，不要勇到自己的反面，勇到慈的反面即惡狠毒辣上去。

勇須有節，慈是那個節。

儉而後廣，同樣，儉是廣即發展擴大補充豐贍的前提與煞車。要講究積蓄與節約；要實事求是；要知道自己能做到什麼，同時要毫不含糊地明白自己絕對不可能做到什麼。例如「換了人間」

（語出毛澤東詞《浪淘沙．北戴河》）是可以做到與已經做到的，「三年超英五年超美」是絕對不可能做到的。

要知止而後有定。盡量能夠適可而止，能達到即為止，才能做到心中有數，才能沉得住氣，不是無限擴張膨脹更不是搞爆炸。要多想幾步，要想到失敗的可能、碰到突然事件的可能，要有壞的準備。要保持住自己的平衡和重心——才可能有下一個動作的可持續發動，才不是沙鍋砸蒜——一錘子買賣。保持不住平衡和重心的任何動作都只能算孤注一擲，都會自取其敗。

老子一直主張慎重，主張慈愛寬厚、節約儉省，主張留有餘地，主張毋為已甚，主張適可而止，民間叫做見好就收乃至急流勇退，這些都是金玉良言。不必過於擔心由於老子的教訓大家都變得消極被動起來，因為人性還是好動的、多欲的、好勝的，基本上可以放心。

老子既要為勇與廣設定界限，同時，老子也要為勇與廣的努力設立道德的基礎與光環，所以他說：「夫慈以戰則勝，以守則固。天將救之，以慈衛之。」這個意思也就是說，正義的事業是攻不破的。古往今來，樹立己方的道德優勢、道德悲情、道德力量，都是在複雜尖銳的鬥爭中不可忘記的。

第六十八章　善戰不怒

善為士者不武，善戰者不怒，善勝敵者不與，善用人者為之下。是謂不爭之德，是謂用人之力，是謂配天，古之極。

高明的武士、軍官，是不會耀武揚威的。會打仗的人，是不會怒氣沖天的。懂得怎麼樣才能戰勝敵手的人，絕對不給敵手以可乘之機。善於用人的人，能做到甘心處於你所要用的人的下面，或至少對之謙卑禮讓。

這就是一種不爭鬥的德性；這就叫做借力打力，四兩撥千斤；這就叫做與天道為伍，與天道匹配，這是自古以來的準則與極致。

老子再次強調含蓄的必要性，冷靜的必要性，謙卑的必要性，謹慎的必要性，陰柔與退讓、巧用實力與調動一切積極因素的必要性。

善為士者不武。以此引申開去，我們還可以說善用權者不威。善為學者不引經據典、不炫耀知識、不濫轉名詞。善醫者不打包票也絕無祕方。善走者不跑。善弈者不殺，其勢之厚足以令對手投子認輸。善文者不搞詞藻。善思想者不玩深奧，不唬人。善歌者不聲嘶力竭。善言者不口若懸河。

善繪者不（求形）似。善解道者不言道。善商者不財——一個真正的商人，重視交通物貨、活躍經濟比積攢財富更甚。對於真正的善什麼什麼的人，對於有真正成就者，一般人看到的是某些表面的效果，如權之威嚴、財之富足、名之響亮、文之華美、言之雄辯、思之奇異、弈之大勝……然而這些往往只是副產品，不是善者成功者硬為出來的，而是順便達到的，甚至不達到也沒關係。為了弄權而從政的人一般不是好政治家。為了錢財而從事實業的人，一般不是好商家。為炫耀詞藻而從文的人，一般不是好作家。為了雄辯與成為名嘴而到處講話的人，一般不是好演說家。為一鳴驚人而思想的人未必能提供出真正有價值的思想。為大勝而弈棋者，格調也距真正的大師甚遠。

俗人只知追求副產品——權、財、炫耀、雄辯、驚人、大勝，卻丟失了主道大道，他們怎麼可能不常常失算呢？

善戰者不怒的說法也有點意思。善戰者對於收拾自己的對手極有把握。或者更高明的情況是善戰者根本無意回應對手的挑戰，認為不值得一戰，他已經看到了對手的破綻與自斃的必然下場，無勞弄髒自己的手。或者更更高明的是，他完全有辦法化敵為友，勝對手的身前先勝其心。他怒什麼？

一般來說，怒是自己不如對手強大、拿對手沒有辦法的結果。無奈者易怒，有把握者穩操勝券，何怒之有？

善戰者不怒也是很實在的經驗，人一怒而髮衝冠，而腎上腺激素猛烈分泌，而心律失常，而頭腦不冷靜，而輕舉妄動，不加分析。自古國人有「制怒」之座右銘，當非偶然。

善勝敵者不與，有的解釋為不與敵糾纏，竊以為可以理解得更加寬泛。老子喜歡用比較模糊比較抽象的詞，不是為了故弄玄虛，而是給你以解讀發揮的餘地。老子做的文章都是活的、靈動的，是其猶龍乎（春秋中孔子所說，是說老子像龍一樣地騰移變化，不同凡響）。不與，就是不把主動權主動性拱手出讓，不讓對手抓住你的辮子，不讓對手有隙可乘，不跟隨對手的指揮走，不把取勝的機會讓給對手。

勝與敗，表面上看是一個氣力與技術加偶然機會的問題，實際上關鍵在於誰掌握了主動，誰無懈可擊，誰有懈可擊，誰破綻百出。誰勝誰負，實際上是戰略與道的問題，是主動與否、錯失與否、沉著冷靜與否的問題。

善用人者為之下，這可了不得啦！許多人也喜用人，用能人才能出成績，當然。但是多數人追求的是為我所用，是我為人上，用不用首先看你是不是甘居我下。所以單純自上而下地用人的結果，會是罐裡養王八，愈養愈抽抽。老子提出「為之下」，這就抓住了要害。敢不敢看願不願發現使用幫助比你還強、但目前地位比你低得多的人？敢不敢或甘心不甘心某一天或目前就想到：你可能居於你所用之人之下？老子提得太高了，難矣哉。

不爭之德，用人之力，配天之極。老子把這樣的論點上綱上到高處。不爭乃是立德以服人，是無欲則剛。為下，乃是謙恭以用人之力，使人才人力為我所用，叫做聚攏人氣，以一當十當百當千，有容乃大，一呼百應，四兩撥千斤。這也就是慈而勇、儉而廣、戰而勝、不武不怒不與，永遠立於不敗之地。

為什麼說這是天道呢？天是不武不怒不與的。天從來是自然而然、不傷心不憤怒不用力的，天用無為的方法，依靠萬物來行施道性，來保持大道的運行通暢，為什麼我們不能向天道學習、與天道匹配呢？

老子考慮問題，確實比常人高一個或好幾個層次。不爭也不與，高人一等。這裡包含了莫問收穫、但問耕耘，但行好事、莫問前程的意思；也包含了自有公道、自有果實的信心；還包含了一種驕傲，如果爭，豈不與爾曹一個水平了嗎？

不爭的另一面是不與，不與你糾纏，更不予你把柄。庸俗的市儈們根本搆不著我、跟不上我，叫做吃土也吃不上——以騎馬或行車作喻——你還能如何？

不怒與不武。老子追求的是一種相對的冷靜與閒適，無為無事無味，則有心、有空、有道，要有餘裕，有餘力。庖丁解牛，遊刃有餘。學而優（優做餘裕解）則仕，仕而優則學，做官而有餘裕，要多讀書論道。不把自己用情緒和事務塞個滿滿當當，不做急死累死忙死亂死的鬼。這確是一種理想，是一個美麗的夢。

把用人與配天聯結起來講，也是別開生面。一個人的本事再大，力量有限，成事有限，只有能聚攏眾人之力的人才如有天助，才是配天之極。

兩千多年前，老子的這些見解高於普通人、高於常人。如今，仍然高於常人，因為他要求的恰是克服常人身上的那些弱點：貪、驕、武、怒、爭、與、先、上、為等。理想化、抽象化、微妙玄通化是老子的高明與魅力，也是老子的局限。讀而思老子，是多麼美麗，又是多麼不足夠啊！

第六十九章　哀兵必勝

用兵有言，吾不敢為主而為客，不敢進寸而退尺。
是謂行無行，攘無臂，扔無敵，執無兵。
禍莫大於輕敵，輕敵幾喪吾寶。故抗兵相加，哀者勝矣。

談到打仗，我要說，我不敢採取攻勢而多採取守勢，不敢輕易前進一寸，卻敢後退一尺。這就叫，雖列隊而沒有隊形，雖投擲而不暴露手臂，雖衝鋒對抗卻沒有對手，雖緊握而沒有兵器。

災難的後果沒有比輕敵更嚴重的了，輕敵就差不多喪失了咱們的法寶了。雙方對抗用兵的時候，是哀者（悲憤者、危殆者、哀怨者、被侮辱與被損害者）才好勝利。

老子講述了一種小心謹慎、含而不露、無跡可尋（善行者無轍跡）、深遠高妙（深不可識）的作戰——做事方略。其中行無行、攘無臂、扔無敵、執無兵的說法有些神龍見首不見尾的神祕，時至今日，這種戰法還有點游擊風格。國人的說法叫做用兵如神。

小心謹慎，慎進勇退，寧取弱勢，不取強勢，這是一。這也是儒家所講的如臨深淵、如履薄冰的精神狀態。反覆斟酌，不要輕易下決心。要充分考慮到失敗的可能，不要一心僥倖。因為人最常犯的錯誤不是對自己的力量估計不足，而恰恰是對自己的力量估計過高。人常有僥倖心理，你中頭彩的可能性只有十萬分之一、百萬分之一、千萬分之一，照樣有那麼多傻小子去買彩票。你靠賭博取勝的幾率只有千萬分之一，照樣有許多人醉心賭博。撞大運的人們啊，你們什麼時候能夠清醒一下呢？

如果進行戰爭也心存僥倖，就更危險了。歷史上有多少事例說明，愈是自以為強大的軍事力量，愈容易大敗如山倒。

底下的話神妙無窮。行進但不列隊，列隊但無隊形，排隊但不成行。這像游擊隊、游擊戰，起碼不是正規軍，但老子那個時候似乎還沒有游擊戰術的概念。那麼這就叫不拘一格，不搞正規戰陣地戰，不拉架子，不擺陣勢，不搞軍事教條主義。這接近毛澤東的戰略思想。

投擲但是不見胳臂，這是說的隱蔽性嗎？也可能是說不必用傻力氣，或者是說不要造勢，不要搞什麼顯示實力，不必亮肌肉塊，不必在戰場上搞健美操，不必追求聲勢。當然也包括不過分暴露自己，寧可多一點掩體、多一點防護、多一點不經意間的出手出擊。

現在的戰術，已經是「攘無臂」了，因為現在的「攘」只需要按一按電鈕最多是扳機或敲一敲或只是觸摸一下鍵盤或是聲控，要這麼多胳臂幹什麼？老子說的既像游擊戰也暗合當今的高科技戰爭。

扔無敵，執無兵，如今的高科技戰爭正是如此。老子時代沒有高科技，但是有高明的用兵如神的理論哪怕只是想像，叫做思戰如神，思勝如無形，思兵如無物。老子要打的是一場看不見摸不著聽不到的戰爭，是大道之爭，是大哀之爭。

為什麼衝殺上去、攻上去、對抗上去了，沒有敵手呢？第一種可能，你用兵如神，敵人根本沒有準備，來不及反應，沒有任何反制措施，沒有可能組成對抗的力量、戰線、反攻。

第二，你追求的如孫子所講是不戰而勝，是勝負的大勢的掌控，是使一切主客觀因素向你的勝利方面傾斜，於是你未戰而篤定勝利了，不是非經過肉搏、經過拚刺刀才決定勝負。

為什麼能夠執無兵呢？同樣，你從戰略運用上已經取得了巨大的決定性的優勢，不待揮刀劍（冷兵器）與開火（熱兵器）已經取勝了。

這說的是軍事，其實政事文事更是如此。老子欣賞與追求的是不動聲色、了無痕跡、悄悄完成、自行達到。老子反對與鄙棄的是大轟大嗡，強人或強己強民所難，刻意作秀，自找麻煩。

為政，不需要經常提出新綱領、新口號、新提法，不需要經常揪出新敵手、確立新目標，不需要經常做動員、煽情悲憤、大遊行，不需要經常搞成新高潮，不需要經常振臂高呼萬歲或者打倒，不需要大搞政績工程、面子工程。為政而能務實求真，能為百姓辦事，排憂解難，能清廉公正，能為客而不為主，即真正拿民人而不是自己當國家的主人，能以百姓之心為常心，能夠不擾民不亂民，不小題大做，不草木皆兵就好。

寫文章，應該是有結構有啟承轉合而無定型、無定則、無安排巧思的任何痕跡的。文無定法，大匠運斤。這話說得在理。應該說是文章本天成，不像是誰寫的，倒像是老天自己留下來的。好的作品，其作者的感覺絕對不是自己怎麼嘔心瀝血、慘澹經營，而是天假爾手，踏破鐵鞋無覓處，得來全不費工夫。

好文章的力透紙背處也是見不到用力的姿態與斧鑿的痕跡的。愈是有經驗的作家，愈不會在要緊的地方拚命煽情、拱火、咬牙、謾罵、胳肢人以逗笑、蹧踐人以出氣、哭天抹淚以求同情、大話連篇以壯聲勢。好的作家愈到關鍵處愈是寫得相對平靜和不動聲色。

文章尤其是是小說作品，離不開精采的描繪，別出心裁的妙喻，警句妙語，懸念故事，扣人心弦、天外飛來的奇筆，抒情引淚之語，顛撲不破之理，出人意表之情節，等等。

但是更上一層樓後，這些反而向後稍了，不必顯山露水，不必精妙修辭，不必風雲突變，不必愴然淚下，不必振聾發聵，只不過是喁喁道來，只不過是信手拈來，只不過是小事細節，只不過是白描速寫，你已經為之震動、為之動容了。

咬牙切齒的文筆不是好文筆，就像僅僅靠咬牙切齒的用力未必能提高勞動生產率一樣。

禍害莫大於輕敵。這當然也是經驗之談。這裡我們看到了老子的兩點論。一是戰爭中要神龍見首不見尾，要不著一字盡得風流，要舉重若輕、遊刃有餘，要如有神助、取勝於盡早盡先。一個是整體的盤算中切切不可大意；不可掉以輕心，不可喪失悲憤悲壯悲情的狀態；不可喪失自己的道德正義感；不可不說清用兵是完全不得已，是被頑敵所逼迫，己方是受害的一方，敵方是加害的一方。哀兵必勝，這已經成為我國傳統文化的一個重要提法，是我國傳統軍事學的一個重要命題，這是老子的一大發明。

所謂哀兵必勝，所謂背水一戰，都有點置之死地而後生的意思。這些說法辯證則辯證矣，但是如何與老子的無為、不爭、行無行、攘無臂、扔無敵、執無兵的這一面，如有天助的一面、舉重若輕的一面、不戰而勝的一面統一起來，我還是不無困惑的。讀到老思索到老，讓我們慢慢往深裡研究去吧！

第七十章　知我者希

吾言甚易知、甚易行。天下莫能知、莫能行。
言有宗、事有君。夫唯無知，是以我不知。
知我者希，則我者貴。是以聖人被褐懷玉。

我的講述非常容易明白，也非常容易實行。但是天下沒有人能做到理解明白，更沒有人能去實踐躬行。

我的講述是有一個宗旨、主題、目標的，是有自己的主心骨的。我的談論事務，是有一個依據、一個主幹、一個總體的思路的。只有無知者，才會不理解我，也不被我理解。

理解明白我的人絕無僅有（前面已經說了莫能知，因此不僅是稀少之意），取法我的人更是難能可貴。所以可以說聖人是穿著粗布衣服，卻懷裡揣著寶玉。

老子開始談論認識論的問題，談論知與行這樣一個中國哲學上的老課題。

老子自以為他講得清楚明白、簡單易行，因為他並沒有特別要求你做什麼，而是要求你不要不必不可做什麼。完全不必太費心思、不必苦學苦修、不必殫精竭慮、不必攀升不已，你只消停止、取消、克制你的計謀、欲望、妄為、各種自尋苦惱、自找麻煩、自取滅亡，回到你的本初狀態、嬰兒狀態、淳樸（乃至愚昧）狀態、無差別狀態，就會與大道合一，天下太平，個人暢快，無往而不勝。

好簡單！偏偏你們這些俗人，不去理解老子主張的平易性、真誠性、可行性、不勞爭辯性、有效性與理想性，例如治大國若烹小鮮性、入軍中而不傷性，無言而自化性、無不克性，你們究竟是怎麼回事呢？

這很有趣，很值得探討。

從根本上說，知與行是不能分離的，我常說，知識的魅力在於它對生活實踐的發現。生活實踐的魅力之一，在於它豐富發展了知識。知識分子的最大快樂最大使命，就是做到這兩個發現互相發現。知識分子的最大本領應該是他能夠像讀書一樣地讀社會、讀自然、讀世界、讀生活、讀實踐。他能夠做到為世界而如醉如癡，從生活中發現精采，發現真知，發現哲學、科學、藝術、理想、悖論和美。同時他能夠像觀察體悟生活實踐一樣地去讀書，從書中發現活的感覺、道理、知識、形象與感受。

同時知識分子的最大悲哀是書歸書、知歸知、活歸活、用歸用。讀書不能有所知，有知不能幫助生活，生活不能用書用知。是謂書呆子也，愈讀愈蠢也。

同時知與行又不可能完全同一，行是有自己的最最直接的目的的。農民種地要的是豐收，政治家執政是為了國泰民安，不能僅僅是為了求知。

而知、求知、求學、理論研究與著述，在它密切聯繫著生活的同時，也可能從生活、從日常經驗中昇華起來，成為生活的一道風景，而並不等同於生活本身。

當然也有可能，知識也可能偏離大道、偏離科學、偏離真理，書本也可能荒謬化、教條化，脫離生活乃至成為生活的對立面。

不能將知與行分離。也不能將知與行同一。兩者既互相滋養又各有特質、各有側重。

知，包括知識、智慧、科學、藝術、理論、信念，它們滿足著生活的需要、行的需要，同時這裡的生活不僅指吃喝拉撒睡，這裡的行不僅指經世致用，也指智力的操練、內心的期待、靈魂的渴望、趣味的滿足、快樂的產生與自我的撫慰與完善。

首先，老子的精采是無人否認的。但是老子的主張是難以認真貫徹的，它本身就包含著悖論。例如，老子說了，言者不知，知者不言，善者不辯，辯者不善，那麼堂堂《道德經》即《老子》五千言，算是言了，還是辯了呢？算是善了、知了，還是不善了、不知了呢？既然言者不知，你的五千言又怎麼能讓人家知你，或者表示你知了人家呢？關於德也是這樣，失道而後德，但你又沒完沒了地講德、講玄德。關於無為更是如此，無為的想法偉大絕妙，然而，真的無為了，還討論什麼道與德、勝與不勝、柔與堅、傷與不傷幹什麼？進入最最玄奧的境界，進入無限大的終極範疇，道與失道、嬰兒與非嬰兒、迷失道心道性與保有道性，以及一切討論過的客與主、親與疏、利與害、仁與不仁、芻狗與聖人與百姓、知與不我知、行與莫能行、則我（跟隨我）與笑我、知我與誤解我、一與二與三四五六七，又有什麼區別，又有什麼區別的必要性與可知性呢？

老子的論說，具有一種理想性、美妙性，與現實不無落差。例如無為，古今中外哪一個政權是僅靠無為來取天下（贏選票）、治天下、勝天下的呢？沒有。而且，偉大的如老子，他怎麼可能不知道，絕對的無為也是一種刻意為之、一種強做、一種咬牙切齒呢？辯證如老子，齊物如莊子，為什麼不談一談有為與無為的相通相似相一致呢？

當然，可以解釋為這是老子的對症下藥。春秋戰國時代以迄於今，人們患的多是輕舉妄為之症，是實症熱症火症陽亢狂躁之症，而不是消極抑鬱虛症風寒之症陰溼之症無所作為之症。所以老子對於無為方面的道理就多傾斜了一些。

這又說明了一個真理，真正精采絕妙高深照耀的思想、命題、論斷，特別是涉及到神性問題、神學問題，即世界與生命的終極、起源、歸宿、本質、究竟、永恆、無限、（一）元等的學說，都是不大可能用一般的常理常識、用一般的邏輯計算實證，能做到理解與明白的，更是難以在日常事務中躬行實踐的。大道非凡，大道難做，大道難行。

非凡、難做、難行，同時又有利於凡俗的行為與生活。讀過《老子》的人至少比沒有讀過的時候會多一點靜氣、多一點沉著、多一點謙卑、多一點略帶冷笑的平和。

既然道可道，非常道；名可名，非常名，那麼知可知，也就非常知——你能知道的知識，都不是根本的與恆常的知識；行可行，非常行，你能躬行實踐的一切，都不是根本的、關鍵的、終極性恆常性的實踐。以子之矛，攻子之盾，偉大的老子先師啊！您又何必嘆息牢騷於自己的不我知（無人理解）與莫能行（未能付諸實踐）呢？

時至今日，兩千餘年後，中國外國，仍然那麼多人閱讀討論爭論您的《道德經》五千言，聚訟紛紜也好，郢書燕說也好，愈講愈糊塗也好，說三道四、指手畫腳也好，無人正解更無人實踐您的思想也好，您的影響已經偉大絕頂，您的成功已經難以匹敵。還要怎麼個知法行法？《道德經》畢竟不是射擊要領或交通規則，您想讓讀者怎麼去行呢？

思想是光亮的，而生活太平凡。思想是深邃的，而生活常常顯出來的是浮淺。思想是犀利的，而生活常常像鈍刀子割肉（這是毛澤東用過的比喻）。思想尤其是思想的語言文字表述是非常美麗的，而生活經驗要黯淡與非美麗得多。

還有，有許多思想很有道理、很有見地、很雄辯也很邏輯，但是就是難以完全做到。例如克制貪欲，各種宗教、倫理、道德，講過多少金玉良言啊！相反，我們又看到過幾篇倡貪倡縱欲的理論文字？然而，人為什麼有貪欲呢？就因為這不是一個立論的問題、不是一個後天的教育問題、不是一個觀念的問題，而是一個人性的問題、一個原罪的表現啊！

靠任何偉大的學說、教義、訓誡都不可能完全解決貪欲問題，只有靠應有的教育程度、合理的社會分配即對人們的正當欲望的儘可能的滿足，激勵與懲罰的制度與完備清晰的法律，加上必要的心理調節、心理衛生，社會風氣的好轉等綜合措施，才能減少貪腐，使人欲的追求與滿足文明化合法化。誰又能讀上一遍《老子》就立即清心寡欲起來呢？

現在反過來說，高明偉大的思想首先具有的是欣賞、賞玩與發展思辨能力的價值，是令眼睛一亮、心智一明、心曠神怡、賞心悅目的同時又賞神悅智的效果，是吟詠徘徊、自得其樂、其樂無窮的效果。它們是智慧與高蹈的思想境界的維生素與營養添加劑、驅動劑。不管你自己怎麼樣強調它的樸素平易，它不是拿過來就能啃就能充饑的大饅頭，不是泡上水就能吃的速食麵。

毛主席嘲笑過教條主義者，拿著好的理論好比拿著弓箭，只知道誇「好箭好箭」，卻不用它來解決中國革命實踐中的問題；不能用馬克思列寧主義的矢，卻去射中國革命實踐之的。毛主席批評這種對馬列主義讀之習之賞之悅之卻不會用之行之的人，是無的放矢的教條主義者。對於馬列主義，在革命的發動時期的中國，毛主席的這一番論斷是有道理的。但同樣對於馬列主義，也不排除有人更多的是去進行學理、資料、檔案、文句方面的書齋、案頭研究。至於老子，捧讀《老子》而大讚「好箭」，賞之玩之，悅之服之，思之嘆之，吟之詠之，並且隨之而棋看遠幾步、事看深幾層、無聊事放棄一大把、無聊糾紛看穿一大片，你會變得更加從容、更加有深度，更少驕（傲）嬌

（嫩）焦（慮）矯（強）攪（擾）叫（鬧）。這已經是很偉大很受用很了不起很享受了，難道你還真的要用《老子》去修身齊家治國平天下、去掌權、去執政、去外交、去國防、去調整匯率、去救災搶險、去健身去行房去延年益壽嗎？

老子的書益智益心益神益氣益處世做人。益就是益，就像複合營養藥品，其益甚彰，但不能代替米飯炒菜與湯粥茶水。

有些個學問，愈是急於應用，愈會顯得一文不值。五四時期的先鋒們，對於中國經典的極端絕望與厭棄，正是由於他們急於以經典救國圖存的緣故。現在救亡的實踐沒有二十世紀三、四〇年代那樣緊迫了，「好箭好箭」的讚美聲又不絕於耳了。這很正常，也很可愛、可喜。當然僅僅是對於好箭的玩賞，其作用也是有限的。拿給你一個古典的箭，要求立即射中現代、全球化時代與中國的獨特模式的靶心，也是開玩笑。

聖人被褐懷玉，即穿著粗布衣裳，懷裡揣著寶玉。這段話也與老子的風格不盡一致。這話更像屈原的懷忠不遇、懷才不遇的憤懣。偉大如老子者，難道會介意自己沒有穿金戴銀、沒有冠蓋車馬、沒有鳴鑼開道、沒有山呼萬歲嗎？

肉食者鄙，威風富貴者易從俗，叱吒風雲者未必有多少獨到的思想。思想者易高端、高聳雲天卻未必威風富貴。這也是萬物皆有的區分，這也是知與行不可能完全統一的表現。尤其是那種天才的、超前的、絕妙的、與世俗拉開了長長的距離的思想，也就是那一塊光芒耀眼的驚世寶玉，帶來的是思想的享受與紀念，是千秋萬代的欽佩與汲取，是一個民族、一個大國的光榮與驕傲，卻不是錦衣玉食、威風富貴。老子不會不明白這個啊！正是他提出了要為天下谿、為天下谷，處眾人之所惡，又何必念叨啥「褐衣懷玉」呢？大師，您這是咋兒了呢？

第七十一章　病病不病

知不知上，不知知病。
夫唯病病，是以不病。
聖人不病，以其病病。
夫唯病病，是以不病。

知道自己什麼是不知道的，或雖知道、自已寧願按並不知道去把握去行事，這乃是最上乘的智慧。不知道自己有所不知道，或不知道而自以為知道，不知道而做出知道的樣子，則是一種毛病、是一種疾患。

只有知道自己的毛病和疾患了，才能消除這種毛病疾患，也就不是毛病疾患了。

為什麼樣聖人沒有這種毛病疾患呢？就因為他們能將自己的毛病疾患當成毛病疾患看，不諱疾忌醫，不死不承認自己有毛病疾患。

正因為將毛病當毛病，所以就沒有毛病了。

從含意上說，這一章與更加流行的孔子講的「知之為知之，不知為不知，是知也」大致相同。

但是老子的文風更玄妙一點、拗口一點，以至於讀起來如繞口令。這並不是老子故弄玄虛，而是老子追求著更大的概括性、靈動性、伸縮性。老子希望人們了解的是「病病反而不病，不病反而病」的辯證道理。這就不僅是知與不知的問題，而是病與不病的問題，是事物的辯證關係問題了。

這是一個繞口令，這也是一個認識論上的有趣的討論。知道自己不知道什麼，知所不知，那這究竟算是自己有所知、還是無所知呢？老子回答說，這是有所知。因為知道自己有許多無知不知，這不會壞事，不會帶來災難。而自以為無所不知，什麼都要瞎干預瞎指揮，就會害人害己，貽害一方，你的地位愈高，危害就愈大。

那麼不知道自己不知道什麼，不知道卻自以為知道，或做出知道的樣子，這算不算知道呢？這算不算智慧呢？當然不算，這是一個危險的情況，這是一個災難的預兆。強不知以為知，你要完蛋了。還有各種偽知，例如迷信，例如自命神異，例如個人崇拜，都是「不知知病」的表現。

至今仍然見得到這樣的人，無所不知，萬事皆通，道聽途說，夸夸其談，尤其是在公眾場合或者在傳媒面前，他一再表現自己的萬能博士、攻無不克的特色。其實只要有一次，他能回答一次「此事我不知道，此點我不明白」，也能大大增加他的公信力啊！他怎麼就硬是不明白呢？

在英國首相布萊爾決定提前離任後，對美國做了一次任期的最後訪問。期間他與布希總統聯合舉行記者招待會。一位記者問布希，你是否認為是你的伊拉克戰爭導致了布萊爾的提前下臺？布希聽了這個問題，顯得有些困惑，他說：「你的意思是說我對他的提前離任有責任嗎？這個，這個，這個我不知道……」我認為，這樣的「我不知道」的答話，這樣的「知不知」式的回答，會比任何圓通的外交辭令更令人易於接受。

是的，老子討論的不僅有知與不知的問題，而且有病與不病的問題。這是孔子所說的「是知也」的名句中所沒有的。老子強調要拿病當病。夫唯病病，是以不病，這對於統治者尤其重要。

夫唯病病，是以不病，一章裡重複講了兩次，可見其重要與困難。一般的人，容易病物病他，病環境，病社會，病老闆或者下屬，病運氣，病自己擇君非聖、擇偶非人、擇業非當、出生非時、國籍非地……總之除了自己美好而又冤屈以外，什麼事什麼「點兒」也沒有碰對過。誰能病病，誰能不病，誰能不患？就是說不得，這種見到自己的病、不承認是病的臭毛病！能病自身之病，這幾乎快要成為聖人啦！

中國人重視修身，重視反求諸己，重視反思，重視通過調整自身來改善自己的生活品質。這不應該與改造環境的努力對立起來，而可能成為更有效地改善環境、造福群體的一個前提。一個永遠看不到自己的毛病自己的病的人，能夠指望他為群體除病嗎？群體的病除之後，他的病豈不更加突出了？

病病不病，不知知病……有點像念咒。通篇《老子》，常常不拒絕繞口令式的文風。這種文風可能帶來遊戲的快樂，如「不吃葡萄倒吐葡萄皮」，也可能帶來深思、神祕感、崇敬感與形而上感如佛教的「般若波羅蜜」：「是故空中無色，無受想行識，無眼耳鼻舌身意，無色聲香味觸法。無眼界，乃至無意識界。無無明，亦無無明盡。乃至無老死，亦無老死死盡。無苦集滅道，無智亦無得。以無所得故……故知般若波羅蜜多，是大神咒是大明咒是無上咒是無等等咒……」

即使你基本不懂這段佛學經典的含意，讀之誦之，有所感佩焉。

老子正是在繞口令式的文體中，在漢字特有的同一個字既做主語用也做謂語用還做補語用的使用中，他訓練人們的辯證思維能力，他啟發與驅動人們的概念推演、概念遊戲、概念生發、思想擴展能力。例如病病與不病，不病與病，知道自己有病反而不會大病，諱疾忌醫則會造成大病，這個意思很好，也不難理解，說成了夫唯病病，是以不病，拗起口來了，但也更玄妙有趣起來了。

修辭用詞，也是推進思維與精神境界的一種途徑。而且這種拗口式詞句，別有魅力，別有趣味，略有難讀，終於好記，如同吃黏牙的糯米，更富口味與感覺上的快感。

思想、材料、文體、修辭，這是一個整體。老子特殊的文體：文言、押韻、簡要、繞口、循環、往復，與他的思想——奇絕、玄妙、高端、深遠、無限是密不可分的。用白話文或英語來表達，其成色一下子打了許多折扣。偉大的道可道非常道啊！

本來以為這種繞口令式的深刻文體，只有中國尤其是老子才有，想不到的是，我在美國前國防部長拉姆斯菲爾德先生的言語中發現了類似的巧合。下面引用的他的這段話是他在二〇〇三年回答記者關於伊拉克的大規模殺傷性武器問題時講的，曾被某記者俱樂部評為當年的「文理不通獎」冠軍。從中可以看出拉部長談到伊拉克大規模殺傷性武器時的窘態。但如果抽象出來，做為哲學論述、認識論論述，則不無精采、不無可以與老子的這一章相對照的可圈可點之處。我為之譯成了文言文，願與讀者共饗。

他是這樣說的：

As we know　吾知之
There are known knowns　知有所知
There are things we know we know　吾知者吾知
We also know　吾亦知
There are known unknowns　知有所不知

That is to say　　即謂
We know there are somethings　　吾知吾
we do not know　　有未知者
But there are unknown unknowns　　並有不知所不知者
The ones we don't know　　某物吾未知者
We don't know　　吾未知也

從國際政治的角度看，這樣談伊拉克大規模殺傷性武器問題，是窘態下的自辯，這其實也不足為奇。政治家有時需要苦撐強辯，對此，我不必在談老子時置評。拉先生的策略是把國際政治乃至和戰問題武器核查問題哲學化、認識論化，於是出現了上述的奇文，我把它用文言文一譯，還真有幾分精采嘍！

至於老子的這一章文字，我設想與春秋戰國時期群雄並起、士人紛紛自我兜售的情況有關。歷史上只有一個秦始皇統一了六國，建立了自己的其實是短暫的但自己以為是千秋萬代的永世基業。但各諸侯國都在爭著做始皇，都在急著推廣自己的一套方針政策謀略。這個時期，志大才疏的人太多了，自以為無所不知的人太多了，諱疾忌醫的人太多了，不知知病的人太多了，牛皮轟轟的人太多了，老子乃提出了這樣一個學風的問題。他想滅火，他滅不了。

第七十二章　是以不厭

民不畏威，則大威至。
無狎其所居，無厭其所生。夫唯不厭，是以不厭。
是以聖人自知不自見，自愛不自貴。故去彼取此。

如果民人不害怕不在意你的威權威力權力威脅，那麼更大的威力——更大的或最大的威脅即危難就要到來了。

不要與民人的安居樂業搗亂作對，不要擠壓妨礙民人的謀生過日子。只有你不壓迫他，他才沒有被壓迫感。只有你不討厭他們與他們對著幹，他們才不會討厭你與你對著幹。

所以聖人要有自知之明，但不是表現炫耀賣弄自己。聖人懂得自愛，但並不把自己看得多麼高貴——高高在上。也就是說，要選擇前者（自知自愛），丟棄後者（自見自貴）。

老子的許多教訓是針對統治者的。他也給統治者提過類似愚民政策的建議，而且中國歷代統治者確實接受了這種愚民政策的負面影響。雖然老子做為哲學家心目中的愚，更多的是指淳樸敦厚，但是到了某些無道失德的統治者那裡就變成了愚弄群氓，老子難辭其咎。然而老子同時又確實有一種原始的民本思想，他強調一切問題、一切麻煩都是統治者的責任，必須從統治者身上找原因、找解決的辦法。他主張以百姓之心為聖人之心，主張精簡行政，損之又損，以至於無為。他的無為而治的主張至少有不擾民、不干涉過度、不損害民利的因素，有小政府大社會的因素。可惜的是，國人並沒有此方面的實踐經驗。

這裡，他又從威講起。

威是什麼？威嚴、威信、權威、威力、威武、威脅、威逼、威嚇、威壓，等等。後四個詞是純粹負面的，而前五個詞很可能是正面的。

還有一個詞就是「威猛」。我想起一位長期以來積極參加各種政治鬥爭的舉止極其有派的老作家。當年輕一些的同行們告訴我他是如何如何「威猛」時，我實在忍俊不禁，並從而結結實實地學會了「威猛」一詞。此前，我很少見過更沒有使用過這個詞。

前賢解釋《老子》，極注意把「民不畏威，則大威至」的前一個威與後一個大威區別開來，似乎前一個威是好威，後一個威是壞威。就像有的學者注意把愚與愚笨區別開來，把無為與無所作為區別開來。

其實不必。老子是主張「唯之與阿，相去幾何？善之與惡，相去若何」的，到了莊子那裡明確提出了齊物論（有點像後現代的所謂一切東西都存在於同一條地平線上或同一平面上的理論），我們後來學者何必那樣辛辛苦苦地從文本中並不存在的縫隙中增加對於老子的語詞的分清善惡曲直的自作多情的嘗試呢？

威就是威，大威小威都是威。威是什麼，是一種加害於對象的力量，一種自然的破壞力或人為暴力，至少是潛暴力的預告。威是一種提前的施壓效應。

陽光明媚，惠風和暢，萬物生生不已，我們不會此時稱道自然之威，而是讚美自然之恩澤仁厚。而當雷電交加、狂風怒吼、山洪暴發、海嘯、雪崩、地震、泥石流滑坡之時，我們不能不承認乃至讚頌大自然之威力無比。

而一個統治者、管理者的威嚴，當然與他有可能加害叛逆者、不服從管理者、摧毀他們的反抗有關。僅僅是熱愛人民、智慧、善良、無私、天才，可能令人佩服或者愛戴，但都不足以有威。領導人並不是慈善家、傳教士、老好人、老大媽，不論什麼樣的政權，都有自己的加害於敵對勢力的手段，也是使你就範的手段。當然為了使你就範，僅僅威是不夠的，僅僅善良也是不夠的或者更加不夠的。中國早就有一個通俗的說法：恩威並用。

百姓不害怕你的威，更大的加害性事件或更嚴重的亂局，即更大的災難危險就會出現了。那麼什麼情況下會出現民不畏威的情勢呢？老子沒有細講。但我們似乎應該聯繫下文來體察老子的用意。他強調不要擾民，要讓老百姓安居樂業，讓老百姓有以為生，過太平日子。一句話，不要與民人的正常的淳樸的自然而然的要求願望對著幹。再說通俗一點，千萬不要害人、害老百姓。你害得老百姓活不下去了，你的加害能力已經無緣無故地透支了揮霍了用光了用滿了，你的加害民人的行為已經躲也躲不開了，民人除了反抗還有什麼辦法？既然要反抗，既然已經官逼民反，怎麼還可能怕你呢？

老子的著眼點仍然是統治者，他始終採取一個給統治者進言的姿態、給以忠告的姿態，有時候是忠言逆耳的架勢。他勸統治者低調一些，讓老百姓活得自在一些。那時的中國還沒有自由的觀念，但有自在（在讀輕聲）的觀念：唐堯時期已經有〈擊壤歌〉歌頌：「日出而作，日入而息，鑿井而飲，耕田而食，帝力於我何有哉！……」看來恰恰是唐堯時期，有那麼一點無為而治的理想色彩。

所以老子要求統治者「自知不自見」，有自知知人之明，有知識有經驗，但是不要動輒顯擺自己。身為統治者還老找機會炫耀自己，是可笑的，是對庶民的不尊重，是討嫌。「自愛不自貴」，也很好，自己愛護自己保護自己乃至自我優待一下，都還行，但切不可高高在上、稱王稱霸、窮奢極欲、脫離民人。

老子的一貫主張，在庶民面前，統治者要注意謙恭謹慎，這當然是有道理的。現代的政治家也注意——至少是注意樹立親民形象。

說完了怕不夠，怕引不起統治者的足夠重視，於是再重複一遍：要去彼取此，叫做有要、有不要。這些，可以算是語重心長了。

第七十三章　天網恢恢

勇於敢則殺，勇於不敢則活。此兩者或利或害。天之所惡，孰知其故？是以聖人猶難之。天之道不爭而善勝，不言而善應，不召而自來，繟然而善謀。天網恢恢，疏而不失。

勇於去妄為，就會丟命。勇於斷然停止和取消妄為，就會存活。這兩種勇，一個對人有利，一個對人有害。上天就是不喜歡、厭惡人的妄為，誰能說得清它的緣故呢？所以就是聖人也會感到不易明察：天道是這樣的，不爭奪爭鬥，卻總是勝利。不說太多的話，但是總有人響應。不用召喚，卻都能到來。大大剌剌、慢慢騰騰，卻能夠安排謀畫得很好。上天的安排像是結就了網，雖然粗疏，卻從不失誤，從不會漏掉什麼要緊的關節。

老子是強調養生的，他常常為弱者弱國打算，所以他強調的勇，不是去冒風險而是停止去冒風險，不去妄為。說不定這與春秋無義戰也有關係，所以老子並不提倡拚命爭鬥，不提倡輕生輕死，不提倡戰鬥到最後一個人，不提倡獻身成仁，而是提倡「勇於不敢」。

你可以說老子是在為勇正名，你也可以說老子在顛覆勇之名。迄今為止，人們說的勇當然是勇於敢，白話文中的勇就是勇敢，而不可能是勇於不敢。

但是老子顛覆性地提出了一個問題：勇於衝鋒是勇，那麼勇於停止衝鋒、勇於不衝、勇於撤退、勇於停戰，勇於妥協，算不算勇呢？猛衝猛打當然需要勇，需要不怕犧牲、不怕付出代價，那麼勇於不敢呢？

例如重慶附近的釣魚城，從一二四三至一二七九年曾經堅守孤城三十二年，擋住了元軍的攻擊，擊斃了蒙哥汗，影響了元軍西征歐洲，改變了世界歷史，元軍誓破城後屠城報仇。最後，宋朝已經滅亡多時，守將王立開城投降，保護了全城百姓。對於王立的評論，一直處於兩個極端，反對者認為是投降，是叛徒；讚揚者認為宋朝已經滅亡，抵抗無益、無理、無必要，只有勇於承擔才能保民利國。王立，按照老子的觀點，就是勇於不敢的了。

韓信的受胯下辱——被幾個流氓要求從胯下鑽過去，則是由於韓信有大志，不必與市井無賴糾纏，更不必為市井無賴付出代價。他也是勇於不敢與小流氓鬥，但他勇於率軍與項羽打仗，所謂小不忍則亂大謀是也。

但綜觀韓信一生，對他的為人評價並不很好。尤其是他的睚眥必報——待到他發達以後，所有的微小私仇他都要報復，令人覺得狹隘小氣。他的凶險的下場，想來有咎由自取的因素。

比較沒有爭議、為萬世景仰的則是藺相如，為了大局，他勇於不敢與廉頗內鬥，處處避讓廉頗武夫式的挑釁，終於感動了也教育了廉頗，最後廉頗負荊請罪，其故事其境界令人佩服。

事物總是兩個方面，有退讓就有不讓，有堅決就有靈活，嘛都針尖對麥芒，其實是小氣鬼。所謂一日之短長，所謂意氣之爭，所謂名分之爭、蠅頭小利之爭，只能降低自己，而與所謂贏輸勇怯無關。

說是上天厭惡那種「勇於敢」，但是莫知其故，這話說得有些突兀，因為他一直講類似的不爭、不冒險、要無為的道理，一直說這是大道、是天意天道，為何到了這裡又出來一個「孰知其故」呢？

這裡透露了一點老子的自我矛盾的心情。他未必認為當時的環境下不需要進行必要的抗爭、必要的衝刺、必要的奮鬥與犧牲。他確實看到了，除輕舉妄動的勇敢分子、糊塗人、冒險家、野心家以外，確實也還有許多英勇無畏的人物、願意為理想為道德為庶民為百姓殺開一條血路的人物存在。但同時他看到了這樣的奮鬥者、犧牲者、先行者付出的代價太慘重，成本太高昂，效果太微小了，距離他提出的返璞歸真、皈依大道、無為而治、不教而自化、不言而應、不召而來的理想境界何距十萬八千里！他不能不問，天啊，孰知其故啊！

於是老子安慰自己，天道是緩慢的、大大剌剌的，天網是粗疏的、不縝密不細膩的，似乎馬馬虎虎的，好人未必立刻有好報，壞人未必立刻有惡報。但是我們必須放寬心思、放長眼光，假以時日，好人好事終將好報，惡人惡事終將遭受懲罰。天網恢恢，疏而不失（現一般作疏而不漏）已經成為俗諺，成為國人的文化心理與共識。你能怎麼辦呢？只有假以時日，只有相信天網天道，天網不會漏過對於壞人的懲罰，天道也不會忘卻對於好人善行的報答。

有一個「孰知其故」的說法，透露了老子的「天網恢恢，疏而不失」的名言中既有對於天網的稱讚崇拜，也有對於天網之「疏」的未必全無微詞。這是我的一個發現，不知能否站立得住。識者教之。

然而，老子忘記了他的名言了嗎？天地不仁，以萬物為芻狗，何必讚揚，又何必微詞呢？

第七十四章　民不畏死

民不畏死，奈何以死懼之。若使民常畏死，而為奇者，吾得執而殺之，孰敢？常有司殺者殺。夫代司殺者殺，是謂代大匠斲。夫代大匠斲者，稀有不傷其手矣。

民人連死都不怕了，你為什麼還要用死來嚇唬民人呢？如果能做到讓民人貪生怕死，誰胡來，抓起來殺掉他不就得了，誰還敢胡鬧？

有專門管生死的機關或部門管殺，請不要代替這種專門力量與分管部門去殺人、去處死犯人。代替這種專門機關或部門去殺，就好比代替木匠大師去砍削木頭，怎麼可能不傷到手呢？

這是一個家喻戶曉的警告，這是一句充滿力度與激憤的言語。民不畏死，奈何以死懼之。許多革命者、抗爭者引用過這樣激烈而且悲憤的話語。

同時老子也向統治者進言，不要以為老百姓永遠那麼怕死，你把老百姓逼急了，他們也會不怕死的，到那時候可就不好辦了。

事情很簡單，一切政權的鎮壓反抗的手段，都是建立在人的趨利避害、貪生怕死的預設前提之上的。為什麼獎金有誘導力？獎金能夠幫助你活得更舒服、更富裕也更光彩。為什麼囚禁有阻嚇力？因為囚禁使你無法享受生活的快樂。為什麼死刑有更大的威懾力？因為一經處死，人再也活不轉，人再也沒有生的享受了。

但是如果矛盾太尖銳，仇恨太大，就會使一方寧肯死也要與你鬥爭到底。如《尚書》所言：「時日曷喪，吾與汝偕亡！」報復比自己的生命還重要，只要能要你的命，我甘願赴死。有時這種情況叫做「官逼民反，民不得不反」。到了此時，你的各種獎懲手段、抑制與激勵手段也就基本上失效了。

「九一一」後，美國要求阿富汗的塔利班交出賓拉登。塔利班的一位發言人宣稱：美國擁有一切，而塔利班一無所有。他說，他們擁有的只有自身的身體與生命，他們渴望為聖戰而死，就像美國人渴望生活渴望活一樣。

這確實是一個嚴重的問題，而且這個問題是僅僅靠軍事打擊解決不了。

那些有殺人能力的人與機構，應該認真想想兩千多年前老子的這一警告。

代司殺者殺的說法相當含蓄。它有多重解讀的可能。第一，誰能生殺予奪？原則上只有天，只有大道才有這個職責與權力。統治者不要替天殺人，替天殺人者會自傷其手指。第二，誰該殺誰不該殺，應該有專門的機構和人員去操作去執行。君王大臣，不要輕易下令殺人。說得現代一點，殺人（判死刑的事）應該專業化、專門化、專職化；處死與行刑的權力與事務，應該收攏到某個專門的機構或人員上去，不可任意廣泛化，不可放權，不可變成一般行政事務。

不知這算不算分權思想的萌芽。

第七十五章　難治輕死

民之飢，以其上食稅之多，是以飢。
民之難治，以其上之有為，是以難治。
民之輕死，以其上求生之厚，是以輕死。
夫唯無以生為者，是賢於貴生。

民人為什麼飢荒？因為在上的人吃掉用掉了太多的賦稅，所以就發生了飢荒。

民人為什麼難以治理（不聽調度）？因為在上的人老在那裡找事幹（上邊對老百姓提的要求太多、花樣太多、讓百姓幹的事太多），所以民人就不聽上頭的指揮了。

民人為什麼輕忽生死？因為上邊的人生活的太奢侈富裕了，所以民人對於死的危險也不在話下了。

那些並不特別看重自己的生存生命的人，那些自然而然地生活著的人，其實比特別寶貴看重自己的生存的人更高明。

老子在這裡替百姓吐了點苦水。

這一章話語也很有分量。老子指出，治國方面的一些麻煩、一些政治困局，其實是統治者自身造成的。為什麼飢荒？統治者們太多吃多占了，苛捐雜稅、徭役負擔已經讓民人無法承擔了。這裡既有實際的食品消費品數量產量問題，也有相對公平不公平的問題。如果共體時艱，統治者圈子裡的人員即「上面」的人員與老百姓一起艱苦奮鬥，亂局就不會出現得如何嚴重。而在上者窮奢極欲，老百姓啼飢號寒，朱門酒肉臭，路有凍死骨，還想讓國家不出現亂局變局，那是根本不可能的。

民人難以治理，不聽上頭的話，是怎麼發生的呢？老子認為上頭要做的事愈多，做出的指揮愈多，各種智謀花招手段策略愈多，老百姓也就愈發刁惡，愈發不聽你的那一套。為什麼呢？因為你的花招啟發了他做事是可以耍弄花槍的。你的要求提醒了他，那麼多要求是不可能實現的，而且你是不體諒老百姓的疾苦的。於是你有政策他只能答以對策。你想幹的事情太多，任務多，說法多，道理多，許諾也就太多，而兌現的就會愈少，空頭支票就會氾濫，上頭就會屢屢失信於民，上頭的威信就會愈低，民人不就成了難剃的頭、成了刺兒頭了嗎？

上頭的指揮治理如果悖離了無為，即令民人自己過日子的大道，一切就會適得其反。

民人為什麼連死都不怕了？這裡又呼應到民不畏死上來了。老子的說法也很別致，你愈是活得高級、享受、優裕、奢華，老百姓就愈是要與你拚命，自己不活了也要讓你活不下去。這不能不讓你想起塔利班的那個邏輯。你愈想活，我愈想死。你大活特活，你高消費高指標高縱欲……只會使我愈加絕望、愈加憤怒、愈加狂暴、愈加要採取極端行動。

這裡老子講的民之輕死，恐怕不僅僅是輕視自己之死，不惜以死相爭，而且也包括了輕視生命之死，或是期待著用死亡來回應「其上」的「生之厚」。

當然，做為當代國際政治事件，我們是譴責反對恐怖主義的，我們也完全無需以老子講的輕死現象與現在的恐怖主義相提並論，但是，一些「成功者」與在上者的生之厚，會成為另一些「失敗者」與在下者、弱勢者的輕死的根源，老子當年能提出這個命題，堪稱振聾發聵，今天也值得掩卷長思。

於是，老子反過來奉勸那些生之甚厚、享受得登峰造極的人，其實不如聽其自然，過一種更自然更樸素的生活，才是更健康。

這使我想起二十世紀八〇年代與周谷城的一次談話。他已經九十多歲高齡了，我問他養生之道。他回答說，我的養生之道可能別人不容易接受，就是說，我養生的關鍵就在於「不養生」三個字。妙哉，周老庶幾達到無以生為者、是賢於貴生的境界嘍！

周老的說法也令人想起相反的情況，神經質地貪生怕死，過度的營養、保健、進補、醫療，對於自己的健康情況生命情況的疑神疑鬼，更不要說是窮奢極欲了，那不是自取滅亡又是什麼呢？

第七十六章　柔弱處上

人之生也柔弱，其死也堅強。萬物草木之生也柔脆，其死也枯槁。故堅強者死之徒，柔弱者生之徒。

是以兵強則滅，木強則折。強大處下，柔弱處上。

一個人，活著的時候是很柔弱的，而他死後才會變得堅硬難以曲彎。就像草木，活著的時候是柔軟脆弱的，死了也就枯乾堅硬了。所以說，堅硬與強直，是死的結果、殘廢的派生物。而柔軟與易於曲彎，才是生的表現、生的結果。

所以說，兵強硬了，就會滅亡，樹木強硬了就會折斷。強大的位置在下邊，而柔軟曲彎的位置才是高出一頭的。

老子喜歡做逆向思維，堅強、勇敢、智慧、有為、仁義、美善都是褒義詞，弱、不敢、愚、無為、不仁、不義、不美、不知都不像是好詞，都似乎帶著貶義，但是到了老子這裡給它們翻了一個個兒，使一批褒義詞的後果即後續效應變得可疑起來、嚴重起來。老子搞了一個概念革命，「名」的革命，使諸概念面目一新，使老子的論述如閃電劃破了夜空，如驚鴻突現了倩影，你的思想也從而一亮一驚一變。

堅強並不是一個古代常用的詞兒，《辭源》與《辭海》上都沒有這個詞。二十世紀六〇年代的《新華字典》裡對於堅強的解釋則是「不動搖」，這顯然已經把這個詞與中國革命的具體實踐聯繫起來了，於是堅強便是一個極好極光榮的品質了。當代《現代漢語詞典》中對於堅強詞條的解釋是「強固有力、不動搖」，也絕無貶意。

但是老子這裡使用的堅強一詞，卻是貶義的。有的專家便乾脆將之解釋成「僵硬」。現代漢語中，堅強與僵硬恐怕實在不能混淆互用。倒是漢英詞典中，將堅強譯為adamant, adamancy；而在英漢詞典中，將adamant, adamancy解釋為堅持與固執，那麼在英語中，堅強便是一個中性的詞了。語言本來不是意識形態，但是從《新華字典》、《現代漢語詞典》與漢英詞典、英漢詞典的對於堅強與adamant, adamancy的解釋中，我們不難看出意識形態的影響——西方人認為堅強可能是固執、頑固，而當代中國強調的是堅強即不動搖——這是很有趣的。

而老子對於堅強的理解與當代中國的革命家不同，他確實是在強調堅強之為僵硬的負面特色。老子有一個驚人的發現：堅強是死的特徵，而柔弱是活物的特徵。

我們今天的人，也許寧願意選擇柔韌來取代柔弱一詞。柔性，可以彎曲，可以變形，可以壓縮，可以抻拉，叫做經蹬又經踹、經鋪又經蓋、經拉又經拽、經洗又經曬。這些只有柔軟的布匹才能做到，而堅硬的鐵片是做不到的，更不要說其他片片了。

這反映了老子所處時代的某些特色，混亂、爭鬥、不穩定、無義戰，都在做個人爭霸、地區爭霸，卻無關民族大義，危機四伏，互相砍殺，這個時候如果任意堅強一番，只有白白完蛋之下場。

中國歷史的嚴峻性使中國文化富有一種應變能力、自我調整的能力、百撓不折（以老子的思想方法，其實百折不撓與百撓不折，表面看來相反，實際道理同一）的能力、適應能力與再生能力。這有一點柔弱賽過堅強的意思。歷史上有過許多大帝國，如羅馬帝國、波斯帝國、奧圖曼帝國等，固一世之雄也，而今安在哉？而中國居然歷盡艱險災難而不亡不中斷至今，並正在創造著歷史的新篇章，這恰恰與中國文化所提倡的與文化本身就具有的這種柔弱之道、柔韌之道有關係。當然同時必須將鬥爭之道、反抗之道、英勇不屈的堅強之道弘揚開來。

同樣搞了社會主義、搞了改革，蘇聯、東歐國家就改垮了，中國就改出了新生面。這也與國人的柔韌思想有關。例如市場經濟，按照社會主義或資本主義的「堅強」的意識形態，它與社會主義不能並存，但是恰恰在中國，用堅強者認為相當弔詭的社會主義市場經濟挽救了中國挽救了黨，為中國開闢了新的前景。

順便說一下，港臺喜用的「弔詭」一詞源自《莊子》的《齊物論》，老子莊子都是弔詭的大師。生也柔弱，死也堅強；無為而不為；兵強則滅，木強則折；堅強處下，柔弱處上。這裡的每一個命題，無不帶有弔詭的味道。有了這樣的弔詭的超常思辨傳統，誰能消滅、折斷中國與中華文化？

老子也有概念遊戲，他說的是兵強則滅，其實並不是說兵弱必勝，也不是兵強必滅。他說的其實是兵太強了，用兵僵硬，兵法呆板，因強而驕，因強而粗心大意，因強而戰線過長、補給過長、對困難估計不足，反而容易失敗。就像龜兔賽跑的結果是龜勝兔敗一樣。老子這裡的強字，恰恰是從它的最最負面的意義上使用的。

木強則折也是一樣。嚴格地說，柔韌也是強而不是弱的一種表現、一種特徵。它這裡講的易折的強其實不是真強，而是枯槁而又全無彈性、適應性、可塑性、可調節性的所謂強，這是傻強、是死強、是乾巴巴的強、是無內容無生命力的強。而如果是干將、莫邪的劍器的強與鋒利，那就不是強的折斷，而是劍的吹毛斷玉、削鐵如泥了。那時，柔弱的毛與至少比劍鋒柔弱的玉與鐵，就都勝不了干將、莫邪寶劍了。

當然，事物同時有另一面，如果一把劍過於鋒利，它也就容易捲刃、容易受損，如果它的砍殺對象是一批柔韌的橡膠、塑料、纖維，尤其是如果寶劍意欲劈殺的是老子最欣賞的流水，那麼，單憑堅強與鋒利，還真是未必能勝。

以柔克剛，以弱勝強，是一種中國人特有的理念，它與月盈則虧、水滿則溢、物極必反的中國式古老的辯證觀念密切相聯。因此才有太極拳的發明與流行，才有臥薪嘗膽的故事，才有以退為進、明升暗降的計謀，才有水滴石穿、繩鋸木斷、韜光養晦、多難興邦、玉汝於成的成語、諺語。而這方面老子的論述，尤其精闢，有新鮮感，發人深省，助人度過難關，也幫助了中華民族大難不死、劫後重生、因禍得福、屢敗屢戰、否極泰來、永不滅亡、永放光芒。

第七十七章　天道與人道

天之道其猶張弓與？高者抑之，下者舉之。有餘者損之，不足者補之。
天之道，損有餘而補不足。
人之道，則不然，損不足以奉有餘。
孰能有餘以奉天下？唯有道者。
是以聖人為而不恃，功成而不處。其不欲見賢！

天道、自然之道，豈不是和拉弓一樣的嗎？哪裡抬得過高了，就往下壓一壓；哪裡舉得不夠高，就抬高一些；哪裡用力太過了，就往回鬆一鬆；哪裡用的力氣不足，就加一點氣力。天的大道，是（將力量）從有餘處、從過於飽滿膨脹的地方，調劑給不足處、調劑到過於癟凹空乏的地方。

而人們習慣於做的規則恰恰相反，人是在反著來呀！是損害與剝削本來就不足——弱勢的、被污辱與損害的人，拿去供奉侍候那些有餘的、撐得腦滿腸肥的人。

那麼人當中有沒有把自己有餘的東西拿出來供給天下的呢？也有，那就是真正懂得大道的聖人了。

所以說聖人，雖然做了許多好事，但絕對不居功自恃；雖然取得了巨大的成功、事功，但是不將這些功勞視為己有，他們絲毫不嚮往不追求不表現自己如何如何賢能偉大。

以拉弓做比喻，指拉弓要有一種準確和平衡，高低、強弱、滿損都要適宜，才能拉開好弓，瞄準目標，才能一箭射到期望的目標。拉開弓並不就是完事了，因為你拉弓的目的是射箭，你必須穩定、平衡、準確，不能太高，太高了要降下來；不能太低，太低了要抬起來；不能太滿太用力，太滿太用力會造成弓弦力量的不平衡，會造成箭的不知去向；不能太乏、太無力，無力處一定要加力。整個弓必須拉得如同滿月一樣渾圓完滿平靜穩妥，才能一箭中的。以拉弓做比喻，是因為張弓必須調整均勻平衡穩妥。

大自然也是這樣，太冷了，天氣會逐漸轉暖；太熱了，天氣會逐漸變涼；月盈了，太飽滿了，就會逐漸虧損；風太大了，終將停息；太乾旱了，可能有大雨降下；太洪澇了，也許能積下淤土。災難過後應該有好運，驚雷閃電以後應該是風平浪靜。

（這其實是老子的願望，並不就是現實。天公果然是那麼講平衡、講妥當的嗎？難說。天地不仁呀！它才不管你平衡不平衡呢！）

以張弓比喻天道，確實比用水、嬰兒、玄牝、橐籥（風箱）來比喻更難說清。或者讓我們從強調張弓的平衡、均勻、穩定、準確、注意自我調整方面體悟一下吧！

但下一段話十分尖銳嚴厲，他說，人之道是與天道背道而馳的，老子假定天道是往平衡裡走的，是調劑有餘的一切提供給不足的方面的，例如水大了會往水少的地方回流，樹多了會往樹少的地方繁殖。而人間的法則恰恰相反，是壓迫損害不足的貧弱的人向富足的人進行供奉，是窮人更窮、富人更富，是從貧弱處向富足處倒流財富。這個批判太嚴厲了，幾乎是反剝削、反壓迫的同義語，幾乎是「造反有理」的同義語，幾乎是號召革命。無怪乎歷代農民起義都要扯起「替天行道」的旗幟，就因為老子已經講了，人之道與天道是相反的，替天行道意思就是要把人之道反過來。用毛澤東的說法就是把被顛倒了的一切再顛倒過來，就要革人之道封建之道帝國主義之道的命，就是要恢復、喚醒損有餘以奉不足的天道，要劫富濟貧、抑強扶弱、打土豪、分田地、剝奪剝奪者……。

老子希望有聖人出現，這些人也是有餘的，是富裕者而不是匱乏者。不論在物質上或是精神智慧上，他們的所有所占所得高於貧弱愚昧的大多數。但是他們懂得：自己已經得到的太多太多，再不應該希圖得到更多的供奉侍候服務。他們認識到：自己的任務是拿出一些所得來幫助貧弱者們，是降降自己的生活服務榮譽的格兒，拉近與百姓與弱勢群體的距離。

能做到這一點就是得了大道了，可見做到這一點有多麼不容易！

人的特點是眼睛向上，你已經頗有點養尊處優了，但是你會盯著那些比你地位還高、能力還低、享受還優渥、貢獻還小的人，你老覺得別人欠著你的，你總是冤屈、不滿足。如果是反過來，你看一看有多少比你強的人，命運卻遠不如你。你還會是同樣的忿忿不平的心情嗎？

你開始把思路往這方面轉化了嗎？若是你就開始「入聖」了、「得道」了。那麼聖人比非聖人更快樂、更坦然、更光明也更自信。

老子的哲學並不是畏畏縮縮的哲學，不是嚕里嚕囌的哲學，不是內心恐懼的哲學，而是光明坦蕩、高尚無私、胸有成竹的哲學。

為什麼這裡又扯上了「為而不恃、功成而不處。其不欲見賢」的前面其實已經講過若干次的教訓了呢？也是從這個有餘與不足的平衡問題上說起的。聖人認為，自身得到的已經太多了，自身已經是有餘者而不是不足者了，聖人早已知足常樂，聖人想的只是怎麼樣對天下多做奉獻，減少自己的享受與名望，把自己已經獲得的好處分一點給旁人，而不是自身再錦上添花，再加什麼美名什麼功績什麼威望什麼頭銜，更不要居功自傲、自吹自擂、貪得無厭。

這樣一個態度、這樣一個認識實在是太寶貴、太難得了。想一想當今我國某些自命成功的人吧！他們有幾成做到了這一點？愈是成功的人愈方便為自己炒作吹噓；愈是有錢的人愈是有條件炫耀擺譜貪婪圖財；愈是確實讀過點書並被公眾承認的智者，愈有可能高高在上、自命不凡，脫離眾生也脫離大道。這還是說得最好的那些人。等而下之的呢？一瓶子不滿半瓶子晃蕩的呢？他們當中某些人的貪欲、某些人的損不足以奉自己的勁兒、某些人的理論不聯繫實際只聯繫實惠……他們的醜聞醜態與裝腔作勢，他們一定比凡人百姓更清高更神聖嗎？嗚呼，哀哉！

第七十八章　受國之垢

天下莫柔弱於水。而攻堅強者，莫之能勝。以其無以易之。弱之勝強，柔之勝剛。天下莫不知，莫能行。是以聖人云，受國之垢是謂社稷主，受國不祥是為天下王。正言若反。

天下沒有什麼東西比水更柔弱，但是用以攻打堅強的東西，沒有比水更難以戰勝的了。原因在於，水本身、水性是對方無法改變、無法予以變化的。都知道以弱勝強、以柔克剛的道理，但是沒有誰能做得到。所以聖人說，能夠承擔國家恥辱的人，才是社稷（國家）的君主。能夠承擔國家噩運與災難的人，才是天下的君王。這裡說的正面的意思，卻容易被認為是反話。

老子再次講水的力量，如前面已經講過的。歷代學者都將水的「莫之能勝」的原因在於「以其無以易之」解釋為水是不可替代的。這實在不能講得很通。一邊是柔弱的水，一邊是堅強的對手，例如銅牆鐵壁，例如岩石山崖，結果是水，誰也勝不了它，原因是水無可替代，這個話通順嗎？它的無可替代是什麼意思呢？是說它一定勝利嗎？一定勝利如果是無可替代的，那麼勝利是原因，無可替代是結果，而老子明明說的是水永遠勝利的原因啊！恐怕不是什麼無可替代，而是對手一方無法改變無法變易水的存在，無法改變水性水力水量還有水的不屈不撓、無止無歇。水沖上來了，在銅牆鐵壁或者岩石山崖前撞個粉碎，然而水還是那麼多水、還是那麼大潛力、還是會不斷衝撞上來（雖然有緩慢的蒸發，但那並不是銅牆鐵壁或岩石山崖的作用，無礙大體）、還是不會變易變形變性變力的。而恰恰是經過一段時間，變易了的是銅牆鐵壁、是岩石山崖、是鏽污、是損缺、是氧化、是風化、是侵蝕，使堅強變易，而柔弱如水者無所變易。

以柔克剛，以弱勝強，是老子的一種理念，也是事物的一個特殊層面道理。這種理念在中國有相當的市場，這可能與歷代許多國人的弱勢地位有關。

然而這並不是絕對的、無條件的。正常情勢下，當然是強勝弱。強與弱二詞的出現，就是指的實力，強是指較大的實力、較易勝的實力。弱是指較小的力量、較易敗的力量。剛勝不勝柔則要具體分析。因為剛與柔指的是形態，不是實力。

正常情勢下，當然是歐洲足球強隊勝中國隊，而不會是相反。這無需討論。正常情況下是被高科技武裝起來的軍隊勝弱勢的軍隊，這也是肯定的。當然勝負還有其他因素，例如出師有名還是無名，人民群眾支持還是反對，指揮得當還是失當，輕敵還是慎重從事，還有是不是哀兵、士氣如何，等等。這些因素也是強不強的分野。士氣高才強，不可能是士氣愈低愈強。

剛與柔的關係更複雜一些。毛澤東的「宜將剩勇追窮寇，不可沽名學霸王」是一種思路，孫武的「窮寇莫追」及俗話說的「網開一面」也是一種思路。前者著眼於擴大戰果，後者著眼於避免過大的犧牲與留下談判、和平解決的餘地。只能說剛柔各有其用，少林與太極各有妙處，軟功與硬功各有所長。所謂柔有時是綿裡藏針，日本的柔道其實充滿殺機。所謂剛也不能夠拒絕一切調整與轉彎。一味的柔就會成為稀泥漿糊，一味的剛就會成為二百五、十三點、二杆子。剛柔相濟的說法是有道理的，強弱易勢的可能性也是存在的。

為什麼老子抱怨說，他的柔弱之道莫不知、莫能行呢？就因為並不是任何條件下弱都能勝強，不是說中國足球都能勝德法英西班牙隊；也不是任何情況下柔都能克剛，不是說太極一定勝少林，或者刺刀，更不要說槍擊了。

老子的柔弱之道對於已經處於強勢的人很有必要多講一講，使之看到強有強的局限、弱有弱的優勢、剛有剛的脆弱、柔有柔的堅韌，使他們不要自滿驕傲、不要忘乎所以、不要恃強凌弱、不要迅速地走向反面。同時對於弱者來說，老子的柔弱之道也有利於他們保護自身，避免無謂的犧牲，長志氣，不氣餒，技高一籌，棋早一步，另闢蹊徑，轉敗為勝。

同時老子的柔弱之道很有學理價值，可以研討，可以益智，可以深化辯證思維，可以探討哲學神學形而上學，可以發展抽象思辨的能力。

但這不是一個可以操作的措施。社會愈發展，各種競爭就愈加白熱化、公開化，各種淘汰就愈無情。升學、求職、比賽、為商、政治、經濟、軍事、文化，如果你只有一手，示弱示柔，以為可以憑此取勝，那就成了笑話！強大的對手矗立在你的面前，只有你比他更強大，才能取勝。

柔弱之道還有另一方面，就是承擔污垢、承擔不祥、承擔屈辱、承擔災禍，叫做把榮譽讓給別人，把困難留給自己。這也是一種前面講過的知白守黑之道，勇於承擔責任承擔誤解承擔壓力之道，國人稱這種人為忍辱負重，這是一個大大的好詞。這裡有一種高尚性與堅強性（雖然老子曾將堅強當作貶義詞使用），所以說，只有這種勇於承擔的人才夠資格當社稷主、天下王。

正言若反，則是老子的思維特色，他常常是逆向思維。常人認為好的，老子告訴你也可能是壞；常人認為倒楣的，老子告訴你那其實是幸運。他得出的結論帶有顛覆性，乃至爆炸性。

正言若反是因為目光透到了事物的背面，別人看到的是你的顏面與前胸，老子看到的卻是你的後腦與後背。

正言若反，還因為老子觀棋多看了好幾步。你看到了滿，他看到了滿則溢。你看到了盈，他看到了盈則虧。你看到了禍，他看到福所伏。你看到了福，他看到了禍所倚。

我們也許可以說，其實老子是一個喜歡抬槓的人。世人這樣說，可能有點道理；我反著說，似有更深刻的道理，出人意表，出奇制勝。他的智慧具有難得的獨到性、異議（另類）性、可辯駁性（如果你有意與老子抬槓，你且有得說呢）、啟發性（另是一番天地）、發散性（不必複製，只需引申）、警示性（他為許多世俗見解如爭強好勝、爭寵厚生亮起紅燈），直到刺激性。

而進一步斟酌，則問題不在於老子的好立與眾不同之論，問題在於，反或返，正是大道的特性。事物發展的結果是走向自己的反面，你不但看到了現狀，而且看到了發展的趨向了，豈不正言若反？懂得了正言若反的道理，又怎麼可能不培養出一種逆向思維的習慣？而逆向之後再逆向呢，不又是正向了嗎？

第七十九章　天道常與善人

和大怨必有餘怨，安可以為善？
是以聖人執左契，而不責於人。
有德司契，無德司徹。
天道無親，常與善人。

調解巨大的怨仇使之和解，必然還會留下後遺症，還會留下剩下的怨恨沒有完全罷休。一次和解並不能使諸事搞掂。

所以聖人雖然手執借據，卻並不責備責難欠債之人。有德性的人掌管借據，沒有德性的人掌管收取租稅。

天道並不分親疏，但是天道常常與善人而不是惡人在一起。

大的怨仇是不容易和解的，是難以輕易搞掂的。我覺得「安可以為善」一語恐怕不能僅僅解釋為和大怨不是善事，而是說大怨的雙方未必就此罷休，我們的話語中叫做「善罷甘休」。我寧願選擇以下的釋意：善就是罷休，就是廣東話的「搞掂」或北方人說的「搞定」。同時也不排斥善事之解，就是說，既然難於搞掂，也就不可能成為一件完滿成功的善事了。

這一章在《老子》中略顯突兀，和大怨難道反而不好了嗎？其含意恐怕要與下文聯繫起來讀：簡單一句話，就是說一定不要結大怨，結了大怨，後遺症大大地有。毋結大怨，毋為已甚，更不要積怨甚多、積怨如山。既然連作為都要無之取消之，那就更不要積怨。提倡無為、無名、無知、無言、無欲、無身、無物、無私、無尤等的老子，當然更要提倡無怨、毋結怨。

天地不仁，天地不怨，無為不言，無怨無悔，知者不言，知者不怨。辯者不善，善者不辯，善者更不怨。

前文已述，老子喜歡從最徹底處最根源處最高聳處立論。如何才能做到寵辱無驚呢？大患在於吾身。及無吾身，何患之有？如何能無尤（沒有過失）呢？乾脆不爭，不爭故莫能與之爭，功遂身退，作而弗始，為而弗有，為而弗恃，功成而弗居，你近於零了，還有什麼過失？他對於大怨的觀點也是如此，積了大怨再去和，晚了，不算什麼善事善行了，也不可能善罷甘休了，必有餘怨了。

手執左券的比喻是說得理也要讓人，不要得理不讓人；得理也要容人，不要得理不容人，雖有措據也勿搞逼債。

這個比喻也可以是說明一種精神狀態：借據在你手裡，你的精神空間是寬裕的，你沒有那種局促感、緊迫感、焦慮感。

不責於人，也不是絕對不責。前文中對於「朝甚除，田甚蕪，倉甚虛。服文彩，帶利劍，厭飲食，財貨有餘」的人，稱之為「盜夸」，已經責備了。但與無德者那種得理不讓人的樣子比較起來，聖人就寬厚容忍得多了。這裡又可以與前文無關於「無棄人，無棄物」的論述結合起來讀。

那麼如果你手裡沒有借據呢？如果借據是在別人、是在你的對手那邊呢？或者如果你的對手偽造了借據對你儼然討起債來了呢？

老子沒有講。但從全文來看，即使這樣的情況下也無需著急。天網疏而不失；道曰反；禍福互相轉化；天道無親，常與善人；大道正是你的主心骨。

或者讓我們思考一下，既然是聖人，永遠心通大道，身體（悟）大道。大道就是左券，就是有理，就是借據，就是永遠的主動。此亦一解。

而無德的人，聖人的對立面。聖人的對手是沒有借據只有債務的。他們緊張而又衝動，焦躁而又鬧騰，凶惡而又虛弱。他們是那種得理不讓人、無理攪三分的人。世上就是有這種無德者，除了表白自己與咒罵旁人以外，一無所用，一無所能，一無所有，一無所成。

作家中也有這樣的人，愈是自己寫不出東西來了，沒有小說沒有詩歌沒有散文沒有戲劇沒有評論了，連一個標點符號都弄不明白了，就愈是一心積大怨而至死不解。他們沒有任何一個地方學到了魯迅，但是他們天天宣布到死一個也不原諒。他們還要去做催租催債狀，覺得不論是老闆是夥計是同人是受眾，人人都欠他兩百吊錢。他們看東看西都不順眼，評南評北，概不合心，還要整天拿出一副憤世嫉俗的樣子。自己幹不成任何正經的建設性的事業了，他的決心就是讓人人都幹不成。

天道無親，天地不仁，還有地呀自然呀什麼的，並不講情面、不講感情，那麼為什麼又是常與善人呢？有人認為這是老子的兩個天道，一個是主宰的天道，是無親不仁的；而另一個是德行的天道，是仁的親的。我不這樣看，我覺得老子的愛好不是分析、不是切割、不是劈開，而是混同、尚同、整合、統一。我覺得這裡的問題不是天道與善人親，而是善人的風格、善人的作法、善人的選擇與天道親。問題在於你是否願行天道、願做善人、願選擇天道，而不是天道能否對你親愛垂顧。

你首先選擇了天道，天道才可能選擇你。

與其幻想天道親自己，不如自己去躬行天道。與其幻想天道常（給）予自己，幻想自己能得到天道的眷顧，不如自己去做善人。

如果你是善人，天道將向你招手，天道將自己走過來，天道將自然而然地存在於你的善心裡。

什麼是善人呢？對於老子來說，善是善良也是善於、擅長。尤其是統治者，或參與統治謀畫統治的聖人，他們應該是努力按照老子的主張為無為、事無事、味無味的；應該是不以知（智謀）治國的；應該是不嗜殺人、不喜用兵的；應該是以百姓之心為心的；應該是生而弗有、為而弗恃、功成而弗居的；他們應該是善救人、無棄人、善救物、無棄物的；應該是居善地、心善淵、與善仁、言善信、政善治、事善能、動善時、不爭故無尤的。做到這些了，還能不與天道接近嗎？

放眼旁觀，有多少人咒罵自己運氣不好，上天不公，埋怨老天不長眼，埋怨老天虧待了自己啊！多少人是一輩子牢騷一輩子咒罵又是一輩子一事無成啊！同時又有幾個人懂得在不如意的情況下反思自己的責任、自己的失誤、自己的大道缺失呢？

後面一種人才是與天道常親的的啊！後面一種人才是有可能長進、有可能出息、有可能做成幾件事情的啊！

有時候我看到一些同齡人或者比我更年長的人，說起什麼來居然像小孩子一樣地怨氣沖天、委委屈屈、沒結沒完，我就知道，完了，您老。反思自身是可以改善與調整自身的，是有效的。責人呢？除了氣惱與失態，除了神經衰弱與心理失衡以外，你能做到什麼呢？除了傷害自身，你又能起什麼作用呢？

第八十章 小國寡民

小國寡民。使有什佰之器而不用，使民重死而不遠徙。雖有舟輿無所乘之，雖有甲兵無所陳之。使民復結繩而用之。

甘其食，美其服，安其居，樂其俗。

鄰國相望，雞犬之聲相聞。民至老死不相往來。

小地方，人口也很有限，雖然有成十上百的器具，卻沒有什麼人去使用。老百姓都顧命護命，把遷徙看得很重，因此誰也不願意走出去很遠。雖然有舟車的便利，但是沒有什麼人需要乘坐而行。雖然有盔甲兵器，但是不需要拿出來擺出來（更不需要使用）。讓民人重新回到結繩紀事的時代去。

對於食物，吃得噴噴香。對於穿著，穿得心滿意足。對於住房，住得踏實安穩。對於風俗習慣，覺得舒服自在。

與鄰近地區城鎮，互相看得見，也聽得到對方的雞叫狗吠，但是互不往來，直到老死。

我前面說過，老子是原道旨主義者。他相信、信仰人的嬰兒狀態、人類社會的早期狀態。他為此刻畫出了一個烏托邦，其中「雞犬之聲相聞。民至老死不相往來」一句，膾炙人口，很有幾分類〈桃花源記〉的理想國風情。

人就是這樣的，人類就是這樣的，文化愈來愈發達，頭腦愈來愈複雜，手段愈來愈多樣，享受愈來愈高檔，能力愈強，焦慮愈來愈多。在這種時候，對於文化、歷史、科技、現代化的反思與批判的調子愈來愈高。

人類有兩種烏托邦，一是向前看的幻想未來的烏托邦：設想今後的極樂世界、人間天堂。起碼是發展得無所不能無所憂慮，例如設想今後會發明出不死藥來。

一是向後看的懷念過往的烏托邦：設想回到例如唐堯虞舜周公時期，回到人類的無憂無慮的童年，回到簡樸真誠樂天單純的田園生活中去。

老子的烏托邦是第二種。

所以老子的思想，也只是思想，哪怕是偉大的與超前的思想。真是超前，老子對於文化已經採取質疑的態度了。老子的烏托邦也還是烏托邦，哪怕是美麗的與爽氣得很的烏托邦。

也許人類再發展一段、再鬧騰一段、再愚蠢一段、再糟蹋一段地球生命與人自身，會更多地接受老子的這種烏托邦？

我則設想，老子的思想是偉大的，是一種清醒劑。同時人類的發展還會向著高科技、高生產率、高消費、高度緊張的狀態走去，愈全面高漲，愈會覺出老子的偉大；而老子愈偉大，他的烏托邦也就愈發難以變成現實。

問題在於，不論你怎麼樣反思批判立驚人之論，停止或者扭轉這樣一個文化發展、生產發展與現代化全球化的趨勢，幾乎是不可能的。

還有，人類的原始、半原始狀態，前文明狀態當真是那麼美好嗎？人類的發展固然未必都是正面的進步，那麼篤定是退步是毀滅嗎？原始狀態包含著單純也包含著愚昧，包含著淳樸也包含著野蠻，包含著善良也包含著殘酷，許多人類學的研究發現了下列的原始風習：殺害俘虜、虐待罪犯、祭天殺人、暴力濫用與性變態的風習（如割去女人陰蒂）……不能將文明文化萬能化，同樣也不能把拒絕文明文化萬能化、把文明文化萬惡化。

而他的小國寡民的烏托邦愈是實現不了，就愈應該鑽研討論，去發現它的長遠價值、思考價值、哲學價值，並反思人類文明的種種歧路、種種危殆，反問我們自身：有沒有更好的方式？有沒有更好的前途？

除了對於這種向後看的烏托邦可以進行文化學人類學的考量以外，也可以從心理學的角度上予以探討。人是會向後看的，誰不懷著深情回憶自己的童年自己的青春年華呢？這與一切價值判斷無關、與意識形態無關、與歷史觀無關，只因為生命是短促的，過往的已經丟在你的身後的你比現在更年輕，你傾向於相信，你的過去才是最美好的，至少，年輕比不年輕好啊！所謂單純的童年、快樂的童年、如詩如夢的童年，比如舒曼的著名的〈夢幻曲〉，其實原文就是〈童年〉，是多麼可愛啊！

比如羅大佑的〈童年〉「池塘邊的榕樹上，知了在聲聲叫著夏天」，這不是也與「雞犬之聲相聞。民至老死不相往來」的情調有相通之處嗎？一個人的童年是值得懷念的，那麼人類的童年呢？「天下」的童年呢？結繩紀事的童年呢？

結繩紀事是一個象徵、一個比喻，老子反對的是紀事太細，是把人生商務通化，日語的漢詞叫做「手帳」一化。粗略地記一些大項目就行了，記那麼細有什麼好處？我年輕時見過這樣的幹部這樣的人，他的日程表上不但記有工作事務的細節，也有與自己的情人通電話等計畫。我就很難想通，當戀愛也日程化細節化計畫化以後會不會影響你的感覺呢？一個人可以計畫好幾點幾分熱吻、幾點幾分擁抱、幾點幾分撫摸、幾點幾分做愛、幾點幾分高潮嗎？

什佰之器而不用，這個說法令我想起一點花絮。一個是日本的電腦生產極其發達，但是日本作家用電腦寫作者相當少，至少二十年前是這樣，遠不如當代中國作家使用電腦之普及。第二是有些歐美作家，喜歡自己搞一點手工活計，例如美國作家亞瑟．密勒就在自己家裡做木器活兒，這也讓我想到托爾斯泰《戰爭與和平》中的老瓦西里公爵，他也是在家做木器活兒的。

怕死不搬家、有船不乘的說法待考，老子是不是太拘泥於自然經濟了？這是不是反映了國人的安土重遷、落葉歸根等傳統早有根源？有武器不展示好理解一點，不贅。

「老死不相往來」的說法裡包含著對於人際關係複雜化、加強化與非真誠化的負面評價。一個人究竟是與旁人的關係愈多愈好呢，還是適當減少為好呢？人際關係的大發展，會帶來如此多的恩怨情仇、親疏遠近、結盟樹敵、利益轉化、友化為敵、敵化為友，乃至忽敵忽友，還有陣營分化與利弊權衡、誠信與做局下套、正解與誤解、圈子與山頭、頭領與跟班、站隊與投靠、沾光與株連……這裡有多少狗扯羊腸子、羊毛炒韮菜的事兒啊！

至少，我有一個發現，愈是大人物，朋友愈少。大人物的目標太大，作用太大，目的性目標性太強，太有為（第二聲，指作為）又太有為（第四聲，指原因）。他與別人來往，別人與他往來，都有自己的所圖，他能不多多少少羨慕一下雞犬相聞、老死不相往來的生活與交際方式嗎？

交友，是小人物的專利。但是小人物中也不乏藉交友以營私者。

我還發現，愈是發達國家，人際關係反而沒有那麼發達強化。他們更習慣的是有事在一起，沒有事各自分開，互相保持一定的距離。這可能與他們的個人主義、自由主義的傳統有關，可能與他們的隱私觀念有關，也可能與他們國家的人口密度比我們小得多有關。

愈是城市，愈是密集居住，如住公寓，人們之間愈是不會隨便往來。因為城市人口太密集，如果像農村那樣隨意推門就進別人的家，誰也不用過日子了。躲進小樓成一統（魯迅詩句），這裡邊的滋味與老死不相往來接近。

倒是在紐約的曼哈頓豪華公寓中，各家是做到了聲音偶有相聞、老死不相往來的。

老子的小國寡民的烏托邦裡不無個人主義與自由主義的契機。他的主張在中國，確有其另類的特點。

減少人際往來還有一個作用，客觀上增加了人與自然的密切關係。愈是耽於人際往來，愈會輕視忽略大自然的存在。舊中國有諺云：「萬事不如牌在手，一年幾見月當頭。」忙於與另外三個人鬥牌的人，連月亮都看不見。還有一位定居海外的學人，自稱他現在與自然的關係超過了他與人的關係。也許他們讀起《老子》的這一章會有親切感？

在為《老子》的這一章提供文化證詞的時候，也許我們應該提到美國作家、超驗主義者梭羅的《湖濱散記》一書。他一個人在華騰湖邊修了一所木屋，在那裡獨自生活了好幾個季節。他是做到了至少在一段時間只與自然打交道而謝絕同類了。他的書絕妙，同時也有另外的說法，說他是由於在社會生活中出了麻煩而暫時逃遁到湖邊去的。

至今，發達國家中願意體驗孤獨的林中野人生活的屢有其人。時有向後看的烏托邦主義者，幻想著最大的美好、最大的理想不是高科技，不是高國民收入，不是高消費，而是小國寡民，結繩紀事，日出而作，日入而息，鑿井而飲，耕田而食，雞犬相聞，老死不相往來……這不也是一種人類的心理平衡、一道學術思想的風景、一種思路的補充與參考、一種對於某些缺憾的提醒與警告嗎？

我國則有隱士的傳統，但他們多半隱得不徹底，一逢三顧茅廬，或者其他被脅迫的情況，他們就又回到紅塵中來了。

讓我們再總結一下相往來與不相往來的問題：

一、地球已經變小，目前不僅是雞犬相聞之處，就是大洋彼岸發生的事情，也與本國本鄉本土有關。客觀上、技術上（如網際網路），人們的往來愈益方便，各種人際往來已經大大增加，並將繼續增多。

二、組織化、集團化的趨勢正在發展。不論是國家、國際組織、公司、政府、軍隊、政黨、非政府組織……都在依靠組織與集團的效率與力量。

三、公關化與利益化，正在改變人際往來的性質，乃至改變男女之情、親情、友情的性質，並帶來許多的困擾。巴爾札克的作品中已經精采地描寫了這種困擾。

四、過分膨脹的人際往來，加上傳媒的發展等原因，造成了無個性化、個人自由的被侵犯擠壓與流失等問題。在此種形勢下，人們有可能產生獨來獨往的烏托邦夢想。前人早在諸如《魯濱遜漂流記》、《人猿泰山》中已經表達了這樣的幻想。

老子的不相往來的主張雖然無現實性，仍然值得人們思量品味。

讓我們聯想一下陶淵明的〈桃花源記〉吧！忙碌之中，紅塵之外，從審美的角度來讀，那不是一篇絕妙的好文章嗎？心靈的撫慰，想像的奇特，烏有之鄉，烏托之邦，如詩如夢，如幻境如幽險，雖不可當真，卻也不妨一哂，至少也還算有趣吧！

小國寡民的烏托邦，也許從當今的世界地圖上、從幸福指數的角度上可以有所體察與討論。有一些小國，也許人均收入並不是最高，對於世界的貢獻不是最大，在國際事務中起的作用也比較有限，但是那裡的生活相對比較安定，小日子過得很不錯，各種國際風波它們多不摻和，老百姓有很高的幸福指數。例如我去過的不丹，人均年收入只有七百美元左右，但幸福指數居於世界前列，有的甚至說是幸福度世界第一。他們生活在高原、密林之中，他們的飛機場只有本國的客機才能降落，別國飛機不敢在那種地方落地。他們的政體正在從君主制向君主立憲制過渡。那裡的狗在街上生活，沒有被任何私人圈養，也就沒有私有觀念，從不向任何人齜牙或亂叫，因此那裡的狗也是最和善的。那裡每人每年至少要種十株樹。此外像瑞士、紐西蘭，也都有人羨慕。

國有小國寡民，人也有小人物，小人物當然有自己的樂趣，至少李斯在被殺時羨慕過牽著黃狗蹓躂的日子。老子的許多忠言都有勸誡性，不要貪大圖強，不要拔份兒，不要過度膨脹。他的這一類勸誡難以改變生存競爭包括民族競爭與國際競爭的現實，但是他的某些說法，仍然不妨一聽一想一笑一豁然。

第八十一章　信言不美

信言不美，美言不信。善者不辯，辯者不善。知者不博，博者不知。
聖人不積，既以為人己愈有，既以與人己愈多。
天之道利而不害，聖人之道為而不爭。

真實可信的話語不見得美麗動人。美麗動人的話語，不見得真實可信。精通擅長或者善良忠厚的人不會去雄辯滔滔，雄辯滔滔的人不大可能是精通擅長或者善良忠厚的人。真正有知識的人或者智商高的人，不會事事行家裡手。事事行家裡手的人，不會有真才實學或高智商。

聖人不會去積攢求富求獲得求發達。他事事為別人，而自己卻更加富有。他什麼都贈送他人，而自己反而更多。

天道就是這樣的。有利萬物的自然運轉而不損害妨礙萬物的自然發展。聖人之道，也是這樣，雖然有為，但是不爭奪。

老子知道他的見解是不容易被人接受的，他知道他講述的話語與常人凡人的見解是相悖離的。他也知道他的話與常人凡人的期待是不一致的。所以他要說，好聽的話不一定真實可信，真實可信的話不一定好聽。他堅持他的與眾不同的見解。他警告讀者，不要只聽自己想聽的話。

在他快要結束他的微言大義的論述的時候，他嘆息於非可道、非美言、非可辯、非博、不爭的大道的表述之困難。在最後一章，他似乎在說，我還能說些什麼呢？

當然，也有可能目前用的以王弼本為基礎的《老子》是後人編纂的，因此不能說是老子在此書的說什麼不要說什麼。那麼，讓我們考慮一下編者——是不是王弼呢——的編輯意圖吧！為什麼止於斯呢？

反正我說的是利而不害，為而不爭，為人而己愈有，與人而己愈多。還要怎麼樣呢？

老子也同樣有一個不爭論的主張，他知道滔滔雄辯、詞鋒銳利、合縱連横，其實與事無補、與道無補，誰在口水戰中占上風其實遠不重要。他的《道德經》五千言，已經足夠，無需再發揮再駁難再辯論。真正有成就有作為的人未必需要說那麼多話，也未必需要在與旁人的爭辯中占上風。

知者不博云云，講的是學風、作風。沒有比全知全能再不可能再可笑的了。愈是有真知灼見，愈是知道事物千差萬別，知之甚難。多數人自以為知道懂得，其實最多是略知一二，或者是只知其一，不知其二。名將不談兵，名醫不談藥，原因是名將名醫知道兵事醫術都太複雜、太容易說錯。愈是內行愈慎重，愈是內行愈不輕易指手畫腳。

聖人並不去有意識地去積攢積累什麼，物質、財富、知識、名聲，聖人之所以是聖人就是因為他們無私助人、給予人、為別人。聖人從不考慮所得，而只考慮奉獻。就像天道從不想損害妨礙萬物的自然運轉，而是有利於萬物的自然發展。

這裡所說的聖人不積，與前面講過的嗇、儉、蓄有語義學上的悖論。嗇了節約了儉了尤其是蓄了，不就是積了嗎？我們可以這樣理解，這裡的積主要是指一種獲得的願望、占有的欲望，積中有貪意存焉。聖人想著的永遠是奉獻而不是獲得。

聖人之「為」，在某種意義上也可以說是老子所提倡的無為，不爭是他的特色。老子寫下了《道德經》五千言，這是他的為。這個為的目的是無為，是為爭滅火，是不爭。其實想開了所有的為，都只能是為而不爭。思想家有了天才的著作，能不能被接受、會不會被歪曲，這不是你能爭得出來的。政治家建功立業，能不能被承認，會不會被野心家所篡奪扭曲，會不會功未成而身先死，空使千古為之淚沾襟？會不會被後世所否定？你上哪兒去爭去？藝術家的天才創造，被攻擊、被剽竊、被誤解、被冷落，黃鐘毀棄，瓦釜雷鳴，你跟誰說理去？最好最好，你也只能是盡人事聽天命，只能微微一笑，最好低下頭來。

但行創造建設，莫問前程。你的前程就是你的創造和建設，就是體悟大道的歡欣喜悅、明朗純淨，而不是創造和建設之外的、大道之外的污濁腐爛。

反過來說，如果你爭得太厲害了，你整天辯論批判鬥爭拚命，你還有時間與精力去進行建設性的勞動嗎？你還能有所建樹嗎？你還能有智慧嗎？用智慧去創新篇，是美好的，也是艱難的。用智慧去搗漿糊，是不得已而偶一為之。用智慧去蹚渾水、去搶腐鼠，那就不是智慧而是失智的同流合污了。

李商隱有詩云：「……永憶江湖歸白髮，欲回天地入扁舟。不知腐鼠成滋味，猜意鵷雛意未休。」爭來爭去，會不會腐鼠也成了滋味了呢？

聖人為而不爭，那麼非聖人非賢人呢，甚至也非正派人呢？蠢人小人糊塗人壞人呢？他們的特點是爭而不為，除了瘋狂爭鬥以外，他們不種糧食、不造物品、不賣油鹽、不寫小說、不吟詩不作曲，這樣的瘋狂爭鬥者可真是天下的禍害呀！

為什麼爭而不為，因為在某些條件下，他們認為爭的效益大大超過了為。既然抓辮子打棍子扣帽子的效益大大地超過了建設性的勞動，小人壞人們能夠去耐心地為去嗎？

在這種情況下，聖人也只能無為了。這是無為的另一解，也許是歪解。

把利而不害與為而不爭並列，是此章文字的一個看點。為而不爭，已經講了不知多少次了。利而不害呢？我想這裡講的並不是具體的利益，不是講聖人的行善與助人為樂，而是講天道的包容與對萬物自化的尊重與信任。天道不干擾、不破壞、不違背萬物的發展規律、不做與大道對著幹的事情，這已經是利而不害了。

在這一章聖人與天道是統一的，聖人即掌握了至少是靠攏了天道之人。

那麼聖人的對立面呢？他們的害至少有兩個意思：第一，他們與人為惡、與物為惡，他們有一種破壞欲，他們可以並無目的與仇恨動機地去造謠生事、挑撥是非、殘害生靈、損毀萬物。與君子有成人之美相反，他們有一種天生的損害性、陰暗性、危害性、為敵性、惟恐天下不亂惟恐別人不倒楣性。他們的陰暗使他們視光明為不共戴天同時永遠搆也搆不著之敵；他們的渾噩使之視智慧為不共戴天與永遠搆也搆不著之壓迫；他們的淺薄使之視深思為不共戴天與永遠搆也搆不著之威脅；他們的偏執與狹隘使他們視開闊包容全面為不共戴天的與永遠搆也搆不著的陷阱。第二，這裡的害是妨害妨礙。他們也很辛苦，他們的特點是害而不利，他們總是逆歷史規律、逆大道而努力。甚至他們也時而自以為得計、時而自覺冤屈……最終卻是害人害己害事業。

請允許我為《老子》加上這麼一句話：聖人為而不爭，小人爭而不為。天道利而不害，霸道害而不利。信者忠言逆耳，偽者佞言中意。言者無所不知，知者有所不知、有所不能、有所不為。

聖人對人眾有悲憫心、有責任感、有尊重也有適當的距離。聖人的對立面對於聖人有嫉恨也有完全的不理解，有隔膜與不平，有絕望與晦背感。

不可爭。不可爭。不可說。

天網恢恢。天道彰彰。一曰大，二曰逝，三曰遠，四曰反。夫復何求？

到了《老子》結尾之處了，到了我為《老子》提供的意譯與文化證詞結束之處了。我願意作證：老子能夠從思辨與心理上、從理論（動詞）與悟性上、從境界與遠見上乃至從自信與信仰上幫助我們。讀《老子》如飲仙泉、如沐山水、如振羽而飛、如登高眺望，鎮定從容，睥睨萬有，親近眾生，如入無物之境。

同時老子也留下了太多的困難、太多的無奈。他察之深，言之簡，論之模糊，處之則只有泰然。也只能泰然，還能怎麼樣呢？

他說了許多的「無」，他無了許多的「說」。他欲說的話比已說的話多，他請你自己定奪的話比已經告訴你的多。他說得不太充分、不太明白的話比已經說透說明的話多。

有許多前賢對於《老子》做出了極其有益的解讀，但是解讀完了仍然是不得其旨的甚多。這是解讀者的事兒呢，還是原著者的事兒呢？也許老子的在天之靈正為了解讀的大有空間而滿意得意稱意？

他留下的《道德經》五千言，至今仍然值得閱讀體味翻過來調過去……還要怎麼樣呢？

老子是愛你們的，要明白啊，讀者！

三、老子的精采

至上論──中國式的終極追尋：概念崇拜與本質主義

道可道，非常道。名可名，非常名。
無，名（或無名），天地之始。有，名（或有名），萬物之母。
故常無，欲以觀其妙。常有，欲以觀其徼。
此兩者同出而異名，同謂之玄。玄之又玄，眾妙之門。

按照老子的觀點，道，不是語言可以表達的。你很難找到與道相通的、可以用來說明它的、可以與之互文互通的概念。所以外文翻譯也只能將道音譯為tao，它與任何外文名詞不相當。但是它與有與無密切相關。有與無同出於道，是有點玄妙，有點自己跟自己繞。

所以說，一上來就來一個「道可道，非常道」，來個「玄之又玄，眾妙之門」，估計可以嚇倒一批、迷倒一批、昏倒一批讀者，繞倒一批研究者解釋者。

說簡單一點，老子的這個道，比較抽象，比較大，比你想像的大得多高遠深刻得多，以至於「無」限，這就不容易講得清楚。做為概念、稱謂，它也不容易說清楚、命名準確。降一點格呢？讓我們從討論有和無入手。有與無的概念相對明白一些。這兩者同出於道。一個有一個無，你想箇中有多少奧妙？你明白了一點了嗎？

如果有與無不是同出一門，同出於道，請問無中為什麼能夠生出有來？原來沒有的東西、生命等，怎麼可能出世變成了有？而已有的東西、生命等又怎麼可能消失、死亡或者蒸發、粉碎、毀滅變成無？無中有有的因素，有中有無的因素。無乃變有，有亦變無，無與有互通互走，存在於一個平臺上。這個大平臺，這個大法則，就是道。

為什麼玄妙？它超出了經驗達到了極致，超出了現象達到了本質，超出了具體達到了抽象，超出了階段達到了終極。它既是有也是無，超出了常識。它高於、派生出有與無——人們已經看慣了的無變成有、有變成無，人們乃進而尋求無與有的根源，尋求有與無的統一，尋求有與無的道理——規律——本質——概括。

道沖而用之，或不盈。淵兮似萬物之宗。挫其銳，解其紛，和其光，同其塵，湛兮似或存。吾不知誰之子，象帝之先。

道高於一切，概括性大過一切，包容一切，涵蓋一切，所以其意「無」窮，其理「無」窮，其用「無」窮。道具有指向於無限大的屬性。道是中國的也是人類早期的一個無限大的帶有數學性極限性的哲學符號。

道並且是主導、主宰、主體的概念，不但無限大而且無限高明、高於一切，又是無限深遠，淵兮似萬物之宗。道又與生活一樣的樸素，一樣的挫銳解紛和光同塵。它不是壓迫性的、恐怖性的、強暴性的觀念，如某些宗教信仰的與崇高性至上性同在的懲戒性觀念。道不然，它乃是智慧性超越性親和性自然性的觀念。

視之不見名曰夷，聽之不聞名曰希，摶之不得名曰微……是謂惚恍。

孔德之容，唯道是從。道之為物，惟恍惟惚。惚兮恍兮，其中有象。恍兮惚兮，其中有物。窈兮冥兮，其中有精……

惚恍就是知與不知的統一，可知與不可知的統一。

惚恍、恍惚就是穩定性與流動性的統一。恍惚，若隱若現，閃閃爍爍，明明暗暗，虛虛實實，晃晃悠悠。它不是僵硬的呆板的概念，不是教條，不是迷信，不是懸在眾人頭上的劍。它給你留下了無限解釋、體悟、想像與欣賞的空間。

有物混成，先天地生。寂兮寥兮，獨立不改，周行而不殆，可以為天下母。吾不知其名，強字之曰道。強為之名曰大。大曰逝，逝曰遠，遠曰反。故道大、天大、地大、人亦大。域中有四大，而人居其一焉。人法地，地法天，天法道，道法自然。

反者道之動，弱者道之用。天下萬物生於有，有生於無。

道，獨立不改，不以人的意志為轉移。寂寥無形無聲，無剛體、無固定形狀。道——天——地——人，宇宙四大，根本、本質是道。道，是天、地、人的根源。大是涵蓋性，逝是流動性，遠是永恆性，反是否定性或循環性。

而道是自然而然地自己運動的，不需要外力，不需要強求，不需要枉費心機，不需要殫精竭慮。道的運動又常常是逆向的、循環的、柔軟的、非強硬的、非暴力的、趨向於弱方的。這樣，道就是中國傳統文化中的一個哲學——神學的首席概念。

所以《禮記．禮運篇》上講「大道之行也，天下為公」。這是講道之用，用在治國平天下上。

所以孔子說「朝聞道，夕死可矣」，這是把道置放於終極價值的位置上。

當然，儒家與道家講的概念不盡同，儒家講的道更入世、更富有德行的價值色彩，而老子講的道更哲學，更宇宙，更超出美善價值的判斷，更富有終極性、至上性、宗教性。

這裡我們要探討一個問題，什麼是中國式的宗教觀念、中國式的宗教情懷？

請從中國文化的根基——漢字上來探討。《淮南子》有「昔者倉頡作書而天雨粟，鬼夜哭」的記載。漢字的產生驚天地，泣鬼神，天上下起了粟米，鬼神在黑夜裡哭泣。有了漢字，「造化不能藏其密，故天雨粟；靈怪不能遁其形，故鬼夜哭。」這就是說，首先，中國文字具有相當的神性。

漢語—漢字的特點是以大概念為綱，注重隸屬關係。如牛，是大概念，然後有牛肉、牛奶、牛皮、牛油、牛毛、牛氣、牛市、牛眼、牛耳、牛犢等從屬概念。同時有黃牛、水牛、犛牛、乳牛、奶牛、公牛、母牛等從屬概念。而英語裡則大異其趣。牛是cattle，水牛是buffalo，公牛是bull，母牛是caw，小牛肉是veal，牛排、一般牛肉是beef，牛油是butter……從中我們找不出同一元素與從屬關係來。我以為中國的儒家思潮那種特別注意尊卑長幼從屬與輩分的觀念與漢語漢字的這方面的特性有關。我們至今也喜歡強調小道理服從大道理。而西文首先強調的是具體、是實證主義、是歸納具體事例證據與統計計算實驗結果。西方寫信封是從人名開始寫，再住址，再城鎮，再州府，再國家。而中文恰恰相反。中國的思維方式是從大到小，從本質到現象；西方的思維方式是從小到大，從現象到本質。

漢語漢字自來有，自然生出尋求大概念——根本概念——終極概念——至上概念與唯一概念，即至上本質與唯一本質的驅動。這樣的概念——本質是中國的哲學目標，是中國的神學，是中國的準宗教（《道德經》終於成為道教的經典），誇張一點說，這樣的概念就是中國文人的上帝。例如道，道是本源也是歸宿，是法則也是天心天意，是主宰也是人生的總依據。我們來自道，回到道，我們的一切由道決定，我們的禍福吉凶全看是不是符合了道。我們的最高價值其實也是道。殉道、殉道者，這是非常崇高的令人肅然起敬的稱呼。我們是概念——觀念崇拜，是崇拜宇宙的本質與概括，崇拜主宰著宇宙和人生的本質、概念、規律、道理，而不崇拜特定的神格化的人或人格化的神。

佛教所崇拜的佛陀釋迦牟尼原是印度王子，是人的神格化，是人的得道成神（佛）。觀音、文殊、普賢、地藏莫不如此，都有人格的前身。觀音有男身女身之說，文殊有童身智慧之說，普賢有騎白象之說，地藏有來自韓國之說，基督教則有聖母瑪麗亞無玷而生耶穌和耶穌出生在馬廄與釘到十字架上之說。神乎人乎，這在許多宗教的歷史上都引起過激烈的思想衝突、教派衝突、信仰衝突與族群衝突。如一種宗教或兩種宗教，都承認同一個主，但一派承認某聖徒，另一派絕對不承認那個聖徒，以致搞得彼此不共戴天。

但中國式的對於概念本質的半學理半玄思半（其實是少半）信仰的討論，更多的是用智慧、用辯才、用深刻的抽象功夫（有時也用詭辯），取代信仰主義的激情、火爆與排他，更取代群體性崇拜的規模聲勢效應。

在人類文明的早期，大家都有一個尋神造神至少是尋問終極的需要，即一個尋找起源、歸宿、永生、主宰即世界與眾生的至上主人——lord——的要求。這是一種內趨力，一種尋神尋主尋根尋歸宿的驅動與衝動。許多地方的終極關懷都是沿著尋找聖人神人、尋找天命天使、尋找聖徒的方向而努力的。比如說耶穌，比如說釋迦牟尼。他們都聲稱自己是神（之子）（正在成）佛，被接受為神佛，都有教訓、理念、道德、善行、苦行、靈異，都能創造奇蹟，為人之所不能為。這證明他們是具有神格（神的救世救人心願、神的品性與功力）的人，最後他們都變成了神或佛，變成了具有人格的神佛。

但是中國春秋戰國時代的哲人，有一種不語「怪力亂神」的傳統，有一種「六合之外，存而不論」的默契。尤其是其中的老聃，尋主尋終極的努力不是沿著尋找奇人——天使——救主的方向，而是沿著思想推演、概念發育發展豐滿的方向。中國哲人追尋的是名、是概念、是文字。老子後來說得好，無以名之，強字之曰道。而孔孟等，有的名之曰德，有的名之曰仁，有的名之曰義。殺身成仁，捨身取義，這也是把仁與義至上化的努力。老子的概括則是道，道才是一切，是概念之王、概念之上帝、概念之極限。

簡單地把道的理念歸結為造神的過程，又是大錯而特錯了。其一，老子不受群體性規模造勢的崇拜熱潮的左右，他特立獨行，言論冷靜高超。其二，老子不僅有此一個方向的過程，即尋找至大至上至高的神性概念的不斷昇華不斷玄妙的過程，而同時具有另一個過程，把至高至上至大至神的概念拿到生活中來、拿到塵世中來，和光同塵一番，拿來養生、養心、保身、治國、安天下。這甚至是一個實用的過程。

中國有中國的國情與文化特色文化傳統。在中國，民間不乏尋找救主天使神格人的衝動，最終都被主流社會否掉了，甚至被主流社會認定是異端邪教，被取締淘汰。而老子的對於道的尋思，有相當大的影響，直至衍生出一種中國特有的宗教——道教來。

> 昔之得一者：天得一以清，地得一以寧，神得一以靈，谷得一以盈，萬物得一以生，侯王得一以為天下貞。

> 道生一。一生二，二生三，三生萬物。

道是一元的。追尋本質、大概念的結果只能接受一，如果是二或三、四，那就一定有更涵蓋包容至上終極的道存在。我們假設除了道還有道′、道″，那麼就必然還有一個道之總、總之道來概括統一道、道′、道″……道既然涵蓋一切，也就與一切另立道的意圖與理解重合合一，那就還是道。

中國的強調一元化與警惕多元化，有文化上的長遠依據。道是唯一的，然而又是恍兮惚兮，沖、大、逝、遠、反、夷、希、微、柔、弱、谷、難以言說的。這就多少平衡了將一元化的概念過分強力化、排他化、教條化的危險。正如中國的封建王朝，當然是稱孤道寡的專制，但同時強調仁德，強調要有道（或仁或禮）的裁判與衡量。如果人君無道，朝臣直至造反者可以批評否定無道昏君。中國同時很少發生宗教戰爭。

中國式的終極關懷是本質主義。本質即至上，本質即本體、本原、終極，即源頭，即歸宿。堅信大概念管小概念，源頭概念管次生概念，最後找到了道。

道究竟是什麼？是最最本原的存在？是渾然一體的宇宙發生的最初狀態？是一種道理？一種萬物不可須臾離之的根本規律？一種宇宙的同一性與變動性循環性的體現？乃至是一種秩序、一種方式、一種 logos（邏各斯）、way（方式或道路）？

都是，又都不全面。已經說過了，道，可道，非常道。

這樣的道的特點是：玄而又玄，眾妙之門，惚恍、夷、希、微、混沌，不可道，不可名，超越了語言的表達能力。由於其極致性、變動性、廣博性，它不是一般的概念，它需要玄學的思維能力。看得見的是現象，看不見的是本質。看得見的是具體，看不見是概念。看得見的是有限與暫時，看不見的是終極與永遠。看得見的是某個具體的高度、長度、闊度，看不見的是「無」限大與具有「無」限大特性的道。玄妙性，這可能遮蔽著道，卻也增加了道的魅力，訓練著後學者的思維，開闊著學道者的胸懷，增益著讀書者的智慧。

而道同時是最質樸的、最自然的。有物混成先天地生，可以說道是宇宙的初始狀態，這種初始狀態，有點像盤古開天地前的混沌；有點像現代人的宇宙發生學的星雲假說；有點像四維空間——不但有長寬高而且有時間一個維度的空間概括；有點像黑洞，深不見底。老子在感悟，在想像，在猜測，在描繪這樣一種似有似無、似真似幻、似神似物、似始似終的道。大道，眾妙之門，妙不可言（所以可道，就不是常道），奧妙無窮，妙在其中。

探討一下、思考一下大道，也許並不能立即給你什麼具體的助益，然而它幫助了你的開闊深遠，幫助你獲得了冥冥中的永恆意識、至上意識、無限意識，幫助你超越生死、利害、寵辱、得失的斤斤計較，幫助你訓練抽象的玄而又玄的與辯證的思維能力，益智慧，益心胸，益境界，益格調，益生命的和諧、熨帖、自信。能夠玄思的人有福了，能夠追尋終極、想像無限的人有福了，這樣的人已經上接遠古，下接未來，心繫四極，魂遊八荒，已經獲得了不可思議的精神力量、精神空間、精神的大自由大自在大解放。豈可等閒視之！

道是怎麼來的？

道是什麼？《辭源》上的解釋主要是道路、方法與規律。《大不列顛簡明百科全書》上的解釋主要是：世界的本原和規律。此百科全書還特別註明：莊子認為，道是終極本原，是無所不載、無所不覆、自生自化的宇宙本體。

這個說法或許會引起困惑，因為老子時期國人還不怎麼講世界或宇宙。沒有關係，在老子這裡，叫天地或萬物萬象也行。

當然，道這個詞並非老子首創，《詩經》裡有道字，指道路。孔子也講「朝聞道，夕死可矣」，視道為價值之至尊。而老子和莊子將道視為世界的終極本原、本質、本體，這是他們的獨特思路。

老子應該是從世界、天地、萬物、萬象的共同性出發來尋找道的。哲學家的思維特點之一就是思考萬物萬象、思考萬世萬年。萬物千姿百態，生生滅滅，那麼它們有沒有共同性呢？如果抓著這種共同性不就是抓住世界的牛鼻子了嗎？抓住世界的牛鼻子，這對於一個哲學家一個智者來說，是怎樣激動人心的事啊！

老子反覆講的道的特質，其實就是萬物的共同性。綜其所講，這種共同性應該是：

一曰自然。自己運動，自己變化，不受外力，不受意志——不論是人的意志還是神的意志——的影響，不受價值觀念、道德標準、愛心或者惡意的左右。

這是道的首要特色。無為呀，不言呀，樸呀，不智呀，都是從這個自然自行運動的特點衍生出來的。

二曰變易，叫做逝。萬物都在變化，因此不可鼠目寸光，不可只顧眼前，不可一意孤行，等等。

三曰辯證。相反相成，物極必反，禍福相倚，尤其是有無相生。無必然會變為有，有必然會變為無，無中生有，有中變無。無與有，都是誰也擺脫不了的存在形式與變易規律。

四曰陰柔。大道如巨大的陰戶與子宮。柔弱而不是堅強，重為輕根，靜為躁君。

五曰趨下。如水，向下流，自覺居下，居別人不願居之窪地。

六曰無私。生而不有，為而不恃，功成而弗居，知雄守雌，知白守黑，等等。

七曰惚恍。是集合形態、含糊形態、靈活形態。這與中華盤古開天地及混沌假說有關。它甚至讓人聯想到宇宙生成的一些假說，例如星雲說。

八曰玄妙。其言甚大，玄而又玄，眾妙之門，說明道是相當抽象深奧淵深的，是不可一蹴而就的。

九曰寶貴。人之寶，人之保。得道則無尤無咎無傷無死地，失道則離滅亡災禍大畏不遠。

其他還有些別的，但以以上九點最重要。怎麼樣命名這九點呢？曰道，曰本原、本質、規律也是本體。

曰一，找了半天，悟了半天，就是找出悟出這個唯一的道、這個道的唯一即一來。有了這個一，就一通百通，什麼都有了。老子說，天得一以清，地得一以寧，神得一以靈，谷得一以盈，萬物得一以生，侯王得一以為天下貞。

國人好一崇拜一，我們講一以貫之、始終如一、一如既往、一心一意、一心為公、從一而終，都是好話。其實別的都不是一，都是有一也有二也有三也有萬物萬象，只有無限大的道，才是一、唯一、同一、統一、合一。

老子研究出一個道來，研究出道之唯一來。這首先靠尋找共同性，其次是靠尋找本原而來，即溯其源而得其道。

許多宗教都富有終極關懷、終極詰問、終極眷顧。但宗教的終極關懷，傾向於去尋找終極的偉大的主，即世界與永恆的主宰、眾生的尤其是人類的主宰主人。人們發現了一些有特異稟賦的人，一些能創造奇蹟的人，一些有使命感的人，他們是天使，是半神半人，是神的下凡，是有神格的人，是終極的主派他們來的，是此岸與彼岸的橋梁，是主的使者，如耶穌如釋迦牟尼。最後，他們從神格的人終於成為眾人承認的人格的神。

而老子的功夫是思辨，不是尋找神——人，而是尋找神性終極性概念——名，是逐步提升自己的理念、概念。比如有了天地人的概念，但是老子不滿足，他上升到有與無的概念。不管他是天是地是人還是什麼都不是，反正不是有就是無。尤其是老子認定，萬物生於有，有生於無，一切的有都生於無，一切的有都會變成無，一切的無都會生出有來。無是有的無，有是無的有。本來就沒有的人，不存在無了不無了的問題與討論。本來是無的人，壓根沒有出現過出生過的人和物，也不存在有的概念與討論。例如我們不會討論某個從來沒有過的人什麼時候會有。那麼，在沒有天沒有地沒有人以前，或無天無地無人之後，這個世界還有什麼？

這又好比是尋找世上最大的數字、最高的高度、最深的深度、最長的時間、最早的起源、最遠的距離……一樣。一個最大的數字是 X，那麼必然還有 X+1 或 X+X 存在，而 X+1 或 X+X+X，那麼 X+1+1 或 X+X+X+X……一直相加下去或相乘下去，增加下去或積累下去、擴大下去，肯定會產生出一個8，即無限大或名無窮大來。

那麼這個先於有而存在，先於無而存在，先於神與上帝與世界而存在的無限大、無限遠、無限深、無限恆久、無限根本的本體、本質、本原、規律、道理、道路、方式是什麼呢？老子說了，這個東西不大好命名，但一定要給它命名的話，它就是道。

具體的事物人物生生滅滅，道卻永存。具體萬物好比樹葉，都有萌芽、生長、發育、枯萎、凋落，但大道是樹，是樹根，是看不見的永遠的與無限的大樹。

這樣的思路是有合理性的。如果沒有道這樣一個驅動程序的存在，無與有，天與地與人，是永遠也不會自行激活的。無是永遠不會變成有的，有也是永遠不會變成無的，也就是沒有這個有與無的區別的了，從而既不存在有也不存在無了。

西方有所謂第一推動之說，從牛頓力學的觀點，推論認定是上帝推了第一手，然後世界運動不休。而在老子這裡，道起了永遠推動的作用。既然是永遠的推動、無限的推動，也就沒有第一推動，正像沒有最後推動，誰能為無窮大找到第一、找到開端，或者找到最後、找到結束呢？在無窮大的條件下直線就是圓周，結尾即是開端。因為結尾與開端都不存在，或者每一點每一處都是結尾與開端。道的存在雖然難以證明，但道的不存在卻比較容易證偽。即是說，不存在道這樣一種先驗的道路、規律、本體的任何主張相對比較容易證偽。因為人們已經對物質不滅、能量守恆取得了共識，既然有世界也有運動，就有根本與根源，有原生與最初的運動與更初始的物質與能量……追根溯源，乃至於道，必至於道。

終極不是一個實驗室的概念，不是一個實證的概念，而是一個思辨的概念、想像的概念，是精神的高度自由的表現。終極如果不通向神學，就通向數學，就通向無窮大或趨向於零，或者，通向哲學的概念出現了，它就是道。

至於道究竟是什麼？道到底是什麼？這是同義相問。因為如上所述，道就是究竟，道就是人們對於究竟的追問，道就是到底，道就是一路思考下去到了底以後的所得。按臺灣著名國學家傅佩榮的說法，道所指的是「究竟真實」。究竟即道，道即究竟。到底即道，道乃到底。人們喜歡追問：最早是雞生的蛋還是蛋生的雞？老子說，是道大大地老遠於雞與蛋而存在，並生了雞與蛋與一切。

道也可能是一個過程，老子可以說是在探索它，你今天仍然在探索它。它可以是一個終極，老子沒有達到它，你也不可能達到它，你永遠摸不著搆不著它，卻永遠向著它走去。

道又是一個完成，到了道這裡，你不能再從終極概念的制定上前進一步了。對於既往，道已經是無窮與終極了，因為你所理解的起源，在無窮的遠處。而對於未來，你在近於零的開端，因為未來更是無窮之遠之大。

也許道是一個哲學思維的訓練。是一種類似的信仰，甚至是一種激情，奔向最高最遠最的根本。你相信道，它就是道。你根本不相信道，那麼老子的所謂道就是你的不信。因為你不相信任何對於終極的說法與思考，你的頭腦中對於終極的描畫是一團漆黑，那麼你的道正好是這一團漆黑。

如果你認為世界的終極是空無，那麼空無已經勝任愉快地取代了老子所論述的道在你心目中的位置。出於無復歸於無，無不就是你的道乃至於是你的上帝嗎？你的上帝就是無上帝啊！一個人一直考慮到研究到體悟到上帝那裡去了，而且判斷「祂」是無，無豈不就是你的上帝？上帝不是排他的也不是有標準形象標準相片的啊！

如果你認為世界的終極是物質與物質的運動，那麼物質與物質的運動就是你的道。如果你認為世界是由精神或神靈主宰與造成的，那麼神靈精神就是你的道。

老子明白地說過，吾不知其名，字之曰道，強名之曰大。這裡有一個有趣的「字之曰」。字即名，無名、有名、常名就是指無字、有字、常字——自古就有這樣的解讀，當然可以，好的。但又與後面的「強名之曰」重複。

讓我們大膽地試一試，將「字」解釋為「表字」，行不行？如「姓李氏，名耳，字伯陽」（《史記》）。「名餘曰正則兮，字餘曰靈均」（《離騷》）。道是一個表字而不是正名。老子說「道常無名」啊！道本來沒有名字的，它說的就是那個「究竟」與「到底」。道是它的表字，是它的代正名用的第二位的名稱。名為主，字為賓，道的究竟性到底性至上性是主，稱之為道是賓。不知道這裡是否也有稱字不稱名的禮貌含意。如我們稱中山、稱逸仙，卻很少稱呼他的正名「孫文」。而過去一些人與毛澤東通信，也只稱潤之。道的正名其實最好是付諸闕如，字之曰道。強名之，勉強一點叫它「大」——無限大。

那麼叫不叫道沒有關係，這裡用的道其實只是一個替代，是「代終極」，既然可以有代首相、代大臣，也可以有代概念、代範疇、代本原。它是本原，它是終極，它是永恆，它是無窮大，它是最高最大的概念。它是概念之尊、之極、之巔、之神。

而對於老子來說，此外的任何對於世界的猜測、解釋與追尋，其他的一切說法、一切稱謂、一切信念，都是人類文明的後續產物，是後於道而出現的，是次生的而不是原生的。包括無、無名、有、有名、世界、宇宙、萬物、萬象、神靈、上帝、理性、科學、宗教與文明，都是道的產物，都是道的體現，都是道的現身。用港臺詞來說，就是道的演繹。

無窮大是包括一切的，是什麼都包括得進去的。你拿老子沒有辦法，你永遠處於他的照耀之下。

無為論

《老子》的第一章講的是道（名、無、有、常、始、母、妙、徼、玄），第二章講的是無為。講無為是從講價值的相對性、可疑性開始的：皆知美之為美，斯惡矣。然後是相反相成的原理（有無相生……）。然後是：

> 聖人處無為之事，行不言之教。

老子認為，為的驅動力在於價值追求。如果能夠超越世俗價值、人云亦云的價值（這裡的世俗、人云亦云云云是王蒙加的。這樣說，老子才有幫助，而不僅是破壞顛覆），如果能對世俗的、人云亦云的價值觀念抱研究分析的態度、理性的批判態度，也許能特立獨行，反過來看出多為、過為、急為、盲目為、蠢為的害處與少為、無為的好處，能看出多言、過言、急言、盲目言、蠢言的壞處與少言、不言、希言、慎言的好處。

不言之教容易接受，我們都承認「身教勝於言教」，孔子也講「述而不作」，禪也講「不可說」，英諺云「沉默是金」。

不言不是目的、不是標準，教才是。僅從這一點就可以看出，老子的目的仍是有為。教不是為是什麼？他當然不是完全無言，光《道德經》他就寫了數千言嘛！

禪的不可說，也是說出來的，真正的不可說應該什麼也不寫不說，也就沒有禪了。

無為之事，或者我們常說的無為而治（原文是「為無為，則無不治」），著眼點在事上、治上。事與治，都是有為而不是無為。

老子的獨特性、奇異性與顛覆性，在於一般人看得出治、事、教等是有為的結果，是肯定性的命題，而老子從中看出了負面的否定性命題。

悲哉為也，悲哉人也。人活一輩子，是不斷活動、不斷作為的一輩子，是忙忙碌碌的一輩子，是有作為的一輩子，是必須也定然有所行為有所言語的一輩子。但是誰能分得清，誰能有把握，自己的行為與言語起的正面作用一定大於負面作用呢？劉震雲不是已經斷言，人們每天說的話百分之九十九點幾都是廢話嗎？

請讀者諸君也請我王某人靜下心來，仔細想想，一輩子至少是迄今為止，你做的事情中，有用的多還是無用的多？完全正確的多還是有瑕疵的多？乃至於是完全做錯——緣木求魚、飲鴆止渴、南轅北轍、自取其辱或自取滅亡、適得其反——的事多？你說的話更是如此了。有用的話多還是廢話多？恰到好處的話多還是過頭或不及、含糊或強詞奪理、空洞或片面、禍從口出或失言壞事的話多？被聽明白了還是被誤解了、達到一定的效果還是根本無效果或反效果，哪樣的話你說得更多？你敢正視嗎？你敢坦誠坦然承認嗎？你敢告訴大家嗎？

我必須承認，我的有毛病的為比沒有毛病的為似乎更多。

我還算是較早地接觸到體悟到無為的重要性的一個人。

而我看到過的忙亂於蠅營狗苟的、忙於白日作夢的、忙於自私自利而終未有收穫的、忙於治氣的、忙於說假大空話的、忙於喊冤叫屈的、忙於損害比自己強的人而自身卻一事無成的、忙於做表面文章走形式的，太多了太多了！

載營魄抱一，能無離乎？專氣致柔，能嬰兒乎？滌除玄覽，能無疵乎？愛國治民，能無為乎？天門開闔，能為雌乎？明白四達，能無知乎？生之，畜之。生而不胡，為而不恃，長而不宰，是謂玄德。

天地之間，其猶橐籥乎？虛而不屈，動而愈出。多言數窮，不如守中。

致虛極，守靜篤。萬物並作，吾以觀復。夫物芸芸，各復歸其根。歸根曰靜，是曰復命；復命曰常，知常曰明。不知常，妄作凶。知常容，容乃公，公乃王，王乃天，天乃道，道乃久，沒身不殆。

這幾段都講到了無為的道理。愛國治民，能無為乎？這不能不考慮到老子的時代，那是一個爭權奪利的時代；那是一個混戰的時代；那是一個諸子百家，眾聲喧嘩，一齊兜售，試完了這一招試那一招，合縱完了連橫，結完了親動刀兵，盟友、敵人、忠良、奸佞、政權、政策都變化多端、莫衷一是的時代；那是一個那麼多君王、大臣、謀士自詡是愛國治民，實際上卻是害國擾民、禍國殃民、傾國坑民、搬起石頭砸自己的腳的時代。

老子抱有與眾不同的清醒，他呼籲說：能無為乎？能無離乎？（能不能認準一點，前後一貫一點，少翻幾次餅？此是王蒙自解，與前賢諸說不盡同。）能如嬰兒乎？（能不能更平和、天真、誠實、少欲一點？）能無疵乎？（能不能更純潔乾淨一點？）能為雌乎（能不能溫和寬容和諧一點？）能無知（智）乎？（能不能少一點陰謀陽謀、少一點詭計、少一點玩弄天下於股掌中的伎倆？）

老子是以疑問句的形式講這些觀點的，是疑問，更可能是椎心泣血的呼籲。他是在向強者呼喊：「能不能悠著點？能不能憐惜一點百姓、他人、自身的精力與生命？」

虛而不屈，動而愈出，老子以此鼓吹無的效用，當然這與他那個時候缺少物理學知識關，其實橐籥——風箱之屬，內中並非虛無而是充滿了空氣，沒了空氣，就屈了癟了空了什麼也出不來了。但反過來說，老子的此說並非全無意義，風箱能用，是容不得箱內的雜物的。你往風箱裡放東西，哪怕是放黃金鑽石鈔票，也只能毀了風箱誤了鐵匠。至於多言數窮，這講得很形象。強詞奪理的結果是理屈詞窮；滔滔不絕的結果是威信掃地；強迫灌輸的結果是無人問津；高調唬人的結果是人家用高標準衡量你，首先認定你的不合規格。到處賣嘴皮子的空談手，最後患了失語症。這樣的例子存在於日常生活中。

不如守中。不那麼容易。有的人是有「中」的，是有度的掌握的。因為他有信息、有知識、有經驗、有智慧、有思維與判斷的能力。有的人是沒有度的，只有大呼小叫，只有意氣用事，只有脆弱外加蠻橫，你怎麼讓他去守中？

此外，僅僅是嬰兒、是雌、是柔弱、是無智，是找不著這個適中來守一守的。

中國（外國有沒有我現在還說不準）的一些學者強調你已有的一切都是偏見、都是雜念。你必須先去掉原有的一切，你必須在頭腦空白的情況下接受他的傳授宣講，這樣的要求當然不無依據，卻也相當玄乎，有時候這種理論是為準邪教掃清道路。良知良能與常識，最基本最核心的底線，是不能清除、不能放棄的，讀書、聽課、學習、拜師，應該虔誠，但也要謹防受騙。

為道日損，是老子的又一警世名言。就是說，一個人，尤其是個有成就有影響的某某「人物」，一定要學會做減法，甚至於要學會對自己進行洗滌與刪減，進行一輪又一輪的清潔工作。減掉一切你不需要、人家也不需要、對於你徒然有害、對於事業學問生活質量全然是污染病毒惡性損耗的東西，包括貪欲、計較、浮名、俗利、苟且友伴、不良嗜好、爭名奪勢、虛假應酬、空話套話、流言蜚語。這才是無為的真諦。

我一貫認定，人生有涯，精力能力有限；一生狀況，全看你把自己的生命往哪裡用。只有大量地放棄你所認為應該放棄的，才能做出一點你希望做得成的事情。有所不為才能有所為。即使談不上有什麼才，也能做出高於常人的一、兩件事。有所不為的是君子、是上乘人。無所不為的，至少是糊塗。

無為，就是有所不為，大量地不為，大量的放棄，少量地為，為則有成。這是我的心得。而老子講的無為，似乎更絕對也更有針對性，主要是對當時的諸侯君王們說的。他想抑制一下他們的貪欲與爭鬥、擾民與坑民害民。老子無法明說哪些王侯是貪婪坑害、是禍國殃民，他當然沒有實力去扼制之改變之。他只能推薦無為而治的高明與妙奧，使王侯們認識到，無為更能達到自己的目標。他在追求民人的利益與王侯的利益相一致的最大公約數。這就是無為。為王侯獻策的這一點，會使老子受到誤解，人們會以為是老子在自薦，在為侯王們出奇計乃至陰招損招。這是太難了，老子！

自古以來存在著把《老子》兵法化、技巧化、計謀化、陰險化、惡俗化與私利化的解讀，它反映了解讀者的水準與境界。

人們容易承認老子的智慧，卻忽視他的仁德與品質。大智是無法脫離開品德的，一個狹隘自私者、一個氣不忿的嫉恨者、一個鼠目寸光者可能有某些愚而詐的小花招，怎麼可能有與大道相匹配的大智慧？

一個技巧化、兵法化、計謀化、惡俗化的人可能說出無私故能成其私、後其身而身先、將欲取之固先予之來，但是請問，他們能說得出無名，萬物之始；有名，萬物之母；天地不仁，以萬物為芻狗；民不畏死，奈何以死懼之；天之道，損有餘而補不足，人之道，損不足以奉有餘；尤其是無為而無不為，為無為、事無事、味無味等來嗎？他們看得懂這些論述嗎？

魯迅早就說過，鷹可以飛得與雞一樣低，但是雞不可能飛得與鷹一樣高。惡俗者可以接受老子的某些偏於陰柔的策略，卻永遠與老子的道相差十萬八千里。

無為的原則並不能絕對化，但是從對於《老子》的閱讀中得到啟發、得到一些自制，少做點蠢事錯事不好的事，少做點不體面、不合適、不聰明的事，則很容易做到，也很容易收效。

價值論

天下皆知美之為美，斯惡矣；皆知善之為善，斯不善矣。故有無相生，難易相成，長短相形，高下相傾，音聲相和，前後相隨。是以聖人處無為之事，行不言之教。萬物作焉而不辭。生而不有，為而弗恃，功成而弗居。夫惟弗居，是以不去。

《老子》的第二章一開始，就宣示了一種反價值理論，至少是對一般世俗的價值表示困惑的理論。我稱之為價值懷疑主義。

知美反惡、知善反不善的說法怪怪的，沒有一定的價值標準，難道還有文明、有社會、有群體、有生活的品質和追求嗎？

僅僅從字面與邏輯上，你再怎麼摳扯也搞不清楚、理解不了老子的用意。書生解《老子》，以書解書，以字解字，以句解句，難矣哉！但是，如果你有一點人生經驗、社會經驗、工作經驗，特別是如果你有過評先進、調工資、樹標兵哪怕是選美選演員提拔幹部的經驗，你就知道老子的千真萬確了。

為什麼說都知道了美反而糟了壞了呢？

其一，世俗價值是對平等理念平等價值的挑戰。知道美了，當然也就等於是知道誰誰不美誰誰醜了。美是在比較中勝出的，而醜在比較中落敗。一個群體當中，在美受歡迎、受優待、能得到更多的機會和條件的同時，不美的尤其是醜的，就會受到輕慢冷落，變成二等公民。

其二，世俗價值引起了競爭。競爭引起種種矛盾種種鬥爭。例如二十世紀八〇年代徐乃建的小說《楊柏的污染》，寫一群所謂右派分子在一起勞動，本來相安無事、相濡以沫，忽然來了指標，說是表現好的有少數人可以回城工作，需要甄別評選。天啊，人與人的利益矛盾立即激化，發生了各種「污染」事件，勾心鬥角、縱橫捭闔、你不服我、我敗壞你，直至不擇手段。誰無家室？誰無對於前途的打算？誰能平心靜氣、謙讓克己？……最後是人性惡充分暴露無遺。

美國發生過滑冰運動明星傷害另一個明星——她的競爭對手的事件。

在各種評比活動中，在調動了激發了大量積極因素的同時，也出現了多少糾葛、多少困擾、多少黑幕，乃至多少犯罪呀！我們大概還不會忘記二十世紀某女司機因為對評比工資不滿而瘋狂撞人的事件，與新疆某女青年因為同類問題而殺人的事件吧？

其三，可疑的價值或對於某種價值的過分宣揚還會引起作偽。中國過去極重視孝道，這不是壞事，然而有偽孝子出現。《官場現形記》中也描寫過這樣的故事：某大官前來視察，眾地方官得知此人提倡簡樸，痛恨奢侈，喜歡屬下穿破舊服裝，乃紛紛求購破舊官服。一時間，破舊官服脫銷，破舊官服的價格飆升到高於嶄新服裝的價格。

運動員的服用興奮劑，也是價值作偽的表現。這可以叫做世人皆知冠軍之榮，斯恥矣。

其四，某種可疑的或簡單化的價值觀會庸俗化誇大化異化變成害人的毒藥，如中國的名教殺人。尤其是舊中國對於婦道婦德的某些要求，其實是混帳至極的封建主義。如將守節不嫁當成婦人的最高價值標準，就出現了無數祥林嫂。《二十四孝》中郭巨為母埋兒的故事等也慘無人道，令人反感。「文革」當中的一些瘋狂事例，也與價值偏執價值強行推廣有關。

其五，價值偏執、價值狂熱、價值專橫、價值霸權，能夠成為戰爭與恐怖主義的根源，成為反人類與征服世界的胡作非為的藉口。當今世界，種種衝突，其事例是不需要列舉的。

在談到知美反惡的表面上似乎匪夷所思的說法的時候，我還想舉一個家喻戶曉的白雪公主的例子。白雪的後母，每天照著鏡子並向自己的魔鏡提出問題：「誰最美麗？」魔鏡答曰：「白雪公主最美麗。」於是後母妒火中燒，下定了對白雪必除之而後快的決心。多麼警世的故事啊！與老子的觀點完全符合。

當然，我們也可以說，在價值問題上出現的假惡醜並不是價值本身的過錯，而是對於價值進行惡性爭奪的結果。誠然，這需要進一步的分析。老子有一種稍嫌過度的徹底性，他認定，乾脆不講美不美、善不善，不就結了嗎？

所以他雖然提得很深、很別致，他的非價值論仍然不可能被人類所全面接受。

> 不尚賢，使民不爭；不貴難得之貨，使民不為盜；不見可欲，使民心不亂。是以聖人之治，虛其心，實其腹；弱其志，強其骨。常使民無知無欲，使夫智者不敢為也。為無為，則無不治。

這是從為政之道上宣揚價值虛無主義。歷史證明，這更多是空想，是沒有可操作性的。想從根本上取消人民的欲望、競爭、生產與文化的發展，這是不可能的。相反，為政者，必須抓住發展這個核心價值，關注和盡量滿足人民的需求。

同時，對於價值、發展與文化提出一些哪怕是一廂情願、一面之詞的質疑，仍然是當今世界的文化思潮中的重要元素，是一種反思的元素。我們所謂的「新左翼思潮」在這方面就有許多主張發人深省。我們不能只講一面的理，不能一味地煽起物欲，忘卻其他。我們所說的科學發展，不妨參考一下老子所講的令人感覺有些怪的道理。

天地不仁，以萬物為芻狗。聖人不仁，以百姓為芻狗。天地之間，其猶橐籥乎？虛而不屈，動而愈出。多言數窮，不如守中。

這段話很厲害，人不能自作多情，人不能自欺欺人。仁義道德當然好，然而這是人造出來的。哲學比倫理學更高，本體論比價值論更重要。天地以萬物為芻狗，這很冰冷，天地並不講那麼多價值。當然這個說法並不全面，但事物至少有這麼一面。

五色令人目盲；五音令人耳聾；五味令人口爽；馳騁畋獵，令人心發狂；難得之貨，令人行妨。是以聖人，為腹不為目，故去彼取此。

這在今天也極有正面的意義。中世紀的禁欲主義令人厭惡，縱欲主義也不可能帶來幸福。內科大夫說，改革開放前來看病的B肝多、貧血多、營養不良多、結核病多，而現時看病的糖尿病、痛風、脂肪肝、肥胖症多。五味不但令人口爽，而且令人生富貴病。所謂為腹不為目也是有道理的，俗話說眼大肚子小，視覺的貪欲是最無饜足的。為腹的意思則是滿足生活的基本需要。當然，老子的用意也並不是否定一切價值標準，他說：

上善若水。水善利萬物而不爭，處眾人之所惡，故幾於道。居善地，心善淵，與善仁，言善信，政善治，事善能，動善時。

前面說了皆知善之為善，斯不善矣。這裡卻也說了九個善字。然而這裡的善已經不完全是道德倫理範疇，更多的是智慧範疇。原因在於天地不仁、聖人不仁。仁是好的，但不是規律、不是道，是次生的而非原生的範疇。僅僅講仁義道德，你可能失敗，你可能百無一用，這一點在老子的時代，群雄並起、紛爭消長的時代已經看出端倪來了。

大道廢，有仁義，慧智出，有大偽，六親不和，有孝慈，國家昏亂，有忠臣。

在價值問題上，老子是理想主義者。他強調的是無為與自然，即一切出自天性，一切自行運轉，一切不搞生拉硬拽，不搞形式主義，不搞勞民傷財，不搞繁瑣、嚕囌、繁文縟節、廢話連篇。所以他強調，認識不了根本規律才搞人為的價值規範，即大道廢有仁義，心眼兒愈來愈多了就會出現虛偽，家庭關係處不好了才講什麼盡孝啊慈愛啊，而忠臣的出現恰恰不是吉兆，而是國家昏亂的表現。

同樣的現象卻有不同的說法：我從小就聽戲詞裡講什麼家貧出孝子、國亂顯忠臣（語出《增廣賢文補遺》）。這個說法其實還是為了讚揚孝子與忠臣的。而老子的理想主義則認為如果一切搞得好，根本沒有對於忠臣與孝子的需求發生。這個說法未免太高太玄。但是這樣一個理念卻值得深思：一個比較健康的環境，健康的人性是能夠得到正常的體現的，仁義孝慈慧智忠臣之類的好話說得太多，弦繃得太緊，反而提醒人們，這方面出了問題。

> 絕聖棄智，民利百倍；絕仁棄義，民復孝慈；絕巧棄利，盜賊無有。此三者，以為文不足。故令有所屬，見素抱樸，少私寡欲。

這裡的老子甚至有些無政府主義的苗頭。他希望統治者絕聖棄智、絕仁棄義、絕巧棄利，做到無為，以為這樣可以減少許多虛偽、繁瑣、糾葛。這在一定的條件下仍然是有意義的，完全這樣什麼也別幹，就天下太平了？這其實是不可能的。

> 失道而後德，失德而後仁，失仁而後義，失義而後禮。

這個公式有它的深刻處。丟了根本規律就得強調價值規範；丟了價值規範就得強調愛心；丟了愛心就得強調互助；丟了互助呢，就得強調文明禮貌了。為政者要體察其中的奧妙，而一般人的做人也是如此：愈不成功就愈講究；愈講究就愈造作；愈造作也就就愈降低誠信；愈努力你就愈無能為力、無效；愈無效，就愈要發明新詞新說新論。

讓我們設想一下，許多事許多話是說好還是不說好，是做好還是不做好。比如你出去做講座，做完了主持人一再要求聽眾為你鼓掌，你無法弄清是你講得好才贏得了掌聲，還是聽眾奉命做樣子鼓掌，你不會覺得尷尬嗎？再比如你去一家商店，看到該店到處貼著微笑服務的宣傳品、保證書，你看到服務員的微笑，不覺得起雞皮疙瘩嗎？

有許多東西應該出自自然；有許多東西本不應該有任何問題，例如誠實，例如與人為善，例如禮貌，例如保持清潔衛生，等到這些都需要千言成語、耳提面命的時候，我們是應該反思一下了。

老子的價值懷疑與價值虛無有些偏於一端，此種學說在國內國外都不可能占主流地位，如果這種價值虛無主義成了氣候，造成禮崩樂壞、無序失範、善惡不分、美醜不辨，也許事情會更糟。但做為一種古老的學術思潮，在價值問題上提出一些困惑和懷疑，確有其獨到之處，至今思之發人深省，有教人多看一步多往深裡想一層之功效。

老子的數學觀念

老子講的是哲學，怎麼出來了數學觀念？

其實哲學與數學頗多相通之處，例如數理邏輯。不僅如此，哲學、數學、詩學都具有一種窮根究柢、追問極致、嚴肅認真、高度發育精神能力而又極富想像力、構建了一個豐饒的屬於自己的精神世界的特性。

中國人的傳統是把數與命運聯繫起來，中國人的典型說法叫做「氣數」。一個政權維持不下去了，如明朝的朱由檢，不論怎麼樣努力都是無法自救，國人便說他與他的王朝是氣數已盡。這裡的氣具有更多的偶然的因素，更多元，更不確定，更客觀卻又深受人事的影響：如運氣、人氣、天氣、地氣、火氣、正氣，邪氣、戾氣、陰氣、陽氣、鬼氣、仙氣、神氣、脾氣……而數更有準頭，是命中注定，是月盈則虧水滿則溢（盈虧滿溢其實都是可以用數學符號例如正負號來表示的），更帶有宿命色彩。

這也是辯證觀念，氣是不確定的，氣大致是組成勢的元素，是勢的根據，氣盡則勢衰，是天意卻與人為關係密切。但氣怎樣變成勢、怎樣具體運行則有待數學化的運作。數是宿命，是相當精確的，常常是周而復始的，是人力無法挽回的。

而到了老子這裡，氣與數統一起來，就應該是道了。道就是像氣一樣地惚兮恍兮、淵兮玄兮，又像數一樣地威嚴不仁，有規律可以計算，非意志化、非價值化或超價值化的，它不為任何內力外力所移易。

把預測命運稱為算命，就是說把一般預測與精確計算結合起來，就是認定可以用計算方法數學方法預見未來，把對於命運的哲學意味的討論數學化。易經的爻的表達方式就是兩種數學符號的排列組合——中間不斷的一個橫線是陽卦，中間斷開的一個橫線是陰卦。這實際上是想像冥冥中有一個偉大的數學演算，應該說是大道的演算與大道的功能，每個生靈的命運遭遇，都與你碰到什麼樣的演算式子、與你碰到什麼樣的演算結果——得數或答案有關。

國人說自己倒楣叫做點兒背，點兒不知道是不是指擲色（讀篩，上聲）子的結果顯示。其實賭博完全是一種數學遊戲，玩的是數字（例如麻將牌的從一到九）是組合是概率也就是運氣。玩的是心跳。運氣當然與命運緊密相伴，而概率的特點就是它既是充滿變數、變化無窮、神祕莫測的，又是有自己的規律、自己的公式、自己的法則的。它像命運一樣無常，又像數學一樣精確。它主宰著一切卻又若隱若現、忽隱忽現。概率如上帝，真是太偉大了！

中國人一般不喜歡奇數，一個人倒楣事碰到的太多，就乾脆說自己是「數奇（讀基）」。偶數有一種相互的響應與配合，例如明君與賢臣互遇互濟，慈父與孝子互遇互濟，名師與高徒互遇互濟，還有日月、寒暑、夫妻、朋友等，奇、畸是不好的。

當然也有別樣特殊的說法，例如九，由於是最大的個位數又與久諧音，被認為吉祥。七巧、五行、三才（天地人）、一元都是偉大的。這裡單數是母體，是自生的；偶數是運作，是派生的。

命運與數學，這個問題我一直極有興趣。我多次講過三三二二的故事。你拿四種顏色（如紅、白、黃、綠）的球各五個放入一口袋中，每次摸出十個，大約百分之七十的情況下摸出的相同球色是三三二二之比。如三紅三白二綠二黃，或其他。球色可變化成四種排列組合，但比例多為三三二二不變。其次可能出現機會較多的是四三二一。再次是四四一一。再次是四四二〇。再次是五四一〇或五三二〇，兩者出現的概率差不多。最少出現的情況是五五〇〇。據數學家計算，出現五五〇〇的概率只有十幾萬分之一。鬼機靈的小販，便以此做局，要你摸球博彩，把五五〇〇列為頭獎，把三三二二設為罰款，使多數人被罰，乃至埋怨自己手氣不好。讀者可以拿撲克牌麻將牌做試驗，百試不爽，試得愈多愈精確。

我始終認為，概率的法則正是大道的一個組成部分。它的特點是既多變又傾向於平均，傾向於平均卻又不是絕對平均。我多次說過，數學，特別是概率，應該是天意的一個實質，是上蒼的意旨的一個實質。我的這個說法曾經使一位西班牙籍女漢學家反感，她認為類似上帝這樣的概念豈能與數學公式聯繫起來！但是只要我們深入地體會，就會感受到數學的某些至高無上的品質：它捉摸不定，它實有定則，它或不公正於個體，它準確於眾多。它有旦夕禍福，它有不測風雲，它有一定之規，它有天公地道，它既精確準確又充滿悖論。

三三二二與四三二一的故事說明，萬物趨向於平衡平均，又同時趨向於變易與不平均。蓋如果你的摸球的要求是十二個而不是十個，顏色比例為三三三三的可能性反而比摸十個球的顏色比例三三二二的可能性小得多。

大道的特色也是這樣，既平衡又不平衡，既平均又不平均，既一以貫之又時有變數，既公正又或有不公正，而或有的不公正後面，也許正是大大的公正。

所以老子一會兒說道如露水，普降天下而自勻，一會兒又講天地以萬物為芻狗，對誰也不心疼；一會兒講世人皆知善之為善斯不善矣，一會兒又講天道無親，常與善人。老子還講什麼「道者……善人之寶，不善人之所保」。

老子那個時候雖然沒有現今的高等數學，但是天才的老子達到了某些高等數學所達到的高度。他的大道，實際上就是無窮大的概念，就是∞，就是永恆，就是常，就是永遠的開始與永遠的終極，就是無與有的統一。

為什麼道可道非常道？因為數可（計）數，就不是無窮大。

為什麼能夠統一無與有、超越無與有、包容無與有呢？無就是零，有就是一。有了零與一，就有了二進位，就有了一切功能，電腦就是這樣設計與運轉的。道作用到無與有上面，即∞作用到0與1上面，∞×0→從0到∞的任何數，而1÷0→∞，1÷∞→0。0÷0→∞以外的任何數。道的作用是無中生有，有復成無的關鍵所在。

從道當中，從0與1當中，可以產生出一切數目來。

老子還講道生一，一生二，二生三，三生萬物。這也是天才的論斷。道是無所不包的無窮大，也是無可替代的、無有出其外的一切。用郭沫若詩《鳳凰涅槃》中〈凰歌〉的句子就是「一切的一」與「一的一切」。其實漢語中的「一切」一詞就極有趣，既是一，又是多即全部。我們說萬物歸一、萬象歸一、萬法歸一，即謂你找到了道這個乾脆等於無窮大的概念，也就是找到了唯一、統一、同一、一元、一致、一切。一等於無限大等於道。

這就叫做定於一。有了這個一，才有穩定，才有永恆，才有長生，才有不死。個體總是要死的，但是天不變道亦不變，你活著的時候與大道是什麼關係，你死後與大道仍是什麼關係，道是那株無邊無沿無休無不在的永生的大樹，而萬物萬象萬法都是它的片片葉子。

那麼一生二呢？一個是一分裂為二，一個是一產生自己的對立面，成為二。有了生就有了死，這是一生二。有了語言就有了文字，有了語言與文字的聯繫與脫節，這也是一生二。有了人就有了男女，這也是一生二。有了資本主義就有了反資本主義，有了政權就有了造反革命，有了快樂就有了憂愁，有了疾病就有了醫藥。這都是一生二。

然而精采之處在於：老子並不是只提倡一個一分為二，二再變成四，不斷分裂不斷鬥爭。老子認為，二即兩方面相互矛盾相互鬥爭相互交融相互補充的結果會出現新的東西、新的存在、新的觀念。就好比雌雄結合就會出現子女，子女後代就是三了。生死相作用就出現了醫學、養生、了悟、來世說、循環說與對於生死的超越，這也是二生三。語言與文字交互作用，就出現了新解、訛傳、從語音到語義的演變等三。天與地交互作用就出現了第三種元素：人。於是我們講的是三才，是天時地利人和。所謂二生三，關鍵在於二的相互作用的結果能產生新東西。三三三三起來，就有了萬物。所以老子說的是「三生萬物」。

所以龐樸教授提倡一分為三。

老子的大道，有時似乎頗富物質性：

> 惚兮恍兮，其中有象，恍兮惚兮，其中有物。

> 有物混成，先天地生。寂兮寥兮，獨立而不改……吾不知其名，強字之曰道……

這也像數學，二加三等於五，兩個雞蛋加三個雞蛋等於五個雞蛋，明確具體極了。

有時道又像是精神，如說「大道廢，有仁義」。如果大道是前面講的獨立而不改的物質，又怎麼可能被廢掉呢？功遂身退，天之道也，這也是講一種原則、一種規律、一種精神。「以道佐人主者，不以兵強天下」，當然也不是指用某種物質幫助人君，而指某種智慧境界精神輔佐人主。「古之善為道者」云云，也是指精神。總括說來，道做為精神解的地方比較多，做為物質解的地方比較少。

這也像數學，數學可以忽略具體。直線似乎是形象的，然而直線又是絕對提純了的，在形而下的世界中並不存在的。

那麼為什麼在老子這裡精神與物質可以統一呢？就因為道是無窮的同義語，而物質與精神兩條平行線，在無限遠處趨向於相交。

「為道日損」也是一個數學概念，就是說，為道、學道、司道，不是要求你增加什麼，不要你做加法，而要你做減法。凡人愚人太喜歡做加法了，金錢、財物、知識、名譽、地位、設施，總之他擁有的一切，都是多多益善。然而，你要為道學道悟道嗎？你要做減法，每天減去一點負擔，每天減去一點偏見、私心、雜念。

有了老子的大道的觀念守候在那裡，就像研習數學有了一個無窮大的觀念樹立在那裡。道，其用不敝，當然，無窮大用掉多少、支出多少、減去多少，仍然是無限大。道的大盈若沖，其用不窮，也是同理。同時老子在尋找零與無窮大的接軌，至少我們可以想像，對於無窮大來說，直線與圓周可以相通。大直若屈呢，則是以無限做為參照，曲線與直線的區別接近於零，即實無區別。

數學家們認為無窮大是一個激動人心的命題，認為「無窮既是人類的偉大朋友，又是人類心靈寧靜的最大敵人」（希爾伯特，德國數學家，一八六二—一九四三），希爾伯特又說：「……徹底弄清這一概念（指無限）的實質，已遠遠超出了特殊的科學興趣的範圍，它是維護人類智力尊嚴本身的需要。」

數學中關於潛無窮，即認為無窮是一個無限延伸與無限變化而且是永遠完成不了的一個過程，與實無窮即認為無窮是可以自我完成的無限實體或無限整體（一的一切與一切的一）的討論也與道的特性相通。從認識論與展望未來的角度看，道是一個潛在概念，人們對於道的認識與道本身的運動永無完結。而從本體論的角度看，道是一個實在的概念。世界已經存在了無窮的時間，已經具有無窮大的空間，世界已經是而不是可能是無窮大的了。不這樣看就等於承認時間是有起源，如果有起源，起源之前又是什麼呢？道的特性曰遠曰淵曰深曰夷曰希曰微，這些概念都帶有數學的無窮意味。深遠淵帶有無窮大的意味，夷希微帶有無窮地接近於零的意味。而道的另一個被老子稱作「反」的特性，則令人聯想到有關無窮的種種數學悖論。

再說，一切的一，一切統一於無窮大，這也恰恰與另一個偉大德國數學家康托爾的集合理論相通。我們可以借用康托爾的集合論的語言來描述道的概念。道是萬物的集合，更是這種集合的本質。正像康托爾講解「我們把全體自然數組成的集合簡稱自然數集，用字母N表示」一樣，我們也可以把自然界的一切存在組成的集合的本質用漢字「道」來表示。同時康托爾把無限的整體做為一個構造完成了的東西看待，這樣他就肯定了做為完成整體的無窮。老子同樣把道既看作一個先天地生、不斷發展變化的實在，又看作一個已經完成的實在兼本質、概念——按《不列顛簡明百科全書》的解釋，它是世界的本原、本體、規律、原理，是世界的終極根源，是無所不覆、無所不載、自生自化的宇宙本體。這就超越了關於實無窮與潛無窮的紛爭。

也許，說老子有類似無窮的數學觀念令人難以信服，我們至少可以說老子的哲學思維與歐洲大數學家哲學家的思維有互證互文之處。再不然我們還可以退一步，就是說竊以為：以數學的關於無窮無限的觀念來描繪或啟發人們對於老子的道論的理解，很有幫助，也很有趣味。

我甚至認為，幾乎找不到更合適的語言講解老子的道，除非你熟悉數學家關於無窮、無限的論述與公式。

例如：

它是對無限最深刻的洞察，它是數學天才的最優秀作品，是人類純智力活動的最高成就之一。

超越算數是數學思想的最驚人的產物、在純粹理性的範疇中人類活動的最美的表現之一。

這個成就可能是這個時代所能誇耀的最偉大的工作。

康托爾的無窮集合論是過去兩千五百年中對數學的最令人不安的獨創性貢獻之一。

如果我們把上述一些數學的說法改為哲學，把康托爾的無窮集合論改成老子的大道論，那麼這些說法都可以成立。

老子的有之以為利、無之以為用的說法也有點數學的內涵。有之，就是1；無之，就是0。進行運算，沒有1不行，沒有0也不行。

老子講有無特別是無的功用的時候，特別舉出車輪、器皿與房室做例子。這裡面有點幾何學的思考。例如房室，你修建的是幾個平面或球面，屋頂、牆壁、地面，你使用的是這幾個平面所保護起來的立體，是空間。

老子的以無有入無間、莊子的庖丁解牛則是尋找無間之間，探討近於零的間隙。近於零也仍然有間隙，這與現代物理的觀念一致。所有的物質其實都充滿間隙，無間的判斷是相對的，有間與無間是辯證的統一。

老子的百分比觀念也極有趣，他說生之徒，十有三；死之徒，十有三；人之生生，動之於死地，亦十有三。利生的因素（一說長壽者，存疑），百分之三十；促成死亡的因素（一說夭折者，同疑），百分之三十；為了生而努力，結果走向了反面，變成了催死速死的因素，也占百分之三十。

老子已經認識到，數字、數學的表達與考量，具有其他方式所沒有的概括性、精當性、鮮明性與說服力。數學的討論具有高規格性、深刻性、天才性、智慧性與生動性。他在談到生與死的時候來了一個三三制，同時留下了百分之十即一成未做明確定義。他太智慧了。

他的三成生的因素，已經令人鼓舞。

他的三成死的因素，令人清醒、警惕，同時有所思想準備。

他的所謂為了生搞成了死的三成因素，令人肅然清醒，一身冷汗。

他的共六成死亡因素，令人不敢掉以輕心。

他的一成未定義，令人思索徘徊。如果你能把這一成未定義變成生的因素，你就有四成生的把握了，否則就是七成死的危險。馬虎不得！

我無意把老子往數學上引，我個人的數學知識亦十分不足，我歡迎真正的數學家指出我說的知識性錯誤與不足，更盼望數學家參與研究老子。我這裡只是講思辨的共同性，講高等數學已經進入了哲學範疇，或者說高級的思辨的哲學必然包含著數學、美學、神學、物理學的因素。

不僅是哲學與數學關係如此緊密，就是詩學，也充滿了哲思以及與數學並肩媲美的想像追尋。早在二十年前，文藝學家林興宅已經提出最高的詩是數學的有趣命題了。

是的，宗教、哲學、數學與詩學，都是那樣地牽掛著、想像著、思索著或者崇拜著無窮、永恆、命運、法則、淵深和精微。無窮這樣一個思想觀念，激發起宗教的膜拜、依靠與恐懼，驅動著哲學與數學的智慧、思維、理性、邏輯、真理，呼喚著文學的——詩的想像、壯美、悲淒與狂喜的深情。這樣的殊途同歸，這樣的精神的自由（康托爾：數學的本質在於它的充分自由），這樣的驕人成就（羅素：這個時代的能誇耀的最巨大的成就，指康托爾關於無限的集合論），這樣的精神勇氣與偉力（俄國數學家柯爾莫戈洛夫：康托爾的功績在於向無限冒險推進），令我們不能不想起我國的兩千數百年前的老子，不能不想起他的關於道的思索與感悟。

偉哉老子，偉哉大道！

美的哲學——論《道德經》的審美意義

老子強調的是他的論述夷、希、微，即看不見、聽不見、摸不著（從任繼愈說），是它的玄妙，這都是些感覺、直覺。老子同樣不避諱他所曾經批評過但是他又無法不予以一定的肯定的字——詞——名：其中有美與善，有利與用，有貴也有德，等等。但他從來沒有用過一個字——真。

我揣摩，春秋戰國，諸子百家，群雄並起，各自高談闊論，進行理念與政見的推銷。讓我們讀一讀《史記》上的記述與描繪，就知道那時的自我推銷者們抓的是兩頭：一頭是論說本身要美、要善、要氣勢如虹而又合情合理、要周全照應而又振聾發聵、要縱橫捭闔而又自成體系、要自給自足（即既可東拉西扯，又自成一家、講得圓圓滿滿的），要給人以好感，引人入勝，聽著好聽（sounds good），說著愉快，令人佩服、欣賞、讚美、留戀，至少不能令人生厭，不能骯髒卑下，不能嚕囌糾纏，不能醜惡恐怖。這是抓美的一頭。另一頭則是為其用為其利，尤其是有利於為政者統治者成功爭雄，就是說他們的學說必須可以資政，具有一定的可操作性。

當然那個年頭還沒有邏輯規則，還沒有實證主義，還沒有計算與驗算的講究，還沒有數據一說。那時候更多的都是假說，都是理念，是詩，是煽情，也是政論，都是在自我宣揚和推銷，它們既是政論又是美文，是散文詩、哲理詩。那麼多根本性的理論，那麼多不無神學意味的哲學，那麼多微妙玄通的詩句，你根本無法證明或者證偽，根本提不出證明或者證偽的命題。所以誰也用不著強調自己的理念是否真實，是否合乎邏輯和統計、運算的結果，是否符合客觀事實。

老子的許多命題都具有極高的審美價值。與其說那是科學的命題，不如說是遐想與審美的命題、是感覺的與體悟的命題。

上善若水。水善利萬物而不爭，處眾人之所惡，故幾於道。

這裡是用擬喻的修辭手法，來講價值的認定，來講道的本質。道是上善的即最好的，它利萬物而不爭，它總是居於最下邊，而不是往上鑽往上冒。它為萬物所需要、所不可或缺。

這其實是一種形象思維，水有多好！清澈、滋潤，灌溉著土地與植物，提供著滿足著生命的需要，向下走，不較勁，聽引導，低調運行，接受、消化與滌蕩一切齷齪卻能清潔萬物，調節氣候，掀起水花、波紋、浪頭，折射出彩虹，反映出日月星空，發出潺潺淅瀝喧嘩呼嘯……所謂上善若水，與其說是一種論說，不如說是一種感覺、感受、感情、感悟。

其實水也有另一面，山洪爆發，海嘯發生，巨浪翻滾，都可能造成災害。

古之善為士者，微妙玄通，深不可識。

夫唯不可識，故強為之容：豫兮若冬涉川，猶兮若畏四鄰，儼兮其若客，渙兮其若凌釋，敦兮其若樸，曠兮其若谷，混兮其若濁。

孰能濁以止？靜之徐清。孰能安以久？動之徐生。

這又是用修辭取代論證。用形象思維代替邏輯思維。用自然與生活現象啟發理論思維。微妙玄通云云，只能意會，不可言傳；只能感悟，不能分析；只能欣賞，不能鑒別判斷。

冬季涉川，言其謹慎。畏四鄰，言其周詳與警惕。若客，言其鄭重。若凌釋，言其活泛……這些與其說是在講哲學、講道尤其是治國之道，不如說是在講風度舉止，講風采格調，講精神狀態，它的審美意義可能大於論證意義。它既強調了謹慎周全鄭重，又強調了活潑解脫包容，這應該說首先是審美的標準，而不是學理的標準。

有的老師解釋說，靜之徐清，是安靜能使混濁澄清，這符合原意也符合常識。但對動之徐生解釋為變動會打破安靜，則似可推敲。老子是常講兩面理的。就像有之為利，無之為用，動之徐生，是不是也與靜之徐清一樣，是講動的正面的作用，即動之才能發生、生存、不死、生生不息。

故有無相生，難易相成，長短相形，高下相傾，音聲相和，前後相隨。

善行無轍跡，善言無瑕謫，善數不用籌策。善閉無關楗而不可開，善結無繩約而不可解。

知人者智，自知者明。勝人者有力，自勝者強。知足者富，強行者有志，不失其所者久，死而不亡者壽。

信言不美，美言不信。善者不辯，辯者不善。知者不博，博者不知。

聖人不積，既以為人己愈有，既以與人己愈多。

天之道利而不害，聖人之道為而不爭。

這些話都講得既有內容的深刻與獨到性，又有形式的簡約與齊整性，有比喻的巧思與美，有押韻，有對仗——我以為對聯、詩聯、駢體等文體方面的講究來自中國式的文體辯證法，又促進了中國的辯證思維的發展弘揚。從來都是這樣，思深則文厚，思淵則文鴻，思精則文妙；反過來，文美則思精，文巧則思如得天助，文氣酣暢、勢如破竹則思想高屋建瓴、立論通天動地。老子的這些文字工穩、有力，給人以深思熟慮、一字千斤、奧妙無窮、效用無限的感覺。這種文體，本身就具有經典性、耐咀嚼性、宜誦讀性包括適宜並且需要背誦的特質。

我還認定，這樣的文體發展和豐富了思想觀點。你說了有無相生，意猶未盡，文猶未酣，氣猶未足，詞猶未華麗飽滿，於是，琢磨一番兩番，哈哈，難易相成、長短相形、高下相傾、音聲相和、前後相隨的道理與妙句都出來了。用這樣的模式去造句，我們也許還可以琢磨出成敗相因、壽夭相通、愚賢相映、福禍相繼等無數道理與詞句來。

知不知上，不知知病。夫唯病病，是以不病。聖人不病，以其病病。夫唯病病，是以不病。

為無為，事無事，味無味。

這種繞口令似的文體也極有趣。用相同的字詞做主語也做賓語，做動詞也做名詞，似乎可以這樣理解也可以那樣理解。然後從中浮現出一些道理，即通過凸顯名詞、動詞、主語、賓語、謂語的一致性，來主張邏輯的同一律、否定律與排中律。對於某些語法學家與邏輯學者來說這可能是無意義的同義反覆，可能成為文字遊戲，可能成為狡辯，可能成為自我開脫之詞，但老子的這種為文方法可能確有深意。

讓我們試一下，道可道非常道，名可名非常名，正因為第一個道與第三個道是指大道，而中間那個道是指言說、道來，第一個和第三個名是與稱謂，而第二個名是講命名、起名，才給人以古樸而又深邃的感受。如果是改成「可以言說的道，並不是最根本的大道；可以命名的稱謂，並不是最根本的概念」，反而直白了、淺薄了。

語言呀語言，它與思想與表述是怎樣地一致、怎樣地不可分離，卻又另具自己的相對獨立的特色與奧妙呀！

語言並不僅是聽命於思想，語言可以與思想互動。我甚至可以想像老子撰寫《道德經》時運用這種玄妙的、時有重複、時有循環、時有光彩的語詞時有多麼快樂與得意。

我相信，一個人如果讀多了《老子》，如果多少學到了一點老子的往復式、進退舞步式（如說甚愛必大費、物壯則老、外其身而身存、後其身而身先、夫唯無私故能成其私、夫唯病病是以不病）、高妙式與玄之又玄式的句式，他或她的思路、看問題的方法，會與此前有一定的區別。

老子與孔子都留下了有關的教誨：孔子講的「知之為知之，不知為不知，是知也」，也是強調人要知己之不知，要承認己之不知，這非常重要。這與老子的論述基本相同：夫唯病病，是以不病。能病己之病，則是聖人了。

為無為，這種令為變成無為的說法就更深刻。無為也是一種為，為的就是無。說「為無為」，比說不要做不該做的事，或者少做一點刻意經營的事（如一些專家所解釋的），要巧妙也深奧得多。

我知道確實有一些無意擔任公職的知識分子專家，人們動員他出山時，會在私下裡對他說：你幹，至少可以頂掉一個壞人。這也是一種為無為，為了無而為。別人要插手的事你不插手，別人要干預的事你不干預，別人要大張旗鼓地鬧騰的事你不鬧騰，這更是大大地「為」了無為了。正如同不表態也是一種偏於保留的態度，不捲入也是一種不太贊同的表示。

把無與為聯結起來體悟，這不但是一種深刻的思想，也是一種語言的風格與得心應手的絕妙好詞。

事無事呢？你試試看，你能做到「無事」嗎？為此，你不太可能做到、比較難做到形如槁木、心如死灰，倒是可以做到擺脫你想擺脫的麻煩、俗務與不愉快，那麼也就可以或琴棋書畫、或誦讀吟詠、或靜坐功課、或遊山玩水、或談玄論道地「事無事」起來。像當今許多離退休人員那樣，每天忙於從事的事，就是能做到另一方面（介入、奔走、爭執等）的無事。

當然古漢語中，事還有侍奉的意思，如事天、事君、事父、事王侯等。事無事就是要好好侍奉那個不生事的天道，侍奉得君、父、王侯都不生事不找事不出事，那當然是侍奉好了。

味無味，從形而下的意義上說，無非是提倡粗菜淡飯、提倡低鹽低脂低嘌呤低調料低刺激的衛生飲食。而從審美的意義說，味無味即追求平淡、追求行雲流水、追求不動聲色。用「味無味」的句式，更簡約，更清晰，更容易記牢，也更優雅美麗。所以黃山谷的詩裡也有「我自味無味」之句。

味無味是無敵的高境界，高品位。無味者，至味也。

出生入死。生之徒，十有三；死之徒，十有三；人之生生，動之於死地，亦十有三。

夫何故？以其生生之厚。

蓋聞善攝生者，陸行不遇兕虎，入軍不被甲兵。兕無所投其角，虎無所用其爪，兵無所容其刃。

夫何故？以其無死地。

這段話寫得神奇，好像是講練功練到了金鐘罩鐵布衫，刀槍不入，弄不好會變成義和團直到某種邪教騙術的說辭，或者是功夫學校的不實廣告。然而這不是技術更不是法術，不是氣功也不是武功，這是境界、是修養、是大道、是一種審美狀態。老子認為世上有死地，認為與其孜孜於厚生，不如遠離死地，不如相信自己是不被（披）甲兵、犀牛不拱、老虎不抓、軍刀不砍的。自己沒有破綻，就不會枉死。自己不冒冒失失地進入死地，就不會找死。此話雖不盡然，但有利於反求諸己，增加自身的主體性主導性選擇性，增加信心和責任心。堅信正確智慧的言行能夠保護自己，堅信對於大道的皈依能夠無往而不勝，能夠對付惡劣的環境。這是一種不失善良也避免悲觀絕望的人生哲學——人生美學。

絕對的無死地其實是不可能的。追求無懈可擊的狀態，追求十足的明朗與信心，則是可能的與必要的。

含德之厚，比於赤子。毒蟲不螫，猛獸不據，攫鳥不搏。骨弱筋柔而握固。

這與前面講的相似，並且加上了柔弱者堅強、堅強者脆弱的片面觀點。但它又符合對於新生力量新生事物的看好的信念。而毒蟲不螫、猛獸不據、攫鳥不搏的處境，不但是理想的，而且是美麗的。

但通篇《道德經》，最美麗的風景是「治大國若烹小鮮」七個字。怎麼一個意思能夠說得這樣精采、這樣舒服、這樣美好、這樣明麗！我真希望世界各國的領導人都在自己的書房裡懸掛上這樣的名言書法！我無意去考證「若烹小鮮」的意思是不需要去擾動它或者是需要時時照顧它。我在訓詁方面的知識近於零。但是我從心裡喜歡這個比喻、佩服這個比喻、感動於這個比喻。除了老子，誰能把治大國這樣的大事與烹小鮮等同起來。治大國如熬小魚，不要緊張，不要聲嘶力竭，不要折騰，更不要歇斯底里，不要裝腔作勢、藉以嚇人！月盈則虧，水滿則溢，治大國不能太緊張太苛細太嚕囌，不要做得太滿太高調太過分，要留有餘地，要適可而止，要預留下進退轉彎的空間。

生發開去，辦大事要從容不迫，要有節奏，有說有笑，要胸有成竹，要舉重若輕，不要蠍蠍螫螫（這是《紅樓夢》裡說趙姨娘的話，可惜咱們的生活裡男女趙姨娘還是太多），不要咋咋呼呼，不要神神經經，不要喊喊叫叫。這樣才能可持續治國、科學治國，可持續做事、科學做事。用大轟大嗡的辦法，特殊情況下可能有效，卻難以為繼，難以持久。搞文學也是這樣，僅僅靠一鳴驚人，靠大言欺世，靠酷評狂咬媚俗或可紅火於一時，終將沉淪於永遠。

古代中國不甚講論文、美文、雜文、小品文的區分，老子的時代，諸子的論說幾乎都有審美的價值。仁者樂山，智者樂水；不義而富且貴，於我如浮雲等。孟子、莊子的文字都極富美學特色，而且他們的著作比老子的更富有感情的豐滿與激蕩。老子則比他們冷、比他們精粹、比他們出神入化。先秦諸子之作，讀之不僅益智益德益修身，而且賞心悅目、陶冶情操，是一種心智與情感的享受。

我們完全可以將諸子百家的經典同時當作文學作品誦讀，求其語言美妙，求其想像豐贍，求其煉字煉句，求其神思縱橫，求其句式奇突，求其潛移默化，求其賞心悅目，求其美的享受。而不僅僅是求其有用、指導人生、可操作。

《老子》一書中的語言運用，只此一家別無分號。世稱老莊，但莊周的文字運用汪洋恣肆，莊周有點最好的意義上的忽悠的勁頭，言之巧妙酣暢，其文舒展奇妙，其智得意洋洋，其說華而不實（無負面含意，文學作品與操練要領或炒股指南類實用書籍比較，本來就是華而不實），那個就更文學更詩化了。而老子在文字上貫徹了他本人提倡的嗇的原則，寧失之簡略，絕對不失之繁複；寧失之語焉不詳，失之抽象玄虛，絕對不失之說得過實過細過於具體。極端節約的文字，所有的字都經過了千錘百煉，才有一字千金之感之貴，也有一字千斤之重之厚，有力透紙背之讚，也才有咀嚼體味發揮聯想的無限解讀的可能。

老子做文章，同樣貫徹了他的有之以為利、無之以為用的原則。他說了一點話，卻留下更多的話沒有說。他立了一些詞條，卻留下了大量空間。比如，他說了無為而無不為，卻沒有解釋無為的條件與限制是什麼，以及無為為何與如何可以轉化為無不為。去掉了嚕嗦的「背書」、「但書」之後，老子的文體有天機未可完全洩露之妙。而簡略的所謂無為、不言、不爭、不仁、愚、無知、無欲……比加上任何解釋反而更加單刀直入、見血封喉、驚心動魄、面目（思路）一新，有一種特殊的任何學者著述者所不具備的衝擊力、爆炸性、啟發性，彈性與深邃性。

你覺得《老子》一書用的不是普通的古漢語，而是結穴之語、判詞、爻象之語、神仙之語、警世勸世之箴言、格言、不可洩露之天機之語，直到咒語訣語禱詞。

一句話，老子的語言好像不是為了印成書閱讀的，而是為了刻碑習誦的。

《老子》一書中有許多比喻，如水，如嬰兒，如牝，如風箱，如兕虎，如驟雨。這些比喻並不僅是修辭學上的擬喻法，而是一種形象思維。擬喻，應該先有思想後找比喻與例證。而形象思維，是說一個具象的東西、一種感覺，引起你的美感，引發你的興趣，引出你的思索感慨靈感，引出一大堆從邏輯上看未必都站得住但又確有啟發有新意的觀念與假說來。我們所說的形象思維，兼容了審美與思辨，拓寬了認識真理的道路，為人生的智慧投射下更大更美的光照。一個缺少形象思維的理論家科學家，很可能不是最優秀的理論家科學家。正像一個沒有思辨能力的藝術家作家，也未不是一個有缺憾的藝術家作家一樣。

所以我還要強調，對於老子，審美也是一個體悟大道的方法。文學性也與大道相通。古代中國，沒有嚴格的形式邏輯，沒有數學演算或製圖學的依據，沒有實驗室，沒有抽樣解剖，沒有論文質疑、答辯制度，老子也罷，孔子也罷，孟子莊子等都是如此，真理要靠自己去想像、去體悟、去尋找靈感、去恍若豁然開朗。其中一個因素就是審美，符合審美要求的令人喜悅、令人心儀、令人欣賞、令人享受，當然就比其他的更接近真理、接近大道。閱讀經典時保持一種類審美心態，不要太實用化，不要太較死理，不要太落實，不要太立竿見影。這是求學問求境界求智慧之道。我們曾經有一段歷史時期，過分否定了我們的傳統文化經典，原因之一是太要求實用，太較勁，不懂得審美。我們曾經是多麼急躁啊！懂得了審美，我們的精神世界會怎樣地豐富和美麗起來呀！

逆向思維的方法論

絕學無憂。唯之與阿，相去幾何？善之與惡，相去若何？人之所畏，不可不畏。荒兮其未央哉！眾人熙熙，如享太牢、如春登臺。我獨泊兮，其未兆，如嬰兒之未孩，儽儽兮，若無所歸。眾人皆有餘，而我獨若遺。我愚人之心也哉，沌沌兮！俗人昭昭，我獨昏昏；俗人察察，我獨悶悶。澹兮其若海，飂兮若無止。眾人皆有以，而我獨頑且鄙。我獨異於人，而貴食母。

老子反對繁瑣為政，造作為價值，欲望驅動，同樣也反對繁瑣為學。書讀得愈多愈蠢，毛澤東此話並非全無根由。同時毛澤東又多次強調認真讀書，批判不讀書不看報的大黨閥大軍閥。學多了，食而不化、害己害人的例子不勝枚舉。

這段話裡還有一種後來被莊子所主張的齊物論的色彩。唯與阿（即呵斥），善與惡，相去幾何？從哲理上分析，也許相去無幾，然而，人之所畏不可不畏，這就寫出了智者的窘境。後面的話寫出了真智慧（不是前面講過的假的智慧）的痛苦。智慧使人淡泊、使人疲倦、使人不滿足、使人不自以為都明白、使人惶惑而且鬱悶。智慧加上深思，終極性的食母即尋找「根本」的深思，使人另類。

老子是一個什麼都看開了的人，但是他仍然有牢騷、有苦悶、有孤獨感。老子有一種逆向思維的方法論，即與世俗觀念對著來的更深刻有時也更怪異的方法論。

天地所以能長且久者，以其不自生，故能長生。是以聖人後其身而身先，外其身而身存。非以其無私邪！故能成其私。夫唯不爭，故無尤。

持而盈之，不如其已；揣而銳之，不可長保；金玉滿堂，莫之能守；富貴而驕，自遺其咎。功遂身退，天之道也。

將欲歙之，必固張之。將欲弱之，必固強之。將欲廢之，必固興之。將欲取之，必固與之。

有一種說法認為老子是陰謀家，有一種哲學研究把黃帝、老子與孫子（兵法）歸於一類。這恐怕是一個境界問題。你的注意力在實用與爭鬥，從老子身上只能體會到學到計謀乃至陰謀，尤其是將欲怎麼樣相反要怎麼樣，為許多政客陰謀家所實行。後其身而身先，外其身而身存；非以其無私邪！故能成其私。則流露著一種吃小虧占大便宜的精明。富貴而驕，自遺其咎；功遂身退，天之道也，老子的這一段話說明他並沒有拒絕得失利害之辨。功成（遂）身退至今仍是人們所稱道但常常做不到的美德善行。

有趣。精於打算的人首先看到了老子的精明、精於為己打算；喜歡玩弄計謀的人首先看到老子的陰謀的可怖；軟弱膽怯的人首先會認定老子是一個膽小鬼，內心恐懼，猥猥瑣瑣。失去了對於大道的敏感，剩下的是對於小術、對於平庸與世俗的靠攏。

無怪乎心理學家提出，有時人們對於他人的看法恰恰是自身狀況、自身境界的向外投射。俗話說，以己之心，度人之腹；或者乾脆是，以小人之心，度君子之腹。

老子畢竟不僅僅是兵法家，更不是陰謀家，他是從天與地的法則也就是道的觀點來論述的。道是法則，道是規律，道是終極，道是本源，道也是主宰與信仰。做為智者與思想家的老子看到了事物的否定法則、向相反方向轉化的法則。他對這一點特別敏感，他提醒人們要隨時「防反」，提醒人們隨時注意不要走向自身的反面。

問題在於人常常做與自己的初衷相違背的事，人的活動常常是愚蠢的，南轅北轍，緣木求魚，刻舟求劍，守株待兔，買櫝還珠，夜郎自大，適得其反，自取其辱……中國的成語中有一大批這樣的關於愚蠢的故事。

一般人常常看不到或接受不了這樣的否定法則：爭的結果是反而爭不著爭不上；爭的結果是有尤即有過失；取的結果是被取、被剝奪；貪腐的結果是什麼都丟光，包括首級；貪婪自私的結果是全面破產；爭強的結果是弱化；富貴而驕的結果是一敗塗地。

理論上承認老子的英明是容易的，能夠做到老子所要求的為天下谷、為天下谿、後其身、外其身、功遂身退則絕無僅有。

老子的思想方法有三個特點，一個是高深化，一個是顛覆化，一個是超徹底化。

這三個特點彼此分不開，愈看得高深、遠大、玄妙、抽象、透闢，就愈與一般的俗見、淺見、陋見、定見不同，說出來嚇你一跳。

一般人當然認為仁義、美善、禮儀是好的，但是老子認為仁義是失道失德矯揉造作的果實，美善是產生長出反面的惡與不善的根源，禮更是什麼都沒有了、精神上已經破產以後的產物。一般人認為知與智是好的，但是老子認為知與智使人心詭詐，只有愚與樸素才最好。一般人認為言與辯是必要的、正面的詞，但是老子認為知者不言、言者不知、善者不辯、辯者不善。一般人認為取就是要從人那兒拿走，老子卻說：「將欲取之，必先予之。」一般人認為要削弱誰就應該予以毀損，老子卻說：「將欲弱之，必先強之。」許多一般人認為好的名詞，如上、先、堅強、有為、勇敢等，到了老子那裡卻是負面的品格。而一般人認為是負面的東西：柔弱、低下、垢、不祥、訥、無為、不言、不知、不敢、夷、希、微、惚恍，卻是最為高貴的合乎大道的品質。

以勇敢為例，春秋戰國時，戰爭、計謀、鬥智鬥勇，勇敢肯定是主流價值，例如司馬遷《刺客列傳》中的人物。偏偏老子提出一個「勇於不敢」的命題，其實是勇於退讓、勇於躲避、勇於妥協，是勇敢的反面。這在當時和現在，頗有些驚世駭俗的味道。

這是因為老子比一般人看得深遠，他常常從反面看問題、從反面論述觀點。他深明相反相成與物極必反的道理。一件好事，一個好詞，就沒有壞的方面嗎？一件壞事，一個壞詞，就沒有好的方面嗎？他的思路就是這樣。於是他發現：「大道廢，有仁義，慧智出，有大偽，六親不和，有孝慈，國家昏亂，有忠臣。」他還發現：「人之生也柔弱，其死也堅強。」他認為：「天地不仁，以萬物為芻狗。聖人不仁，以百姓為芻狗。」……這樣的論斷堪稱另類，堪稱振聾發聵，堪稱哲學、價值理論的一次爆炸，堪稱天翻地覆，堪稱冒天下之大不韙。他的名言「治大國若烹小鮮」令其他一切講治國謀略的人愧死。他自己也說，正言若反，就是說他很明白，他的許多看法與俗人們完全相反相悖。

老子也有特立獨行、與眾不同的追求，有自己的學術個性與思維個性。他有一種反潮流的精神，絕對如此。

然而實話實說，老子的徹底性超出了常規，由於深刻與徹底而造成了誇大其詞。例如說，人之大患在於有身，及無吾身，何患之有？徹底則徹底矣，誰也做不到的，除非自殺。盡量把吾身看得平常一點輕鬆一點則是可能的也是有益的。

怕民難治，乾脆「愚之」，也是一種超級的徹底性。

老子的立論，更像是在做批語，格言化、警句化、警世化、最高度地概括化與抽象化。他窮根究柢，一字千鈞。他層層剝笋，步步昇華。他講了玄牝橐籥，輻轂車輛，埏埴為器，鑿戶為室，飄風驟雨，谿谷江河，高低黑白，兕虎甲兵，百姓聖人，侯王芻狗，嬰兒天門，玄德谷神，三寶三大，然後是無、有、一、二、三，把一個道、一個無為、一個無與有、一個正言若反講得入木三分，醍醐灌頂。他不多說，著述極嗇，就留下了解讀發揮的無限空間。其理論的創造性與警示性；論述的透闢、奇妙、精采；言語的精闢、微言大義、要言不繁；概括的最高水平，至上性與靈動性，都給讀者一種精神的享受。

老子這裡永遠沒有人云亦云、沒有照本宣科、沒有老話套話、沒有陳詞濫調，讀了幾千年了仍然給人以衝擊、以新鮮感震動感。

閱讀思考《老子》是一種思辨的快樂、是一種智慧的淋浴、是一個智者的鞭撻，時不時你會出一點冷汗。高明的與非俗常的理論突然橫空出世、電閃雷鳴、石破天驚，然後是惚兮恍兮、濁兮混兮、夷兮微兮，深不可識，然後星光燦爛、舉重若輕，然後風清月朗、微笑從容，從此開始了無掛礙、無塵埃、無謀慮、無患無驚的心路歷程。智哉老子！偉哉老子！淵哉老子！深哉老子！異哉老子！

前無古人，後無來者，孤獨哉老子！

論老子之老

老子是不是太老了？

老子為什麼叫老子？他姓李，但是不叫李子。他不像孔丘姓孔，故曰孔子；孟軻姓孟，故曰孟子；莊周姓莊，故曰莊子；墨翟姓墨，故曰墨子……

我沒有見到過有關這一點的任何解釋。但是客觀上時至今日，你會覺得老子確實很老。他應該老態龍鍾，老氣縱橫，老到化境，老謀深算。如果作畫，老子的形象與面容應該最老，其次孔子，其次莊子，其次孟子。

老子的智慧是老年人的智慧，不爭，不言，無為，老年人容易接受，他們已經經歷了太多的爭而不可得，言而無效有損有失，為而適得其反的事實教訓挫折。他們已經少了許多衝動、激情、自以為是。

老年人容易接受厚重啊、冷靜啊、質樸啊之類的教訓。年輕人則寧願接受西方的迎接挑戰、勇於嘗試、不怕失敗，乃至「失敗萬歲」（最近一本美國書籍的題目）、敢於冒險的精神。

一位嫁給華人的美國女士告訴我說，她覺得中國人與美國人在育兒方面的最大區別是美國人鼓勵孩子嘗試，老是說「Try it ! Do it!」（去做做看，去試試看！）而孩子的祖父母（華人）愛說的是「不要幹這個，不可以做那個！」

尤其是不為天下先，這樣老氣橫秋的說法，只能被某些風燭殘年的老人接受。我們提倡的是創造，是創意創新乃是一個民族的靈魂。不為天下先，咱們這個民族還怎麼前進，怎麼迎頭趕上？

還有些與「老」有關的不太好的詞，也可能用到老子頭上。如老奸巨滑：看看老子的知雄守雌、知白守黑、知榮守辱，尤其是將欲弱之，必固強之；將欲取之，必固與之；將欲廢之，必固興之。太可怕了，這是什麼樣的招術啊！無怪我的一位定居歐洲的華人友人說到她的前夫（歐洲人）的時候，說：「他連《老子》、《周易》都讀懂了，他就是魔鬼呀！」

薑是老的辣，老子的論述夠辣的。絕聖棄智，民利百倍，這樣的論述除了老子，誰還能做得出來！誰敢這樣說話！

老了才能刀槍不入，寵辱無驚，才懂得唯之與阿，相去幾何。

老了才能為無為，事無事，味無味。年輕時候，要做大事，立大功，要遍嘗百味，要歷經酸甜苦鹹辣，否則活一輩子不仍然是零了嗎？

中國是文明古國，中國文明有它的成熟性、深刻性、老到性。中國的思想有它的老謀深算處，尤其是老子，名副其實，果然老得了得！

然而中國傳統思想中確實缺少青春的活力，缺少應有的挑戰性創新性競爭性與實驗性，求把握而不敢冒險，求沉穩而不敢創新，求平安穩當而不敢競爭，求保全而不肯獻身，求不戰而勝而不肯放手一搏，求含蓄而不肯增加透明，求無事而不肯揭露矛盾。世界各國都有探險家、開拓者、創業者，相對來說我們這裡是太少了。

閱讀老子、欣賞老子、體會老子的同時，不能不知道他在幾千年前的語境，他的針對性、相對性與局限性。有什麼辦法呢？正像老子說的前後相隨一樣，精采與局限也是聯結在一起不可分離的。

無怪乎梁啟超要提出「少年中國」的口號。他寫道：

日本人之稱我中國也，一則曰老大帝國，再則曰老大帝國。是語也，蓋襲譯歐西人之言也。嗚呼！我中國其果老大矣乎？梁啟超曰：惡，是何言！是何言！吾心目中有一少年中國在。

他寫得何等好啊！

在我們研習老子、驚嘆於老子的老到的智慧的同時，我們不能不看到這一點：如果說幼稚毛躁是一種毛病的話，老大避讓也求學不是遺憾。只有把競爭精神與和諧精神、創造精神與謙虛精神、儉嗇精神與冒險精神、無為精神與有為精神、老到精神與青春精神、養生計較與承擔的使命感很好地結合起來，中華傳統文化才能真正地大放光輝，也才能對世界做出應有的貢獻。

《道德經》與中國式宗教意識

一般認為中國沒有統一的宗教信仰與發達的神學討論，但是做為中國古代哲學經典之一的《道德經》，卻成就了道教。這很有趣，也很特別。

那麼，《道德經》裡有什麼宗教的因素嗎？

《道德經》與世界三大宗教的經典的區別在於：一、它是做為哲學著作而不是神學著作被接受的。二、它沒有聖徒奇蹟（啞巴說話、跛子走路、虎不食人……）的類似記載，但是它有更概括的稱頌，如「善攝生者，陸行不遇兕虎，入軍不被甲兵……」這種說法更像是講一種境界。三、它不要求特別的崇拜、禮拜、誦讀、儀式。四、它幾乎沒有規定任何忌諱、禁忌、懲罰。五、它沒有強調自身的唯一性，沒有提出普渡、拯救迷途者、要求眾人皈依的意願，不具備傳教士的熱情，不具有己所欲必施於人的準征戰（征服與強暴）傾向。

然而《道德經》又確實具有中國式的宗教性，即它包含著**中國式的對於世界和人生的終極眷注**。

依照宗教學的理論，宗教就是對於世界和人生的終極眷注。早在二十多年前，在美國的一次研討會上我就聽過一位學者的文章，論述拙作《雜色》結尾的宗教色彩。

這兒說的終極，首先是源頭。老子說，道生一，一生二，二生三，三生萬物。這裡的道和一，就是源頭，就是本原，就是造物主。然而這個造物主不是人格化的，而是本質化概念化理想化理念化的。

道生一，同時道即一。道具有無所不包無所不主宰的性質，所以說道生一。而這個一又成為道的本質與效用，故說道就是一。**天得一以清，地得一以寧，神得一以靈，谷得一以盈，萬物得一以生；侯得一以為天下貞。**

這就是說，有了道就有了一，有了一就有了一切。這裡的道與一，都具有終極性、無限性、伸延性，所以是神性，所以我曾不完全妥當地比喻過：**道與一，就是中國老子神學中的上帝，就是中國老子哲學中的世界與人生的本質、主宰、起源與歸宿。**

就像唯物論認為世界的根本是物質，唯心論認為世界的本原是精神一樣，《道德經》認為，世界的本原是道——我們可以稱之為唯道論。

老子又講「道法自然」，本質化的「道」與原真性的「自然」緊密聯結。帶有彼岸性的終極與無限的探討和顯然是此岸性的自然結合起來了。而且，天才的老子早在兩千幾百年以前就明白，彼岸的一切只能通過此岸來把握，此岸的呈現即是彼岸的信息、彼岸的下載。自然是道之師，是根本的根本。這也有點像存在先於本質的命題，雖然中國哲學與西方哲學用的是不同的兩套語碼。《道德經》的本原論初始論發生論是高度抽象的道，高度概括化數學化的——1（像電腦裡的1），又是高度原真原生的自然。它的道理既深奧又樸素，非常接近於真理。

西方的基督教認定耶穌是上帝的兒子，佛祖則是原印度王子，神、本質、終極的人格化造成了例如耶穌是否進洗手間、耶穌是否娶妻，還有觀音菩薩的性別問題的神學難題與爭論。影片《達文西密碼》利用這樣的爭論，生發成了通俗暢銷的故事，並受到梵蒂岡的抗議。

而道教不會產生這種爭論。

說道是源頭，又不盡意。如同電腦裡只有1沒有0是無法工作的。故而《道德經》又說：「萬物生於有，有生於無。」又說：「無名，天地之始；有名，萬物之母。」（或「無，名天地之始；有，名萬物之母。」）這說明，無（加上有），也是道教的上帝、造物、起源與歸宿。

無本身帶有極大的概括性、極大的張力，**因為一切的對於無的認知其實都是來自有**，我們說一個人無（沒）了，前提是他或她曾經有過，我們無法討論一個從不存在的事物的無。我們說人生是無，前提是人生的確有。如果宇宙間壓根沒有人類，自然也無需論證其無。其次，對於無的判斷、**認知、感悟……這一切來自認知主體的有。沒有主體，哪兒來的無的被感知，無的宏偉性、強烈性與涵蓋性？**

而有既是高度抽象的，又是完全具體的。萬有，就是一切，就是世界與人生本身。萬有，當然也包括了無的存在，即無的有。

用數學符號表示，無就是0，而有就是1。《道德經》這裡不僅是講$0=0$與$1=1$，老子的高明處在於他懂得：$0+1=1$，而$1-1=0$，$1+1+1\cdots\cdots=$萬有。這裡，最重要的是，依據數學的法則，不但$1+1+1\cdots\cdots=$萬有，而且$0+0+0\cdots\cdots$以至於無限大，即0乘上無限大，也趨向於任何數、趨向於萬有，即有生於無。這裡，數學的想像力與哲學的想像力殊途而同歸。

這裡，我們可以比證一下佛家的說法，如《般若波羅蜜多心經》所說：

色不異空，空不異色，色即是空，空即是色，受想行識，亦復如是。舍利子，是諸法空相，不生不滅，不垢不淨，不增不減，是故空中無色、無受想行識、無眼耳鼻舌身意、無色聲香味觸法，無眼界乃至無意識界，無無明亦無無明盡，乃至無老死亦無老死盡……

我們說，這是由於人生的短暫、由於世界的無常、由於萬法萬物的最終毀滅給人類造成的痛苦，使人們從思維上預先否定一切真實性，從而滅卻寂滅的打擊與慘烈。

然而，無無明亦無無明盡，無老死亦無老死盡呀。**最徹底的無，則就是連無本身也被否定了的無。無被否定了，不又變成了有了嗎？**佛家從虛無的徹底性上講，超過了《道德經》，但是得出的無與有的辯證關係的結論是與《道德經》一致的。因為徹底的絕對的無已經成就了有，至少有虛無、**有徹底、有絕對**。於是無變成了無無，或無無無無……負乘負得正，無乘無得有，再乘無又得無即再乘負又得負，於是正負之變無窮，色空之變無窮，真假之辨亦無窮。徹底的無既不是有也不是無有，既不是無也不是無無，既不是無有也不是有有。

當然，佛經的原義或許並非如此，它要的是破執，既破有的執，也破無的執。但是佛經的表述提供了進一步用無解釋有、用有解釋無的可能。你可以說這是文字遊戲的可能；你可以說這是思想飛躍的可能；你可以說這也是頓悟，是無掛礙，是萬法歸一、一生萬法。

這是思維的飛翔，這是語言的翅膀，這是心智與悟性的狂歡，是哲學與神學的聯袂。當人們不**能夠通過實驗與演算獲得無限、終極、歸宿的時候，人們卻通過語言與思辨獲得了神性，獲得了玄思，獲得了宗教的、藝術的與思辨的享受，獲得了地地道道的宗教式的終極眷注、真正宗教式的本源感、歸屬感、澄明感**。

現在回過頭來看《道德經》，有生於無，萬物生於三、三生於二、二生於一、一生於道，它的表達簡明質樸，卻包含了「無無明亦無無明盡」的道理。

萬有，包括自身，來自無，無為何能生有呢？因為有道，**道就是前面所列的0＋1＝1與1－1＝0的那個加號或者減號，或者道尤其是那個做加法與減法、乘法與除法的力量與運動**。道的首要意義在於溝通了與主宰了無與有、有與無。無變為有，這是道的力量和作用。有變為無，這又是道的力量和作用。我們崇拜無也崇拜有，崇拜道也崇拜一、二、三，崇拜抽象終極也崇拜自然。這裡的三的概念的提出超越了一分為二或合二為一的探討。就是說除了對立的兩方以外，還要有新生的三方。

我們可以做一個通俗的所以不免是跛足的比喻：先哲們天才地想像，自然就好比一個先驗的自我運行的大電腦。這個電腦的實體與存在尤其是硬體，就是自然。這個電腦的原理、計算方法、能源與非人格化的操作主導，就是道。計算的基本概念基本符號，就是0與1、無與有。

對於老子，自然、道、一，這是一而二二而三的概念，而不必爭論是先有飛機還是先有飛機之理（或飛機之量數）。（馮友蘭教授曾經提出類似的有趣的問題。）

這裡還有一個在群眾中更普及的宗教性概念：天。《道德經》中有九十多處講到天、七十多處講到道。老子講天之道，講地法天、天法道，講天地不仁以萬物為芻狗，把天與地放在與萬物對應的位置，即天地是終極性的與溝通此岸與彼岸的概念，而萬物是具體的與此岸的概念。孔子也講什麼「天何言哉」。這裡的天，既是自然的天，也是超乎一切、主導一切的抽象的天、概念的天。通俗地比方一下，如果自然是一個大電腦，那麼天就是它的主機晶片。

這就形成了不僅是道教的，而且是中國的終極概念系統：自然——道——天——無——有——一（更正確一點應該畫成圓形，而且中間有許多虛線，互相交通變化）。

我們服膺於道的無所不包無所不在無所不容無所不運動變化，我們的人生，從無到有，從有到無，莫不是大道的下載、大道的演示、大道的呈現。得到這樣的認識，豈不與找到主、找到神、找到本源與歸宿、找到信仰與依託一樣地胸有成竹、開闊鎮定、雍容明朗！

《道德經》終於幫助培育了一種真正中國式的宗教——道教，當非偶然。

其實儒家也講道，也有宗教情懷。子曰：「朝聞道，夕死可矣。」已經將道置放在超越生命的準終極位置。當然，接著就是曾子的話，說這個道「忠恕」而已。又回到人倫道德上來了。這裡有一點自相矛盾，如果夫子之道只是忠恕而且「而已」，還用為這樣的難知難得的道而「夕死可矣」嗎？夫子不是早就未死而瞑目了嗎？

《道德經》的另一大特色是它懷疑與警惕一切價值的偏執與過激，走向自然而然的本性的復歸。**失道而後德，失德而後仁，失仁而後義，失義而後禮**。就是說失去了自然而然的大道即本性，就要搞價值觀念。價值觀念不怎麼管用了，就要搞愛心教育。愛心也缺失了，就得講人際關係。人際關係也搞不好了，只剩下了搞形式主義。

（這是老子的批評語句，因此我的的詮釋用語帶有貶意，它們並不就是德、仁、義、禮等的原意。）

老子又說，**天下皆知美之為美，斯惡已，皆知善之為善，斯不善已**。

那是由於，有價值就有自以為是；有競爭，就有作偽，就有誇張與過分，就有超過度的向反面的轉化，就有詮釋與判斷之爭、解釋權話語權之爭。以善為目標的價值，有可能喚起人性惡的爆炸。這種情態，老子早就預見到、警惕到了。

它的這種說法，當然失之絕對。沒有價值的人生與文化是不可想像的。但是《道德經》至少不搞有些宗教或有的禁欲主義，以來生抹殺今生。不搞過分的清規戒律與繁文縟節，更不搞排他性征伐性。這使我國的道教成為富有生活氣息的宗教，更使《道德經》的閱讀者研習者獲得一種遠見、深思、解脫和預防。它也不搞價值狂熱與價值強行推廣。在當今世界上，打著價值的旗號，出現了多少愚蠢的強梁與絕望的瘋狂！它的理論不無與後現代理論的文化批判有相通之處。

（本文是作者參加宗教團體主辦的西安—香港《道德經》論壇的書面發言）

無為

一位編輯小姐要我寫下一句對我有啟迪的話。我想到了兩個字，只有兩個字：無為。

我不是從純消極的意思上理解這兩個字的。無為，不是什麼事情也不做，而是不做那些愚蠢的、無效的、無益的、無意義的乃至無趣無味無聊，而且有害有傷有損有愧的事。人一生要做許多事，人一天也要做許多事，做一點有價值有意義的事並不難，難的是不做那些不該做的事。比如說自己做出點成績並不難，難的是絕不嫉妒旁人的成績；比如說不搞（無謂的）爭執、還有庸人自擾的得得失失，還有自說自話的自吹自擂，還有咋咋呼呼的裝腔作勢，還有只能說服自己的自我論證，還有小圈子裡的吱吱喳喳，還有連篇累牘的空話虛話，還有不信任人的包辦代替其實是包而不辦、代而不替，還有許多許多的根本實現不了的一廂情願及為這種一廂情願而付出的巨大的精力和活動。

無為，就是不幹這樣的事。無為就是力戒虛妄，力戒焦慮，力戒急躁，力戒脫離客觀規律、客觀實際，也力戒形式主義。無為就是把有限的精力時間節省下來，這樣才可能做一點事，也就是有為。有所不為才能有所為，無為方可與之語獻身。

無為是效率原則、事務原則、節約原則，無為是有為的第一前提條件。

無為又是養生原則、快樂原則，只有無為才能不自尋煩惱。無為更是道德原則，道德的要義在於有所不為而不是無所不為。這樣，才能使自己脫離低級趣味、脫離雞毛蒜皮，尤其是脫離蠅營狗苟。

無為是一種境界。無為是一種自衛自尊。無為是一種信心，對自己，對別人，對事業，對歷史。無為是一種哲人的喜悅。無為是一種對主動的保持。無為是一種豁達的耐性。無為是一種聰明。無為是一種清明而沉穩的幽默。無為也是一種風格呢！

有無之間

讀二〇〇〇年十一月九日《南方週末》上沈昌文公的〈回憶讀書〉一文，浮想聯翩，感慨繫之。那些年的《讀書》，實在是一個亮點——如果不說是一朵月月開放的奇葩的話。而且，現在回想起來談起來給人以俱往矣的不勝今昔之感。

沈公總結說，或者更正確一點沈公與吳彬同志共同總結說，辦這個刊物的經驗是三無：無能，無為，無我。這就把問題提升（按：「提升」云云這是港臺說法，其實我們的習慣是說提高）到老子哲學上來了。

《道德經》上說：「萬物生於有，有生於無。」沒有比用出版家編輯家做例子更能說明老子的這個繞脖子的命題了。出版家編輯家只有進入兼收並蓄的「無」的狀態，即無先入為主，無偏見，無過分的派別傾向，無過分的圈子山頭（有意或無意的），無過多的自以為是與過小的鼠目寸光，無太厲害的排他性，無過熱的乘機提升自己即為個人的名利積累的動機，才能兼收並蓄來好稿子，也才能真正團結住不同風格的作者，才能真正顯出一種恢弘、一種思稿若渴思賢若渴的謙虛和真誠，才能具有相當的凝聚力吸引力容納力——港臺說法叫做磁性。

有時候，一個很好的很可愛的很純潔的很用功很執著認真的學者卻硬是做不成一個好出版者好編輯，就是因為他們太「有」了，他們有「有」的功夫——有定見，有一派或一種觀點，有很強的學派烙印和思潮色彩，有來歷有淵源有自己在學術思想上的固定位置或預期的固定位置，有一撥學友一撥以類聚以群分的應和者配合者合作者切磋者。他們更有自己的個人的學術活動學術預期學術名望學術項目學術出訪學術時刻表與學術自信和學術風格學術個性；他們是「這一個」；他們習慣於做獨膽英雄；他們習慣於單挑獨鳴、與眾不同、與俗鮮諧、自成一格，放在哪兒都顯出個人的光芒來。

然而編輯與出版更多的是一種組織工作、群體的工作、服務即侍候人的工作，太「有」了就幹不成了。上述的那些清高和自愛的學人們則沒有至少是缺少無的功夫，他們從不把目光注視到自己的無上。他們不可能虛懷若谷地去團結作者服務作者，他們自己就是優秀的作者，他們憑什麼跑來跑去為他人作嫁衣裳？他們自身就是行家裡手，憑什麼再去請教別人傾聽別人？他們的師長、同學、同行、同道、私淑弟子至少是跟隨者信奉者崇拜者已經很多很多，何必再去擴大作者的隊伍與上心維繫原有的隊伍呢？像「讀書服務日」這一類勞什子，清純優秀的學者們是不屑於去做的。

這裡所說絕無揚編輯而貶學者之意。學者有自己的無，不跑腿，不看人眼色，用不著太左顧右盼也用不著四面八方統籌兼顧，不費太多的時間做行政公關方面的俗事，也絕不輕易放棄自己的觀點——不論你是泰山壓頂還是蛤蟆鬧坑，能夠兩耳不聞窗外事一心只讀聖賢書一條道走到黑；這樣，才能我行我素做得成學問稱得上至少是希望成為一代學人的代表人物，最後還能成為一代宗師、一代崑崙。這樣也才能明辨是非、臧否清晰、黨群伐異、生命不息、戰鬥不止。

這樣的好學者也許可以對學術思想思潮本身做出精采的貢獻；也許他們能寫出好文章寫出好書；也許他們能提供一種獨特的聲音獨特的角度；也許他們能編好一種學派刊物學派叢書或者同人刊物流派叢書，但是他們無法像三無人士沈昌文、吳彬一樣編出那樣的寬闊、影響和質量來。

有之以為其利，無之以為其用。老子的這一命題用在這裡就是說，無並不真是什麼都沒有。你找幾個大草包，別說編《讀書》，就是編《麻將指南》也不會編得好的。他們的「為其利」的有是有追求，有操守，有容量，有熱情，有大的思路，有服務精神、敬業精神。他們是有一種真正珍惜編輯這個事業的態度的，他們不玩票，不會採取此處不養爺自有養爺處的高雅姿態（後來事實證明有些這樣的人一點也不高雅，而是不擇手段）。不讓他們編了，他們確實很失落很悲哀，這是不可以嘲笑的。當然，為其利還因為有前輩和有關領導的支持愛護，有沈文中提到的眾師長和同人的支持，有這麼一個刊物，有三聯書店的影響和領導，更有以北京為基地的這樣一個人文環境（各地奮起效《讀書》之尤者多矣，都有不小的成績，但是整體上看，差多了，原因即在此）；如果這些主客觀條件都是無，你還能鬧出個啥來？

有了上述這些好條件，那就看你能不能無之以為其用了，不能無之而是有太多的主觀性自我性，就會把好端端一個利，一個已有的有漸漸糟蹋掉。

有之以為其利，無之以為其用，說明的有與無的互補關係，叫做有無相生。還可以說，無是有的一種存在方式，是有的一種昇華。無是一種趨向於零的心態，並不就是零。那麼趨向於零的心態又是怎麼樣的一種狀態呢？

一曰以無限大的道做為參照，就會有極大的胸懷。如果以零做參照而只有極小的胸懷，就只能趨向於無限大了。二曰這種無是一種彈性，不是剛體的不可入性。三曰容受性，如老子講的，一所房屋，因為它的四壁之內是無，才能使用；反過來說，如果你的心胸的庫房已經滿滿堂堂，必然喪失了一切容受的可能。四曰服務心態，自己既然是無，其用便在於為眾人的有服務。最後是無我狀態，無欲則剛，有容乃大，也不可能絕對無我。然而，老子說得好，無私，故能成其私。太私了呢？便只能鬧笑話啦！叫做：有到無處漸應手，有到無時正得心。叫做：無是一種大有真有的狀態，更是一種真有萬有而不是私有獨有的契機，是萬有的生長點萬有的源泉——是故有生於無並且有無相生，是有的最高形式。馬克思、恩格斯也是這樣論斷的，無了產才有未來，無了鎖鏈而將擁有全個世界。治大國若烹小鮮，何況辦一個刊物乎？

沈昌文和沈以前的《讀書》諸君，其實辦刊物辦得平平淡淡，狀態似是老農收麥子，麥子熟了收割就是啦，這就近於無為了。來了好稿子，有時候帶著泥巴帶著草屑照用不誤就是了。有一點點辛苦，但算不上什麼大事。而撇著腚努著勁捶著胸急赤白臉割麥子的都是力巴頭。力巴也沒關係，肯於學習肯於繼承一切好的東西就大有希望。知之為知之，不知為不知，是知也。說明無其實也可能即是一種有，承認無知其實正是一種知，換句話說真正的知必然認識得到自己某方面的無知，自知之明恰恰是最可愛最難得的知。而最可怕可厭可笑的是明明無知卻自以為什麼都知道，強不知以為知，是一種愚蠢更是一種成事不足壞事有餘的罪過。

無能云云，一種是真無能並承認自己無能，這是中上。有一定的能力但更看到自己的無能方面，從而團結和聚集所有的有一得之見者，並把他們的力量集中起來發揮出來，這是上上。自己有能並從而以自己為中心搞自己個人的一套，雖然自己有所建樹卻失去了助力失去了磁性；這是中下。而自己無能，偏偏做有能狀做教訓旁人狀呢，那就是下下了。

用抽象一些的語言來說，上善以有為無、存有用無、知無守有；中善以無為無，無用無害無咎（這是無的低級狀態）；下善以有為有，終無大用（這是有的低級狀態）；甚惡以無為有，欺世盜名，害人害己。

至於無我，對於某種類型的人就更痛苦更困難一些了，嗚呼，三無亦大不易矣，嗚呼！

國家圖書館出版品預行編目資料

老子的幫助／王蒙著. -- 初版. -- 臺北市：
麥田，城邦文化出版：家庭傳媒城邦分公
司發行, 民100.12
面；　公分. --（麥田叢書；65）

ISBN 978-986-173-717-1（平裝）

1. 老子　2. 研究考訂

121.317　　100025887

麥田叢書 65

老子的幫助

作　　者　王　蒙
責任編輯　林俶萍
封面設計　黃暐鵬

副總編輯　林秀梅
編輯總監　劉麗真
總 經 理　陳逸瑛
發 行 人　凃玉雲
出　　版　麥田出版
城邦文化事業股份有限公司
台北市中山區民生東路二段141號5樓
電話：02-2500-7696　傳真：02-2500-1966
發　　行　英屬蓋曼群島商家庭傳媒股份有限公司城邦分公司
台北市104中山區民生東路二段141號11樓
書虫客服服務專線：02-25007718・02-25007719
24小時傳真服務：02-25001990・02-25001991
服務時間：週一至週五09:30-12:00・13:30-17:00
郵撥帳號：19863813　戶名：書虫股份有限公司
讀者服務信箱E-mail：service@readingclub.com.tw
歡迎光臨城邦讀書花園　網址：www.cite.com.tw
麥田部落格　http://blog.pixnet.net/ryefield
香港發行所　城邦（香港）出版集團有限公司
香港灣仔駱克道193號東超商業中心1樓
電話：(852) 2508-6231　傳真：(852) 2578-9337
E-mail：hkcite@biznetvigator.com
馬新發行所　城邦（馬新）出版集團【Cite (M) Sdn. Bhd. (458372U)】
11, Jalan 30D / 146, Desa Tasik, Sungai Besi, 57000 Kuala Lumpur, Malaysia.
電話：(603) 90563833　傳真：(603) 90562833

印　　刷　前進彩藝有限公司
初版一刷　2012年（民101）1月3日

定價：380元
ISBN：978-986-173-717-1